查慎行与康雍诗坛

周燕玲 著

中国社会科学出版社

图书在版编目（CIP）数据

查慎行与康雍诗坛／周燕玲著．—北京：中国社会科学出版社，2020.7
ISBN 978-7-5203-6563-5

Ⅰ.①查… Ⅱ.①周… Ⅲ.①查慎行（1650-1727）—人物研究 Ⅳ.①K825.6

中国版本图书馆 CIP 数据核字（2020）第 092812 号

出 版 人	赵剑英
责任编辑	任　明
责任校对	周　昊
责任印制	郝美娜

出　　版	中国社会科学出版社
社　　址	北京鼓楼西大街甲 158 号
邮　　编	100720
网　　址	http://www.csspw.cn
发 行 部	010-84083685
门 市 部	010-84029450
经　　销	新华书店及其他书店

印刷装订	北京君升印刷有限公司
版　　次	2020 年 7 月第 1 版
印　　次	2020 年 7 月第 1 次印刷

开　　本	710×1000　1/16
印　　张	19
插　　页	2
字　　数	307 千字
定　　价	98.00 元

凡购买中国社会科学出版社图书，如有质量问题请与本社营销中心联系调换
电话：010-84083683
版权所有　侵权必究

博学而不穷　笃行而不倦
——《查慎行与康雍诗坛》序

1

在常态下，读博是快乐的。然受诸多因素牵掣，提交开题报告的过程却不一定那么轻松愉悦。有点紧张，有点忐忑，抑或有点惶恐？

周燕玲，一位来自新疆的广东女生，从学校门到学校门的青年学子，面对"开题答辩"的全过程，竟异乎寻常的静谧、怡然、安详、从容。我不惮浅陋，连用一串近义词语，旨在强调这位一年级博士生的选题范畴，不是相关导师的研究热点，不在导师曾经关注或即将关注的学术视域之中。她的开题报告源于她考博前后独立的个性的勤勉的阅读与思考。

我与周燕玲有过如下对话：

敬：你的硕士论文是周邦彦的诗。为什么舍弃周词只关注周诗？

燕：周词被先辈和时贤们关注太久研治太深细了。作为后学，总企盼在求学过程中有所发现……

敬：博士论文的选题范畴为什么情有独钟，定格在清代诗文疆域？

燕：受到蒋寅、吴承学、曹虹等学者"三人谈"的影响吧。他们远在20世纪90年代初，在《文学遗产》上发了一篇十分醒目的文章《一个期待关注的学术领域——明清诗文研究三人谈》。读本科爬梳学术动态时就仿佛听到了三位学者的殷切呼唤，深深地铭刻在心底里。考研以后也没有条件直面这个巨大的存在。眼下，我想勇敢面对。我的选题与开题，算不算对三位前辈热切呼唤的庄重回应呢？

清诗文毕竟太浩瀚了，考博前，她已开始面对汗牛充栋的文本文献，懂得了饭是一口一口吃的，于是，逐渐贴近了清前期。清前期文坛也浑厚悠远目不暇接，于是一步步走向了查慎行。查慎行诗词文苑也不是学术新人在有限时段内可以嚼碎品透评说出不可替代性的，于是专注琢磨查慎行诗。一种坚忍执着务实求是的收敛。清醒的以退为进。"少则得，多则惑"，"人有不为也，而后可以有为"的辩证思维。

2

年轻的燕玲，没有机会直面90年代那场声势浩大铺天盖地的研究方法研讨热潮，不曾受到它的启迪或干扰。燕玲读硕三年间，在导师引领下逐渐亲近着沉稳平实锐意求是的批评理念。读博第一年又鬼差神使般喜欢上"文学文献学"，结结实实接受了许隽超[①]教授的研究惯性。比如，在孟子以意逆志与知人论世两种批评方法中，她笃行知人论世[②]；不懈地立体地把研究对象安置到他所依托的那个时代的语境中[③]；在一丝不苟的知人论世的重要节点上，不抑制自然流淌的对古人的"理解的同情"。

这着实不易。燕玲是有悟性的。尽管她还不曾深度体尝复杂隐微的人生，但她用多读细读精读反复读，弥补了她的年轻。

3

燕玲论文的文字风格与她温婉笃实的性情惊人的相似。素简，洗练，清切，恒定。妥妥地传递了一位学术新人一位拓荒才女所捧出的严整系统新锐缜密鲜活凿实的学术信息。

一个名实相副的良好开端。

[①] 许隽超，南京师范大学文学博士，现任黑龙江大学文学院文献学专业博士生导师。研究方向：古籍整理与研究，清代文学与文献，哈尔滨地方史。代表作有《黄仲则年谱考略》，上海古籍出版社2008年；《刘大观年谱考略》，人民文学出版社2013年；《黄仲则资料汇编》，黑龙江大学出版社2012年；《张问陶资料汇编》（合编），中华书局2016年，等。

[②] 参见查慎行"非浙派核心成员"考，《查慎行与康雍诗坛》第五章第245页至第256页。

[③] 参见"朱彝尊与查慎行等诗学关系"辨，《查慎行与康雍诗坛》第三章第167—182页。

前不久，海德格尔谈论语言的一段话在网上屡屡被转：

> 语言是精神的家园。一个人的语言折射的是他内在的修养。您强大的同理心，您悲悯的情怀，您开阔的视野，您深厚的专业素养……这才是支撑您语言大厦的坚实大地。

其实我们的先辈，前贤，时贤以及当下的若干青年才俊，已经驾驭着经典语言库，构建起一座座难以数计的璀璨壮美的议论文家园。他们的论辩著述，无不是洋溢着惊人智慧，滚动着瑰丽才情，流播着不朽真知灼见，充盈着仁爱与悲悯的美文。

论说性美文以其特别的魅力迅捷提升了一代又一代国人的学识和良知，滋养并征服了一代又一代有学识有良知的国人。

难怪越来越多的学者呼吁，把论说文写成美文吧。

我虽耄耋，期盼总是年轻的。燕玲和燕玲们的学位论文特别是当下活泼泼跃动在笔端的长短学术新论的书面语风格，正在沉稳笃实地向美文靠拢着呢。

明天的论说性美文，有望呈现"文质相炳焕，众星罗秋旻"喜人景象？

刘敬圻

2020年夏·哈尔滨

目　　录

绪论 …………………………………………………………… (1)
　一　研究对象及意义 ……………………………………… (1)
　二　前人研究综述与本书内容 …………………………… (2)
　　（一）作品整理情况 ……………………………………… (2)
　　（二）生平思想 …………………………………………… (3)
　　（三）诗学思想 …………………………………………… (5)
　　（四）诗歌艺术及地位 …………………………………… (6)
　　（五）总论 ………………………………………………… (9)

第一章　查慎行家世、生平与性格考论 ………………… (10)
　一　查氏宗系与家学渊源 ………………………………… (10)
　　（一）世系与家学 ………………………………………… (11)
　　（二）查氏后人影响 ……………………………………… (22)
　二　查慎行生平考述 ……………………………………… (25)
　　（一）青少年时期（29岁前） …………………………… (26)
　　（二）随军西南时期（30—33岁） ……………………… (34)
　　（三）南北游历时期（34—53岁） ……………………… (40)
　　（四）供奉翰林时期（53—64岁） ……………………… (44)
　　（五）晚年里居时期（65—78岁） ……………………… (49)
　三　查慎行性格论 ………………………………………… (54)
　　（一）"狂"与"慎"——查慎行的矛盾人格 …………… (54)
　　（二）"命穷气方傲"——愚夫子的人格底线 ………… (59)
　　（三）"留诗嘲鄙俚"——查慎行的戏嘲兼与苏轼比较 ……… (66)
　小结 ………………………………………………………… (73)

第二章　查慎行诗坛交游考略 ………………………………（75）
　　一　查慎行与明代遗民 …………………………………（75）
　　二　查慎行与新朝显贵 …………………………………（82）
　　三　查慎行与亲友同学 …………………………………（90）
　　四　查慎行与晚辈门生 ………………………………（128）
　　小结 ……………………………………………………（134）

第三章　查慎行诗学思想研究 …………………………（135）
　　一　"唐宋互参"："唐宋诗之争"背景下的查氏诗学 ……（135）
　　　　（一）"宋诗热"的高涨与困境：查慎行初登诗坛的时代
　　　　　　　特征 ……………………………………………（135）
　　　　（二）"唐宋互参"的诗学内涵 ………………………（139）
　　　　（三）"唐宋互参"说的影响 …………………………（144）
　　二　"厚"、"雄"、"灵"、"淡"的诗歌审美论 ……………（149）
　　　　（一）诗之厚在意 ………………………………（150）
　　　　（二）诗之雄在气 ………………………………（155）
　　　　（三）诗之灵在空 ………………………………（159）
　　　　（四）诗之淡在脱 ………………………………（163）
　　三　从朱彝尊到查慎行：诗学道路的殊途同归 …………（167）
　　　　（一）同源之水 …………………………………（168）
　　　　（二）貌离神合 …………………………………（170）
　　　　（三）同中存异 …………………………………（180）
　　小结 ……………………………………………………（181）

第四章　查慎行诗歌的诗史价值 …………………………（183）
　　一　《敬业堂诗集》的诗史特征 …………………………（183）
　　二　风情、风景、风物——广袤缤纷的画卷 ……………（187）
　　三　战争、天灾、贫困——民生疾苦的体察 ……………（195）
　　四　矛盾、谨慎、压抑——盛世文士的心史 ……………（201）

第五章　查慎行的诗歌艺术 ………………………………（213）
　　一　"得宋人之长而不染其弊"——查慎行对宋人诗法的继承
　　　　与扬弃 ………………………………………………（213）

二　查慎行诗歌的风格流变 …………………………………… (231)
　　（一）沉雄奇崛：查慎行早年诗风 ………………………… (232)
　　（二）平淡稳惬：查慎行晚年诗风 ………………………… (238)
   三　疏离与共鸣——查慎行与浙派关系考 …………………… (245)
   小结 …………………………………………………………… (256)

第六章　查慎行的诗史地位 …………………………………… (258)
   一　康雍诗坛的格局 …………………………………………… (258)
   二　是"诗庸"还是"大家"——乾嘉时期对查慎行诗史地位的
       争议 ………………………………………………………… (262)
   三　前承渔洋，下启性灵——查慎行在康雍诗坛的地位与
       影响 ………………………………………………………… (268)

结语 ……………………………………………………………… (283)

参考文献 ………………………………………………………… (285)

后记 ……………………………………………………………… (294)

绪　　论

一　研究对象及意义

本书将结合清初康熙、雍正时期的历史文化视野，承传前人研究成果，利用掌握的新材料，对查慎行的世系、生平、交游、著述、诗学理论、诗歌艺术等诸多方面进行探讨，并以此为切入点，再现康雍时期历史文化背景下的查慎行诗歌创作，并进一步确立其文化意义和认识价值。

查慎行（1650—1727），浙江海宁人，初名嗣琏，字夏重，号他山，又号查田，后更名为慎行，字悔余。晚筑初白庵以居，时称初白先生。有《敬业堂诗集》《周易玩辞集解》《苏诗补注》等著作传世。

在清代诗坛，查慎行是一位有着重要影响与地位的作家。他前承渔洋，下启性灵，无论作品的数量还是质量，俱臻上乘。他于"南施北宋"、"南朱北王"之后，与赵秋谷（执信）并称，六人并称"清诗六大家"[1]。他的诗风逼视苏轼、陆游，是清初宋诗派的中坚力量。黄宗炎说他"翱翔于百鸟鸡群中，可谓横绝一时矣"（《敬业堂诗集·序》）；郑方坤称他"继长水（朱彝尊）、新城（王士禛）后而称诗伯，一时坛坫于斯为盛"（《国朝名家诗钞小传》）；赵翼对他更推崇备至，在其著作《瓯北诗话》中评论李白、杜甫以下历朝十位大诗人，于清代只取吴伟业

---

[1]　"清诗六大家"之说的确立源自刘执玉编选《国朝六家诗钞》一书，是书编于清乾隆年间，收清人宋琬、施闰章、王士禛、朱彝尊、赵执信和查慎行六人的诗作，后世将此六人合称"清诗六大家"。

和查慎行两家，认为查慎行"要其功力之深，则香山、放翁后一人而已"①。民国徐世昌编撰的《晚晴簃诗汇》中提出："（查慎行）祧唐祖宋，大畅厥词，为诗派一大转关。"②强调查慎行于诗风转变中的关键地位。四库馆臣也称赞他"得宋人之长而不染其弊，数十年来，固当为慎行屈一指也"③。查慎行的诗歌地位之高，成就之大，可见一斑，称其为继王士禛之后，康雍诗坛最具影响力的诗人，当之无愧。

对查慎行进行深入探究有重要意义，探讨清代诗史的"宋风"现象，查慎行是认识、研究的重要聚焦点之一。清代对宋诗的接受和认同，走过了漫长而曲折的过程，从明末清初的钱谦益兼学唐宋，开清代诗坛学宋之先声，遗民诗人如黄宗羲亦甚重宋诗。稍后的顺康诗坛之施闰章、宋琬、朱彝尊、王士禛虽不同程度学习宋诗，但仍以学唐音为主。真正扭转宗唐诗风，以成功的创作实践树立宋诗地位的，莫如查慎行。查慎行交游广泛，望重士林，其身世交游、文章艺事，均可反映康雍时期知识分子之生活及学术情况。他留给世人的思想片段和精神财富，能够让我们反思清代士人的生存状态。

二 前人研究综述与本书内容

近年来，随着清诗研究领域的开拓与深化，文学史、清诗史研究也较多地关注到了查慎行。研究取得了长足进展，20世纪80年代以来，查慎行诗歌研究相关成果主要涉及以下几个方面：（1）作品整理；（2）生平行迹；（3）诗学思想；（4）诗歌艺术及地位。

（一）作品整理情况

查慎行诗集的整理最早有周劭标点《敬业堂诗集》（上海古籍出版社1986年版），该书据《四部丛刊初编》本（涵芬楼影印原刊本）排印。奠定了查慎行研究的基础。聂世美的《查慎行选集》（上海古籍出版社

---

① （清）赵翼：《瓯北诗话》卷十，霍松林、胡主佑点校，人民文学出版社1963年版，第160页。
② （民国）徐世昌：《晚晴簃诗汇》卷五十六，民国退耕堂刻本。
③ （清）纪昀等：《钦定四库全书总目》，中华书局1997年版，第2352页。

1998年版），这是迄今查慎行集的唯一选注本。

查慎行倾平生精力于文字生涯，著述颇丰。对其撰著、编修、选评的著作，除《敬业堂诗集》已刊印而通行于世，其文集有北京大学馆藏稿本和《四部备要》本（民国二十五年中华书局据仁和姚氏抄本排印），嘉兴学院教授范道济将《敬业堂文集》与《庐山纪游》《陪猎笔记》三种整理、点校，由中州古籍出版社2012年4月出版。2011年，浙江古籍出版社正式启动了浙江省委宣传部主持的大型历史文化典籍整理工程"浙江文丛"，其中，《查慎行全集》由张玉亮、辜艳红点校，于2014在浙江古籍出版社出版，收录了查慎行现存的大部分著作，包含经学著作《周易玩辞集解》，诗歌《敬业堂诗集》《敬业堂诗续集》，文集《敬业堂文集》，笔记杂著《得树楼杂钞》《庐山游记》《陪猎笔记》《人海记》以及传奇《阴阳判》。这是查慎行集规模最大的一次整理工作，其功自不可没，但仍有漏辑之作，如查慎行的诗歌评点著作《初白庵诗评》，查慎行的笔记《聊以备忘》《查他山南斋日记》以及书信集《初白尺牍》等都未能收入。2017年由范道济点校的《查慎行全集》由中华书局出版，收入《初白庵诗评》《苏诗补注》等著作，是目前收录查慎行著述最为完整的全集。

（二）生平思想

从宏观角度论述查慎行生平创作的，有赵永纪《查慎行其人其诗》[1]、洪永铿《查慎行和他的〈敬业堂诗集〉》[2] 等。亦有对生平事迹作细致考辨的论文，如顾晓宇的《查慎行生卒年考辨》，该文章着力对查慎行的生卒年月进行考证，认为查慎行的生卒时间是1650年6月5日与1727年9月15日[3]，查氏的生卒时间精确到日。此外，日本学者高津孝《论查初白〈诣狱集〉》[4] 则通过查慎行在入狱之后所作的《诣狱集》，探讨了查慎行受其弟株连入狱的经过。近年来学界对于查慎行的生平研究则更加深

---

[1] 赵永纪：《查慎行其人其诗》，《渤海学刊》1993年第2期。
[2] 洪永铿：《查慎行和他的敬业堂诗集》，《浙江师范大学学报》2005年第6期。
[3] 顾晓宇：《查慎行生卒年考辨》，《南京师大学报》1992年第4期。
[4] ［日］高津孝：《论查初白诣狱集》，《南京大学学报》1987年第1期。

入、细化，其中李圣华的一系列论文《〈忆鸣诗集〉案》①、《查慎行文学侍从生涯及其"烟波翰林体"考论》②、《查慎行与〈长生殿〉案》、《查慎行与王渔洋交游及相关诗史问题考辨》③都是结合作品解读，对查慎行生平与诗歌创作相关重要问题进行考论，提出了很多新见，可谓查慎行研究的力作。

查慎行的思想与性格在清代具有典型性，近年来不少论文着眼于此展开，如李圣华的《查慎行与明遗民社会——关于"明遗民二代"文化心态的典型解析》④，张兵、张毓洲的《清代案狱与查慎行的心路历程》⑤，都着力于真实地展现在特殊时代背景下查慎行的心路历程。

海宁查氏家族，以文化世家称名于世，近年来逐步成为人们研究的关注点。严迪昌的《清诗史》中认为查慎行受到家庭潜移默化的熏陶"是一种毋庸置疑的客观存在"，指出"这个家族的文化氛围有内聚型的特点"，除了族群尊长之外，查慎行的岳父陆嘉淑也对其影响深远。⑥ 章海凤的硕士论文《清代海宁查氏家族诗歌研究》、韩逢华的硕士论文《海宁查氏文学家族研究》、洪永铿等《海宁查氏家族文化研究》（浙江大学出版社2006年版）等是这方面的主要研究成果。陈玉兰的《清代海宁查氏闺阁诗群的心路历程》⑦ 文中提到了查慎行的母亲钟韫，指出钟韫是时世造就的母师女宗，她以体贴夫婿、鞠育子女的妇德和自身的文学成就被族人奉为典型和模范。在其垂范作用下，促进了查氏闺阁诗群的崛起。对于查慎行兄弟而言，父亲常年外出，母亲钟韫是他们启蒙教育的主要承担者，

---

① 李圣华：《查慎行与〈忆鸣诗集〉案》，《浙江师范大学学报》（社会科学版）2014年第3期。

② 李圣华：《查慎行文学侍从生涯及其"烟波翰林体"考论》，《求是学刊》2014年第5期。

③ 李圣华：《查慎行与王渔洋交游及相关诗史问题考辨》，《江苏师范大学学报》（哲学社会科学版）2014年第3期。

④ 李圣华：《查慎行与明遗民社会——关于"明遗民二代"文化心态的典型解析》，《浙江社会科学》2014年第10期。

⑤ 张兵、张毓洲：《清代案狱与查慎行的心路历程》，《西北师大学报》（社会科学版）2012年第6期。

⑥ 严迪昌：《查慎行论》，《文学遗产》1996年第5期。

⑦ 陈玉兰：《清代海宁查氏闺阁诗群的心路历程》，《苏州大学学报》（哲学社会科学版）2013年第3期。

她的言传身教与查慎行兄弟的成才息息相关。

现行《查他山先生年谱》为查慎行外曾孙陈敬璋所撰。该谱编撰日久，失之简略，今人编纂的查慎行年谱有张晨的硕士论文《查慎行年谱》①，对查慎行生平事迹、师友交游、仕途经历、各地游踪等进行了考辨，但仍属于较为简略的年谱。用现代视野，融合新的研究成果，为查慎行补编年谱也应提上日程。

（三）诗学思想

20世纪80年代以后，学界均注意到了查慎行诗学中"宗宋"的一面。如周劭所言："（查慎行诗）完全呈露出他宋派诗人面目。"② 聂世美说："在挟唐持宋，各立门户以相矜诩的清初诗坛，他不赞成唐宋之争，亦未饮沈拾唾，走貌袭神离、一味拟古的老路，而主张专取众长，大力提倡功力学问。"③ 此说不仅注意到了他宗宋的一面，也看到了其"不赞成唐宋之争"的一面。刘世南《清诗流派史》中针对查慎行的诗学思想，提出查慎行与钱谦益一脉相承的关系，以及查慎行对钱氏的超越，颇有新见。④

90年代以来，大多数学者认为查慎行不仅学习宋诗，同时也取法唐诗。王英志《查慎行山水诗》提道："查慎行的诗学观偏重宋诗，但并不排斥唐诗，还是主张博采众长的。"⑤ 李世英在《熟处求生开新境——论查慎行对清代诗歌的贡献》提出："查慎行论诗，主张兼取唐宋，不以门户自锢，广泛取法前人的艺术经验，诗人的'至性学问'是诗歌创作的根本。"⑥

查慎行的诗学思想大多蕴含在其对前人诗作的评点中，并且有他在文字校勘、注释方面做的大量工作，不容忽视，特别是许多还没有得到整理

---

① 张晨：《查慎行年谱》，广西师范大学出版社2010年版。
② 周劭：《敬业堂诗集·前言》，《敬业堂诗集》，上海古籍出版社1986年版，第9页。
③ 聂世美：《查慎行选集·前言》，《查慎行选集》，上海古籍出版社1998年版，第20页。
④ 刘世南：《清诗流派史》，人民文学出版社2004年版，第230—240页。
⑤ 王英志：《查慎行山水诗》，《杭州师范学院学报》1996年第5期。
⑥ 李世英：《熟处求生开新境——论查慎行对清代诗歌的贡献》，《北方工业大学学报》1998年第4期。

的手批本，具有文献抢救意义。目前对查慎行的评点研究也不充分，王友胜《查慎行的苏诗选评》总结了查慎行评点苏诗的特征及贡献。① 我们也要看到，查慎行的评点范围不仅限于苏轼，他对杜甫、陶渊明、韩愈、《瀛奎律髓》等都有精到评点，此外还涉及一些历史、笔记著作，而现在这方面的研究是远远不够的。

  对于查慎行诗学思想的渊源，有詹福瑞、王新芳的《论查慎行的诗学思想渊源》，文章系统分析了查慎行的诗学思想渊源，指出：查慎行早年学诗时以陆嘉淑、钱澄之。此外黄宗羲与吕留良、吴之振等人宗尚宋诗的理论主张对其产生了深刻影响。查慎行与朱彝尊为中表兄弟，但查慎行对朱彝尊崇唐薄宋之论颇有取舍。② 李圣华《查慎行与禅宗》③ 一文则从查慎行所受禅宗思想的影响切入，指出查慎行与高僧往还，晚年有一段参禅礼佛的经历，这是他诗境一变而趋"寂寥"的重要契机。

  王新芳的博士论文《查慎行诗歌批评研究》，2015 年由人民出版社出版④，该书通过对《初白庵诗评》的详细剖析，最大限度地还原查慎行诗歌批评理论的原貌，填补了这方面研究的空白。查慎行现存文章亦不多，一方面由于查慎行"不自收拾"，散佚很多；另一方面其文多为应酬之作，精华较少。本书对《查慎行文集》进行了辑补。并从往来书信、序跋之中挖掘查慎行看似不成系统的文学思想。

（四）诗歌艺术及地位

  20 世纪中叶编就的几种文学史中，查慎行所占篇幅虽不能与王士禛、袁枚等诗坛大家同日而语，但亦是清诗研究中不可逾越的一环。在几种清诗选本中，他所占比例越来越重。钱仲联的《清诗三百首》（岳麓书社 1985 年版）中选查慎行 3 首，仅次于王士禛 5 首。福建师范大学中文系的《清诗选》（人民文学出版社 1984 年版），则选 34 首，甚至超过了王士禛的 26 首，位列该书选篇之冠，该书《前言》中更将查慎行与王士禛并称，共举为康雍诗坛的第一流诗人。

---

 ① 王友胜：《查慎行的苏诗选评》，《中国文学研究》2000 年第 2 期。
 ② 詹福瑞、王新芳：《论查慎行的诗学思想渊源》，《社会科学辑刊》2015 年第 3 期。
 ③ 李圣华：《查慎行与禅宗》，《古典文学知识》2015 年第 2 期。
 ④ 王新芳：《查慎行诗歌批评研究》，人民出版社 2015 年版。

关于查慎行的诗史地位，较有代表的说法莫过于周劭的"旧体诗的殿军"一说。周劭提出："不论是乾、嘉的袁（枚）、蒋（士铨）、赵（翼），道、咸的龚（自珍）、魏（源），以迄盛极一时的同、光诗人，以诗论诗，都无能超轶《敬业堂诗》的范畴和成就。即使同、光末季，如黄遵宪、丘逢甲辈举起革命诗派的旗帜，究竟也无补于旧体诗的必然衰亡。二千多年诗学正统，只好禅让给五四时代的新诗了，所以，说敬业堂诗是旧体诗的殿军，要亦无不可。"① 此观点可谓继赵翼之后，对查慎行诗史地位的极高评价，此外如徐世峥《旧体诗的末代大家》（《杭州教育学院学报》1992 年 9 月）、洪永铿《查慎行和他的〈敬业堂诗集〉》（《浙江师范大学学报》2005 年第 6 期），都从诗歌创作方面指出查慎行的重要地位。

查慎行诗歌的艺术风格是研究热点。自清代起至 20 世纪 50 年代，对其诗歌艺术和渊源的评述很多，但大都未超出《四库全书总目》的苑囿。随着清诗研究的逐步升温，查慎行研究终于打破尘封，逐步受到学界的关注。颇具代表性的如严迪昌的《查慎行论》一文，对历来少有人提出异议的《四库全书总目》的论断进行了详尽辨析。《提要》引王士禛的《序》语："称黄宗羲比其诗于陆游，士禛则谓奇创之才慎行逊游，绵至之思游逊慎行。"② 这一说法均被后世论者皆沿用，以品定查慎行诗。严迪昌提出"比其诗于陆游"，并非黄宗羲，而是黄宗炎。四库馆臣随意更变辞意，从而据以断言初白才力薄弱，实是无根之谈。③ 该文在旧有的材料上得出新的观点，打破了长期以来陈陈相因的旧论，后收入严迪昌《清诗史》中。

张仲谋《清代文化与浙派诗》则进一步提出："查慎行诗的宋诗味较淡……他走的是一条折中调和之路，不是折中唐宋，而是把宋诗大范畴中的奇涩劲健与平易晓畅调和起来，从而形成了他那清真稳惬的艺术风格。"④ 在诗歌创作渊源上，查慎行对唐之杜、韩、白诸大家皆有所得。这是对其诗歌艺术研究的重要突破。之后产生了一批卓有新见的论文，在

---

① 周劭：《敬业堂诗集·前言》，《敬业堂诗集》，上海古籍出版社 1986 年版，第 10 页。
② （清）纪昀等：《钦定四库全书总目》（整理本），中华书局 1997 年版，第 2352 页。
③ 严迪昌：《查慎行论》，《文学遗产》1996 年第 5 期。
④ 张仲谋：《清代文化与浙派诗》，东方出版社 1997 年版，第 160 页。

20世纪90年代末至21世纪初,形成了查慎行诗歌艺术风格研究的一个高峰。孙京荣的《论查慎行诗歌的艺术特色》① 系统地总结了查诗的艺术特色,其中对"意境阔朗,气势豪壮,想象丰富,格调劲健"诸多风貌的品评,为近年来对查慎行诗歌艺术较全面的论述。王英志的《查慎行山水诗》,孙京荣的《论查慎行的纪游诗》②、《查慎行酬唱诗初论》③、《论查慎行的咏怀诗》④,赖燕波的《论查慎行的行旅诗》,这些论文从题材内容入手,探讨查慎行诗歌的风格,着力于改变以往对查慎行诗风单一性的评价。此外,张金明的《论查慎行的白描诗学观及其在诗歌创作中的运用》⑤和《平淡诗风:清初极富宋诗色彩的美学范畴——基于理论诉求与创作实践有机统一的清初诗人查慎行为范》则对查慎行艺术风格的某一特色进行深入分析,探讨了查慎行"白描"、"平淡"的创作风格。

还有论文尝试用比较的方式展开,如杨燕《朱查诗歌比较论》一文将清初浙西诗坛最负盛名的两大家——朱彝尊和查慎行进行比较,认为二人在诗体选择、表现方式、诗学宗派上均体现出了较大的差异。⑥ 林乐的硕士论文《赵执信与查慎行诗歌比较研究》⑦ 对查慎行与赵执信的生平经历、诗学思想以及诗歌创作进行比较,得出二人在思想性格、人生选择和诗歌创作等方面的差异。

2008年于海鹰的博士论文《查慎行诗歌研究》⑧,在继承了前人的基础上,对查慎行诗歌的深化、细化达到了一定程度。该文重点对查慎行的诗歌艺术、思想内容进行系统解读。同时对查慎行诗史地位予以评定,同时分析了查慎行对格调派、性灵派、肌理派的影响,但部分说法并未深入。如作者提到查慎行对袁枚的影响主要是,"卜筮之言是无稽之谈",以及写诗"不吝赞扬女子";对翁方纲的影响在于诗歌"重考据"的特

---

① 孙京荣:《论查慎行诗歌的艺术特色》,《西北师大学报》2003年第4期。
② 孙京荣:《论查慎行的纪游诗》,《西北师大学报》1998年第1期。
③ 孙京荣:《查慎行酬唱诗初论》,《西北师大学报》1999年第4期。
④ 孙京荣:《论查慎行的咏怀诗》,《西北师大学报》2002年第2期。
⑤ 张金明:《论查慎行的白描诗学观及其在诗歌创作中的运用》,《燕山大学学报》(哲学社会科学版)2012年第3期。
⑥ 杨燕:《朱查诗歌比较论》,《浙江师范大学学报》2007年第6期。
⑦ 林乐:《赵执信与查慎行诗歌比较研究》,硕士论文,延边大学,2013年。
⑧ 于海鹰:《查慎行诗歌研究》,博士论文,山东大学,2008年。

点，立论依据有待深入。

（五）总论

从上述研究概况来看，自 20 世纪 80 年代中期以来，查慎行研究取得了长足的进步。如诗集的整理、诗歌艺术的研究、对其诗学思想的诠释以及诗史地位的历史脉络的把握等等，均为学界进一步的研究奠定了一定基础。

在吸收前人研究成果的同时，本书拟围绕以下三个方面展开论述：

（1）以交游为线索，将研究视野扩展至整个康雍诗坛诗人群体。对查慎行其人的外延性问题进行考证与辨析。一方面深入探讨查氏诗学精神形成的深层历史文化动因，解析诗学观念产生、发展的文化环境；另一方面阐释查慎行在康雍诗坛在诗学演进中所扮演的角色及其发挥的作用。

（2）以清代康熙雍正朝的历史背景为依托，论述查诗所包含的时代内容、社会现实，以及士人精神与心态等诸多文化内核。挖掘查慎行诗作的诗史内涵，并进一步明晰查慎行的诗坛地位。

（3）力图诗学思想与诗歌创作并重，针对当下查慎行研究中重创作，轻理论的现状，对查氏诗学作详尽阐发，诗学研究不再是创作的附庸，而与诗歌艺术相辅相成。从理论与创作两个方面，定位查慎行在康雍诗坛的意义和价值。

第一章　查慎行家世、生平与性格考论

本章首先对查慎行家世、生平、性格进行考论，即所谓知人论世。通过考察查慎行的家学渊源、生平际遇，从而为深入把握诗人性格、心态并为进一步探讨诗歌创作的主题取向和审美品格奠定基础。本章侧重于对查慎行的思想、创作发生影响的重要经历及相关事项的考察，并对前人有误解之处进行考辨。

一　查氏宗系与家学渊源

地域文化在社会政治经济的发展融合过程中展现出独特面貌，并最终升华为一种文化精神。而各个地域的文化家族，因经史诗书的文化积累、姻亲师友的人际网络、英杰辈出的人才力量、世代为官的政治渊源，成为地域文化精神最有力的彰显者及传承者，浙江海宁查氏家族便是其中的一例。

浙江海宁是明清时期东南文化的重镇，科举鼎盛、人文荟萃，文化望族簇拥迭现，自明以来有"祝氏、许氏、董氏、陈氏、杨氏、沈氏"[1]，但若论文学艺术则"门材日盛，又无如查氏"[2]。康熙皇帝对查氏有"唐宋以来巨族，江南有数人家"[3]之赞，先后题写"澹远堂"、"敬业堂"匾额以赐。海宁查氏家族世代以儒为业、耕读为务、科甲鼎盛、诗人辈出，为当地著名的"文宦之家"[4]。明清之际，是海宁查氏家族的全盛时

---

[1] 洪永铿、贾文胜：《海宁查氏家族文化研究》，浙江大学出版社2006年版，第2—3页。
[2] 沈廷芳：《海宁查氏族谱序》，查克敏：《海宁查氏族谱》，清乾隆四十四年刻本。
[3] 旧时海宁查氏南支宗祠堂楹联。
[4] 参见江苏省政协文史资料委员会《江苏文史资料》（第131辑），《太湖望族》第1册，江苏文史资料编辑部，2000年，第159页。

期，人才辈出。明代海宁查氏出进士六人。至清代海宁查氏科甲更盛，时人称："一门十进士，叔侄五翰林。"据《海宁查氏族谱》统计，清代海宁查氏出进士十五人。其中先后任职翰林院的有五人，分别是：查慎行与其二弟查嗣瑮、三弟查嗣庭，查慎行堂兄查嗣韩、侄查昇，皆入翰林。查氏家族的文学创作成就亦声名显著。时人云："康熙间浙江查氏诗人皆在一家，而皆显贵，可云极盛。"① 查氏迁入宛平的北支，亦文采斐然，如以查为仁、查礼昆仲为代表的族群在清代前中期均系于文学、文化殊多贡献者。

家族教育是查慎行思想和创作形成的土壤，滋养着他的文学创作。查慎行诗云："我降庚寅月建午，襁褓含饴及见祖。升沉未定矩矱移，荏苒今年三十五。客尘南北浪奔走，家学渊源迷步武。先子音容渐藐茫，典型何处追王父。"②（卷四《与刘北海》）他所言"家学渊源"包括两个方面：一是知礼重节的家门之风以及忠爱拳拳的孝悌观念。查氏家族有极强烈的家族观念，个人德行修养与家族文化精神建设有着直接关系，一代代传承下来。一是经籍文史学业之修养的熏沐。作为一个以文学尤其是诗歌闻名当地的望族，前辈乐于提携后进，后辈善于学习前人，同一家族成员在创作思想、审美情趣、诗艺技巧方面保持着一致性。

（一）世系与家学

查慎行为海宁查氏的第十二世孙。他谈到自己的家族时说："吾宗由元末于婺源分支海宁，明成化中，大参东谷公首以甲科起家。已而，中丞京兆继起，历弘治迄万历六朝，里中推为望族。"③ 查氏后人查克敏说："吾查之先，以地为氏。下迄唐宋而族大于新安，后之分迁各派咸以新安为宗，则《新安统谱》之原始即为迁派之原始矣。但中间有休（宁）、婺（源）分支，而我海宁又分支下之迁支。"④ 海宁查氏当来自安徽婺源。据《海宁查氏族谱》所记：十七世查瑜，为避元末兵乱，于元至正十七年

---

① （清）邱炜萲：《五百石洞天挥麈》卷六，清光绪二十五年邵氏刻本。
② 本书所引查慎行诗，均出自《敬业堂诗集》，周劭标点，上海古籍出版社1986年版，以下不再一一脚注。
③ 查慎行：《新辑查慎行文集》，中州古籍出版社2012年版，第150页。
④ 查克敏：《海宁查氏族谱》，清乾隆四十四年刻本。

（1357）携妻儿等离开婺源，来到浙北杭嘉湖平原的嘉兴落脚。不久，由朋友介绍到海宁园花里（今海宁袁花镇）祝家任西席。他发现袁花龙山一带气候宜人，民风淳厚与故里婺源相似；尤其是海宁邑名与祖籍休宁的旧名相同，遂决定定居于海宁县园花里龙山之东南。查瑜是迁支海宁查氏之始祖，作为一个显赫的文学世家出现在中国文化史上的海宁查氏家族，实始自此。

由于仕宦或躲避战乱等诸多原因，查氏家族经历了数次迁徙，但却有着长盛不衰的文化生命力，主要源于其家族丰厚的历史文化积淀。重孝守礼的家门之风、藏书刻书风气的繁盛以及书、画、琴等艺术门类的发达，在这个家族内孕育了一个多元而深蕴的文化圈。

1. 重孝守礼的家门之风

查氏家族为书香世家，世代恪守礼教，讲究父慈子孝、兄友弟恭，养成了和谐有序、知礼重节的家门之风。这种家风，直接的传承方式则是"家训"。翻检查氏宗谱，保存了很多祖辈对子孙的训诫，这是世族大家进行家世门风教育的一个缩影。如平乐公查澄云："凡为童稚，读书为本，勤俭为先，兼知礼仪"，"非礼勿取，量力节俭"①；查云标云："《孝经》云'夫孝始于事亲，中于事君，终于立身'非谓待事亲事君之后，始讲求立身之义也，立身乃贯彻乎一生之始终者也，何以立之，孔子一则曰：'立于礼'，再则曰：'不学礼无以立'，三则曰：'不知礼无以立也'言'立'有三，而终不越于'礼'字……故人能守礼，又能主信，则立身之道尽矣，既保世延家之道亦尽矣。"② 从中，我们能直观感受到查氏是怎样在待己、待人、学习、为官等方面对子弟提出要求的。读书、勤俭、守礼，是祖辈对查氏家族后学立下的人生规范。

"孝悌"是维系大家族存在的重要基础。查氏族谱的《家训》强调"出则有方，入则孝悌"③。查慎行教育子女时云："愿汝勤孝弟，余事到读书。孝弟乃本根，根完花叶敷。"（卷四《将有南昌之行示儿建》）他自己也是这样做的。父母在世时，他秉承"父母在，不远游"的古训，在家中操持家务，先后安葬了自己的外祖母、父亲、母亲，还包括岳父陆

---

① 查济民主修：《海宁查氏族谱》卷四，中国书画出版社2006年版，第2112页。
② 同上书，第2114—2115页。
③ 同上书，第2112页。

嘉淑,"(陆嘉淑)殁后三十年未葬,先生为之经营,合藏志圹焉"①。即使在父母殁后,求取功名途中,他还始终念念不忘"双亲尚在浅土",好友郑梁赞道:"查子慕亲之诚,守身之孝,每念不忘用名其集。"②

清初查氏家族有一件令世人称道的孝行,事载《浙江通志》:

(查魏旭)父继甲,为广西隆安令,卒于任。值吴逆之乱,道路隔绝,逾二载,讣始闻。魏旭号泣,即日只身就道,跽母前诀别,曰:"儿去万里,出入兵间,得达父榇所,万幸;能扶父榇归,尤万幸。否则流落瘴乡,守死父榇旁,固所甘心,母侍奉有兄弟在,勿以儿为念。"遂行。及汉阳,遇贼掠,捶楚无完肤。又经全州寒水桥,失足堕河,若有掖之者,浮发水面,遂遇救得不死。又一夕行永州慕古山中,时昏黑,草木蒙杂,不辨径,闻狼嗥虎啸声,信足奔,屡蹶屡起,仅达村舍,血淋漓满芒屩。抵隆安,觅至榇所,一恸殒绝,逾时始苏。顾无从作归计,彷徨岁余,乃啮指血书词,日哀吁道旁,见者咸曰:"此故贤令子也。"稍得赙助,遂扶榇崎岖以归。③

查魏旭,查慎行的族兄,其父卒于广西隆安任上。时值吴三桂叛乱,整个西南处在军阀混乱之中,魏旭历尽千辛万苦,迎回父亲,这在当时是一件了不起的孝行,查慎行很为之感动,作诗《次谷兄自粤西扶先伯父榇归里二首》(卷四),极力褒扬。

由孝心到孝行,并不是终点,还要将对自己亲人的孝悌之爱,推广至众,如查崧继(柱青,后改名遗,字逸远,号学圃,查慎行父),"爱人而容众,轻财而好施","为人谋如己事","周人之急或破产以给之,家愈贫弗问也"。查容(字韬荒,号渐江,查慎行族兄)在出游时常"济贫困,必装橐乃去","归囊中常不名一钱",以至"家室飘摇,子女背泣",外兄朱彝尊甚至赠诗"劝君有钱须爱惜"(《寄表弟查容》)以劝谏。

查氏家族中为官者,多有很好的政声。查慎行长子克建(字用民,

---

① (清)陈敬璋:《查他山先生年谱》,中华书局2006年版,第20页。
② (清)郑梁:《敬业堂诗集序》,周劭标点《敬业堂诗集·附录》,上海古籍出版社1986年版,第1757页。
③ 《浙江通志》卷一八三,文渊阁四库全书本。

号求雯）就是一个例子，查慎行有诗《儿建旧任束鹿令，自补部郎，每生日，邑之士民不惮六百里走京师，制屏幛为寿，遇余诞辰亦然，无以酬之，作诗以示不敢当之意》云："不闻《循吏传》，兼补《白华诗》。宦迹清殊愧，民风厚可知。"（卷四十）此诗记载了当地人民对其子克建政绩的肯定。李光地曾经对查慎行夸奖其子道："郎君天性朴诚，居官廉洁，大有循吏之风，所到未可量也。"（卷四十四《五月二十六日到家惊闻儿建京师讣信伤惨而作七首》其五自注）克建的循吏之风，与门风的熏沐、长辈的教诲是分不开的。海宁查氏自明代起，就是江南有名的"文宦之家"，颇有政声的为官者不胜枚举。《海宁州志》"循吏传"中，海宁查氏家族有查继甲、查元偁、查换、查志隆、查志文、查允元、查嗣珣、查诗继、查培继、查虞昌、查嗣钦、查鸣昌、查人渶等①，其人数远远高于海宁地区其他家族。

2. 繁盛的藏书文化

吴晗的《两浙藏书家史略》统计：自晋代至清末，浙江私人藏书家凡三百五十九人，有名可记的藏书楼一百八十多处。其中海宁有三十七人，又位居浙江各地之首。② 海宁查氏藏书业前后辉映、蔚为壮观，出现了一批著名的藏书家与藏书楼。如查继佐的敬修堂、查嗣庭的双遂堂、查慎行的得树楼、查嗣琪的查浦书屋、查昇的澹远堂，皆富藏书。特以查慎行"得树楼"为著。王国维在《敬业堂文集序》中说："宁（指海宁）固文献之邦也。康、雍之际，他山先生得树楼与马寒中（思赞）道古楼，并以藏书著闻东南。"③ 又云："吾邑收藏家以他山先生始。"④ 查慎行退居里中，建"得树楼"，贮书万卷。内置"敬业堂"为读书之所。"得树楼"坐落于海宁县袁花镇西南三里，所藏书多珍本。管庭芬说："国初吾邑东南藏书家，首推道古楼马氏、得树楼查氏，盖两家插架，多宋刻元钞，而于甲乙两部，积有异本，其珍守已逾数世，不仅为充栋计也。"⑤

---

① （清）李圭修，（清）许传沛等纂：《海宁州志稿》卷二十八，成文出版社1983年版。
② 吴晗：《江浙藏书家史略》，中华书局1981年版。
③ 王国维：《观堂集林·外二种》，河北教育出版社2003年版，第573页。
④ 同上。
⑤ （清）李管庭芬：《拜经楼藏书题跋记序》，吴寿旸《拜经楼藏书题跋记》，清道光二十七年刻本。

查慎行不仅藏书，还毕生抄书不辍，他诗云："人言冬是岁之余，自分生涯伴蠹鱼。比似王筠犹有愧，白头方解手抄书。"（卷四十三《抄书三首》其一）当时他入直南书房，遍阅宫内典籍，每有自家所缺之书就借来抄录。抄书的目的在于阅读治学，并非一般藏书家的聚珍纳奇。

除了查氏家族直系成员之外，有与之姻亲关系的亲族，亦藏书丰厚，如查慎行的岳丈陆嘉淑，有楼曰密香，藏书万卷。① 查慎行的表兄朱彝尊，有曝书亭，自谓"曝书，既曝而藏诸，因著于录，录凡八卷，分八门焉，曰经、曰艺、曰史、曰志、曰子、曰集、曰类、曰说"②。查慎行时常向其借书，他有诗云："整娖牙签万卷余，谁言家具少千车。僦居会向春明宅，好借君家善本书。"（卷六《柬朱竹垞表兄时移居古藤书屋》）查慎行之妹查惜就嫁给了海宁藏书家马思赞，"夫妇日坐楼中以丹黄校雠为乐"，"马寒中上舍居插花山中，拥书万卷，筑道古楼，与妇查氏惜日唱和其中，世望之若神仙中人"③，查嗣瑮亦云："道古楼积书万卷，兼充秘玩，颇有忘世之乐。"④

海宁查氏藏书传统与其家族文学，特别是诗学的勃兴有着不可忽视的联系，不少藏书家亦是颇有名气的诗人，丰富珍贵的藏书资源，成为诗歌创作与研讨的深厚资本。藏书亦可视作切磋诗文的一种方式，在客观上促进了诗学的繁荣。藏书刻书业的繁盛不仅为诗学的兴起直接提供了丰厚的文献资源，而且随着书籍的传抄、刊刻，也为诗学的振兴营造了浓厚的文化氛围与良好的人文环境。

3. 各种艺术门类发达

查氏家族的勃兴，亦得力于书、画等各种艺术门类的浸润。查氏家族成员大都博学多才，不仅通经史，能文章，擅长诗词，而且在书法、绘画等方面也颇有建树。重要者如下表所示：

---

① （清）缪荃孙：《云自在龛随笔》卷四，稿本。
② （清）朱彝尊：《曝书亭著录序》，《曝书亭集》卷三十五，《四部丛刊》本。
③ （清）吴骞：《拜经楼诗话》卷一，嘉庆刻愚榖丛书本。
④ （清）查嗣瑮：《寒中素村次韵寄诗四迭前韵》，《查浦诗钞》卷七，清刻本。

姓名	字号	世系（与查慎行的关系）	特点（艺术）
查质	字鸣野，号省庵		《海宁艺苑人物》："工绘事，尤精山水。"①
查继佐	号伊璜。入清后，别号非人氏。人称东山先生、朴园先生。	十一世（查慎行族叔）	《海宁艺苑人物》："工书画，书法本颜真卿，奇逸有声于时。擅画山水，宗黄公望，亦能写意人物，并工画理，尝谓：'画是醒时梦，梦或无理却有情。画不可无理、正妙有情。非多读书，负上慧，能作奇梦者，莫望涯涘。'晚年喜画梅，家居极文酒声伎之乐。……又著有杂剧《续西厢》《传奇三报恩》《非非想》等。"② 《中国美术大辞典》："擅山水，师黄公望，皴法略见简少，晚年喜写梅。书法奇秀。亦善诗赋传奇。"③
查嗣琪	字肇玉，号石文	十二世	《中国美术家人名辞典》："中年曾师事刘戢山。擅诗文，工行草书。有手书《孝经》《黄庭经》刻石。子查昇、孙昌泂，皆继承光大其学。"④
查士标	字二瞻，号梅壑，一号梅壑散人	十二世	寻弃举子业，专事书画。家故饶裕，多鼎彝及宋、元人真迹，遂精鉴别。画初学倪高士，后参以梅华道人、董文敏笔法。用笔不多，惜墨如金，风神懒散，气韵荒寒，逸品也。见王石谷画，爱之，延至家，乞其泼墨，作云西、云林、大痴、仲圭四家笔法，盖有所资取也。晚年技益超，直窥元人之奥。尝作师子林册，宋牧仲得之以为快。⑤ 查慎行赠以诗云："诗文价定人争购，书画船轻客待邀。"（卷五《过二瞻兄维扬寓斋兄有赠行诗次韵酬别》）
查岳	字舜俞，字胜予	十二世	《海宁艺苑人物》："继承家学，善治印，书法近董其昌，亦驰名。"⑥

---

① 海宁市文史资料委员会：《海宁艺苑人物》，《海宁人物资料》第 3 辑，1990 年，第 126 页。

② 同上书，第 131 页。

③ 沈柔坚、邵洛羊等编：《中国美术大辞典》，上海辞书出版社 2002 年版，第 130 页。

④ 乔晓军：《中国美术家人名辞典》，三秦出版社 2007 年版，第 369 页。

⑤ 徐珂：《清稗类钞》第 9 册，中华书局 2010 年版，第 4038—4039 页。

⑥ 海宁市文史资料委员会：《海宁艺苑人物》，《海宁人物资料》第 3 辑，1990 年，第 127 页。

续表

姓名	字号	世系（与查慎行的关系）	特点（艺术）
查昇	字仲韦，号声山	十三世（查慎行族子）	《清诗别裁集》云："宫詹书法得董文敏之神，入直南书房时圣祖屡称赏之。"① 《清史列传》云："尤工书，得董其昌神韵。圣祖属称赏之。"②
查克承	字坤元，号寄材	十三世（慎行第二子）	《海宁艺苑人物》："工诗并擅书画。花卉翎毛神似恽寿平，书法近董其昌，亦善隶书。"③
查羲	初名昌羲，字尧卿，号选佛，又号如冈	十四世（查嗣庭孙）	《海宁艺苑人物》："书法学钟繇、王羲之，善画兰，饶有神韵。"④
查馨	字庭兰，号秋佩	十二世	《海宁艺苑人物》："少小多病，学画消遣。从学习查继佐、查士标开始，宗法黄子久。工画山水。"⑤
查璇继	字寅工，号介庵，一作介龛，晚号髯仙	十一世	《海宁艺苑人物》："精治印，著有《印谱》二卷。陈鳣论印说：'介龛工铁笔，初白（查慎行）所称。侄舜俞、孙若农，并传家法。'"⑥
查人渶	字仲湛，号青华，一作清华，别号赤山樵人	十八世	《海宁艺苑人物》："善写擘窠书，亦工画，著有《论画存精录》《笪重光画筌注》。"⑦
查奕照	字丽中，又字丙庚，号龙山樵者，又号丙塘，晚称赘叟。	十五世	丙唐博览工文，兼善书画，负经世才，迭居大幕，援例得官。百文敏督两江，尤器赏之。宦归后，与张叔未、黄霁青唱酬无虚日。画花鸟得宋、元人遗意，偶作仙佛，亦具汉人画像笔法。⑧
查世富	字怀忠，号南庐	十六世	《中国美术家人名辞典》："书法佳妙。"

---

① （清）沈德潜：《清诗别裁集》（下），上海古籍出版社 2013 年版，第 673 页。
② 王钟翰点校：《清史列传》卷七十一，中华书局 1987 年版，第 5812 页。
③ 海宁市文史资料委员会：《海宁艺苑人物》，《海宁人物资料》第 3 辑，1990 年，第 129 页。
④ 同上书，128 页。
⑤ 同上书，128 页。
⑥ 同上书，134 页。
⑦ 同上书，128 页。
⑧ （清）徐世昌：《晚晴簃诗汇》卷一百二十二，民国退耕堂刻本。

续表

姓名	字号	世系（与查慎行的关系）	特点（艺术）
查世燮	字冬生，号少梅	十六世	《海宁艺苑人物》："擅画人物，宗法高其佩；亦能花鸟，近恽寿平一派，兼工篆、隶书。著《待月居吟草》。"①
查世溥	字客查	十六世	《海宁艺苑人物》："工诗文，善画，15岁就能擘窠大字。及长，以书法见重艺林。"②
查世璜	字仲牙，号礼斋	十六世	工画山水，亦善画梅。有《汉晋砖砚室吟稿》③
查嗣庭	字润木，号查溪、又号横浦	十二世（慎行三弟）	《清稗类钞》曰："查君书名震海内，而不轻为人书，琉璃厂贾人贿查侍者，窃其零缣剩墨出，辄得重价。"④
查冬荣	字子珍，号辛香	十三世	《中国美术家人名辞典》："工诗善书。"⑤

查氏家族不仅男性成员多才多艺，女性中亦有擅长书画者，如查冬荣妻朱淑均、其弟查有炳妻朱淑仪、女查芝生皆工翰墨。淑均受画于其叔筑岩与妹兰卿，淑仪，工花卉。二人为妯娌，皆能画、诗。查冬荣侧室谢锦秋（字织霞）"归查氏后，受门第影响，亦工诗擅画"⑥。曾与大妇淑均作兰石画扇。女查芝生（字九英，号鬘云）诗、画，受家学熏陶，工山水。⑦ 查冬荣题诗，有"不买胭脂画牡丹，闺中合璧写芝兰"之句。

能文章，擅诗词，工书善画，这些才能与诗歌创作一样，是海宁查家世代承传、引以为豪的家族传统与财富。就中国传统文化发展的实际情况及其理论层面来看，诗、书、画无绝对的界限，相近的创作经验、观念与方法又有某种内在的渗透，同一时期不同艺术门类的理论之间亦可发生深刻的影响。在查氏家族当中，诗、书、画兼通者不在少数，这在某种程度上正说明了不同艺术门类间能相互交融与汇通。

---

① 海宁市文史资料委员会：《海宁艺苑人物》，《海宁人物资料》第3辑，1990年，第129页。

② 同上。

③ 同上。

④ 徐珂：《清稗类钞》第3册，中华书局2010年版，第1040页。

⑤ 同上书，第368页。

⑥ 海宁市文史资料委员会：《海宁艺苑人物》，《海宁人物资料》第3辑，1990年，第129页。

⑦ 参照赵禄祥主编《中国美术家大辞典》（下），北京出版社2007年版，第1955页。

4. 家族成员间的文化交流

家族内部的文学交流活动，能强化家庭成员的家族意识，增进情感交流，提高文学创作水准。

康熙九年（1670）寒食，查慎行的族叔，七十岁高龄的查继佐回乡扫墓，会族中子弟于祠中，并授家课，得从侄查嗣韩①诗卷，叹为"未易才"，因语曰："子能离家从我游，尽以因缘变化之法授子，不三年当名满四方，岂止吴越间哉！"②查嗣韩遂从之学，三年后名逾吴越间。查继佐讲学于敬修堂，自署云："学不厌，诲不倦，何有于我？诵其诗，读其书，私淑诸人。"③尽心尽力培养子弟。查诗继、查培继诸族弟及侄查容、查嗣瑮、查慎行都曾跟随他学习。此外，诸如查慎行的族叔查裕继对其子"不遽令习应举业"，"退而学诗"④；查善继"受徒施教，至老不倦"⑤，可以看出长辈对家族子弟教育的重视。

查慎行亦不遗余力地奖掖后进，"查氏门材甲于海内，查田喜奖借后进"。⑥查田即查慎行，归田后，他"与宗兄弟劝酬齿序，杖履肩随，校农桑，量晴雨，间与田父野老咏歌盛世。且举家课，集子弟之能文者试之，有志者期以上进，自弃者，勉其改行"、"待子弟严而有恩，有过虽成人不少贷"⑦。为培养教育家族子弟殚心竭力。与慎行、嗣瑮兄弟同宗不同支的族孙查尧卿，就曾经向其学诗。《两浙輶轩录》载："选佛（查尧卿的字）从家初白、查浦学诗二十年，诗笔老成。"⑧除携教子孙外，查慎行尝教从孙查昌和、族侄查为仁等作诗之法。

家庭成员之间的酬唱赠答在查氏家族内部就更流行了，尤以慎行、嗣瑮兄弟二人为甚，两兄弟并称"二查"、"查氏二才子"。《晚晴簃诗汇》称："查浦未第时即有才名，与初白相颉颃，称二难，同馆十年，先后归

---

① 查嗣韩，生卒年不详，字荆州，号皋序，浙江海宁人。康熙二十七年（1688）戊辰科进士。
② （清）沈起：《查继佐年谱》，汪茂和点校，中华书局2006年版，第63页。
③ 同上书，第47页。
④ （清）杨守知：《赠内阁中书十一世方谷公传》，《查氏族谱增辑》卷二。
⑤ 同上。
⑥ （清）阮元：《两浙輶轩录》卷十五，引《词科掌录》语，清嘉庆刻本。
⑦ （清）陈敬璋：《查慎行年谱》，中华书局2006年版，第32页。
⑧ （清）阮元：《两浙輶轩录》卷十五，引《词科掌录》语，清嘉庆刻本。

里。《查浦诗钞》初白为作序，谓兄弟年皆七十外，极唱和之乐"①。《郎潜纪闻二笔》亦云："海宁查慎行夏重，嗣瑮，查浦昆季皆负隽才，少以诗文相劘切，……兄弟互相为序，天伦唱和之乐，坡、谷不如。"② 查慎行与二弟德尹之间唱酬篇目以百计数，唱酬时间之长、篇章之多，坡谷不逮。

除了亲兄弟之间，查慎行还与弟查嗣庭、从兄查嗣韩、查容、查士标、从弟查嗣瑮、侄查昇等唱和过从。正如查慎行三十岁时写给查容的一首诗所描述的："篇成必传示，瑕颣互指摘。我赏兄不疑，兄领我蹙额。丹砂百炼金，点铁随手掷。"（卷一《与韬荒兄竟陵分手，兄至荆州，余往监利，滞留且一月矣，作诗以寄》），这种和谐、浓郁的诗歌交流氛围不仅显示了查氏家学的传统渊源，也有助于交流学习、锻炼诗作，促进诗艺的提高，使查氏家族得以代代诗才相继。

5. 闺阁诗人的涌现

查氏家族能文能诗的风气熏染了查氏闺秀，涌现了一批女性诗人。闺阁诗人在一个家族中大量涌现，在清代文化世家中并不多见，查慎行母亲钟韫，就工诗古文词，《杭州府志》载："钟韫学工诗古文，词著有《长绣楼集》，疾亟，自以风雅非女士所宜，悉弃之，慎行默识追录诗词六十余首，题曰《梅花园诗存》。"

其他查氏家族女性诗人简况列举如下：

查淑顺，字蕙圃，查慎行曾孙女，雅善围棋吹箫，年三十三卒，有《览秀轩稿》。

查蕙芳，查会昌女，《杭郡诗续辑》语云："蕙芳自幼工诗词，长篇短章，时时间作。及适立夫，诗愈工而境愈穷。后因夫亡子折，又兼病骨支离，乃尽焚其手稿书卷，致使壸德不传，惜哉！"③

查惜，字淑英，慎行妹，自幼聪慧，曾纵观唐宋以来诗文，作诗以清雅为宗，有《南楼吟香集》六卷。

查昌鹓，字凤佐，自小承母命学，"即归静轩夫子，闺门之内，赏奇析疑，唱随十有六年"，夫亡后"翻阅历代名家诗，以及闺秀诸稿，意有

---

① （清）徐世昌：《晚晴簃诗汇》卷五十五，民国退耕堂刻本。
② （清）陈康祺：《郎潜纪闻二笔》卷十，清光绪刻本。
③ 王英志主编：《清代闺秀诗话丛刊3》，凤凰出版社2010年版，第1819页。

所得，寝食几废"①。乃编成《学绣楼名媛诗选》十六卷。著《学绣楼吟稿》一卷。

查若筠，字佩芬，号维山遣客，刑部郎中查世倓女，娴雅工诗，有《佩芬阁焚余》一卷，《曼陀雨馆诗存》。

查蕙纕，字静和，查嗣庭女，《清稗类钞》云："海宁查嗣庭以文字罹国法，其女蕙纕亦徙边塞。女故工诗，题驿壁云：'薄命飞花水上游，翠蛾双锁对沙鸥。塞垣草没三韩路，野戍风凄六月秋。渤海频潮思母泪，连山不断背乡愁。伤心漫谱琵琶怨，罗袖香消土满头。'"②梁启超看到此诗后说："蕙纕可谓不愧名父之子矣。"③

查瑞杼，字苏某，查揆女，有《如是斋吟草》。《中国妇女人名词典》云："雅工诗，善吟咏，侍亲以孝闻。"④

查映玉，字春帆，号璧人，查昌源女，有《梅花书屋诗草》。

谢锦秋，字织霞，又字芝生，查冬荣妾，著有《织霞遗集》。

与查家联姻的多当地的大户世家，比如海宁陈家、沈家、秀水朱氏等，这些女性大都受过较好的教育，有才有识，能文能诗，在担起相夫教子的重任之时往往更重视对子女文学修养的锻炼。如查继佐的母亲沈氏为名处士宗武之女，"自幼即解音韵反切之学，工诗"，继佐与兄继伸所学"半得于母氏之教"⑤。又如陈敬璋（号半圭）的母亲为查慎行弟孙女，"半圭少孤家贫，母查孺人苦节教抚，以底于成，为人勤学好问，早岁补博士弟子，经明行修，闾党咸称焉，盖一本于圣善之训也，孺人为少宗伯横浦公女孙，而内翰初白先生其世大父也，夙娴内则，禀诗礼，故教子尤有法"⑥。才女查昌鹤忆学诗之渊源，也说是"余自垂髫，承母氏命，从伯兄介荪先生受业。初授《毛诗》《女孝经》及《内则》《女训》，讫于

---

① （清）查昌鹤：《学绣楼名媛诗选自序》，转引自胡文楷《历代妇女著作考》，商务印书馆1957年版，第330页。
② 徐珂：《清稗类钞》第8册，中华书局1986年版，第3917页。
③ 梁启超：《饮冰室诗话》，舒芜校点，人民文学出版社1959年版，第94页。
④ 卓承元主编：《中国妇女人名词典》，河北科学技术出版社1991年版，第393页。
⑤ （清）沈起：《查继佐年谱》，汪茂和点校，中华书局1992年版，第19页。
⑥ （清）吴骞：《雪夜授经图记》，《愚谷文存续编》卷一，清嘉庆十九年刻本。

小学、四子书，略皆成诵；复授唐诗数百篇，徒伸咕哗，未遑讲解"①。母亲虽没有直接传授诗法，但重视对女儿的文化教育，伯兄亲自指教，在"女子无才便是德"的社会大氛围中，显示其过人见识和素养。这是查氏家族女性诗人勃兴的意义所在，也可视为家族文化传承不衰的一个原因。

（二）查氏后人影响

直到现代，海宁查氏家族依然有穆旦（查良铮）、金庸（查良镛）这样享誉海内的文学巨匠，显示了其长盛不衰的生命力。海宁查氏家族诗歌创作繁荣于明清易代之际，现将清代有成就的诗人择要辑录，查氏第十七世查有钰（式庵）编纂家集《海昌查氏诗钞》，所辑查氏诗作起于明成化年间，迄于清同治末年，共存诗人二百四十四家，诗三千五百三十九首。第二十世查文清整理家集时，编纂《海宁查氏诗钞》九百余卷。明清时期，查氏较有影响力的著名诗人一百一十余人。如下表所示：

姓名	字号	世系（与查慎行关系）	著述	诗歌成就
查大韶	字五经	十世	《汉魏六朝百三名家选》	《民国海宁州志稿》："尝著《硼社新书》为艺林所重。平生撰述惜皆散佚，存者唯《汉魏六朝百三名家选》。"②
查继佐	号伊璜，入清后，别号非人氏	十一世（同族叔辈）	《粤游杂咏》不分卷《敬修堂诗集》	《民国海宁州志稿》："生有异才，诗文词曲，皆作未经人道语。崇祯癸酉举于乡，浙东授职方主事，后不复出，寄情诗酒，一时推风流人豪。晚年辟敬修堂于杭州之铁冶讲学，其中弟子著录甚众，学者称敬修先生。"③
查旦	字孟耀，一字封娄	十二世	《始读轩遗集二卷》，《始读轩一卷》	《两浙輶轩录》："查隐君，晚号海上迁人……论古诸作，颇具卓识之令人慨然。"④

---

① （清）查昌鹤：《学绣楼名媛诗选自序》，转引自胡文楷《历代妇女著作考》，商务印书馆1957年版，第330页。

② （清）李圭修，（清）许传沛等纂：《海宁州志稿》卷二十九，成文出版社1983年版，第3354页。

③ 同上书，第3354—3355页。

④ （清）阮元：《两浙輶轩录补遗》卷三，清嘉庆刻本。

第一章　查慎行家世、生平与性格考论　　23

续表

姓名	字号	世系（与查慎行关系）	著述	诗歌成就
查嗣韩	字荆州，号皋亭	十二世	《玉禾堂存稿》	《两浙輶轩录》："族叔继佐叹为'未易才'，旋入监，十三年不拆家信"①
查诗继	号愚溪，又号樊村	十一世	《肃肃轩稿》《北窗小草》《深宁斋集》	黄宗羲称其诗为："抚时触物，忧以思勤而不怨，有《国风》《小雅》之遗。"②
查开	字宣门，号香雨	十三世	《苏诗三家注定本》《吾鲍亭诗集》。	《两浙輶轩录》引沈德潜语云："克自奋励，以不陨其家声，所作深得诗人温厚之旨。"③
查容	字韬荒，号渐江	十二世	《江汉诗集》④、《弹筝集》《浙江诗钞》《咏归录》⑤	《两浙輶轩录》："性好游，南至滇黔，北抵燕齐，才名大振。"⑥《国朝诗人征略》有传。
查嗣瑮	字德尹，号查浦	十二世（查慎行二弟）	《查浦诗钞》《查浦辑闻》《唐人万首长律》	《两浙輶轩录》："与兄初白酬唱，斐然可观"，钱仁荣曰："不及其兄之沉着，而才思不匮，尽绝浮响，亦自可传。"⑦《海宁艺苑人物》："工诗词、书法、并精考证鉴定。生平游迹半天下，题咏酬唱无虚日。名望与慎行相等，时以'二查'并称，曾参与校勘《全唐诗》。"⑧
查昇	字仲韦，号声山	十三世（查慎行族侄）	《澹远堂集》	《两浙輶轩录》："《炙研琐谈》海宁查少詹……诗不着色，自得风流。"⑨《全浙诗话》："《府少詹事徐倬查昇传》：'昇负诗文盛名，尤工书法。'"⑩
查有新	字铭三，号春园	十七世	《春园吟稿》	《晚晴簃诗汇》："海宁查氏自初白、查浦后，代有诗人，春园渊源家学，不失矩矱，集中《和陶〈饮酒〉二十首》，自寓生平，尤见冲淡之趣。"⑪

---

① （清）阮元：《两浙輶轩录补遗》卷十二，清嘉庆刻本。
② （民国）徐世昌：《晚晴簃诗汇》卷四十七，民国退耕堂刻本。
③ （清）阮元：《两浙輶轩录》卷十二，清嘉庆刻本。
④ （民国）齐耀珊修，吴庆坻等撰：《杭州府志》卷九十一存目，民国十一年刊本。
⑤ （民国）齐耀珊修，吴庆坻等撰：《杭州府志》卷八十九存目，民国十一年刊本。
⑥ （清）阮元：《两浙輶轩录》卷二十，清嘉庆刻本。
⑦ 钱仲联：《清诗纪事》，江苏古籍出版社1987年版，第3181页。
⑧ 海宁市文史资料委员会：《海宁艺苑人物》，《海宁人物资料》第3辑，1990年，第134页。
⑨ （清）阮元：《两浙輶轩录》卷十，清嘉庆刻本。
⑩ （清）陶元藻：《全浙诗话》卷四十四国朝，嘉庆元年怡云阁刻本。
⑪ （民国）徐世昌：《晚晴簃诗汇》卷一百二十二，民国退耕堂刻本。

续表

姓名	字号	世系（与查慎行关系）	著述	诗歌成就
查为仁	字心榖，号莲坡	十三世（查慎行宗侄）属于海宁查氏北之派	《莲坡诗话》	曾与厉鹗同笺《绝妙好词》。《国朝诗人征略》云："先生早赋《鹿鸣》，被讦得罪，数年得释，因发愤读书。所居天津水西庄，贮书万卷，往来名士，无不揽环结佩，延主其家。所娶金夫人含英，亦耽风雅。"①《国朝词综》引吴宝崖语云："莲坡才思超俊，履险能夷，时时招余坐花影庵，风帘雪槛，刻烛赋诗外，尤好倚声，抽妍骋秘，宫协律谐，能洗《草堂》《花间》之余习。"②
查岐昌	字药师	十四世（查慎行孙）	《吴趋集》《江上集》	《国朝诗人征略》引《湖海诗传》语："药师为初白先生孙，诗句新异，而散体尤有法度。"③
查冬荣	字子珍，号辛香	十三世	《诗禅室集》三十卷，《岭南雅集》	《晚晴簃诗汇》引吴清如语："海昌查氏以诗鸣，自初白、声山之后，流风所被，延绵不绝。辛香，后起之秀，其诗缠绵往复，有一唱三叹之音。"④
查人渶	字仲湛，号青华	十八世	《西湖游记》二卷	《两浙輶轩录》："袁俊曰……吾无以名青华诗，请吟青华'好诗羞与昔吟同'之句，标其自道性灵处。"⑤《雪桥诗话三集》："钱衍石尝称海宁查人渶诗，严壑竞爽，奥如旷如，其《武安途次口占》……写景如画。"⑥

以上所列举的只是清代海宁查氏家族中诗名较盛者，未能提及的不胜枚举。然其家族诗文化精神之深入人心，创作氛围之浓郁，范围普及之广泛，可以窥豹一斑。查慎行是这个家族诗歌群体中的核心人物，对家族诗学的发扬光大起到了推波助澜的作用，时人多此论，如金甡《质孚侄埕进斋遗集题词十二首》（其十二）：

前辈风流聚一家，声山夏重竹林夸。途分夷险伤存殁，窃比当年

---

① （清）张维屏：《国朝诗人征略》卷二十一，清道光十年刻本。
② （清）王昶：《国朝词综》卷二十，清嘉庆七年王氏三泖渔庄增修本。
③ （清）张维屏：《国朝诗人徵略》卷三十三，清道光十年刻本。
④ （民国）徐世昌：《晚晴簃诗汇》卷一百四十八，民国退耕堂刻本。
⑤ （清）阮元：《两浙輶轩录》卷三十一，清嘉庆刻本。
⑥ （民国）杨钟羲：《雪桥诗话三集》卷十一，民国求恕堂丛书本。

剩老查。①

又如法式善诗：

> 一代诗名盛，恢奇敬业堂。翕然合唐宋，卓尔抗朱王。裔子多文秀，南庐擅老苍。新篇与古帙，不断此幽香。②

再如毕沅诗：

> 查氏多诗人，耳熟君名久。淡荡竹溪风，长竿时落手。忘机境自佳，得鱼事亦偶。烟波一钓徒，不见初白叟。③

海宁查氏诗人辈出，在清代，形成了一个以查慎行为核心，以查氏家族成员为主干的海宁诗派。《两浙輶轩录》引陈勋语云："海宁诗派自陆辛斋、朱岷左父子、查韬荒为国初眉目，至初白、查浦兄弟以五七字冠冕一时。"④ 又引周春传语曰："海宁诗派导源于射山，而渐山继之，至初白为极盛。"⑤认为海宁诗派肇端于查慎行的外舅陆嘉淑，至慎行兄弟称极盛。

在家学的浸润下，家族成员的价值观与审美观会存在某些相似性，共同的交际圈，成员之间频繁的相互酬唱赠答，形成了相似的题材取向和趋同的创作风格，这些都呈现出家族文学的"群体"的共性，也昭示了"海宁诗派"这样一个诗歌群体的切实存在，而查慎行是其中的代表。

二 查慎行生平考述

查慎行出生于顺治七年庚寅（1650）五月七日，海宁花溪龙尾山。

---

① （清）金甡：《静廉斋诗集》卷二十一，嘉庆二十五年刻本。
② （清）法式善：《题海宁查怀忠〈南庐诗钞〉后》，《存素堂诗初集录存》卷八，清嘉庆十二年刻本。
③ （清）毕沅：《题查客竹溪垂纶图三首》，《灵岩山人诗集》卷十四，清嘉庆四年刻本。
④ （清）阮元：《两浙輶轩录》卷十，清嘉庆刻本。
⑤ （清）阮元：《两浙輶轩录》卷三十二，清嘉庆刻本。

雍正五年丁未（1727）八月三十日卒，享年78岁。他一生大体脉络较清晰，本节将查氏生平分5个阶段：青少年时期（29岁前）、随军西南时期（30—33岁）、京城游历时期（33—52岁）、翰林院时期（53—64岁）、晚年里居时期（65—78岁）。

（一）青少年时期（29岁前）

《敬业堂诗集》按时间编排，可以视作查慎行生平研究的第一手资料，然而遗憾的是：查慎行在诗集付梓时，将"己未以前诗古文稿悉毁去，不欲以少作传世"①。因30岁之前无诗文参证，致使这一时期，成为其生平研究的薄弱环节。

1. 早期教育情况

查慎行少时聪慧嗜学，天性颖异，五岁"即解切韵谐声大义"②，十岁作《武侯论》，同邑前辈范默庵③称赞道："援经证史，论断精卓，旷世才也。"④ 年纪轻轻的查慎行，就获得了如此高的评价，其天赋可见一斑。查慎行有文回顾自己与德尹弟由童年到青年的读书生涯：

> 顺治丙申，余七龄入小学。明年丁酉，仲弟亦出就傅。日课有余力，先淑人率口授唐诗一首。弟性警敏，亟解《切韵》谐声，十岁以上，五经四子书略成诵。先大夫不遽令习举业，则与余退而学诗。既冠且娶，始从慈溪叶师学为时文，而性之所好，尤在吟咏，久之遂成卷。父执陆射山、范默庵两先生，家伊璜、二南两伯父，互加奖饬，则益自喜，又相约为咏史诗。⑤

家庭的氛围给了查慎行最初的文学浸润，母亲的启蒙教育，陆射山、范默庵、伊璜、二南伯父，都是他的启蒙老师。

---

① （清）陈敬璋：《查慎行年谱》，中华书局2006年版，第16页。
② 同上书，第13页。
③ 范骧（1608—1675），海宁人，字文白，号默庵，清初书法家。
④ （清）陈敬璋：《查慎行年谱》，中华书局2006年版，第13页。
⑤ 查慎行：《仲弟德尹诗序》，《敬业堂文集》卷中，四部备要本，中华书局据古杭姚氏钞本校刊。

查慎行的母亲钟韫,是河南巡抚钟化民的孙女,有较高的文化素养,当时"以才德称宗党"。钟韫工诗古文词,著集若干卷,今不存,钟韫卒后族人在《公祭文》中称誉其为"母师"、"女宗"。《两浙輶轩录》存其诗《得逸远京口信》,诗云:

> 长风远去好乘槎,短札遥传记岁华。屋里寒梅三百树,年年偏看客中花。

全诗笔力健飒,毫无怃怩之态。查父常年在外游历,"出门则归无定期,视家如传舍,往往家有婚嫁徭役诸大事置之罔闻,听家人谋之"①。母亲同时扮演了慈母与严父两种角色,虽盼夫心切,但却不自怨自艾。查慎行的族侄吴骞云:"昔初白母钟淑人,忠慧公孙女,通明有志识。赠公逸远先生,长客游四方,淑人以慈母而兼严父,恒以崇硕学,略才华,诲督诸子,缘是初白兄弟皆有闻于时。"② 查氏兄弟的成才与母亲的谆谆教诲是分不开的。《查慎行年谱》云:"五岁……母太淑人课之读,授唐人诗篇数百篇,即《切韵》谐声大义。"③ 母亲的教育培养不仅给了查氏兄弟最初的文学启蒙,在道德上,亦是查氏兄弟的第一任老师,《严门诗话》记载了一段她对查氏兄弟的训诫:"大父尝举先太淑人诗示予兄弟曰:'才名终世态,学业有家传,此吾读书栖水时,曾祖母寄示之句,顾汝曹亦毋忘斯训也。'"④ 在两儿离家求学,她有《示两儿读书吴山》,诗云:

> 丧乱还家后,周旋只两儿。苦辛都为汝,贫贱且从师。慎勿趋时好,何须恋旧茨。晨昏原细故,努力慰衰迟。⑤

字里行间透露出钟韫对二子的期望,尤其对其学习态度的提醒,温和

---

① (清)朱奇龄:《舅氏学圃先生传》,《拙斋集》卷二,清康熙介堂刻本。
② (清)吴骞:《雪夜授经图》,《愚谷文存续编》卷一,清嘉庆十九年刻本。
③ (清)陈敬璋:《查慎行年谱》,中华书局 2006 年版,第 13 页。
④ 转引自(清)陈敬璋《查慎行年谱》,中华书局 2006 年版,第 15 页。
⑤ (清)钟韫:《梅花园存稿》,清乾隆刊本。

中不失威严。正如研究者指出："查慎行母钟韫是山河变色的时世造就的母师女宗，她以体贴夫婿、鞠育子女的妇德和自身的文学成就被族人奉为典型和模范。"① 正是由于有这样一个"通明有志识"的母亲，为家风在子孙那里的传承做出了重要贡献，给查慎行的心灵上烙上了一生的印记。

2. 查慎行师从黄宗羲时间考

陈敬璋《查慎行年谱》"（康熙）二十一年壬戌（1682）"条下记载："从姚江黄梨洲先生学"②；《清代人物传稿》亦云："（康熙）二十一年，著名学者黄宗羲，来海宁北寺讲学，查氏从其门下，博及子史诸书，对经文奥旨，深得体要，渐归通贯。"③ 根据上述记载，查慎行师从黄宗羲的时间为康熙二十一年壬戌秋季。

史传中对查慎行师从黄宗羲有如下记载：

"少受学黄宗羲，治经邃于易。"（《清史列传》）

"少受业于姚江黄氏。"（《昭代名人尺牍小传》）

"少受学于余姚黄宗羲，于经邃于易。"（《国朝耆献类征初编》）

康熙二十一年查慎行已经 31 岁了，虽亦可勉强称"少"，但查慎行此时刚刚结束从军生活，归自黔阳，就在第二年十月，匆匆赶赴南昌，编撰《西江志》。其间家居一年的时间，但此期间的诗集《遄归集》，却只字未提师从黄宗羲一事。因此康熙二十一年壬戌的这一时间值得怀疑。

黄宗羲来到浙江海宁讲学的时间，《海宁州志》有记载："康熙丙辰至海宁，前令许三礼戒邑中士大夫胥会于北寺，听其讲学。"对此黄宗羲《留别海昌同学序》记载："岁丙辰二月，余至海昌西山"。黄宗羲子黄百家作《送查夏重游燕京序》亦云：

---

① 陈玉兰：《清代海宁查氏闺阁诗群的心路历程》，《苏州大学学报》（哲学社会科学版）2013 年第 3 期。

② （清）陈敬璋：《查慎行年谱》，中华书局 2006 年版，第 17 页。

③ （民国）何龄修，张捷夫主编：《清代人物传稿》（中编），中华书局 2001 年版，第 352 页。

余自丙辰春，随家大人至海昌，即授经于元岵张先生家，于今已四阅年矣。其间同志诸君子，推家大人之谊，不余鄙弃者，多有其人。要皆得之，四年中，其为家大人之故交，而其后人，复讲世好，与余相亲爱者，则惟陈乾初先生之子敬之、查逸远先生之子夏重与德尹。①

题下自注作于己未，可知从康熙十五年丙辰（1676），是年春（二至四月），黄宗羲应海昌邑令许三礼（字典三，号酉山）之邀讲学海昌。九月至次年，复讲学海昌。黄百家随侍父侧，与夏重与德尹相交好。直到康熙十八己未（1679）年之间，黄宗羲多次往还于浙江海宁，查慎行师从黄宗羲的时间当在此之间。

黄宗羲《查逸远墓志铭》云："嗣琎、嗣琛从余游，皆有俊才"，该铭作于康熙十七年戊午（1677），此时查氏已是黄门弟子。《黄梨洲先生年谱》"十五年（丙辰），公六十七岁"条下亦记载了此事："九日，同仇沧柱、陈子荣、子文、查夏重、范文园出北门，至范文清东篱"②。时仇沧柱、陈子荣均受业于黄宗羲，此条记师生九日出游。因此查氏师从黄宗羲的时间当为康熙十五年丙辰，是年，查慎行二十七岁，陈敬璋《查慎行年谱》当误。

3. 查父并非不令其学习举业

查慎行的父亲查崧继是明代诸生。黄宗羲云："逸远不令为科举干禄之学，而读书为诗古文，士林望风推服。"③ 后来研究者据此认为查继崧不令查慎行学习举业，出仕清朝，这一说法并不准确。

黄百家云："夏重少时制举文已超越时辈，既弃而学诗。……数年来更思务为实学。闭门扫书，兀坐一编城市中，或至数月不出，余甚敬惮之。"④《查慎行年谱》"七年戊申，先生年十九"条下记载："读书武林

---

① （清）黄百家：《送查夏重游燕京序》，《学箕初稿》卷二，四部丛刊本。
② （清）黄炳垕：《黄梨洲先生年谱》（下），王政尧点校，中华书局1993年版，第39页。
③ （清）黄宗羲：《查逸远墓志铭》，黄宗羲著、陈乃乾编：《黄梨洲文集》，中华书局1959年版，第157页。
④ （清）黄百家：《送查夏重游燕京序》，《学箕初稿》卷二，四部丛刊本。

吴山，从慈溪叶伯寅先生学。逸远公初不令习举业，至是始为隐括之文。"① 查慎行《先室陆孺人行略》云："余早禀庭诰，不习举业，年十九，始从甬上叶伯寅先生学为帖括之文。又三年，出应童子试，受知于郡守淮南嵇公。"《仲弟德尹诗序》亦云："十岁以上，五经四子书略成诵，先大夫不遽令习应举业，则与余退而学诗。即冠且娶，始从慈溪业师学为时文。"② 查父的"不遽令"不等同于"不令"。这恰说明查慎行父对科举态度的变化。

查慎行学习举业，参加童子试，不可能在其父亲不允许的情况之下。《查逸远墓志铭》作于康熙十七年戊午，时查慎行已经完成了在宁波的学业，黄宗羲并不知此事。后人凭借此说查父抵触科举，对清廷采取不合作的态度，显然有失查考。

查崧继缘何一开始不令查慎行学习举业？

查氏家族同明代政权的根源很深，六世祖、高祖均在明朝担任要职。查崧继的父亲为明武库司主事。《南雷学案》记载：

（查崧继）总角为诸生，即慷慨有大志。武库侧足焦原，先生左右其间。江上抗虏之日，先生提兵数百名，附于南雷公受调遣，既而虏兵进犯，列戎惊扰不能军，南雷公相率整旅，策渡而东，入四明山以图再举，旅达行在，先生羁旅聘辞，常谐要领，往来四渡瀚海，长风巨浪，视之若枕席上过也。未几而其父殁，虏胁诸内，国危诸外，孤卵自累，巢且顿倾，先生弘济艰难，催刚为柔，前掩而后覆，补败而扶伤，重立门户，宿艾骇服，然外虽蕴藉，而胸中耿耿者，终未下脐。③

可见查崧继青少年时期即跟随其父，参加了抗清斗争。清军入关之后，查崧继同许多明代遗民一样，对清朝采取不合作的态度，他筑圃隐居，改名遗，字逸远，以此表达心志，《海宁州志》将其列入"隐逸传"。

---

① （清）陈敬璋：《查慎行年谱》，中华书局 2006 年版，第 15 页。
② （清）查慎行：《敬业堂文集》卷中，四部备要本，中华书局据古杭姚氏钞本校刊。
③ （清）黄嗣艾：《南雷学案》，周骏富《清代传记丛刊》第 26 册，文明书局 1986 年版，第 410 页。

他对子女的教育自然会受此影响。时人亦云："盖先生虽不以仕宦为荣，而志在斯人，其素所树立然也。"①

清朝定鼎以后，大多数士人逐渐从震痛中恢复过来，开始积极参与新王朝的文化建设。查慎行这一代人已不像父辈那样身怀亡国之恨，面对清朝的态度要平和许多。黄宗羲的儿子黄百家在这个时候尚且"注意举业"，并对万斯同废寝观览《明列朝实录》颇不以为然。② 入清后，查氏家族以科举进入仕途的甚多，仅康熙朝海宁查氏中进士就有十人。查崧继虽不曾仕清，但并非不关心世事，他时常"以经济自期许"③。让子弟参加科举，虽说与传统的道义气节情操相扞格，而不让子弟参加科举考试，子弟的出路似又成了问题。易代之后，围绕着是否参加科举，查慎行的心态呈现出矛盾状态。在那个时代，像他这样的青年士人，要实现自己的理想抱负，除了科举，并没有太多其他道路可走。

不过早地应举业，使查慎行能够广泛地涉猎各种书籍，为其日后创作提供了先决条件。正如沈廷芳所云："先生为赠公长子，幼不令习科举业，故得肆力于经史百家。"④ 查父是否有此考虑，现已无从知晓，但至少在客观效果上，他的这种教育方式，为查慎行日后诗歌的成就奠定了基础。

查慎行进入举业的时间较晚，22岁应童子试，受知于郡守淮南嵇公。关于他在青年里居时期应举的情况，《年谱》记载只有22岁这一次，不过查慎行后来回顾兄弟同赴举业这段人生时说："稍长，同受业于慈溪叶伯寅师，已而，同赴场屋，屡见斥于有司。"⑤ 一个"屡"字透露了青年时期查慎行不止一次地参加过科举考试，但却淹蹇于闱场。

4. 婚姻

康熙六年丁未（1667）春正月，查慎行18岁，同遗民诗人陆嘉淑先

---

① （清）朱奇龄：《舅氏学圃先生传》，《拙斋集》卷二，清康熙介堂刻本。
② （清）黄百家：《万季野先生斯同墓志铭》，钱仪吉《碑传集》卷一百三十一，上海书店1988年版。
③ （清）战效曾：《海宁州志》卷十二，乾隆四十一年刻本。
④ （清）沈廷芳：《翰林院编修查先生行状》，（清）陈敬璋：《查慎行年谱》，中华书局2006年版，第45页。
⑤ （清）查慎行：《东亭查浦两弟七十寿序》，《敬业堂文集》卷中，四部备要本，中华书局据古杭姚氏钞本校刊。

生第三女陆孺人结缔姻缘。关于这桩婚姻，有几种说法：

其一，陈敬璋《查慎行年谱》云："先是，逸远公与征君同里同志，故征君遂以安人字先生。缔姻犹在襁褓中，至是始来归。合卺之夕，征君手书逸远公曰：'练裳竹笥，牵犬系羊，弟并无之，所恃知我耳。'两翁情好脱略如此。"①

其二，《雪桥诗话续集》云："他山初见陆冰修，以诗为贽，有'绝奇世事传闻里，最好交情见面出'之句，冰修击节不置，遂妻以女，亦佳话也。"②《尖阳丛笔》亦云："悔余初以诗为贽，有：'绝奇世事传闻里，最好交情见面初'之句。冰修击节不寘，遂以女妻之。"③

其三，萧穆云："海宁陆射山先生嘉淑，前明老宿，善诗古有人偷鉴，欲为其女与寡嫂之女择婿，于邑中得查慎行、许汝霖，二人皆贫而好学，谓其嫂曰：'查富贵未可必，必成名士，许则八座无疑也。'嫂以女字许，查为射山婿，许既婚，射山嫂知其家徒壁立，为之哭失明，查竟不能娶，而射山适断弦，欲远行入门，佯谓其女曰：'我与汝至母舅家。'遂同乘小舟至婿门，射山先入门，谓慎行父曰：'我两人儿女长大，可成婚矣'。慎行父亦名士，而拘礼法，答曰：'虽贫不能备六礼，即具酒食一席，亦非仓猝可致者。'射山答曰：'皆不需此，今是吉日，我特送女来。'遂成婚。"④

后两种说法认为陆嘉淑因赏识查慎行才华，不顾查家"家徒壁立"，带女出嫁，颇有小说家色彩。陆嘉淑与查逸远确系故交，"陆公不第，天性高旷，以诗文鸣世，其人伦风鉴亦不可及也"。查逸远"慷慨有大节"，"轻财而好施"。⑤他们均志向高远，个性放达不羁，有着相似的遗民心态与故国情怀。黄宗羲曾回顾其与陆、查相识之经过："余频年过海昌，犹

---

① （清）陈敬璋：《查慎行年谱》，中华书局2006年版，第15页。
② （民国）杨钟羲：《雪桥诗话续集》卷三，刘承干校，北京古籍出版社1991年版，第146页。
③ （清）吴骞：《尖阳丛笔》卷二，清钞本。
④ （清）萧穆：《记海宁陆辛斋处士逸事》，《敬孚类稿》卷十四记事，清光绪三十三年刻本。
⑤ （清）朱奇龄：《舅氏学圃先生传》，《拙斋集》卷二，清康熙介堂刻本。

幸与冰修、逸远,登云岫山观日出,步海堤,指点夏盖石鼓在苍茫间。"①可以看出三人深厚友谊,年谱所云"缔姻犹在襁褓中"较为可信。

陆嘉淑终身未仕,但心性放朗,才华横溢,查慎行成为他的爱婿,从其学诗,得其指授为多。陆嘉淑又为查慎行的诗歌推波助澜,将其引荐给当时诗坛盟主王士禛,很大程度上扶持了查慎行在诗坛上的地位。查慎行对陆嘉淑亦有深厚的感情。康熙二十七年(1688),"陆辛斋先生客都门,忽报危疾,先生为买舟扶持南还,周旋汤药,奉事惟谨,有为人所难者。"②陆殁后,查慎行为之打理丧葬,慎行妻为之感动,曰:"感君之视吾父犹父也。"③

妻子贤良淑德,"善事舅姑,曲尽妇道,食贫茹苦,一以勤俭佐其不及,绝无几微愠"④。母亲逝世以后,作为长兄的查慎行承担了治家之责,查父浪游无迹,家中曾陷入"新举大丧,饔食不给"的贫困境地。慎行与妻子一起劳作,"督率老婢子垦中庭隙地,种茄以续食。孺人课蚕桑,勤纺织,以佐不逮。如是者七年"⑤。在艰辛的生活中,他与妻子建立了深厚的感情,他回顾妻子的一生时,感慨万千,云:"计其生平,九龄为无母之女,二十二为无姑之妇,为黔娄妻三十有三年,曾未获享一日之安。中间营两丧,娶两媳,支持门户,整理田庐,毕耗其心神,而继之以死。此五十老鳏所为凭棺摧痛,百端交集,不知涕泗横流也。"⑥

当查慎行在犹豫是否从军时,是妻子给了他鼓励,查慎行回顾这段时光说:"汝母病在床,强起缝衣襦。为我择吉日,劝我姑徐徐。"(卷四《将有南昌之行示儿建》)查慎行中年以后,漂泊异乡,"频年往来万里,安人从无离别可怜之色也"⑦。她坚强地承担起了治家之责,任劳任怨。

---

① (清)黄宗羲:《查逸远墓志铭》,黄宗羲著、陈乃乾编《黄梨洲文集》,中华书局1959年版,第157页。

② (清)陈敬璋:《查慎行年谱》,中华书局2006年版,第19页。

③ (清)查慎行:《先室陆孺人行略》,《新辑查慎行文集》,中州古籍出版社2012年版,第111页。

④ (清)陈敬璋:《查慎行年谱》,中华书局2006年版,第23页。

⑤ (清)查慎行:《先室陆孺人行略》,《新辑查慎行文集》,中州古籍出版社2012年版,第110页。

⑥ 同上书,第111页。

⑦ (清)陈敬璋:《查慎行年谱》,中华书局2006年版,第23页。

癸酉秋，查慎行举京兆，长子克建亦登乡荐，父子还家之后，陆安人终于破颜一笑，但却仍然辛苦劳作。问其原因，妻子答曰："君不记种茄时耶！"勤劳、节俭已经成了她的生活习惯，在生活状况有所好转之后，她依然提醒丈夫，记得过去的苦日子，不忘忧患。慎行对妻子"心感之，殁后垂30年，不置一婢"[1]。而妻子去世后的近30年，正是他中进士，授编修，人生成功的阶段，在当时的社会环境下能做到终身不再娶，确属不易，陈敬璋亦赞道："恩义兼尽，尤为人所难。"[2] 查慎行有悼亡诗《除夜平原旅舍梦亡妻》，深切怀念已故的伴侣：

分明入梦又薯腾，昨岁今朝病正增。倦枕为余犹强起，残樽到手已难胜。围炉枕火儿烹药，薄雪钩帘婢上灯。谁遣荒鸡忽惊觉，北风茅店冷于冰。（卷二十六）

许汝霖言："《悼亡》一赋，终其身不再娶，其伤躬于内也如此。"[3] 朴实无华的文字、生活化的场景，蕴含着痛入心扉的怀念，情感表现内敛深沉，读之催泪。"感人至深，堪与元稹之《悼亡》争胜。"[4]

（二）随军西南时期（30—33岁）

康熙十八年己未（1679）夏，查慎行离开了蛰居30年的故乡，入贵州巡抚杨雍建幕，参与清军平定"三藩之乱"的战争。这是他人生的转折点，从此他离开生活了30年的家乡，开始角逐名场，奔走衣食。

1. 查慎行决计从军经过

查慎行从最初有离家的打算，到最终成行，前后历经近一年时间，他先后为自己做过三种决定：

第一，康熙十七年戊午（1678）秋，查慎行就有过入楚的计划。其

---

[1] （清）陈敬璋：《查慎行年谱》，中华书局2006年版，第23页。
[2] 同上。
[3] （清）许汝霖：《敬业堂诗集序》，周劭标点《敬业堂诗集·附录》，上海古籍出版社1986年版，第1761页。
[4] 聂世美：《敬业堂选集》，上海古籍出版社1998年版，第337页。

词《迈陂塘》题下注："送韬荒兄往白下，时余方计楚游，兼订偕行之约。"① 韬荒兄，即族兄查容。从词作前后编年来看，当写于戊午年秋。他第一次决计入楚并非应杨雍建之招，《清史列传》"杨雍建传"云："（康熙）十八年二月充会试副考官，旋命巡抚贵州。"② 康熙十八年（1679）二月，杨雍建才由左副都御史被任命为贵州巡抚，他不可能在前一年就预知此事，对查慎行发出邀请。查慎行此时要投奔是在楚地为官的季叔查嗣继。查嗣继被《海宁州志》列入"循吏传"，记载："时吴逆构乱，嗣继杖策走湖北，谒蔡将军召，与语奇之，荐受监利县丞，……据险设伏，擒巨魁余党。"③ 在平定三藩之乱的战争中，战功卓著，颇得人心。查慎行《将至玉沙舟中述怀呈家季叔二首》云："劳苦官居已六年，人传绿鬓改华颠。"（卷一）此时查嗣继已在楚为官六年。这一时期查慎行有多首诗词寄示查嗣继，词作《望湘人》题下注："寄季叔楚署"，词云："便乡音无改，簿领垂衰，星霜两地频换。远信难真，孤飞易倦。恼杀衡阳少雁。"可见二人此时有频繁的书信往来。查慎行后入杨雍建幕，与查嗣继在荆州相聚，并作诗"会合期难定，苍茫忆旧秋"（卷二《喜季叔自荆州至二首》），当指戊午秋之约。去余寇未殄的西南，要面对残酷的战争，查慎行此时已有了从军的决心。

第二，入京。因为《敬业堂诗集》开篇作《游燕不果乃作楚行》（卷一），学界一般都注意到了在南下入杨雍建幕之前，查慎行已经决计入京。黄百家此时作《送查夏重游燕京序》，可以看出"夏重此意已决"④，同乡好友陈焘亦作《送查夏重之燕兼怀陆丈辛斋》⑤，为其送行，足见查慎行已是即将出发入京了。此次入京应是准备游太学，从而进一步参加顺天乡试。

第三，就在入京将要成行时，杨雍建对其发出了邀请。杨雍建是查慎

---

① （清）查慎行撰：《敬业堂诗集》卷四十九，周劭标点，上海古籍出版社1986年版，第1435页。
② 王钟翰点校：《清史列传》卷六，中华书局1987年版，第365页。
③ （清）李圭修，（清）许传沛等纂：《海宁州志稿》卷二十八，成文出版社1983年版，第3256页。
④ （清）黄百家：《送查夏重游燕京序》，《学箕初稿》卷二，四部丛刊本。
⑤ （清）陈焘：《送查夏重之燕兼怀陆丈辛斋》，（清）阮元《两浙輶轩录》卷十二，清嘉庆刻本。

行的同乡，与查氏为世交，《清史列传》云："杨雍建，浙江海宁人。康熙十八年（1679）二月，充会试副考官。旋命巡抚贵州。"① 查慎行接受了杨雍建的召唤，最终放弃入京，改北辙为南辕。

2. 查慎行从军缘由

康熙十七年（1678）春，查慎行的父亲查崧继去世，按照古代服制，父母死后，儿子须在家守孝三年，而此时父亲逝世仅一年。此外，当时正处于平定"三藩之乱"时期，整个西南呈现一片战伐混乱之象，查慎行为一介书生，从未离开过故乡，身体羸弱，却要深入虎穴，去烽烟四起、危机四伏的西南。众亲友闻听后纷纷劝阻。查慎行缘何不做其他选择，而偏要从军西南？

查慎行放弃了入京，忽然之间选择南行，可以排除道路梗阻、资金不足、自然灾害等客观原因，从《送查夏重游燕京序》可知，查慎行已经决定入京，并未提及资金不足。道路并未因为战争阻隔，自然原因亦不存在。应当说查慎行选择从军是权衡利弊之后的主动选择。

查慎行从军的缘由，现今学界较一致的观点为：家境贫困②，主要依据是查慎行诗文中的多处表露，如《将有南昌之行示儿建》："汝祖见背日，戊午暮春初。衔恤在终天，有生不如无。实拟奉成训，终身依墓庐。黾勉同汝叔，食蒿甘荼如。此意难自保，饥寒旋相驱。初心忽中变，末俗谁谅余。"（卷四）又如《长假后告墓文》云："又六年，吾父下世，家徒壁立，无以自存，不得已依人远幕。"③ 强调了离家是迫不得已。

海宁查氏家族，称得上门庭显赫，祖上世代在朝为官，里中推为望族。查慎行家庭何以如此困顿？主要是到了查慎行父亲这一辈，经历了易代之变。"家产无百金，朋友急难窭助。"④ 查父"性慷慨，有大节，不以家人生产为念，喜交游，人有大故大丧则往助之，有患难则往救之，爱人

---

① 王钟翰点校：《清史列传》卷六，中华书局2005年版，第365页。

② 如严迪昌《查慎行论》："自信又自负的查夏重却淹蹇于闱场，到三十岁时为糊口不得已随幕于同乡亲串贵州巡抚杨雍建之邸。"（《文学遗产》1996年第5期）；于海鹰《查慎行诗歌研究》："贫寒的家境逼迫他不得不出外谋生以求生计。"（博士论文，山东大学，2008年）

③ （清）查慎行：《敬业堂文集》，《新辑查慎行文集》，中州古籍出版社2012年版，第158页。

④ （清）黄宗羲：《查逸远墓志铭》，黄宗羲著，陈乃乾编《黄梨洲文集》，中华书局1959年版，第157页。

而容众，轻财而好施。以故，人莫不争就先生，先生亦不辞其劳，为人谋如己事，席不暇暖，其后交益广，从之者日益众。周人之急，或破产以给之。家愈贫，先生弗问也"①。父亲喜好云游，广交好施，不善经营衣食之事，致使家境渐趋衰微。查慎行父亲在世时，家中曾陷入"新举大丧，饔食不给"的境地。查慎行"督率老婢子垦中庭隙地，种茄以续食，孺人课蚕桑，勤纺织以佐，不逮如是者七年"②，生活非常艰辛。

然而贫穷并非查慎行从军的唯一原因，况且查慎行家境也未必如其所言如此贫困。正如杜甫诗"到处潜悲辛"的描述，郭沫若有"杜甫爱诉述自己的贫苦，但往往过分夸大"③之责，查慎行的贫穷描写也似有夸张的成分。朱奇龄云："先生（查父）于是释雄心而甘肥遁，筑圃为隐居之计，因自号曰学圃先生有圃数十亩，绕其舍种竹千竿，花木果蔬之属亩列成行，桑麻间之，穿小池以畜鱼，每当春秋佳盛，名花遍发，竹木森然，吟咏于其中者，禽鸟来鸣，游鱼出听，虽山林幽异之径，无以加兹，尝谓予曰吾将筑亭池上，朝夕读书，谈道足以自乐，岁时则招集二三知己饮酒赋诗，真隐者事也。"④黄百家说："夏重有鱼一池，有桑数亩，节其衣饮，尚足自遂稽古闭户之怀，吾语夏重，得已则吾欲已然。"⑤该文作于康熙己未年，时黄百家已在海宁多年，与查慎行交情深厚，对查家状况十分了解。查慎行亦有诗云："绕屋十亩园，桑下可种蔬。"（卷四《将有南昌之行示儿建》）可见，田园生活虽然不富裕，但也能自得其乐。父亲逝世后，摆在查慎行面前有两条路：一是效法陶渊明安贫守拙、不慕容利，"沉酣经史，守先以传后"⑥；另一条则是"学而优则仕"，离开家乡寻找建功出路立业之路，前者能够既能独善其身，亦能守先辈之志。

查慎行显然倾向于后者，下文中他透露了从军心态：

---

① （清）朱奇龄：《舅氏学圃先生传》，《拙斋集》卷二，清康熙介堂刻本。
② （清）查慎行：《先室陆孺人行略》，《新辑查慎行文集》，中州古籍出版社 2012 年版，第 110 页。
③ 郭沫若：《李白与杜甫》，人民文学出版社 1971 年版，第 167 页。
④ （清）朱奇龄：《舅氏学圃先生传》，《拙斋集》卷二，清康熙介堂刻本。
⑤ （清）黄百家：《送查夏重游燕京序》，《学箕初稿》卷二，四部丛刊本。
⑥ （清）黄宗炎：《敬业堂诗集序》，查慎行撰《敬业堂诗集·附录》，周劭标点，上海古籍出版社 1986 年版，第 1756 页。

己未夏，同邑杨以斋先生出抚贵阳，余慨然发从军之志。是时，疆场未靖，豺虎塞途，戚党交好，多来阻行，余故因循久之。孺人初亦以浪游为戒，既而独立劝驾，曰："丈夫年方壮，不于此时审出处，宁能老死牖下耶？且君所以踌躇者，非以家贫子幼故耶？君第行，勿以为虑。"余感其语，遂决策远行。①

"家贫子幼"不是查慎行犹豫不决的原因，正是妻子"丈夫年方壮，不于此时审出处，宁能老死牖下耶"这句话触动了他的内心。查慎行此时已步入30岁，如果再不抓住机会，恐怕一生要终老田园，他不愿"老死牖下"，安心田园，心中有着更大的抱负。再看他出发前所写的诗，则毫不掩饰对功名的渴望，如：《游燕不果乃作楚行》云："也知田舍好，壮志恐蹉跎"（卷一）；《留别仲弟德尹二首》："门户全生终碌碌，兵戈绝徼尚纷纷。虎头分少封侯骨，投笔聊从万里军"（卷一）。又如词作《减兰·己未四月别家作》有云："阿奴碌碌，门户全生难免俗"，"不为封侯，怕被人呼马少游"（卷四十九），可见其志向。一年后其弟查嗣瑮也离开家乡，临行前诗云："誓当门户勤，非甘井里逸。"② 丝毫未见贫穷无奈、迫不得已的心情。

康熙十七年正月二十三日，康熙皇帝颁谕吏部开"博学鸿词科"，这次词科在清朝历史上规模最大、人数最多，谕令一下，海内皆动。查慎行的老师黄宗羲及表兄朱彝尊，均在应诏之列，二人却作出了截然不同的人生选择。黄宗羲托弟子拒绝，朱彝尊则欣然应诏。相对于父辈，朱彝尊、查慎行这一辈人对新朝的态度要积极许多。黄宗羲没有出仕清朝，但其子黄百家却开始"注意举业"。建功立业，已成为新一代遗民子弟普遍的人生追求。

无论走顺天乡试的道路还是从军，在当时看来都不失为入仕的捷径，而投身军营，似乎是更难得的建功立业机会。当时很多文人都投身到了平定"三藩之乱"的战争中，时人陈鼎记录道："三逆难作，投笔从戎者以

---

① （清）查慎行：《敬业堂文集》卷下，四部备要本，中华书局据古杭姚氏抄本校刊。
② （清）查嗣瑮：《甫人都旋同沈瞿庵太史游黔即事述怀寄兄夏重》，《查浦诗钞》卷一，清刻本。

千数。"① 文人士子仿效班超的飞肉逐食，抱着建功立业的理想，请受长缨。且查蟠继只是一名县丞，所能提供的舞台有限。而贵州巡抚杨雍建则位高权重。杨雍建是顺治甲午举人，深得康熙帝器重，他之所以邀查慎行入幕，一是查家与杨家是世交，所谓"贱子通家旧"（卷三《杨大中丞寿宴诗八十韵》）；二是杨雍建的儿子杨中讷与查慎行既是同学又是故友，关系密切，查慎行的表兄朱彝尊还曾做过杨中讷的老师。能够得到此人的直接邀请，对当时名不见经传的查慎行而言，是荣耀更是机遇。

青年时期的查慎行有着狂放不羁、自信豪迈的气质。查慎行两次决计入楚，都与查容同行。查容乃查慎行的族兄，陈廷敬评价查容曰："君少时应童子试于有司，隶止君搜检，君大怒曰：'朝廷以取天下之贤士，而有司以不肖待之。'遂拂衣径去，不试，以布衣终。君生有异禀，读书经目辄不忘，于书无所不读，所读书皆能诵说之。论古今成败、人物臧否、制度因革、地形险易，明晰如指诸掌，如悬河泻溜，滚滚不穷也。"② 查容这个豪气如虹、颇具传奇性的族兄，对查慎行早年的人生选择影响很大。他曾为吴三桂上宾，"察其有异志，佯醉骂座，掉身而去，即促装行"③，对于此事，查慎行大为赞赏，待其归来后，为其接风设宴并作词《风流子·喜韬荒兄楚归》，有云："一任酒徒星散，去觅封侯。"④ 应当说，查容颇富传奇性的经历和激昂的人生态度，刺激了年轻的查慎行。这就使杨雍建向他发来邀请之后，他立刻放弃了入京，"浩然长往，绝无难色"⑤，仍是与查容同行，慷慨踏上了从军之路。

三年后，查慎行离开了西南，回家的途中有诗云："横草名空挂，封侯望本痴"；"万里走行军，还家仍布衣"；"男儿真悔觅封侯"、"浮名误汝今如许"。（卷三《得荆侯侄习安讣信拭泪写此并寄尊人楷五兄二首》）细味之，其欲求功名而不得的心理跃然纸上。或许从军后的巨大反差令他悔恨自己的最初选择，在这种情况下，不愿提及当年的壮志豪情，转而将

---

① （清）陈鼎：《裕永仁传》，《留溪外传》卷一，光绪二十四年刻本。
② （清）陈廷敬：《午亭文编》卷三十七，清文渊阁四库全书本。
③ （清）张维屏：《国朝诗人征略》卷十四，《清代传记丛刊》本。
④ 查慎行撰：《敬业堂诗集》卷四十九，周劭标点《余波词》（上），上海古籍出版社1986年版，第1423页。
⑤ （清）陈敬璋：《查慎行年谱》，中华书局2006年版，第16页。

原因归为贫穷的迫使,在此时的诗文中多次强调是贫穷无奈、迫不得已而从军。

查慎行的这种矛盾心理主要在于从军之后巨大的落差,他抱着"封侯"的理想前往军营,然而现实却与之相去甚远,从其诗:"万里烽烟游已倦,三年光景向谁论。"(卷三《三月十五夜游南湖追忆旧好因寄淮江》)"飞书草檄非吾事,悔着征人短后衣。"(卷二《铜仁书怀寄德尹润木两弟四首末章专示建儿》)"冷官未了从军志,歧路尤余话别缘。"(卷四《平越遇雷玉衡索留别之句口占赠之》)"捉刀未了生涯事,只是羞乘下泽车。"(卷二《秋怀诗》)"薄宦供驱策,空囊怆去留。"(卷二《喜季叔自荆州至二首》)等诗句中可以看出查慎行没有受到重用,一腔抱负也未得以实现,最后只是竹篮打水一场空。

(三) 南北游历时期 (34—53 岁)

查慎行结束了三年的从军生活后,并没有马不停蹄地踏上科举之路,而是赴西江入族父查培继幕府,为求取功名筹措资金。后入都应顺天乡试。又经十年,成进士。其间,他主要活动地点在京城,南来北往、求取功名是他的生活主题。

1. 太学生时期

本应早就开始太学生生活,如今推迟了三年。查慎行对过去时光的蹉跎感到失望:"南北劳劳但可嗤,流光瞥过少年时。"(卷五《归自江右随有燕山之行示别佳人》)此时他已不再年轻,迫切地渴望建立功业。在家乡多次考取举业的失利,从军亦没有实现他的政治抱负,这个时候他选择入京,成为国子监生。

明、清时期,成为国子监生可以有多种途径,如由学政考取、皇帝特许、荫监等方式,但最常见的还是通过捐纳取得。查慎行未曾参加学政考试,皇帝特许和荫监均不符合实际,最大的可能就是通过捐纳取得监生资格。当时如果想超越府、州、县学的考试而直接参加乡试,或者尚未得到科名却想尽快入仕,花钱捐一个监生资格成为是士子相对快捷的入仕门径。但是并非所有士子都有钱纳捐,查慎行结束从军生活之后,"检点箧中,装百金,颇有余"。然而,当他长途跋涉到了故乡后,已经所剩无几。这个时候"家宪副伯方摄西江"①，邀其入幕，于是他到家五日就马不停蹄地北上，前往编撰《西江志》，在获得伯父的捐助之后，顺利入京赴太学。

科举对封建士子具有极大的号召力，每逢科考之年，四方英杰毕集京邸。查慎行刚入京之时，可谓意气风发、宏图待展。他刊刻了自康熙十八年至康熙二十三年（1679—1684）的诗作，编为《慎旃集》《慎旃二集》。查慎行的外舅陆射山将其诗集推荐给了自己的老友王士禛，并请其为之作序，陆射山曰："此子名誉未成，冀先生少假借之，弁以数语。"② 在王士禛等人的奖掖之下，查慎行受到了广泛的关注，在诗坛声名鹊起。

太学生的生活是欢乐和惬意的，对于初出茅庐的查慎行而言，京城既是他展露才情、实现人生理想的舞台，同时亦是学术上求师问友、精益求精的绝佳时机。饮酒、聚会也成为他重要的生活内容，其诗云："典衣偶出为寻春，重向名园叙主宾。惭愧公卿传好事，一时狂号属三人。"（卷七《清明日，同玉友、荆州出右安门就旗亭买醉，晚至朱大司空花庄，复留剧饮，即事四首》）他们往来频繁，常设雅集宴会，在相互唱和切磋中，不断提高诗歌创作水平。正如诗云："兰亭胜事俗久废，京洛良会情尤耽。辘轳转水百尺底，绕砌曲折归澄潭。不须丝竹发豪兴，自有风雅供清谈。"（卷七《三月三日朱大司空招集南庄限三字》）

康熙二十五年（1686）冬，查慎行结识了武英殿大学士加太子太师明珠父子。据《人海集序》云："故人吴汉槎（兆骞）殁后，有以不肖姓名达于明相国左右者，遂延置门馆，令子若孙受业焉。"③ 这样，他做了纳兰性德的弟弟揆叙的馆师，自己的荣辱浮沉无形中与明珠家族连在了一起。

2. "长生殿"观演事件

这样的生活并没有持续太久，一场突如其来的意外风波波及查慎行，

---

① 查慎行撰：《西江集序》，周劭标点《敬业堂诗集》，上海古籍出版社1986年版，第113页。

② （清）王士禛：《敬业堂诗集序》，周劭标点《敬业堂诗集·附录》，上海古籍出版社1986年版，第1753页。

③ 查慎行撰：《人海集序》，周劭标点《敬业堂诗集》，上海古籍出版社1986年版，第211页。

结束了太学生生活，他开始重新检视自己的行为，逐渐改变了处世态度。

康熙二十八年（1689），查慎行受邀前往洪昇家观演《长生殿》，演出时孝懿皇后佟氏丧服未终，被黄大鸿告发，以"国恤张乐大不敬"，牵连50余人，查慎行也因此被革去国子监生资格，暂告离京。章培恒《演〈长生殿〉之祸考》对此作了详尽考述，指出这场事件实系政治派系斗争的产物，当时朝中有两个党派，南党和北党，南党以为徐乾学为首，北党宰相明珠为首，两派常因政见不合，展开激烈论争。演《长生殿》事件，实为北党对南党的一场政治迫害。[1] 查慎行虽与北党领袖明珠关系密切，但在《长生殿》事件中依然遭受处罚，《藤阴杂记》云：

> 近于吏科见黄六鸿原奏，尚有侍读学士朱典、侍讲李澄中、台湾知府翁世庸同宴洪寓，而无查（指查慎行）名，不知何以牵及？[2]

这场事件与查慎行无关，"不知何以牵及"。据章培恒推测，查慎行之名可能出自洪昇的供述。这一事件并未牵连南党上层，深受其害的均是政治上并不重要的人物，除洪昇从此郁郁不得志外，赵执信也被罢职还乡。

于海鹰的博士论文《查慎行诗歌研究》则另有见解，提出："在史料不充分的情况下，《长生殿》事件定性为一个个人报复事件较为妥当。"原因是："《敬业堂诗集》卷十一《竿木集》，查慎行在《长生殿》事件后写下了《奉送玉峰尚书徐公南归五十韵》这篇五古长诗，对当时南党领袖之一的徐乾学大加赞扬'公在士气伸，公归士气病'，如若此次事件的幕后推手是徐乾学兄弟，查慎行应不会如此赞扬徐乾学。"[3]

在复杂的党派斗争中，查慎行尽可能保持着中立的态度，他与徐乾学和明珠都有一定的交往，但又有保持着距离，不愿卷入其中。且"初白当被议时不过一监生……不大为所瞩目"[4]，他是在事发后的第二年才被供出，可见这件事并不针对他。尽管他对此事不满，但也应当不敢

---

[1] 章培恒：《洪昇年谱·附录》，上海古籍出版社1979年版，第371—404页。
[2] （清）戴璐：《藤阴杂记》卷二，清嘉庆石鼓斋刻本。
[3] 于海鹰：《查慎行诗歌研究》，博士论文，山东大学，2008年，第18页。
[4] （清）周寿昌：《思益堂日札》卷四，清光绪十四年刻本。

迁怒于徐乾学,更何况党派斗争其幕后操手,不可能直接表露出来。他也只能不作多言,依然维持着表面的关系。如此理解,才更符合查慎行谨慎的性格。

但不管怎样,这件事对于查慎行的打击巨大,时人诗云:"可怜一曲《长生殿》,断送功名到白头。"① 可见这场斗争之残酷。对于查慎行而言,长期的努力付之东流,面对未来,又茫然无措。此时一片心灰意冷,查慎行在《将出都门感怀述事上泽州冢宰陈公一百韵》中委婉诉说了自己的不平:"泥深蹄躄躠,风逆羽褵褷。逐伴听歌曲,无聊托酒卮。波澜人海阔,竿木戏场随。照壁宁防蝎,吹毛竟得疵。任安书未答,朱穆论何疑。梦或惊沙虮,归将友泽麋。弃繻知昨失,铸铁悔今迟。"(卷十一)在将要告别京师的时候,他感慨万千,自己满怀希望来到京师,如今却是失意离去、前程未卜之时,诗人更是难忍悲伤之意。感觉自己就像一匹在泥泞中踉跄独行的马,动辄罹祸,但"归将友泽麋"的叹息,在一个渴求功名的士子那里,完全是不得已的无奈感慨。在诗中他也隐晦地表达了对挑起事端的行为深恶痛绝,认为以后要像防毒蝎一样防这样的小人。这场风波,使他丢掉了太学生的名头,也使他开始检讨自己的行为处事方式。他说:"竿木逢场一笑成,酒徒作计太憨生。荆高市上重相见,摇手休呼旧姓名。"(卷十一《送赵秋谷宫坊罢官归益都四首》其一)将自己名字改为"慎行",改字悔余,告诫自己要时时谨慎。

3. 科考人生

从军未能达到其建功立业目标,背负着家庭生计负担和扬名立业愿望的查慎行,毅然走上了科举之路。然而他才大命蹇,艰于科第,这条路走得格外艰辛。

按清朝科考规定,乡试南籍生员例不能试北闱,查慎行按例须参加浙江乡试,但之前获得了国子监生资格,制度允许其在顺天参试。相对于浙江乡试的激烈程度,顺天乡试的考取难度要低得多。② 然而即便如此,要

---

① "可怜一曲《长生殿》,断送功名到白头。"根据阮葵生《茶馀客话》卷九,此诗为清人孙勷作,为惋惜因此断送功名的赵执信。
② 震钧《天咫偶闻》卷三记载:"(顺天)乡试岁止四五千人。"(北京古籍出版社1982年版,第56页),而浙江乡试参加人数则"倍于他省"(《清朝文献通考》卷四十八,《文渊阁四库全书》本),考取难度要远远高于顺天乡试。

越过这个龙门也着实不易。进士录取比例是相当低的。即便中进士，也并不一定能马上做官，需要候缺递补才有可能被授予官职，这就造成了"可怜进士不得进，上积千薪苦沉壅"（卷十七《送唐实君游江西》）的局面。每科进士中都会选授部分庶吉士，入翰林院教习。说翰林院地位清要，是当时士子的理想，是符合实际的。

从乡闱到礼闱，查慎行前后六次落榜，耗费近二十年时光。应举、失败、还乡，成了他年复一年的生活主题，从海宁到京师的路，他就来回走了十八趟。其间他的同学、好友、兄弟、儿子纷纷先他一步，通过科举踏上仕途，他的好友汪绎由进士同年，变为他殿试的房师。一再遭斥革的打击，时间消磨了志气，他失去了年轻时的快乐与自负。在科举时代，科举已不仅是一种个人的功利情结，同时更是家庭的、社会的心理情结，查慎行《先室陆孺人行略》记载："丁丑之役，儿建幸捷南宫，余仍被放。儿归，孺人执其手，泪下澜翻，呜咽不自禁。盖不以子之成名为喜，而以余之落第为悲。"① 记述了康熙三十六年丁丑（1697）查慎行与其子克建一同参加顺天乡试，儿子及第，自己依然落榜，慎行之妻陆孺人并未以子之中举为喜，反而又为丈夫的落第而悲之事。查慎行身上背负的压力可想而知。他顿感"百念委昨非"（卷二十八《立冬日小饮》），"名心老渐无"（卷二十六《喜遇同年汪东山与联辔北上》），打算"聚铁岂堪频铸错，早收心力事耕桑"（卷十八《下第南归留别同年姜西溟廖越千刘大山王良绳李若华诸子二首》其二），机会终于降临。

（四）供奉翰林时期（53—64岁）

康熙四十一年（1702）十月，查慎行53岁时，康熙巡狩山东，直隶巡抚李光地传旨召查慎行趋赴行在。得到了康熙帝的赏识，开始入直南书房。

关于谁举荐了查慎行，历来说法纷纭，略举如下：

> 以相国张公玉书、李公光地先后奏荐，壬午，特召直南书房。

---

① （清）查慎行：《先室陆孺人行略》，《新辑查慎行文集》，中州古籍出版社2012年版，第111页。

(《国朝先正事略》)①

四十一年，圣祖东巡，以大学士陈廷敬、李光地、张玉书先后奏荐，驿召至行在，赋诗，诏随入都，直南书房。(《清史列传》)②

《清史列传》所言"陈廷敬"当误，因为陈廷敬此时尚为吏部尚书，并未随驾东巡，不应举荐查慎行。直隶巡抚李光地传旨召查慎行，亦未举荐。《松轩随笔》有云："查慎行以大学士李光地荐，入直南书房，当日李文贞荐举贤才，不一其人，而查初白实由京江相国张文贞所荐。"③"京江相国张文贞"即张玉书，文贞乃其死后谥号。《茶馀客话》亦云："康熙壬午十月召试十二人，钦定揆叙第一，查慎行第二。时揆为学士，查举人因张京江相公荐，入南书房。"④查慎行《敬业堂诗集》卷三十三《闻同年顾书宣前辈湖广讣音，怆怀今昔，成五十韵》诗已对此有所交代，诗中自注云："壬午冬，余因京江相国之荐，召直南书房。"这应当是最为可信的说法。

康熙四十一年（1702）年十月二十八日召试南书房，自此奉旨每日入直。次年参加会试，捷南宫。⑤据《清代职官年表》载正考官为熊赐履、陈廷敬，副考官是吴涵、许汝霖。四月殿试名列二甲第二，正所谓

---

① 沈云龙主编，李元度著：《近代中国史料丛刊》第12辑，《国朝先正事略》，文海出版社1966年版，第1769页。

② 王钟翰点校：《清史列传》卷七十一，中华书局1987年版，第5810—5811页。

③ 转引自《国朝诗人征略》卷十九，清道光十年刻本。

④ 阮葵生：《茶馀客话》卷二，清光绪十四年刻本。

⑤ 有研究者认为史传所载"特赐进士出身"，说明查慎行并未参加会试。如权儒学《稀见查慎行著述二种》(《文献》1995年第4期）文后注二云：查氏是否曾进士及第，史传与年谱所记殊不合。《清史稿》本传记为"特赐进士出身"，而与年谱则记为"（康熙四十二年）三月捷南宫……夏四月，殿廷对策，成进士，名在二甲第二。此依年谱所记"。认为年谱与史传相抵牾，这实质上是对"特赐进士出身"的误解。清代科举，进士通过殿试，前三名为一甲一名、一甲二名、一甲三名，也就是我们常说的状元、榜眼、探花，称为"赐进士及第"，为第一等；第二等为二甲，二甲进士称"赐进士出身"，三甲进士称"赐同进士出身"。根据查慎行诗《四月初四日殿廷对策恭纪》《初七日太和殿传胪恭纪》自注"余名在二甲第二"，可知查慎行参加了会试，但因为名在"二甲第二"按例属于"特赐进士出身"。《年谱》与史传的说法并不矛盾，同样"查慎行并未参加会试"这一说法亦不能成立。

"九霄台阁九重城,胪唱亲听第四声"(卷二十九《初七日太和殿传护恭纪》),对于突然而来的恩荣,查慎行"生逢圣代诚何幸,老傍科名又自怜"(卷二十九《初九日恩荣宴恭纪》),既感激又自怜。受到康熙赏识,正意气满满,希望有所作为,"不恋江湖阔,仍为北向鸿。羽毛知自爱,一一待春风"(卷二十九《奉和圣制咏雁恭次原韵》),言语间难掩其对康熙皇帝的感恩戴德,对未来满怀希望。

康熙四十三年(1704)十二月二十日,查慎行奉旨授编修,其诗《十二月二十日奉旨特授编修感恩恭纪四首》自注:"同日被旨者,汪灏、蒋廷锡及臣慎行,共三人。"(卷三十一)查慎行免试,而直接被授予编修,《词林典故》云:"庶吉士例以三年散馆后授职,或恩加不次,未及散馆先予授职者,或已逾散馆之期免其补试即予授职者,……康熙间则有沈宗敬、励廷仪、汪灏、查慎行……"① 可见其恩荣。

康熙四十四年(1705)五月至康熙四十五年(1706)四月,奉旨随驾,出使塞外,康熙帝御书敬业堂匾额,润木授庶吉士,兄弟、儿子相继登第,皇太子亲赐"初白庵"匾额。此时的查慎行可说是春风得意,但伴随荣耀与名利而来的痛苦、厌恶也随之产生。他在《除夕与德尹信庵守岁二首》中说:"家贫未免思游宦,及至成名累有官。"(卷三十四)已经流露出对官场生活的反感。

康熙四十七年(1708)正月,查慎行葬亲完毕,再次来朝,他的生活有了新的变化,迁居到了宣武门外上斜街的槐簃,他说:"久客身何着,今来愿始谐。买邻无百笏,僦舍为双槐。"(卷三十七《移寓示润木二十韵》)终于有了自己的寓所,此时距离他进入南书房已经六年。这处寓所查慎行非常满意,他说:"我爱双槐好,婆娑满院遮"(卷三十七《槐阴露坐》)。

然而好景不长,第二年秋,大儿媳就带诸孙来投奔,可见家中生活的窘迫,他不得已,换了一处大一些的住所,迁居枣东书屋,临行写《别双槐四十韵》仍然念念不忘说:"位置双槐好。"(卷三十八《别双槐四十韵》)尽管如此,查慎行依然乐观,他在《移寓枣东书屋》一诗中说:"一卷新编百首诗,老夫昨日别槐簃。儿童上树乌乌乐,正是邻墙枣熟

---

① (清)鄂尔泰:《词林典故》卷四,文渊阁四库全书本。

时。"（卷三十九）到了第二年秋，枣树果熟，初白以庭前新枣送弟德尹写诗："人间千树等封君，此语曾闻货殖云。好笑贫官贫彻骨，一株还就比邻分。"（卷三十九《以庭前新枣饷德尹二首》）自嘲中寄寓着世态炎凉。

翰林院薪俸微薄编修、检讨等通常只食七品俸，往往仅够糊口而已，有时生计甚至都成问题。"仕宦阅十年，依然北门窭。先庐仅无恙，聊足蔽风雨。"（卷四十三《生日示儿孙》）允许翰林们外放做乡试考官、学政等，是重要的解决方式，不仅有朝廷的补助，而且有些额外收入，缓解他们的经济压力。然而，查慎行却从来没有这样的机会。《查慎行年谱》云："（康熙）四十四年（1705），四月，先期引见各省试差，例由本院开送吏部。先生启奏云：'臣身依禁近，且现在随驾之列，不愿作乡试主考。'奉温旨云：'汝所见极是。'以后遂为定例。"①《郎潜纪闻初笔》记载了康熙帝准奏后云："汝等所见极是。向来主考难得好声名，汝等既不愿出差，今年各省乡试，具不必开列，传于掌院知道。"对此"康祺按"云："今翰林官像值内廷，辛苦三年，专盼秋风一度，其营营得失，较踏省觅举者为尤劳。读查氏日记，见当日词臣之淡泊清高，觉金马玉堂，真在天上。"②陈康祺只言其表，原因应当更为复杂。康熙四十四年，查慎行固然在随驾之列，不方便外出乡试，但以后的岁月中，他未能再陪从康熙帝驾幸避暑山庄，基本上未入直南书房，所谓"臣身依禁近，且现在随驾之列"等作为原因的条件都不存在了，为什么仍然"乡会试应列衔名，俱引分辞免"呢？康熙帝所言"向来主考难得好声名"并非空穴来风，查慎行一方面要讨皇帝的满意，另一方面也是出于避祸的考虑，他有意无意中成全了"真在天上"的"淡泊清高"，名声虽好，但辛苦三年，秋风无望，地位虽然高，生活终难耐凄凉。不论从物质上还是精神上都无异于一种折磨。

康熙四十八年（1709）年四月，查慎行被调离内廷，奉旨赴武英殿书局编撰《佩文韵府》，开始了三年武英殿编书生涯，其《自书局回寓作》云：

---

① （清）陈敬璋：《查慎行年谱》，中华书局2006年版，第27页。
② （清）陈康祺：《郎潜纪闻初笔》卷三，《笔记小说大观》四十一编，第6册，新兴书局1986年版，第59页。

> 书局限孔严，晨趋事搜讨。归来日云夕，返景在林杪。槐花满中庭，铺积亦复好。小童懒无匹，安坐终日饱。故欲习其勤，时时令汛扫。清风飒然至，叶有先秋槁。颇闻蒙庄言，劳生佚以老。信书乃大缪，自计胡不蚤。（卷三十七）

书局工作时限紧迫、任务繁杂，是一桩吃力而又不显达的差事，查慎行对此深有怨言。又如其诗《四月二十四日，奉旨偕钱亮功、汪紫沧两同年，赴武英书局编纂〈佩文韵府〉，口占示同事诸君二首》亦云：

> 六年供奉毫无补，天语蒙褒下禁中。联步久趋丹陛北，直庐今寓浴堂东。名连进士惭同进，管秃中书笑不中。那免退之讥磊落，依然《尔雅》注鱼虫。（卷三十七）

六年供奉翰林，却"依然《尔雅》注鱼虫"的修书生涯，同年的进士都已进阶，他心中郁郁，难掩失意之情。显然，他对于奉旨修书腹有牢骚，却又难以直表。南书房为清要之地，但是他却未能显达，相反又跌进了进退两难的境地。

关于他辞官归里的原因：一方面为官郁郁不得志，难以进阶，心灰意冷；另一方面，他的身体状况也频繁出现问题，辛卯腊月，查慎行因左手病风，蒙恩停免内直，始得因病乞假，此时他"此身略似受霜叶"；此外，他又罹患眼疾，写诗道："眼昏欲试医治法，庭下朝来种决明。八廓五轮全是障，却思草木养余生。"（卷三十九《种决明》）困扰他的眼疾，使他更加向往早日脱离宦海，回归田园，半年后，他就引疾告归。

除了上述原因之外，更重要的一点就是官场的斗争。看似平静清要的南书房，实际内部有着错综复杂的人际关系与明争暗斗，全祖望云："南书房于侍从为最亲，望之者如峨眉天半，顾其积习，以附枢要为窟穴，以深交中贵人探索消息为声气，以忮忌互相排挤为于力，书卷文字，反束之高阁，苟非其人，即不能容。"[①] 可见查慎行身处环境之险恶。沈德潜说：

[①] （清）全祖望：《翰林院编修初白查先生墓表》，《鲒埼亭集外编》卷七碑铭，清嘉庆十六年刻本。

"（查慎行）平生敬慎笃实，见重内廷，同时班、扬之列，无一人疑忌之者。"① 实际并非如此，尽管查慎行谨言慎行，却依然受到猜忌。陈敬璋《查慎行年谱》提到了这件引起查慎行辞官的事情："先生素甘恬退，官坊员缺，必引分求开列。时适有事者持同僚以非礼，先生起而争之。其人将构衅，先生遂引疾告归，群公留之不可。"② 可见同僚的寻衅与猜忌是查慎行辞官的直接动因，官场的争斗使他心生厌倦，疲惫不堪。他终于下定了辞官的决心。而且"归心一以动，如马渴思骋"（《乞归候旨未得成行寓庭杂莳草花用以遣日吟成四首》）。

（五）晚年里居时期（65—78 岁）

康熙五十年（1711）《南山集》案以后，皇权整肃的矛头指向了上层士子，尤其是翰林群体。当时京师士大夫惶恐心态，正如时人程梦星所言："寄语江南诸酒伴，莫言容易是抛官"③，查慎行的"抛官"过程也很不容易，其间经历了漫长的等待与煎熬，从癸巳正月（1713）提出归乡请求，到次年七月，终于成行。

1. 重返田园

查慎行诗《初到家二首》记录了最初回家的感受，诗云：

　　生涯与时背，所事率滞阻。六月择归期，既雨且当暑。涉秋甫就道，凉意动砧杵。绨绤乃征衣，到家换时序。凄风不堪着，初服吾已许。

　　久客返敝庐，囊基无改筑。南荣望阡陌，西舍通邻曲。旧时杖白头，零落多鬼录。后生类好事，开口问朝局。吾衰苦善忘，聋聩废耳目。报以一不知，惟应话农牧。（卷四十二）

途中历经酷暑、暴雨，终于到达了家乡，这个得来不易的结果，并没

---

① （清）沈德潜：《清诗别裁集》（下），岳麓书社 1998 年版，第 582 页。
② （清）陈敬璋：《查慎行年谱》，中华书局 2006 年版，第 31 页。
③ （清）程梦星：《今有堂诗集·分藜集》，《四库全书存目丛书补编》第四十二册，齐鲁书社 2001 年版，第 12 页。

有给他太大的欢喜，看到家中贫穷与萧条的景象，同龄好友也多离开人世，他按捺着内心的悲凉与无奈，以平静的目光去审视家乡。家中的年轻人也像年轻时的他一样，好奇外面的世界，反复地向他询问。而此时的查慎行经历了理想的幻灭，对此"报以一不知"，只谈一些无关痛痒的"农牧"话题。

相对于尔虞我诈的官场，田园生活平淡而快乐。闲暇时抄宋、元、明文集，"与德尹约为书课，弟方纂辑《北史》，余点勘《毛诗》。注疏中有疑义，互相剖析，此情不异曩时，所憎者白发耳"①。闲居、访友、赴诗是他这一时期的生活主题，康熙五十三年（1714）春在许汝霖的倡导下，他与杨中讷、陈梅溪四人组成娱老会，"季必有会，会必有诗，一年中唱酬者十居二三"、"亦归田一乐事也"。②此外，他还从事修祠堂，兴祭田等事务。"一切世故不与闻，至关祖宗祠墓事，则存贮公产，嫌怨不避，经理出入，劳苦不辞，赎祭田，修祠宇，家虽贫，必竭力捐助，恒比丰厚者倍之。有时独立举行，虽困甚，弗顾也。"③ 回归田园之后，他找到了难得的快乐与充实。但在这些赏心乐事之后，也有困扰他的烦恼，其中之一就是经济问题。他感叹："官罢无祠禄，家贫斗石艰"（卷四十二《籴米》），于是不得已，又连续三年，前往福建、广东、江西等地入幕，此时查慎行已七十高龄。

2. 晚年家难始末

结束了为了生计而来回奔波的日子，查慎行终于可以回到故乡，就在查慎行沉浸在平淡而快乐的林下里居生活时，一场飞来横祸彻底摧毁了他晚年的宁静。雍正四年（1726），查慎行的三弟嗣庭主试江西期间，受到吏议，投入大狱，查慎行以家长失教罪连坐，全家十余口被逮入都诣刑部狱。对此事件，历史上诸多说法，可以分为三种：一说是因查嗣庭在该年

---

① 查慎行撰：《夏课集序》，周劭标点《敬业堂诗集》，上海古籍出版社1986年版，第1334页。

② 查慎行：《齿会集序》，周劭标点《敬业堂诗集》，上海古籍出版社1986年版，第1249页。

③ （清）陈敬璋：《查慎行年谱》，中华书局2006年版，第34页。

江西典试时题作"维民所止",为讦者诬,是蓄意影射要取"雍正"之首①;另一说是查氏著有《维止录》,中多关涉清廷大内隐秘事,如诸皇子之间关系等②;今人对查嗣庭案的研究多倾向于认为此案打击朋党的性质,尤其与打击隆科多势力集团有紧密联系。③

关于此事,较可靠的史料为《雍正四年九月二十六日己卯内阁九卿詹事翰林科道等面奉上谕》,主要罗列查嗣庭以下罪名:(1)交结隆、蔡;(2)试题讥讪;(3)平庸懈怠;(4)日记腹诽。并未提及有所谓"维民所止"试题,说查嗣庭是由于试题而获罪,至今尚无可信史料依据。

查嗣庭致罪的关键应在于:交结隆、蔡和日记腹诽。《养吉斋馀录》卷四云:"又搜出查氏家藏怀挟细文字。"④《科场条列》云"查嗣庭家中搜出科场怀挟细字,密写文章数百篇";又云"查嗣庭日记于雍正年间之事无甚诋毁,且有感恩戴德之语,而极意谤讪者皆圣祖仁皇帝已行之事也"。⑤《清稗类钞》亦记载查嗣庭有日记云:"康熙六十一年某月日,天大雷电以风。予适乞假在寓,忽闻上大行,皇四子已即位,奇哉!"⑥

查嗣庭康熙四十五年(1706)中进士后,选庶吉士,散馆授编修,曾为皇八子允撰宾从,又因隆科多荐举,特令在内廷行走,授内阁学士,兼礼部侍郎衔,及雍正三年(1725)隆科多因年羹尧案获罪,查嗣庭作为其门下趋附奔走之人,在雍正心中已被打入另册。雍正四年(1726),查嗣庭案发,雍正帝阅其平常所记之语,"幸灾乐祸之语甚多",这话是雍正愤恨和震怒的直接原因。所以借四年江西乡试案,兴大狱。这件事在当时震动很大,查慎行一家"门三十口,悉付诏狱"⑦,可谓灭顶之灾!

---

① 这种说法在清代坊间颇为流行,《民国海宁州志稿》《清史纪事本末》《康雍乾文字之狱》(北京古籍出版社1999年版,第7页)、印鸾章的《清鉴纲目》(世界书局1936年版,第331—332页)均持此论。

② 持此观点的代表著作有:《清稗类钞》(徐珂著,中华书局1984年版,第1039页)

③ 持此观点的代表著作有:冯尔康《雍正传》(人民出版社2004年版),郭成康、林铁均的《清朝文字狱》(群众出版社1990年版)。

④ (清)吴振棫:《养吉斋馀录》卷四,清光绪刻本。

⑤ (清)英汇:《科场条例》卷一,清咸丰刻本。

⑥ (清)徐珂编撰:《清稗类钞》第三册,中华书局1984年版,第1039页。

⑦ (清)邱炜萲:《五百石洞天挥麈》卷六,清光绪二十五年邵氏刻本。

全祖望记载了查慎行入狱的情形：

> 已而大难作，阖门就逮。先生怡然抵京，自陈实不知本末。诸大臣共讯，亦喟然曰："彼固敝屣一官者也。其弟仕京，相隔辽阔，宁复知之？倘以此株连，不亦枉乎！"乃共以其情上闻。世宗亦雅悉先生高节，特令释之，并其子。嗟乎！先生之掉首于要津者，乃其所以脱身于奇祸也，诗人云乎哉！①

全祖望称其"怡然抵京"虽为溢美之词，但查慎行自己也的确问心无愧，他有诗云："平生内省能无疚，此祸相连亦有因。"（续集卷五《丁未立春》）平日里谨慎小心，本应保全善终，但没想到竟被此祸涉及，关于此祸原因，在当时的环境下，他不能言更不敢言。

查嗣庭是死在狱中的，有两种说法，一是病逝，一是自杀。②查慎行得知三弟死讯之后说："弟病初未闻，胡为遽至此。"（《续集》卷五《又五言绝句四十首》其三十五）三弟生病，他也没有听说，突然死去，对死因讳莫如深，没有直言。

这场事件最终的结局，根据《雍正五年四月二十四日内阁等衙门为审结查嗣庭大逆不道案事题本》云："今查嗣庭已经在监病故，应戮尸枭示，所有财产查明入官。其已经浙抚解到查嗣庭之兄查慎行、查嗣瑮，子查沄，侄查克念、查基，俱年十六以上，应照律拟斩立决。"③查慎行原本在处斩名单之中，然而最终，雍正下旨："查嗣庭着戮尸枭示。嗣庭兄伊子查沄改为应斩监候。查慎行年已老迈，且家居日久，南北相隔路远，查嗣庭所为恶乱之事，伊实无由得知。着将查慎行父子俱从宽免，释放回籍。查嗣庭之胞兄查嗣瑮、胞侄查基，俱免死流三千里。案内拟给功臣之家为奴各犯，亦着流三千里。其应行拏解之犯，该抚查明一并发遣。查嗣庭名下应追家产，着变价留于浙江，以充海塘工程之用。"④林纾亦云：

---

① （清）全祖望：《鲒崎亭集外编》卷七，四部丛刊本。
② 《东华录》记载查嗣庭乃"在监病故"；《查慎行年谱》则直言自杀。
③ 《内阁等衙门为审结查嗣庭大逆不道案事题本》，转引自中国第一历史档案馆《查嗣庭文字狱案史料》（下），《历史档案》1992年第46期。
④ 中国第一历史档案馆：《查嗣庭文字狱案史料》（下），《历史档案》1992年第46期。

"雍正间以查嗣庭之狱，几罹不测，迨内阁议以查嗣庭所著日记，大逆不道，应凌迟处死，今已病故，应戮尸枭示。查嗣庭之兄查慎行、查嗣琛，子查沄，侄查克念、查基，应斩立决。然初白先生，家居久，南北隔绝，实无知情之理，得免究，然亦濒于险矣。"① 查慎行能够保全性命和他早早抽身宦海，有着重要的关系。

3. "查嗣庭案"之影响

查嗣庭和第三子克上死于狱中，史氏、浦氏婆媳则闻讯自缢。雍正五年（1727）五月，查慎行从宽释放，虽保全了生命，但对于一个垂暮之年的老人，如此大难，"骨肉播迁，门祚零落，但焉伤悼，触暑南还，中途疾作"②。加速了他的走向生命终点的进程，抵海宁老家不数月即病故。整个家族转眼间死的死，发配的发配，惨状令人不寒而栗。具体而言，影响涉及两个层面：

一方面"查嗣庭案"宣告了海宁查氏家族历史上一个辉煌时代的结束，这个在两浙卓有影响力的大家族从此一蹶不振。慎行在嗣琛被流放之时，作送行诗道："吾衰虞死别，汝健必生还。或者诗成谶，他时一破颜。"（《续集》卷六《德尹将赴谪籍留别二章》）但诗未成谶，从此以后二人天各一方，慎行归家不久病逝，嗣琛老死异域。伤痛很久都未能愈合，查嗣琛之子查学后来在《摊破浣溪沙·初春见雪》一词中所说："尘事浑同如爆竹，一声迸裂却还休。"可以看出这件事对整个家族的震撼，《雪桥诗话》说："查学七伦为查浦先生次子，弱岁遭门房祸，随贬秦中，丙辰遇赦还乡。"③ 查学字七伦，号砚北，系查嗣琛第二子，随父入京师大狱时年15岁，次年即随戍陕西。丙辰是乾隆元年（1736），在戍地整10年。

另一方面"查嗣庭案"打击了浙江读书人的士气，震慑了浙省科甲出身的官员，乃至整个士大夫集团。自康熙五十年（1711）戴名世《南山集》案起，追至乾隆一朝，文祸连绵。其中尤以雍正朝之汪景祺《读书堂西征随笔》案、查嗣庭"试题"案、吕留良"文选"案三狱称最。缘三大狱首犯皆系浙人，这让雍正格外警惕。雍正上谕云："浙江则有汪

---

① 林纾：《畏庐琐记》，漓江出版社2013年版，第59页。
② （清）陈敬璋：《查慎行年谱》，中华书局2006年版。
③ 杨仲羲撰，刘承干参校：《雪桥诗话二集》，北京古籍出版社1991年版，第215页。

景祺、查嗣庭之流,肆行讪谤毫无忌惮,可见浙省风俗浇漓甚于他省。"①"查嗣庭案"之后,雍正帝连下"手谕",谳定"浙江绅衿士庶刁顽浇漓"②,勒令停止该省乡、会试,断绝浙省士人入仕的道路。命河南学政王国栋为浙江观风整俗使,大力整顿士风,这对浙江士子可谓当头一击,震慑了整个士人阶层。凡此种种,当为查慎行身后事了。

三　查慎行性格论

查慎行具有典型性的人生经历所造就的性格特征,真切地传达了时代的信息。是清代统治者高压钳制与怀柔笼络的交互作用之下,造就的特殊人格标签,在当时士人阶层中具有典型意义。

(一)"狂"与"慎"——查慎行的矛盾人格

"《长生殿》观演"事件后,改"嗣琏"之名为"慎行",改字悔余,从这种带有自我规谏意味的改名行为,可以读出查慎行对自我的约束和对现实的警醒。时人诗云:"可怜一曲《长生殿》,断送功名到白头。"③ 可见这场斗争之残酷。相对于受此事件影响而终身蹭蹬的洪昇、赵执信,查慎行可谓格外幸运,因为当时他身贱位卑,虽被此风波涉及,但并未大伤元气,三年后改名应举,已没有多少人记得此事。然而这样一场不大不小的事件,不仅令他丢掉了太学生的名头,更重要的是给了查慎行本人相当大的心理震慑,让他对官场的相互倾轧有了切身的体会。他深刻反思了自己的过去,和名字一起改掉的,则是诗人过去的自我。他说:"荆高市上重相见,摇手休呼旧姓名。"(卷十一《送赵秋谷宫坊罢官归益都四首》)"慎"这个显得有些畏缩的字眼,被他写入了名字,当成了箴言。

然而,却不能因此认为查慎行是一个小心谨慎、卑躬屈膝之辈,给其贴上"卑弱"的标签。黄百家对于早年的查慎行有这样的印象,他说:"夏

---

① 中国第一历史档案馆编:《雍正朝起居注》(第1卷),中华书局1993年版,第807页。
② (清)萧奭撰:《永宪录》卷四,朱南铣点校,中华书局1959年版,第321页。
③ "可怜一曲《长生殿》,断送功名到白头。"根据阮葵生《茶余客话》卷九,此诗为清人孙勷作,为惋惜因此断送功名的赵执信。

重、德尹风仪尔雅,才华骏逸,与人处,恂恂谦退,而锋芒四射。"① 可以看出温厚谦退是查慎行的外表,其内在却锋芒毕露,钱澄之曾评价查慎行的父亲说"弱不胜衣,而有百折不回之气";又说"逸远虽化,而其气固勃勃于其二子,豪端见之,父子之性情非教而似之也"。② 在查慎行身上依然能体现出父亲身上所谓的"百折不回之气",这是一种内在的精神气骨。

没有这种"百折不回之气",他又怎会在危难之际,从军南下,正如他后来回忆所言:"恐丧丈夫勇,一笑起跨驴。寇盗满西南,杀人弃土苴。书生尔何恃,急往不暂须。"(卷四《将有南昌之行示儿建》)对此,贵州巡抚杨雍建亦赞叹道:"夫以白面书生,年未及壮,弱不胜衣,骨棱棱出衣表,乃能肮自喜如此,则已龌龌竖儒异矣。"③ 查慎行作为一介书生,外表如其父弱不胜衣,但在当时"紧急烽烟,闻者心悸",亲友纷纷来劝阻的情况之下,查慎行"浩然前往,面无难色",其志气之高亦如其父,胆识之勇,非谨小慎微之辈可比。

结束从军生活后,查慎行结交酒朋诗友,过着诗狂酒亦豪的日子,他说:"厕我数子间,佣保坐击筑。淋漓取尽兴,豪爽一破俗。逃觞或竟去,下榻或信宿。戏具杂博簺,古音披简牍。狂言醒不禁,好句互传读。坐令布衣交,放诞惟所欲。"(卷五《严獯庵侍御招同惠研溪吴天章王咸中王孟毂朱西畯乔无功陈叔毅汤西崖小集即席分赋》)记录了狂歌痛饮、兴尽淋漓的场景。查慎行此时就有"狂"名:"典衣偶出为寻春,重向名园叙主宾。惭愧公卿传好事,一时狂号属三人。"④(卷七《清明日,同玉友、荆州出右安门,就旗亭买醉,晚至朱大司空花庄,复留剧饮,即事四首(其四)》)太学生时期在京城依旧和友人在一起饮酒狂吟:"古藤阴下三间屋,烂醉狂吟又一时。惆怅故人重会饮,小笺传看洛中诗。"(卷十《三月晦日,饮朱十表兄槐树斜街新寓,同梁药亭、吴震一作三首》)在他既有少年意气的轻狂,也有书生挥斥方遒的狷狂,"狂"是他个性中

---

① (清)黄百家:《送查夏重游燕京序》,《学箕初稿》卷二,四部丛刊本。
② (清)钱澄之:《查德尹诗序》,《田间文集》卷十五序,清康熙刻本。
③ (清)杨雍建:《敬业堂诗集序》,周劭标点《敬业堂诗集·附录》,上海古籍出版社1986年版,第1755页。
④ (清)查慎行撰:《查慎行集》(第3册),张玉亮、辜艳红点校,浙江古籍出版社2014年版,第155页。

最具活力的因子。

随其涉世深入，他性格中"狂"的成分则不断消减。正如他自己所说的："落帽台边回白首，心情不似少年狂"（卷十七《重至京师和德尹看菊诗二首》），"忆昨狂吟不自羞，琼瑶屡报木瓜投"（卷三十六《院长叠前韵见贻，追忆十六年前唐东江与余晨夕唱酬事，再叠韵奉答》），"人谓狂生本不狂，漆身吞炭事何常"（卷十九《读白耷山人诗和恺功三首》）等，透露出性格的转变。

历史上不乏狂人，从嘲笑孔丘的楚狂人，到阮籍、刘伶、李白、李贽、唐寅……，然而清代是一个难出狂人的时代，"狂士"在清代已几乎没有了的生存空间，从狂士金圣叹、黄仲则的人生遭际，可见一斑，即便是狂士郑燮，其中进士之后的态度也有了很大的转变。伴随清王朝根基日益巩固，新朝成长起来的士子们大都成为清王朝的顺民，康熙年间，伴随着"三藩之乱"的平定，清朝统治已经在中华大地稳固地确立起来，康熙朝人口大幅度增长，耕地面积进一步扩大，逐渐拉开了中国封建王朝的最后一个盛世——康乾盛世的序幕。然而在这盛世浮华中，士人们被套上了沉重的枷锁，活得并不轻松，思想控制越发严苛，艰难的入仕门径、复杂的政治斗争、严酷的文字狱，无一不压迫着他们的神经。

查慎行就是如此，在时代的影响下，他收起了狂士的外表，"出语忌孤高，时情伺讥讪"（卷二十《答赵蒙泉别后见寄之作》）。在看到朋友赵俞的无辜蒙冤，他反而提醒自己，更加谦和退让，谨言慎行。

查慎行为其弟嗣瑮之长子所作的《侄基字说》，可以说是他处世为官的立身哲学，其云：

> 夫士之处世，无过两途。不患其能进也。既进矣，则当思退步。……世固有挟一往之气直视无前，自谓驰骤纵横，靡适不可。要其终如泛梗飞蓬，贸贸焉不知归宿之何在，然后悔其无退身地步。……其进也，不穷于晚节；其退也，不负其初心。夫是之谓考祥，夫是之谓元吉。至是而独行之愿遂矣，履道之能事毕矣。[1]

---

[1] （清）查慎行撰：《查慎行集》第7册，张玉亮、辜艳红点校，浙江古籍出版社2014年版，第38页。

这既可以看作查慎行之家训，亦可以说是一篇处世哲学之专论。查慎行看似懦弱的人生选择，实则饱含着他多年的人生智慧，勇往直前，最后无退身之地，这是查慎行最怕看到的人生结局。他一生为之努力的不是求进境，而是求退步。

在待人处事方面，查慎行也恂恂谦退，甚至在同僚面前，查慎行也拿捏着谦卑的姿态，如查慎行多年的好友汤右曾，其年较查慎行小7岁，但康熙二十七年（1688）汤右曾中进士，官升至吏部侍郎，查慎行在诗作中就改以"前辈"称呼。又如对自己的弟子揆叙，有时与揆叙的唱和之作，显得卑躬屈膝，谦卑过头了，这也是查慎行性格中为人所诟病之处。时人云：

> 长短何须较放翁，悔余不止白描工。钓徒宣唤惊殊宠，执贽何堪为凯功。

诗注曰："初白馆自怡园凯功，实从受经。洎为院长，反执贽门下，此或沿词馆故事，乃和诗中亦有'老门生'之语，亦殊自贬矣。"① 认为正是查慎行自我贬斥，实为不堪。查慎行对待汪绎的态度也是如此，查慎行与汪绎为乡试同年，但汪绎早于查慎行殿试及第，查慎行却直到癸未三月会试，汪绎为其房师，尽管汪绎仍要求以朋友相呼，查慎行却始终以师道处之。查慎行与揆叙更是如此，名为师生，实为上下级，查慎行对双方的关系表现得十分谨慎小心。当然，查慎行的谦卑并不同于攀附，这只是查慎行为人处世降低姿态的表现，他始终坚守自己的道德底线。他的谦卑源于对自我的行为的约束，这种严格的约束，又成了自我性格的牢笼。

严迪昌在论及查慎行的个性与诗歌时曾说："查慎行的一生是在性格与环境尖锐悖逆的冲突的夹缝里度过的，亦正是这种悖反的生活感受，架构成其特定的诗心与诗境。"② 查慎行"狂"与"慎"的人格游移与变化正是外部环境的压迫使然。二者常常此消彼长，让其陷入矛盾、痛苦、纠结中，其外在表现就是查慎行总是陷入"悔"的状态之中，而不可自拔。

---

① （清）郭曾炘：《匏庐诗存》，卷七，《清代诗文集汇编》，第787册，第157页。
② 严迪昌：《查慎行论》，《文学遗产》1996年第5期。

在《敬业堂诗集》中，"悔"字的出现频率也特别醒目，远远高于其他同时期诗人①。他为改名同时改字"悔余"，"悔"透露着查慎行对人生的反思，从以下诗句中可见一斑：

> 轻生犯过涉，既济稍知悔。（卷二《大雨泊黄蜡关江水暴涨黎明解缆诸滩尽失矣》）
>
> 飞书草檄非吾事，悔着征人短后衣。（卷二《铜仁书怀寄德尹润木两弟四首末章专示建儿》）
>
> 忧患岂知缘识字，男儿真悔觅封侯。（卷三《得荆侯侄习安讣信拭泪写此并寄尊人楷五兄二首》）
>
> 升沉此际知谁是，欲悔身谋又自疑。（卷四《除夕与润木分韵二首》）
>
> 半生颜状忝风尘，检点身谋悔亦频。（卷二十六《闽中垂橐而归家人适告米尽口占二律》）

查慎行的"悔"伴随着他整个追寻功名的路途，在他刚刚踏上从军的旅途之后，他就对弟弟德尹："其中三致意，劝我勿轻出"②。他将现实的不满，归结于选择的"卤莽"，感叹自己的命运，他说："卤莽不须惭计拙，驱驰真欲悔才多。"（卷四《声山侄自都下归相见阊门舟次出荆州兄手札期余北游戏作一诗以答》）又言："男儿叹失意，岂必皆途穷。平生尘土缘，卤莽焉知终。去去洗垢浊，还君憔悴容。"（卷十《大风》）"贫贱胡可居，无端两憔悴。侵寻叹末路，卤莽悔初志。"（卷十三《溢城之游未果作诗示德尹兼答朱恒斋太守》）可以看出他常常既怨且悔，惜叹命运，这正是其性格矛盾斗争的外在表现，如果说"狂"是其内心中的诗人人格，那么"慎"则是在环境改变下形成的理性人格，"狂"是诗人所向往的理想人格，其中"慎"是诗人不得不呈现外在人格形象，为

---

① 据笔者不完全统计，《敬业堂诗集》"悔"字出现数量81次（不含《敬业堂诗续集》），远远高于朱彝尊《曝书亭诗集》6次，王士禛《带经堂诗集》14次，赵执信《饴山诗集》4次，汤右曾《怀清堂诗集》5次。

② （清）查嗣瑮：《甫入都旋同沈瞿庵太史游黔即事述怀寄兄夏重》，《查浦诗钞》卷一，清刻本。

了呈现"慎",他不得不消减"狂"的成分,因此违背自己的本性。查慎行毫不掩饰地用一个"悔"字去展现他的思想矛盾,正是其"狂"的性格受到压制后的无力呐喊。

"座中放论归长悔,醉里题诗醒自嫌。"(卷五《小除夜椒岩招同……限韵》)道出了查慎行的这种矛盾状态,醉酒能够使人忘却现实的种种束缚,进入精神逍遥,与物无迕的自由状态,"我时正坐作诗瘦,不耐冷淡搜枯肠。典衣且复就剧饮,醉后乱发如风狂。"(卷七《俞大文出都同人祖席分韵得郎字》)或许在醉中,才能达到"狂"的境界,然而醒了之后,他常常感到自悔、自嫌,过分拘束与紧张的状态,不能不说是对个性与诗情的极大压制。

查嗣庭案发,阖门遭难,被押解北上赴诏途中,查慎行感叹道:

老涉惊波足可怜,平生履薄怕临渊。阿谁与唱《公无渡》?三尺冰床稳胜床。(《续集》卷四《赵北口唐冰床》)

此诗措辞亦极小心,一句"老涉惊波"平淡道出晚年家难得感受。他一生小心谨慎却竟终难逃"世网"劫波,着一"怕"字,体现了查慎行一生的战战兢兢。类似的表达在查慎行的诗作中很多,如:"莫怪下车还久立,老来光景怕临岐。"(卷四十一《车中遇佟陶庵同年》)"人间好境难多得,生怕明朝又逆风。"(《续集》卷六《桃源舟中》)平生如履薄冰,而真的风波到来之后,查慎行却莫名感到一种轻松,这不正是对他苦心经营的"慎"的外在人格的最大嘲讽。然而在这场风波中,查慎行能够全身而退,终得寿终正寝,死于户牖之下。这与他长期压抑自己的人格、时时刻刻如履薄冰的心态有关,着实令人慨叹。

(二)"命穷气方傲"——愎夫子的人格底线

查慎行还被人称为"愎夫子","愎"是查慎行性格的另一个常常为人所忽视的方面。《汉语大字典》中"愎"的解释为"固执任性",然而查慎行的"愎"并非"任性",而有正直、耿介之意,这不仅体现了查慎行本性深处的正直,更体现了那个时代一个普通士大夫的人格操守。这也是查慎行尽管谨小慎微、明哲保身,但并不为人所恶的根本原因。

查慎行评价自己的个性说："本性奈孤僻"（卷一《与韬荒兄竟陵分手兄至荆州余往监利滞留且一月矣作诗以寄》）。又云："平生□直性，语出常近谤"（卷四十《送同年宋山言视学两浙》）《查慎行年谱》有云："先生性耿介，非义之财不妄取。即过分之施，亦却而不受。时调遣征发，羽檄旁午，如便宜除授、搜捕伪职二事，贿赂大行，先生皆峻拒之。杨公谂知之，遂加敬礼，事无大小，皆谘议而行。然纳降伪官，情有可原者，必力为之请，所全甚众。"① 查慎行性耿介，在复杂的官场中，固执保持着清高与正直。这种个性，在需要圆滑的官场中，并不讨喜，早在离开杨雍建的幕府之时，他不免有些怨气地说："纷纷桃李艳公门，驽钝如余尚服辕。"（卷三《发贵阳留别大中丞杨公三首》）这种驽钝实质就是作者"甘愚不与时宜合"的高洁品格的写照。

查慎行"平生耻共人争路"（卷四十八《灵渠行》）。他尤其鄙夷那些阴柔奸猾、佞巧伪诈之徒，他的《和张日容嘲薜荔二十韵》就表达了对一味攀附权贵的鞭笞，诗云：

薜荔尔何物，纤微孰比方。胡然缠宇下，只合缭崖旁。跂跂工缘壁，离离巧冪墙。性因柔善附，地以瘠为良。松柏宁劳施，丝萝故自张。龙鳞移不易，蛇蚹断无伤。及见蒙根密，俄惊引蔓狂。嫩茎绳绞缴，大叶羽披猖。山鬼依栖暗，湘君结托荒。罔帷怜屈宋，靡席笑班扬。杂蕙纫为佩，输荷缉作裳。搴枝频飐影，贯蕊罕闻香。好补青藤楦，休侵白玉堂。移文累芳杜，作赋混荪茞。谁遣临书幌，兼能罩笔床。有时经雨润，逐日领风凉。梢自邻家放，阴留夏景长。卷帘交竹翠，曳杖点苔苍。大抵诗骚意，多从讽谕将。勿嗤吟小草，中有好篇章。（卷四十一）

全诗以"嘲"的口吻表达对黑暗官场的不满，自抒湮郁，方严峭直。在他眼中，薜荔之阴柔善附、缘壁冪墙，正是官场中很多人的生动写照，足见诗人的人格操守。

查慎行鞭辟薜荔，却热情赞美荷花、梅花、白樱桃花这样的花中君

---

① （清）陈敬璋：《查慎行年谱》，中华书局1992年版，第16页。

子。在《白樱桃花歌》中,他批评"梨花无香李太俗"(卷三),赞赏白樱桃能够"别具幽艳存天真"。再看《自怡园荷花四首》(选其二、四):

  雕栏北面小亭旁,久坐真成透骨香。翠羽拂衾开皎镜,绿衣扶扇侍红妆。繁华肯斗春三月,澹荡偏宜水一方。马迹车轮寻不到,别依净域作花王。

  菱角鸡头渐满池,亭亭独擞出尘姿。难留雨露珠频泻,自拔泥污性不缁。老衲山中移漏处,佳人世外改妆时。白头相对归心切,欲卷江湖入小诗。(卷四十)

全诗意旨高洁淡远,清透绝伦,别有寄托,"繁华肯斗春三月,澹荡偏宜水一方","难留雨露珠频泻,自拔泥污性不缁",不正是对诗人自己洁身自好的人品要求,以及甘于寂寞、与世无争、特立独行的性格的写照。

此后查慎行入直南书房,正是受到康熙帝赏识的时期,本应春风得意的他,却未见得意之色,反而多写自己的风霜傲骨,如《赋得岁寒坚后凋》诗云:

  物性终难改,天行岁有常。平时滋雨露,晚节炼冰霜。鹤骨清添劲,龙鳞老变刚。郁葱生意在,寒律总春阳。(卷二十九)

作是诗时,查慎行正沐浴皇恩,仕途显达,然而他并未因此而得意,虽然"滋雨露",但仍不忘"炼冰霜",保持自身高洁的品性,所谓"鹤骨清添劲,龙鳞老变刚"也是诗人对正直人格的追求。正如唐孙华对他的评价:"先生于诗文山水朋友之外,余无所好,盖先生不独以诗传,而其为人高情逸韵,尤夐乎其不可及也。"[①]

再看《池上双鹤》云:

[①] (清)唐孙华:《敬业堂诗集序》,周劭标点《敬业堂诗集·附录》,上海古籍出版社1986年版,第1760页。

长鸣相和两仙禽，多在阳坡少在阴。偶向清池闲照影，被人猜有羡鱼心。（卷三十一）

这首诗作于康熙四十三年（1704）四、五月间，查慎行虽身处清要之地，却又清醒地意识到了遭人猜忌的可怕，是诗借口咏物，设譬托喻，表达自己品行端正，虽遭人猜忌，仍要保持坚贞之质。朱彝尊评是诗曰："风标高洁，见于言外。"①

查慎行常借歌咏历代忠臣，表明自己对忠臣的敬仰与对奸相的痛恨。查慎行早年游学京师，游览香山碧云寺，看到明代大太监魏忠贤为他自己建造的陵墓，疾恶如仇的诗人"恨无有力者掊其石也"，诗云：

碧云台殿倚云端，香火幡幢属内官。一代贤奸青史定，两朝党籍白碑残。松杉暮雨鸦音革，羊马秋风石骨寒。却笑山灵无藉在，犹容厕鬼痊衣冠。（卷五《碧云寺后一山，皆内监葬域，中有丰碑二，统刻魏忠贤里居官爵，甚详，守僧云："忠贤自为生圹，本朝初年，忠贤名下葬其衣冠于此，恨无有力者掊其石也"》）

查慎行路过江西分宜，想起这里是明朝嘉靖年间的奸臣严嵩的故乡，他写下了《分宜感事》：

曾从史馆见长编，太息明朝嘉靖年。牛李恩仇初植党，京攸父子互争权。东门牵犬情相似，西市骈枭世不怜。赙检铃山籍官簿，两桥犹盗水衡钱。（卷四十九）

这首诗揭露了严嵩和严世蕃父子的罪恶，"东门牵犬情相似，西市骈枭世不怜"，足见其对奸相的痛恨。

在他的写景纪行之作中，亦有体现，如《新泰城南望龟山》：

孤峰截断连山脉，大似人间独立人。地涌云根浮缥缈（一名青

---

① 上海图书馆馆藏《敬业堂诗集原稿》朱批。

云山），天生石骨瘦嶙峋。仰瞻泰岱旁无附，平揖徂徕近作邻。不用多生闲草木，免教荣落改冬春。（卷三十四）

他把山比喻成"人间独立人"，骨气嶙峋，与同具高尚人格的山峦为伴，而对随着四季荣落的草木则不屑一顾，因为草木不能主宰自己的命运，没有伟岸不移的人格精神。以兀立的孤峰映射傲然天外的人格，这种写法虽然不新鲜，却别有一番高迈的气格。

查慎行的清高孤傲使他在与人交往中，并不因富贵、贫贱而设定交往对象，他所推崇的是真正的有才学之士。《海宁州志》记载："陈世效字宾之，海宁人，博极群书，究性命之学，尤多经济才。尝值邑大饥，倡义平粜施赈，存活无算，尤虑族人不给，以祭产分上中下三科，计口而授。相国文简文勤咸器重之，查太史慎行在在京师，时客有挟贵人书往干太史，睨视曰：'君从家乡来，不携宾之一纸书，奚丐此龌龊者。'客逡巡退。"[①] 查慎行看重陈宾之，不是因为其地位和权势，而是人格与才华，他对交友对象的要求，亦是对自身人格的要求。

对于自己所鄙夷的人，即便是地位再高，查慎行一样不会降低身份去攀附对方，《校礼堂文集》记载了这样一件事：

康熙丙寅，查初白在京师，馆于明相国（珠）之自怡园，揆恺功总宪兄弟皆从之读书。时安麓村（岐）在馆中执洒扫之役，后十年丁亥，圣祖南巡阅河，初白方以编修请假在籍，偕其弟查浦侍讲，恭迎銮辂。后同舟返浙，道经扬州，而安岐已为相国鹾监于两淮，势甚喧赫，闻初白来谒，见于舟中，执礼甚恭。初白不命之坐，但云："汝小心贸易，勿为尔主生事。"安唯唯而退。[②]

但查慎行对安岐这种巴结权贵、小人得志之辈，嗤之以鼻，虽然他如今"鹾监于两淮"，可谓有权有势，富甲一方，但查慎行没有丝毫卑躬折节，反倒"不命之坐"，这在当时的士人中亦属壮举。

---

① （乾隆）《海宁州志》卷十二，清道光重刊本。
② （清）凌廷堪：《校礼堂文集》卷二十四，清嘉庆十八年刻本。

查慎行晚年因三弟查嗣庭案件的影响,家产罚没,出狱后因舟车乏费,"名虽放归归岂易,官免限期期频迁"(《续集》卷六《留别薄聿修、柯橿龄、唐益功、赓虞箴四同年》)无奈之下只得"向同邑至戚称贷以行","既归,谋所以偿之。易箦前二日,售玩器得数十金,力疾手缄致谢。时参药乏资,孙岐昌以后期为请。先生正色曰:'我自反平生无一事负人,脱有不幸,尔辈焉能如期践约耶?'"①在临终之际,他也不忘偿还他人恩惠,可见其风骨。

查慎行对于不公正的事件,往往能够挺身而出。如《疁城孙恺似编修欲行善于其乡,竟遭吏议,今方罢官,就讯吴中,相遇感愤成诗》:

苍狗如云极可哀,危机翻自诏恩来。家承忠孝身尤重,祸起衣冠势易摧。善不可为宁论恶,人皆欲杀我怜才。乾坤直似蜗庐窄,怀抱除非醉始开。(卷十三)

全诗痛抒感慨,孙致弥②时以翰林病休(即诗中所谓"诏恩")在里,该年嘉定发生"折漕案",参与抗争的市民均横遭逮治,孙致弥以缙绅的身份为乡人说了几句公道话,竟亦遭牵连逮治入狱。此诗当是作于入狱之前。"折漕"是加重人民负担的一种苛政,自从著名的江南奏销案以来,江南的士人一直受到压制,孙致弥敢于站出来说公道话,需要胆量,查慎行在其入狱之后说他"欲行善其乡",痛批不肖士夫的告讦,则更需要胆量。

《云樵外史诗话》引《退谷丛书》中所记一事:

太史直南书房,言动多不徇。俗人忌之,呼为"查文慉"。公修书武英殿,太监张某管匠役,气焰颇张,时揶揄诸翰林,颐指气使,同官畏之。一日指斥钱名世,查旁观不平,谓之曰:"朝廷命汝管刳剔事耳,编纂归我辈,岂汝所能与闻!"张当时气折,而心恶之甚,

---

① (清)查慎行撰:《查慎行集》(第7册),张玉亮、辜艳红点校,浙江古籍出版社2014年版,第349页。

② (清)孙恺似,名致弥(1641—1709),江苏嘉定人(今上海市嘉定区),查慎行友人。

遂不安其位矣。①

在友人受到寻衅之后，查慎行能够挺身而出，大胆仗义执言，压制小人的嚣张气焰，不惜得罪皇帝身边的太监，足见他并非一个明哲保身、唯唯诺诺之人。方苞记载当时初入翰林之时，面对气焰嚣张者，他"应唯敬对，外此不交一言"。时人认为："往时查翰林慎行性质颇类此。"② 在其谨慎的外表下，隐藏着孤傲倔强的精神，他说："不畏群嗤不受怜，孤行一意久弥坚"，"性存姜桂何妨辣，味到芩连不取甘"（卷四十《残冬展假病榻消寒聊当呻吟语无伦次录存十六首》其一二、一三），可以看出其不屈服权势的人格操守。

查慎行"愎"的性格特征，也表现在对待金钱的态度上。从军之初，他"如便宜除授、搜捕伪职二事，贿赂大行，先生皆峻拒之。杨公谂知之，益加敬礼，事无大小皆咨议而行。然纳降伪官，情有可原者，必力为之请，所全甚众"③。坚决拒绝受贿，并因此赢得了杨雍建的尊重。在相国明珠家授业时，"有欲至殷勤于相国，赂先生为先容者，先生正色曰：'吾，师也，岂以此自污耶？'其人愧谢而去。"④ 查慎行"非义之财不取，过分之施，亦欲而不受"⑤。其不昧荣利、甘守清贫的人格操守，正是他正直耿介、不与世俗同流合污的人格底线的表现。

当查慎行辞官离京时，"将行，文端公揆叙具千金为赠，且致辞曰：'先生初白庵未成，期以此规为之。'先生感其情重，手取百金曰：'舟车乏费，藉此为治装计。至图中光景，久已梦想置之。今得归丙舍，以毕余生，志愿足矣。'使者往返再三，卒不纳"⑥。查慎行只领取自己应得的酬劳，拒绝了不应得的钱财。并非其不通人情世故，而是他深切地懂得"官非致富具，官罢适得贫"（卷四十三《副相揆公惠寄人参一斤赋

---

① （清）缪焕章：《云樵外史诗话》卷一，民国七年男荃孙艺风堂刊本。
② （清）方苞：《翰林院编修查君墓志铭》，《方苞集》卷十，上海古籍出版社1983年版，第275页。
③ （清）陈敬璋：《查慎行年谱》，中华书局2006年版，第17页。
④ 同上书，第19页。
⑤ 同上。
⑥ （清）陈敬璋：《查慎行年谱》，中华书局2006年版，第31页。

谢》），他还劝诫其他为官者："莫贪扯手纳金钱，此事孤雏有深意。"（卷三《水西行》）可见其安贫乐道，不愿依附权贵，欲保持自身独立人格的希望。

在讲究处世圆滑、攀缘附会的官场，个性过于耿介总会遭受挫折。查慎行虽然不断提醒自己处事谨慎，收敛锋芒，但个性中"愎"的一面，又使他不能坐视黑暗与不公，因此很容易引起同僚的猜忌和小人的排挤。终使他"藏身于人海"的愿望成为一种奢望。《翰林院编修查先生慎行行状》记载："寻兼武英殿修书总裁，直庐。同僚各任采辑，而先生董其成。平生恬退，重名节。有在李者待同僚以非礼，先生起争之。其人将构衅焉，遂告归。"[①] 很多人在遭遇挫折之后就会因此而改变自身的个性，宁肯继续扭曲和挣扎，而不愿失去表面风光和既得利益。查慎行却不改正直的本性，在欲求"雾谷潜形"而不可得时，他早赋遂初，不再委曲求全，改变自我人格底线，而是毅然决然地离开是非之地。可以看出其在谦逊风度、文弱的外表下，所隐藏着的铮铮傲骨。

（三）"留诗嘲鄙俚"——查慎行的戏嘲兼与苏轼比较

如果将查慎行性格中的"慎"与"愎"统一在其身上，得到的查慎行的形象是严肃的、正统的，甚或不可爱的。实际上，查慎行亦有幽默、达观的一面。他的一生苦乐相伴，祸福无常，但他能用幽默、戏嘲调侃人生，化解悲凉。

查慎行喜欢戏嘲，很大程度上源自苏轼的影响。他爱苏、学苏、用苏，行止坐卧，常以坡诗自随，苏轼对查慎行的影响是多方面的，而人格力量的渗透，尤其是乐观豁达、幽默谐谑的生活态度则是至关重要的一个方面。苏轼善谑，其诗常以戏笔写谐趣，看似滑稽媚俗，实则风趣幽默，极富人情味，查慎行谓其"善谑"、"游戏成篇，理趣具足"[②]。时常以苏轼为榜样，尤其是在处于逆境之时。《长生殿》观演事件之后，查慎行被

---

① （清）沈廷芳：《翰林院编修查先生行状》，（清）陈敬璋《查慎行年谱》附录，中华书局2006年版，第45页。

② 查慎行《初白庵诗评》卷中《明日复以大鱼为馈重二十斤且求诗故复戏之》评语、《泛颍》评语（乾隆四十二年，涉园观乐堂刻本）。

革去了太学生资格,对查慎行而言,这个太学生资格得来的并不容易,无端被卷入这种是非之中,前程尽毁,其内心所受到的打击可想而知。然而查慎行却自我排解道:"饮酒得罪古亦有之,好事生风旁加指斥,其击而去之者,意虽不在苏子美,而子美亦不免焉。禅家有云:'竿木随身逢场作戏'聊用自解云尔,非以解客嘲也。"① 以苏轼饮酒得罪聊以自嘲。此后,他多年科举途蹇,甚至携儿入京,同赴科场,儿子考中了,自己依然未第,他仍然自嘲:"趁伴携儿出帝畿,到家犹及换春衣。远烦亲友来相贺,不道余仍下第归。"(卷二十三《初到家戏谢戚党之见贺者》)晚年他在受查嗣庭案牵连入狱的日子里,更是以苏轼为榜样,写了大量的次韵、追和及模仿之作,如《和胡元方中丞次东坡入狱诗第一章韵》《东坡有咏御史台榆槐竹柏诗元方狱庭无竹柏以菊梅易之余幽囚之所并无榆槐止有老柳二树其一已枯萎方供狱卒爨薪仍用来诗次韵之例赋孤柳四章》《东坡诗云去得顺风来者怨辄以所见广之》之类,可以看出即便是如此痛苦的时期,依然努力汲取苏轼的幽默与自嘲的特点。具体而言,查慎行对于苏轼戏嘲精神的学习主要表现有以下三个方面:

首先,在题材上,二人都能在极其平凡的生活中别具慧眼地发现美感和快乐,查慎行与苏轼都是享受生活的里手行家,这使他们能够超越世俗生活的平凡,而得到真实的快乐。如《汴中无鱼,今日至固镇盘餐得此,余方以为喜,座有晋人乃至废食,云:吾土有客水乡者,所亲必相戒勿食鱼,恐伤骨鲠也。南北嗜好之不同如此》云:"各有乡风两不知,区区口腹莫相疑。看他葱薤堆盘处,是我攒眉废箸时。"就是用幽默诙谐的笔调,化解由于南北饮食习惯不同而引起的小冲突。苏、查二人都善于对平淡生活展开自嘲,充满了理趣智慧,又渗透着洒脱与超越之感。如查慎行"鹊豆篱边扪腹行,惰游筋力负归耕"。茶足饭饱后,诗人面对劳作之人而自惭自嘲、"扪腹"而行的姿态,充满了滑稽。类似之作东坡亦有,如《寓居定惠院之东杂花满山有海棠一株土人不知贵也》:"先生饱食无一事,散步逍遥自扪腹。"查诗与之如出一辙。

身体上的衰病也常常是查慎行调侃自己的题材,如诗《腰痛自嘲》:

---

① 查慎行撰:《竿木集序》,周劭点校,《敬业堂诗集》,上海古籍出版社1986年版,第287页。

平生耻折腰，疆直诡自讼。谓从解组后，带眼稍宽纵。宁知患苦缠，百衲斗一缝。向来所受病，及是方觉痛。欠伸两不遂，转侧需仆从。抓搔性复慵，摩拊亦安用。可怜血肉躯，猥与虮虱共。人间十万贯，骑鹤嫌腰重。痛定吾有时，身轻行试凤。（卷四十五）

又如《旅舍落一齿自嘲二首》云：

毁理生时具，太刚焉得完。平生无大嚼，到此亦凋残。舌在柔何益，唇亡想更寒。长途怜弱女，苦口劝加餐。

不为窥邻妇，何曾玷荐贤。春冰消最易，病叶堕长先。已落谁复顾，余存宁久坚。自惭输老马，数齿减衰年。（卷二十七）

苏轼亦有类似题材，如《次韵秦太虚见戏耳聋》，将自己生理上的衰老、疾病加以自嘲，查慎行学习苏轼以看似谐谑口吻写身上事、抒心中情，以夸张自嘲的态度对待自己的衰颓，实质上是因岁月蹉跎，老大无成，对于年龄和生理状态颇为敏感，这种自嘲包含着生活的悲慨。

其次，查慎行与苏轼一样，常用戏嘲表达对现实的不满。苏轼天性疏放，诗中多嘲戏，亦间有怨刺，此正如查慎行评点苏轼诗《赴江陵途中寄赠三学士》说："一肚皮不合时宜，无处发泄，于此章吐之。"[①] 查慎行继承了苏轼的这一特点，他善于揭露和鞭笞社会弊端、表达对百姓疾苦的关切，而且往往用戏嘲的口吻表示出来，如《芜湖关》一诗以亲身经历用平淡的语言揭露了沿途官吏睚眦跋扈、无理勒索的情状："吏前不我信，倒箧倾筐篗。弃捐无一可，相顾仍睚眦。买酒例索钱，回身若责逋。"结尾感叹道："有货官尽征，无货吏横诛。有无两不免，何以慰长途？"（卷一）饱含了对现实的辛辣嘲讽。又如他的《宿州村家有种柏作篱者，戏嘲之》，借题发挥，牢骚语起："多少荆棒宽束缚，屈将翠柏作樊篱！"（卷三十五）岂止大材小用，简直是良材滥用。一个"屈"字，

[①] 查慎行《初白庵诗评》卷中《明日复以大鱼为馈重二十斤且求诗故复戏之》评语、《泛颍》评语（乾隆四十二年，涉园观乐堂刻本）。

一个"宽"字将颠倒的世态和枉曲的朝事戳穿无遗。面对现实的黑暗与人生的风浪，查慎行也能如同苏轼达观的面对，如："塞者自塞通自通，造化小儿游戏中。解后两相值，我适遭其穷。却笑竹垞老，与我同舟还遇风，乃以我故兼累翁。翁今涉世颇知退，坐狎雷霆如一噫。我拍手，翁和歌，人生大都逆境多，顺流岂遂无风波。"（卷二十五《逆水逆风歌戏呈竹垞》）用戏嘲的方式，阐述人生哲理。

然而，对照苏轼，查慎行则缺少了一份汪洋恣意的风格，清人叶燮说："举苏轼之一篇一句，无处不可见其凌空如天马，游戏如飞仙，风流儒雅，无入不得，好善而乐与，嬉笑怒骂，四时之气皆备。"[①] 风趣幽默、性喜谈谑，苏轼机敏，好戏谑，使其成为文人式幽默的先驱。查慎行少了几分灵动与飘逸，这固然与个性有关，但更重要的则是时代环境使然。"乌台诗案"后，山谷、后山尚且引以为戒。更何况文网高张的清初，初白当然更是避之如恐不及。苏轼嬉笑怒骂皆成文章。查慎行则将这份"不平"隐藏起来，情绪也趋向平淡温和，戏谑似乎成了淡化牢骚的手段。

再次，查慎行与苏轼的戏嘲都有所节制，显得深沉而不轻佻。如查慎行的《堕马歌为朱悔人赋用李茶陵集中韵》云：

朱髯别家久不归，如鸟羽倦犹孤飞。踵决曾穿雪中履，线绽未补秋来衣。长安城中多第宅，年少翩翩好裙屐。青丝络马装马鞍，骑出从夸新买得。髯乎足不出户庭，尘高十丈看横行。忽然欲诣良友酌，正坐倚壁空瓶罂。蹇驴力小不任重，性命敢谓男儿轻。牵来未识北马性，借得大感东家情。掀髯却上跨鞯坐，掣电流星一鞭过。此时逸足纵莫收，造父旁观巧难佐。趹趼驾驭良匪易，马上人从马前堕。镜中欲博龋齿笑，赋里偏憎插花贺。康庄大道城西阿，失足何必皆坡陀。有生所事非意料，未许轻薄相嘲诃。当年颇怪王处仲，曾为伏枥生悲歌。虎头失计始投笔，猿臂何物夸横戈。不如汉阴归闭户，安稳生涯信徒步。未成矫矫鹤南飞，那免茕茕兔西顾。夕阳牛背输牧竖，夜雨

[①]（清）叶燮：《原诗》卷三，王夫之等撰，丁福保辑录《清诗话》，中华书局1963年版，第596页。

芦中负渔父。故人乘车尔戴笠，此作参军彼主簿。天生尔以不羁才，困踬风尘是谁误。眼前只作堕马看，一跌无端岂终仆。卬须肯赴舟子招，将伯谁为辅车助。我生卤莽事奔走，屈指嶔崎经畏路。尚逐他人肥马尘，浪游此出凡三度。似闻樊圃限狂夫，便合因君警晨暮。（卷六）

前半部分抓住好友多髯的外貌特点，大量细节勾勒，充满戏剧性的笔法，如"髯乎足不出户庭，尘高十丈看横行"，"掀髯却上跨鞲坐，掣电流星一鞭过"，让人忍俊不禁。后半部分似嘲笑友人朱悔人坠马之事，然而从"天生尔以不羁才，困踬风尘是谁误"笔锋急转，感叹友人虽有不羁之才，却不为世用，从而又想到个人身世"我生卤莽事奔走"，反要"尚逐他人肥马尘"寄人篱下。单纯的戏嘲会流于浅薄，查慎行是诗幽默不乏理趣，自嘲又不乏节制，形成一种表面带有谐谑的意味，但内在不失深沉的艺术风格，极富东坡神韵。

然而，查慎行与苏轼的戏嘲又有质的不同。苏轼的自嘲带有强烈的自信与豪气。如《惜花》中，苏轼自嘲可笑的醉态："沙河塘上插花回，醉倒不觉吴儿哈。"可笑可爱中又带有几分豪气。又如《洗儿诗》中"人皆养子望聪明，我被聪明误一生"可以看到在正话反说的自嘲之下，苏轼无愧于心的自豪和自信。这在查慎行诗中，却很鲜见。在逆境中，苏轼有"问汝平生功业，黄州、惠州、儋州"（《自题金山画像》），用自嘲淡化苦难，有百转千回而义无反顾之气。而查慎行在气势上则明显低了下去，面对苦难，他虽也有戏嘲："宁知患苦缠，百衲斗一缝"，"可怜血肉躯，猥与虮虱共"，"长途怜弱女，苦口劝加餐"。这些毫不避讳的痛苦，让人却生强颜欢笑之感，生活的悲苦直白地宣泄出来。

王昶在《答李宪古人书》中说："查初白学诚斋圆熟清切，于应世谐俗为宜，苦无端人正士高冠正笏气象，特便于世之不学者，以是为人所爱。"① 此话虽带偏见，却也道着一半，寒士们为"应世谐俗"学诚斋诗，终究隔着一层。如果把诚斋换成东坡也不无不可。《载酒园诗话》中云：

---

① （清）王昶：《春融堂集》卷三十二，清嘉庆中青浦王氏塾南书舍刻本。

"二苏皆年少成名,虽有谪迁之悲,未历饥寒之厄,宜有此不知痛痒之言。"① 即使苏轼写了苦语,也还得自嘲一番,但这种"嘲"的背后是一种强大的、积极的人生态度。查慎行一生则始终处于忧患之中,用了20年时光,前后六次落榜,50岁方进入仕途。进入仕途之后又如履薄冰,战战兢兢,不久主动告归。时代与人生经历的不同,倘若东坡在世也终不能真正理解查慎行悲凉人生所带来的痛苦。

一个人在逆境中的生活态度,更能体现其人格特征。然而苏轼与查慎行面对突然性的极端困境,表现却存在差异。查慎行一生虽多次陷入悲观失望的境地,但他却愈面临困境,愈放达。晚年的"查嗣庭案"可以说是他人生最大的打击,彻底摧毁了他的家族,然而在诗歌中却充满了乐观。如《和胡元方中丞次东坡入狱诗第一章韵》云:"两月冰霜忽入春,全家赴狱岂惟身。僮奴渐狎铃梆卒,子侄初充洒扫人。穷可揶揄亦有鬼,交虽故旧亦如神。与君只隔重围住,得读新诗是夙因。"(《续集》卷五)胡元方即胡期恒,号复斋,湖南武陵人。康熙四十四年(1705)举人,官至甘肃巡抚。因追随年羹尧被撤职,后又于雍正三年(1725)六月被逮捕入狱,直"至高宗即位,始得释"。查慎行敢于与胡期恒唱和,并且不以他之罪为嫌,正可展示他淡泊人生、开朗豁达的精神境界。

之后又作《元方又用东坡入狱第二首韵,余亦次和》云:

> 风人自古感凄凄,到此谁能气不低。隙影一尘容野马,瓮天三尺覆醯鸡。和诗剩有斜川子,问疾兼无法喜妻。花落莺啼频入梦,几时归路下塘西。(《续集》卷五)

如果将这两首诗与东坡原诗作比较,查慎行乐观的个性更加明显,且看苏轼的原作《狱中寄子由二首(其二)》:

> 柏台霜气夜凄凄,风动琅珰月向低。梦绕云山心似鹿,魂惊汤火命如鸡。眼中犀角真吾子,身后牛衣愧老妻。百岁神游定何处,桐乡

---

① (清)贺裳:《载酒园诗话》,转引自曾枣庄《苏诗汇评》第一卷,四川文艺出版社2000年版,第654页。

知葬浙江西。

上述二诗作于苏轼在湖州任上,因作诗毁谤新法的罪名被捕入狱,在狱中他自度必死,因此写下了这首近乎遗书的作品。乐观的苏轼此时也浸透了"苦泪"。相对来说,查慎行的和作,则充满着天真的幻想,丝毫不似发自狱中人之口。

查慎行在狱中的生活他也极力寻找快乐,如《又五言绝句(其七)》:

漏点晨初绝,铃声昼不休。似闻驱疫鬼,赖有镇监猴。(自注:狱卒循墙,提铁铃。)

画猫非真猫,虎斑而虎视。虽无食牛量,肯作衔蝉戏。(自注:题壁上画猫)(《续集》卷五)

又如《东坡诗云:"去得顺风来者怨",辄以所见广之》:

得上仙舟总不凡,巧从名句破机缄。南来北去两无碍,去得顺流来挂帆。(《续集》卷六)

这场浩劫让家人沦落天涯,整个家族几近崩溃,查慎行的反应却异乎寻常的平淡,他不作哀戚之语,更多的倒是庆幸甚至有点欣喜,如其诗云:"破涕忽成笑,余生是再生"(《留别许立岩馆卿》),"未到先愁我,兹来颇快人"(《晨发任丘喜晴》)。又如《自恩县南至津期店,万柳夹道成荫,过此即高唐州界,故末句戏云》:

晨遮初旭暮斜阳,万树交荫午亦凉。过此令人忘六月,小车欹枕梦高唐。(《续集》卷六)

日本学者高津孝说:"这些诗都产生于严酷的狱中生活,但绝不严酷,更不觉悲怆,不如说,诗里很多地方还露出幽默。这是由查慎行自身性格决定的。从这个意义上讲，他倒可以说是东坡诗的真正继承者。这就是说，他在那位伟大前辈的遗产中继承的，主要不是艺术风格，而是超然的乐观型与幽默感。"① 实际上，苏轼的戏嘲更多地表现在日常行为中，当遭遇突然变故之后，苏轼亦会陷入悲观绝望之中，苏轼并非途穷不作酸辛之态，其后半生屡遭贬放，越贬越远，"心似已灰之木，身如不系之舟"（《自题金山画像》），已不及惠州时豪放乐观，在困苦无望的处境下，苏轼也和常人一样感到无奈和悲哀。查慎行的乐观反倒更多见于晚年，度过了如履薄冰的中年时代，在人生最无望的晚年，反倒好像感到一种解脱与放松。此种反常现象，是在高压的政治环境下人性的异化现象，似乎他知道"该来的终于来了"，人生的悲剧高潮已经过去，他卸下了沉重的心理负担，反而更加释然。

从气格上说，查慎行不及苏轼之阔达，查慎行时刻谨慎，常常反省，他的自嘲，则透露着深深的悔意，苏轼"嬉笑怒骂皆成文章"，他的谐谑乐观是自然天性。从性格来说，查慎行本性孤僻，内向谨慎的个性也必然造就查慎行的戏嘲，终隔着一层，束缚过多，不及苏轼的自然浑成。

对于查慎行而言，苏轼之飘逸旷达的人格精神只能仰视，只能膜拜，无法接近和触摸。这固然有才情不逮、心向往之的因素，但更重要的则是时代环境使然。清代的文人生活境遇，远远不及宋代宽松。清廷文字之狱动辄牵连数百人，无数学者唯恐涉及政治及当代历史。宋人尽管远不如唐人天真烂漫，然而仍有幻想，清人如查慎行，则仿佛连梦也不复有了，他早已磨灭了自信天真，所求唯有循规蹈矩，藏身宦海。

小　结

古代大诗人，无不人格闪耀，相形之下查慎行人格精神与胸襟气度则偏于凡庸甚或卑弱。后又自更名为"慎行"、字"悔余"，学者多认为查慎行虽诗法纯熟，但人格平庸。如张仲谋先生在《清代文化与浙派诗》指出查慎行不能成为大家，不在于诗学本身，而是"他缺乏伟大诗人所不可或缺的人格力量，试看前此历史上伟大诗人，……人格精神无不有一

---

① ［日］高津孝：《论查初白诒狱集》，《南京大学学报》1987年第1期。

段精光,足以自立而不泯于众人。相形之下,慎行则诗才超卓而人格平平,求其大过于人者而不可得";又云"一个缺乏血性或自由意志的诗人,无论他怎样张皇字句,其诗都是平弱无力的"。①

  陈寅恪曾说历史研究对待古人应具有"了解之同情"②,所谓的"了解"和"同情"就要将人物放到其所处的历史时代进行客观评价。清代康熙以后的士子中,圆滑妥帖如王士禛,明哲保身如朱彝尊,韬光养晦如沈德潜,风流放荡如袁枚,大都无法具有前辈诗人之精神魅力,查慎行的个性虽不突出,但也不能算平庸之尤。其一生写就了士人在夹缝中生存的状貌,他谨慎、谦逊,但也有士大夫的倔强和刚愎;他经历坎坷、常陷入悔恨自责,但他却努力学习苏轼谐谑自嘲以开解胸中郁结。查慎行的性格是复杂的、多面的,不能从单一角度解读,更不能就此认为其个性"平弱"甚至"病态"。他一生视诗歌为事业,终身笔耕不辍,写就了一代志存高远却屡受挫折的,既刚直不阿又怯懦苟且的士子之心灵沉浮。

---

  ① 张仲谋:《清代文化与浙派诗》,东方出版社1997年版,第148页。
  ② 陈寅恪:《冯友兰〈中国哲学史〉审查报告·金明馆丛稿二编》,生活·读书·新知三联书店2001年版,第247页。

第二章　查慎行诗坛交游考略

查慎行自言："平生数交游，湖海浪驰骋"（卷四十一《次日社集张匠门斋同人皆和余种花诗再叠前韵四首》），"平生出门交，获觏天下士"（《续集》卷三《次韵答吴兴沈寅驭见投四章》），可见他对自己一生交游的自信。查慎行晚登耄寿，生平足迹半天下，观其所交，人数之众，身份之杂，在清代士人之中亦不多见。查氏之交游，能够反映清代康雍年间士人生活状况及诗坛创作情态。

查氏所交游，按身份划分可以分为四类：（1）明代遗民；（2）新朝显贵；（3）友人同学；（4）晚辈门生。这样的划分不带有绝对性，身份相互交叉的现象有可能存在。

一　查慎行与明代遗民

查慎行的家族与明代政权的根源很深，祖父和父亲都曾参与了抗击清军的斗争。清朝定鼎后，查父改名隐居，漂泊江湖，结识了一批有着相同故国情怀的士子。查慎行继承了父辈的交谊，向这些前辈虚心请教，这些人大都成为查慎行的师长，对其生活、学术、诗歌创作有重要的影响。

黄宗羲（1610—1695）字太冲，号梨洲，世称南雷先生或梨洲先生，浙江宁波人。

查慎行为黄门弟子，黄宗羲与查慎行为"两世交情"，他与查慎行的父亲查逸远、岳父陆嘉淑均为挚交，黄宗羲为逸远作墓志铭，其云：

　　余复至杭，则子将、印持、俨公、道闇、鲲庭已登鬼录，秀初去为浮屠，丽京隐于医肆，近修出而索游，其余亦零落略尽。一时被绮绣、戴朱缨宝饰之帽，烨然若神。人之少年，蔑视老生，不容托末契于其间。邂逅而得汪魏美、徐兰生、陆冰修、查逸远，湖山惨淡，天似伤我之孤另也。乃未几魏美、近修又逝，丽京不知所往。余频年过海昌，犹幸与冰修、逸远，登云岫山，观日出，步海堤，指点夏盖石鼓在苍茫间。岁丁巳，冰修入燕，明年而又丧逸远，余闻之，过时而哭。夫余于逸远之交情，未必过于前者所卒之诸子，而独有深悲于逸远者，盖自是而余衰年未死，武林之交游，弗复有义熙以前人物矣。①

黄、查、陆三人均为明代遗民，相似的故国情怀使他们走到了一起。而他们早年汲汲奔走的南明王朝复兴大业此时已经化为泡影，耆旧凋零，遗民群体逐步解体，淡出了中国历史舞台，这一切让他倍感孤独，遂将情怀寄托于后辈。

康熙十五（1676）年黄宗羲来海宁讲学时，查慎行师从于黄宗羲。黄宗羲对查氏兄弟十分欣赏，他说："嗣琏、嗣瑮从余游，皆有俊才。"②康熙十八年（1679）查慎行身在黔地，心中依然怀念师长，在得知黄宗羲拒绝博学鸿词科的征召之后，作诗云："公朝谩有程文海，又费先生却聘书。"（卷二《秋怀诗》其一）诗注："姚江黄夫子挂名荐牍，知驱驰无力，不能北上也。"从黔中回来，查慎行还带来了棕竹杖为黄宗羲祝寿，黄氏有诗《门士查夏重自黔中还以棕竹杖为寿》③。黄宗羲逝世之后，查慎行对其给予了极高评价："自从婺学衰，科举变时尚。姚江矫斯弊，绝学揭孤倡、传习到南雷，渊源大流畅。"（卷四十《送同年宋山言视学两浙》）肯定其在浙东学派发展过程中的重要意义。

黄宗炎（1616—1686）字晦木，一字立溪，学者称鹧鸪先生，浙江余姚人。黄宗羲弟。黄宗炎曾为查慎行《慎旃集》作序，与查慎行又查逸远、岳丈陆嘉淑均关系密切，陆嘉淑云："吾友黄晦木先生喜而序之，为奖许其所已至，而勉惜其所未至。晦木，夏重尊人逸远畏友，偶然以古

---

① （清）黄宗羲：《查逸远墓志铭》，黄宗羲著、陈乃乾编《黄梨洲文集》，中华书局1959年版，第175页。

② 同上。

③ （清）黄宗羲：《南雷诗历》卷三，粤雅堂丛书本。

道自处。夏重既拜而登之集矣。"① 黄、陆二人亦为好友。黄宗炎对《慎旃集》推崇备至，曰："寻其佳处，真有步武分司、追踪剑南之堂奥者。"这一说法被《四库全书总目》采用。

黄宗炎晚年隐居山林，潜心学《易》，其《图书辩惑》等著作，力辩图、书之非。查慎行《秋怀诗》（其三）注："黄晦木先生注《易》垂成，近复事黄冶之术。"（卷二）可见查慎行注《易》颇受黄宗炎的影响。他继承了黄宗炎的学术观点，对图、书易学进行抨击，进一步发展了浙东学派的易学成就。

钱澄之（1612—1693）原名秉镫，字幼光，一作饮光，晚号田间老人、西顽道人，安徽桐城人，归田后改名澄之。

查慎行与钱澄之交谊亦始于父辈，钱澄之赠查慎行诗歌曾有注："尊先公与予订交长干"②，长干寺，在金陵聚宝门外，是金陵著名的寺院。钱澄之在为慎行弟德尹诗集作序时，回顾了与查逸远长干寺订交的情形：

> 丁酉之秋，与海宁查君逸远同客长干塔寺，比舍而居。惟时寒风萧飒，三门早闭，僧店灯收，予两人相与过从，述故国之交游，感河山于畴昔。予心灰学《易》，思以卖卜终身。而君闻鸡起舞，志未衰也。当逆旅乏绝时，每夜购酒召客，携有狎客，奏弦管度曲为乐，穷途羁旅，往往失其惨淡，度君岂寂寞以终老者乎？别去十数年不相闻，有传君死者，不信，每遇海昌人辄问，则信死矣。③

钱澄之也是明代遗民，明亡后过着颠沛流离、以游为隐的生活。四十六岁的钱澄之，"附舟东下。其冬，度岁长干寺"④。与查逸远相遇，一见如故，遂订交。钱澄之有诗《长干寺赠海宁查逸远》⑤：

---

① （清）陆嘉淑：《敬业堂诗集序》，周劭标点《敬业堂诗集·附录》，上海古籍出版社1986年版，第1757页。
② （清）钱澄之：《都门送别查夏重还里兼订皖上之游》，《田间诗集》卷二十七，《客隐集》，清康熙刻本。
③ （清）钱澄之：《查德尹诗序》，《田间文集》卷十五序，清康熙刻本。
④ （清）钱扐禄：《先公田间府君年谱》卷一，北图年谱丛刊本。
⑤ （清）钱澄之：《田间诗集》卷四，清康熙刻本。

  古寺秋深夜不扃，客星几点共飘零。钟残隔院禅香换，雨瞻长廊塔火荧。市隐定从江左觅，雅歌还在越中听。道人入世无他术，止讲床头一卷经。

  康熙二十七年（1688年）正月，查慎行与钱澄之相遇于都门，回想当年与田间与其父订交长干寺的场景，查慎行感慨万千，有诗《桐城钱田间先生相遇都门出诗集见示，中有丁酉寓长干寺，投赠先君子七律一章，距今已三十二年，先君下世且十一年矣，感而次韵》：

  敝庐风雨十年扃，南北身随败叶零。先友渐如星落落，残宵愁对火荧荧。诗贪记忆关心读，话到苍凉制泪听。莫问生涯流转迹，贱贫何事不曾经。（卷八）

  钱澄之对查慎行这位晚生后辈，亦格外赏识，他有诗云："谈深塔寺悲先志，吟遍蛮乡见尔才。"① 就在这年二月，外舅陆射山抱恙，查慎行服侍南归。钱澄之前往都门送别，并约定日后同作皖上之游。并作诗《都门送别查夏重还里兼订皖上之游》，诗有"秋到皖江寻旧好，可能一问白头来"之句。查慎行出都之后，钱氏万分惦念，有书信云：

  客都门八阅月，荷诸君子不弃老耄，往还唱和，欣慰如何！如文采气谊，极一时之盛，而真情爽致，古道照人，不得不推世兄领袖也。辱在通家，尤深依恋。陆冰老知己到家无恙，夏重鲁兄再入都否？朱晦人临别，约到皖查事，闻抚军讯其游踪，颇深相念，正不知何时到皖也？②

  该信题名《寄查某》，从行文看，此信不是写给查慎行的，应当是给慎行之弟查嗣瑮，但其中依然能看出对查慎行的惦念与关心，还念念不忘皖上之约。

---

  ① （清）钱澄之：《都门送别查夏重还里兼订皖上之游》，《田间诗集》卷二十七，《客隐集》，清康熙刻本。
  ② （清）钱澄之：《田间尺牍》卷二，清光绪三十四年刻本。

康熙二十九年夏（1690），查慎行离开京城，故里家居，偶游吴县，与钱澄之再次相遇，慎行作诗《吴门喜遇田间先生》云：

发光如葆气如虹，倔强人间八十翁。最喜尘埃经岁别，还看筋力旧时同。文章有品传方远，风雨藏山业未终。指与一星人尽识，少微今日客吴中。（卷十一）

诗中不仅表达了彼此会晤的欣喜，及对田间"气吞湖海豪犹健，劳阅沧桑骨已仙"（卷十二《送田间先生归桐城》）的赞赏。结尾反用"少微不向吴中隐"（顾况《送少微上人还鹿门》）之诗意，赞赏了钱澄之的隐居不仕、著述明志的精神。

康熙三十一年（1692），钱澄之时年81岁，即他离世的前一年，查慎行因有庐山之游而过访，查慎行有《田间先生闻余至自青山命驾来会喜赋》曰："春风弭檝向枞阳，旧约多年不敢忘。四海平交无行辈，两朝轶事在文章。从知老境难为客，谁与先生特置乡。一片青山高插汉，肖然真似鲁灵光。"查慎行还提起当年的约定，此时的相见，让他喜不自禁，极言其人格魅力。

查慎行此次在钱澄之家中留宿两晚，钱澄之向查慎行出示自己的诗集《藏山阁集》。此集成书于明末，因涉南明史事，钱澄之一向秘不示人，在当时未有很多人见过。钱澄之将其出示，是对查慎行的信任。查慎行有诗《过田间先生山居，相留信宿，出示〈藏山集〉再赋二诗传和》记之，诗云：

层峦俯瞰万松梢，中有高人旧结茅。自入鹿门诗一变，竟驯龙性《易》初爻。云盘远势鸦翻阵，花作新泥燕补巢。未免累翁鸡黍约，往还原不拒贫交。

比似仙源那易寻，避人毕竟要山深。谁教鹤怨猿啼客，来听莺歌凤舞音。语杂谈谐皆典故，老传著述岂初心。好看龙马精神健，东武时为抱膝吟。（卷十四）

查慎行评价钱氏诗歌"自入鹿门诗一变,竟驯龙性《易》初爻",道出了钱澄之诗风自顺治中叶以后,隐居乡里期间的重要变化,即由悲壮激昂转至冲淡自然,是评可谓入木三分。第二首结尾用抱膝长歌的孔明之弟诸葛均之典故,孔尚任作有《怀诸城张石民处士寄诗卧象山》二首,其二云:"抱膝吟东武,新开一洞天。"① 查慎行化用此诗,歌颂钱澄之高洁人品与雅量高致。

钱澄之年长查慎行近 40 岁,他对这位后生晚辈期望甚高,与之一生亦师亦友。钱澄之也十分器重这位后生,尽可能提携帮扶。钱澄之对查慎行的影响,首先体现在诗学上。查慎行年少时,曾经渡江拜访钱澄之,专门向其请教诗法,得其指授良多,《翰林院编修查君墓志铭》云:"君少时,闻吾邑钱先生饮光深于诗,即溯江,繁舟枞阳,造田间讲问,逾时而归。钱先生时为余道之。"② 钱氏论诗强调"性情",否定唐宋诗之争,这些观点与查慎行有着深刻的渊源关系。

钱澄之对查慎行的影响又不仅限于诗歌,在处世为人方面,他对慎行亦关怀有加,二人有尺牍往来,如钱澄之给查慎行的书信云:

> 秋风不竞,同人大半落落,未免惆怅,然仆所望于世兄,与世兄所以自命者,正不在此耳。德尹应已南还,共聚东山也,念之、念之。承致书敝邑令君,小儿面呈,略叙神交数语。仆既未往谒,彼亦竟相忘也,令君长者,但恐浑厚特甚,为胥吏所用,莅任以来,屡经上官切责,岂幕中未得其人耶?世外野老,理乱久付不闻,念系世兄至戚,辄用关切,家报中须属其认真,敝邑固未易治也。士绅之间,交接当慎,礼法宜微有分别,毋为不肖者所狎,而为贤者所疏也。如何、如何。小儿到山,候东海先生起居,幸念通家,勿惜教诲,亦欲来效抄写之劳,此时尚未暇也,便候,不多叙。③

"士绅之间,交接当慎,礼法宜微有分别,毋为不肖者所狎,而为贤

---

① (清)孔尚任著,汪蔚林编:《孔尚任诗文集》第 2 册,中华书局 1962 年版,第 280 页。
② (清)方苞:《翰林院编修查君墓志铭》,《查慎行年谱》附录一,中华书局 2006 年版,第 43 页。
③ (清)钱澄之:《与查夏重》,《田间尺牍》卷二,清光绪三十四年刻本。

者所疏也",不正是查慎行为人处世之法！足见田间对慎行之影响。从顺治九年北归至康熙三十二年（1652—1693）约40年间，钱澄之多半时间隐居乡里，淡薄功名，著述为业，他的这一选择也深深影响了此后查慎行的人生选择。

周筼（1623—1687）初名筠，字公贞，更字青士，又作清士，别字筜谷。浙江嘉兴人。明诸生。少遭乱，弃举业，布衣以终，有《采山堂诗》八卷。

周筼入清后放弃科名且隐于市，在江南名震一时。他与朱彝尊是同乡，又是至交，曾协助朱彝尊编辑《词综》26卷，并负责校勘。后又增补10卷。初白对青士推崇备至，尤其赏识其人品气节，康熙二十六年（1687），时查慎行在京城，准备参加秋闱，与周青士多有唱和。周青士离京归里，查慎行前往送别。作诗《送周青士南归》云：

人间不是少知音，爱尔萧然抱素襟。潮似归期还有信，云虽出岫本无心。战回酒敌黄花老，收取诗名白发深。此去浮家烟水际，五湖一叶许谁寻。（卷八）

查慎行将周筼比作陶渊明，潇洒飘逸地告别功名，抱素襟，崇自然。"云虽出岫本无心"化用陶渊明《归去来兮辞》的"云无心以出岫"，表达自己对隐居山林的羡慕与向往之意。然而周筼此次南归尚未到家，途中生病，客死淮南，此诗可视为二人诀别作。查慎行视青士为知音，肯定了他高洁的人品、淡泊的胸襟，及彼此之间的深情厚谊。别后不久，查慎行得知青士殁于淮南，他悲恸万分，有诗《闻周青士淮南讣信》：

苦口劝君去，筋骸看颇强。祇云当暮齿，不合久他乡。病忽中途得，神翻永诀伤。馀生还自叹，归计尚茫茫。（卷八）

三年之后，归而复入都的他在途经新泰时见到了周生前于一旅壁上的题诗，不禁悲从中来，怆然和之："去作京华客，归招旅櫬魂。乾坤吾哭汝，尘土上啼痕。"（卷十《新泰旅壁见故人周青士题诗怆然继和》）表达对这位已故知音的怀念与惋惜。

查慎行对明代遗民给予崇高的敬意，肯定其气节与人品，无论是黄宗羲拒绝博学鸿词科的征召，还是钱澄之入清后隐居乡里，专事著述，还是如周篔飘逸洒脱、布衣以终，抑或是他的族叔查继佐乱世修史，这些人的出处抉择都深深影响了查慎行的人生道路，实现政治抱负的入仕情怀与解印还乡、高蹈林泉的隐逸之思时时让他陷入矛盾郁结之中，对现实的失望最终选择了抽身宦海，弃官还乡，不能不说没有前辈的影响。

二　查慎行与新朝显贵

清初就有"遗民不世袭"①之论，康熙年间，伴随着清王朝统治逐渐步入正轨，明朝遗民时代画上了句号，一批在清朝出仕、跻身于显贵之列的新秀们登上了历史的舞台。汲汲功名的查慎行，徘徊于上流社会的门外，热衷于与之交游，目的在于通过结识显宦、名流来提高自己的知名度，或者直接获得权贵的汲引。

王士禛（1634—1711）字子真，一字贻上，号阮亭，别号渔洋山人。山东新城（今桓台县）人。殁后，因避雍正皇帝"胤禛"讳。曾改名"士正"；乾隆间，又诏改"士祯"。赐谥文简。顺治十五年（1658）进士，官至刑部尚书。康熙时继钱谦益而主盟诗坛，以神韵为宗，主持风雅数十年，门生弟子甚众，其诗文集为《带经堂集》，又有笔记《居易录》《池北偶谈》等多种。

王士禛与查慎行外舅陆嘉淑相友善，王士禛云："海宁陆处士冰修昔在京师，与施愚山、梅耦长，每夕必过予邸，不冠不袜，纵谈至夜分始别去。"②查慎行刚到京师，陆嘉淑就向王士禛推举查慎行道："此子名誉未成，冀先生少假借之，弁以数语。"③请求王士禛为查慎行诗集作序。王士禛在见到查慎行后赏其才，欣然为其《慎旃集》作序，云：

---

①（清）全祖望：《题徐捐石传后》，朱铸禹整理《全祖望集汇校集注》，上海古籍出版社2000年版，第1365页。

②（清）王士禛撰：《香祖笔记》卷九，湛之点校，上海古籍出版社1982年版，第185页。

③（清）王士禛：《敬业堂诗集序》，周劭标点《敬业堂诗集·附录》，上海古籍出版社1986年版，第1753页。

余转官司成，则夏重与其弟德尹后先入成均，余乃得以一日之长临之。德尹旋与友人入粤，而夏重肄业桥门，离经鼓箧，鱼鱼雅雅，弱不胜衣，近是黄叔度一流；乃其诗若文，则又滂葩累兀，奔发卓荦，蛟龙翔而虎凤跃，今之诗人，或未之能先也。然且深情独写，孤韵一往，令人讽咏徘徊，乍不能已。①

殷殷推许之意，溢于言表。得到诗坛盟主王士禛极高的评价，是助查慎行早年成名的一臂之力。

康熙十九年（1680），王士禛升任国子祭酒，康熙二十三年（1684），查慎行游学太学，渔洋时在任上，因此，查慎行算是渔洋及门弟子。是年十一月，王士禛奉命祭祀南海，查慎行前往送行，作《送少詹王阮亭先生祭告南海》一诗。此后，查慎行与王士禛二人出入相避，没有太多机会交往。

康熙二十四年，王士禛请假归里，旋丁父忧。二十九年正月，补原官②，从康熙二十三年十一月到康熙二十八年（1689）末，王士禛几乎未在京城，而此时的查慎行除了康熙二十七年（1688）陪侍陆嘉淑返里家居一年外，其余时间均在京。康熙二十九年（1690）二月，查慎行因《长生殿》事件的牵连，被迫出都，直到康熙三十二年（1693）春才再次入都，准备参加当年的乡试，王士禛则于二十九年正月，补原官。至三十一年八月，调户部右侍郎③，一直在京师，二人并没有交往的时机。

尽管相交机会不多，查慎行对王士禛始终以师视之，入直南书房的查慎行应王士禛的请托，为他题了两幅画，分别是《奉题大司寇新城公荷锄图》和《蚕尾山图再为新城先生赋三首》，诗云："东家司寇鲁大儒，品望独与经术俱"（卷二十九《奉题大司寇新城公荷锄图》），对王渔洋的人品学问等作了高度的评价。数年后，查慎行与友人抵渔洋湾登法华岭，想到了最爱此中山水的王士禛，作诗云："新城老诗翁，于焉恋清景。渔洋曾自号，四海传歌咏。"（卷四十三《重阳日由邓尉坐罛船，沿太湖滨抵渔洋湾，登法华岭，与观卿拈韵各赋五章（其三）》）此诗作

---

① （清）王士禛：《敬业堂诗集序》，周劭标点《敬业堂诗集·附录》，上海古籍出版社1986年版，第1753页。

② 王钟翰点校：《清史列传》卷九，中华书局1987年版，第657页。

③ 同上。

于康熙五十三年（1714），其时王士禛已下世三载，查慎行虽未步入神韵派后尘，但他始终肯定王士禛的诗学地位与影响。

叶燮（1627—1703）字星期，号己畦，嘉兴（今属浙江）人。晚年寓居吴县横山，人称横山先生。康熙三十二年（1693），查慎行在京师拜谒叶燮。查慎行诗《过叶己畦二弃草堂出新刻见示》云："叠成山势凿成洼，位置柴门趁屋斜。小筑人皆称得地，远来吾不为看花。旧游历历经心眼，余论津津溢齿牙。未敢对君谈著述，十年衣袖有尘沙。"（卷十六）可以看出查慎行曾经向叶燮请教过诗学。

青木正儿指出，顺、康、雍、乾以来，"清诗坛上除了宗唐、宗宋以及折衷唐宋的诗学思潮外，还有一股以叶燮、查慎行、厉鹗等为代表的自成一家的思潮。"[①] 叶燮论诗无唐宋诗之局限，主张诗无唐宋之分，也影响到了此后的查慎行的诗学思想。

宋荦（1634—1713）字牧仲，号漫堂，又号西陂，别署绵津山人，河南商丘人。顺治四年（1647），应诏以大臣子列侍卫。康熙三年（1664），授黄州通判，累擢江苏巡抚，官至吏部尚书，加太子少师。

宋荦为查慎行在京师所结交的新贵，从集中所作看，彼此虽有交往，但关系并不密切。五年后，宋荦由江西巡抚调任江苏巡抚时，曾邀请初白入幕，初白作《宋中丞牧仲自江西移抚江苏邀余入幕投诗辞之》：

此游本意因庐岳，半载逡巡未谒公。拟束归装向湓口，送移旌节赴江东。空烦使命云霄上，岂有人才道路中。敢谓山林便野性，倦飞无分借秋风。

这一年宋荦从江西巡抚改任江苏，欲邀查慎行入幕，但查慎行却委婉拒绝。此后，但二人前后相继开展了对苏轼诗歌的校勘与注释，查慎行《补注东坡先生编年诗例略》中谈到他"庚辰春与商丘宋山言并客荦下，忽出新刻本见贻检阅终卷，于鄙怀颇有未惬者，因复补辅旧闻，自忘芜陋，将出以问世。"[②] 查慎行在该文中阐述了自己补注苏诗的缘由，对于宋荦等人补编的《施注苏诗》委婉表达了不满。此处提及之山言，为宋

---

① ［日］青木正儿：孟庆文译《中国文学思想史》，春风文艺出版社1985年版，第117页。
② 查慎行：《补注东坡先生编年诗》，《查慎行全集》第十二册，中华书局2017年版，第115页。

荦之子宋至（1656—1725），他与查慎行为同年，且在京城都曾为王士禛门人，一起参加京城文人的集会，查慎行集中有《送同年宋山言视学两浙》，从宋至这里，他了解到了宋荦注释苏诗的情况，但在诗中并没有多言此事，此后二人间联系中断，仅在宋荦八十寿辰时，查慎行曾作贺寿诗，而宋荦未见回应。

徐倬（1624—1713）字方虎，号苹村。浙江德清人。康熙十二年，进士及第，改翰林院庶吉士。以选入史馆，授编修。

徐倬为查慎行乡试座主，二人又是同乡，因此交往密切。康熙三十三年（1694）夏，查慎行会试落榜，徐倬邀其同行，南下归里，此时，徐倬已七十高龄，以年老乞归。第二年查慎行本打算家居，后又受徐公嘱托，前往安庆与其孙任可居住，查慎行《皖上集》自序云："去冬归自汴梁，今年拟息劳筋，稍理旧业，适承座主清溪公之命，与令孙任可偕往皖城，避春江风浪之险，由四安镇取山路，经宣城池阳，抵黄盆口始渡江，皆向来游迹所未到也。"① 其间与徐倬相邀多次同游，过从密切。

杨雍建（1631—1704）字自西，号以斋，浙江海宁人。清顺治十二年（1655）进士，授广东高要知县。历任兵部督捕理事、左右通政、太仆卿、左副都御史。康熙十八年（1679）出任贵州巡抚。

康熙十八年在召集幕僚时，杨雍建想到了自己的同乡、亦是儿子杨中讷好友的查慎行，于是召其入幕。查慎行得知这个消息后，立刻改变了去京师的打算，"己未夏，同邑杨以斋先生以副宪出抚黔阳，招余入幕。时西南余寇未殄，警急烽烟，传闻不一，而余忽为万里之行"②。查慎行以一介书生，投笔从戎，深入虎狼之地，面无难色，杨雍建对他十分赞赏。陈敬璋《查慎行年谱》中云："事无大小，皆咨议而行。"③ 康熙二十四年（1685），查慎行秋闱落第，杨雍建擢少司马，相留邸舍。杨雍建还为查慎行的《慎旃集》作序，极力推崇。

纳兰明珠（1635—1708）字端范，纳喇氏，满洲正黄旗（今辽阳）人。由侍卫累官刑部尚书，调兵部尚书、武英殿大学士，后加太子太傅，

---

① 查慎行：《皖上集序》，周劭标点《敬业堂诗集》，上海古籍出版社1986年版，第580页。

② 查慎行：《慎旃集序》，周劭标点《敬业堂诗集》，上海古籍出版社1986年版，第1页。

③ （清）陈敬璋：《查慎行年谱》，中华书局2006年版，第17页。

晋太子太师。纳兰明珠是清康熙年间最重要的大臣之一，官居内阁十三年，"掌仪天下之政"后因为朋党的罪名被罢黜职位，后虽官复原级，却不再受重用，最后郁郁而死。

康熙二十五年（1686）查慎行秋闱落第，受纳兰明珠之邀，前往其府上，为其子揆叙教读。《人海集·序》云："故人吴汉槎殁后，有以不肖姓名达于明相国左右者，遂延置门馆，令子若孙受业焉。下榻府西偏去南城十里而遥，人事罕接，间有吟咏率出传题酬。"① 康熙朝中后期，党争非常激烈，先后有索额图与明珠，明珠与徐乾学，上演着尔虞我诈、互相倾轧的"党争"。查慎行与此二人均有交往，在党争中保持中立的态度。虽然如此，其一生的浮沉荣辱，也与纳兰氏有了密切的联系。

徐乾学（1631—1694）字原一，号健庵，江苏昆山人。康熙二十四年（1685）一甲三名进士，授内弘文院编修，迁赞善，充明史总裁，累迁侍讲学士、内阁学士、礼部侍郎、刑部尚书等。著有《儋园集》。

徐乾学居官以奖掖士林为己任。郑方坤《国朝各家诗钞小传》评他云："先生尤知人，能得士……凡蒙其识拔者，率飞黄腾达以去。"② 朱彝尊尝称徐乾学"非三徐无以博揽海内之才士"。徐乾学对慎行兄弟均很赏识，曾作诗赞道：

> 君家兄弟盛才贤，濯锦文澜漾海天。鲁国孔融年最少，邺中王粲赋先传。车廻广武山如戟，舟渡茅津客似仙。迟尔他年麟木对，好寻繻帛汉关边。③

康熙二十九年（1690）春，查慎行因《长生殿》观演事件，被迫离京。徐乾学因劾罢江西巡抚安世鼎，遭到权贵攻击，为避受贿之嫌，上疏求免职，以原官解任，专任修书总裁官。于是邀请查慎行附船南归洞庭东山，去他所主持的《大清一统志》书局帮忙。是年秋，查慎行应徐之邀，由家乡赴洞庭书局修《一统志》。期间，查慎行无意卷入派系斗争，受到

---

① 查慎行：《人海集序》，周劭标点《敬业堂诗集》，上海古籍出版社1986年版，第211页。
② 郑方坤：《名家诗钞小传》卷一，《儋园诗钞小传》，中华书局1991年版，第315页。
③ （清）徐乾学：《送查德尹》，《儋园文集》卷九，清康熙刻冠山堂刻本。

其他门客的排挤，故在书局只待了三个月便打道回府。查慎行有诗《奉送玉峰尚书徐公南归五十韵》。

陈廷敬（1639—1712）字子端，号说岩，晚号午亭，山西泽州人。顺治十五年（1658）进士，改庶吉士。先后担任大清康熙帝师、吏部尚书、文渊阁大学士、《康熙字典》总修官等职。

陈廷敬为查慎行在京师结交的权贵，查慎行太学生时期就与之熟识，集中多有与之的应酬诗，如《谒座主相国泽州公于邸第见示》《辛卯人日赴座主泽州相国之召席间公首倡七言律诗恭次原韵》《中秋赴座主泽州公之召公首唱七律一章仰次原韵》。康熙二十八年（1689）查慎行离京时，曾作诗《将出都门感怀述事上泽州冢宰陈公一百韵》承陈廷敬。是诗云"博物时无亚，多闻议必谘。六曹兼掌故，九列让委蛇。共指文星焕，宁关好爵縻"（卷十一）。称赞他科名早著，深得皇上赏识。

陈廷敬亦赏识慎行之才，康熙四十五年（1706）慎行乞假归家葬亲，陈廷敬作诗《吴桥道中题刘随州诗寄查夏重》[①] 寄之：

望望东阳城，暧暧将陵树。我慕刘随州，清诗美无度。此地扬蛾眉，同生逢妒婢。惜哉后来者，耳食狥好恶。非君谁与言，佳期不可遇。行行已晦月，离心驰永路。长川虽蹔娱，大江欲飞渡。故人来何时，春水悠悠去。

慎行集中有和作《奉和座主相国泽州公吴桥道中见寄之作敬次原韵》：

浮浮蓟北烟，暧暧江南树。闻公陪辇出，延竚凡几度。早梅已飘香，繁杏亦修嫮。惟占燕雀喜，讵触蛟蜃怒。挂席下清淮，驰情快前遇。诗高有孤唱，兴惬无长路。絮暖茱萸湾，风轻桃叶渡。旧游吟未足，更向湖山去。（卷三十四）

陈廷敬此时随康熙出巡，然而仍然不忘与查慎行探讨诗歌，对后人批

[①] （清）陈廷敬：《午亭文编》卷七，文渊阁四库全书本。

评刘随州表达不满,"非君谁与言,佳期不可遇",视慎行为知音。

许汝霖(？—1720),字时庵,号且然。浙江海宁人。康熙二十一年(1682)进士,由庶吉士授翰林院编修。二十六年,充四川乡试正考官,四十八年二月,迁礼部尚书。

许汝霖官至礼部尚书,身名俱泰,在政界和文坛享有很高的声誉,与查慎行为同乡,二人又同为陆嘉淑的女婿,且许汝霖还是查慎行会试的座主。康熙二十三年(1684)夏查慎行初次入京,除夕之夜在许汝霖寓所度过,有诗《除夕饮许时庵先生寓斋二首》。

许汝霖归里后,在他的倡导下,甲午春(1714)许汝霖、查慎行、杨中讷、陈梅溪四人组成娱老会,"季必有会,会必有诗,一年中唱酬者十居二三","亦归田一乐事也"。① 许汝霖为查慎行《敬业堂诗集》作序,序中回顾了二人之交谊,云:"自其少时,伏处海滨,迄三十岁以后,游学京师,历仕归田,数十年如一日,世之知夏重者孰余若?"可谓情见乎词!

刘中柱(1641—1708),字砥澜,号雨峰,江苏宝应人。国子监学正,迁历官户部郎中,奉命监京仓。《清史列传》云:"工诗古文辞,与朱彝尊、查慎行、汪懋麟、乔莱、王式丹相唱和。"② 是查慎行在京师结识的新雨。

查慎行有《送刘雨峰出守真定》一诗,回顾了二人之交往,诗云:"我初游学来帝京,渔洋夫子官司成。君时实助四门教,相临以分称师生。众中期许良独厚,洒脱不用常格程。过从往往得一醉,叩发谈议交纵横。感君磊落有真意,怜我迟莫方成名。"(卷三十一)查慎行入国子监时,刘雨峰奉教国子监,因此慎行以师视之。从"过从往往得一醉,叩发谈议交纵横",可知二人情投意恰。查慎行又有诗《刘雨峰兼隐斋小集》诗云:"四门称博士,五载住京华。客醉新支俸,庭开手种花。尘埃何处着,书帙逐年加。不道成兼隐,官清只似家。"(卷六)推重其超尘拔俗的人格品行,慎行入直翰林后,与雨峰亦有唱酬,集中有《四月八日饮刘雨峰新寓分韵得佳字》(卷十九)。

---

① 查慎行撰:《齿会集序》,周劭标点《敬业堂诗集》,上海古籍出版社1986年版,第1249页。

② 王钟翰点校:《清史列传》卷七十一,中华书局1987年版,第5785页。

魏象枢（1617—1687）字环极（一作环溪），号庸斋，又号寒送，蔚州（今河北省蔚县）人。官至左都御史、刑部尚书。魏象枢是清初著名的大臣和学者，有着极高的地位和声望。

查慎行对魏象枢之人品十分推崇，康熙二十三年（1684）秋游学京师期间，魏象枢时任刑部尚书，因为健康原因而乞休归里，查慎行作诗《白鹦鹉次魏环极先生原韵》：

古有凋笼戒，今看负质奇。缟衣窗外月，白雪陇头枝。太洁从人忌，能言被俗疑。商山留羽翼，皓首托风期。（卷五）

此诗就作于魏象枢乞休意决之时，歌颂白鹦鹉的洁白无瑕，无私能言，赞颂了前辈清介正直的高风亮节。又如《送大司寇魏环极先生予告还蔚州二首》诗云："勇能自断天难夺，清畏人知世已传。白社竟成娱老地，黄金不贮买山钱。"又云："身名似此真无愧，进退何人绰有馀。报国文章传后起，立朝风骨想当初。"（卷五）歌颂其高山仰止的人格品质。

乔莱（1642—1694）字子静，号石林，江苏宝应人。《清史列传》载："十八年，礼部主事赵随举应博学鸿儒，召试，列一等，授翰林院编修，与修《明史》。……莱少从王士禛游，士禛称其使粤时诗奇秀峭拔；古文师汪琬，琬极推之。"[①]

查慎行在京师，馆于明珠府邸时，乔石林侍读召集陆嘉淑、朱彝尊、周青士以及汤西崖、查慎行等前往一峰草堂看花，分韵为诗，朱彝尊《曝书亭集》亦收有《一峰草堂看花》诗。查慎行《游乔石林侍读纵棹园出图索题》有云："弈棋时局经眼见，去国名高今有几。先生一赋归来辞，多少阴功被桑梓。"（卷九）肯定其才高行洁，为当时之名士。乔石林后被罢官，南归时，查慎行前往送行，作《题乔石林侍读梅花庄图兼送其罢官南归》：

湖陂种柳不种梅，梅花合向阳陂栽。买园旧在最高处，尚怕水泛春冰开。沙头一篙刺归路，清浅今堪跨半渡。父老来看侍直图，先生

---

① 王钟翰点校：《清史列传》卷七十一，中华书局1987年版，第5763—5764页。

笑入花间去。(卷八)

全诗不作临别伤怀之色,《清史列传》载:"二十四年,……河道总督靳辅上言浚海口不便,请于邵伯、高邮间,置闸泄水,复筑长堤抵海口,以束所泄之水,使水势高于海口,则趋海自速。下廷臣议,多是河臣言。适莱入直,召问,莱疏陈四不可行……上是之。河臣议乃寝。二十六年,罢归。"① 乔石林坚决递呈《集水注海四不可议》,力谏靳辅之议不可行,却遭吏议。查慎行诗不言政治,亦不作悲戚之语,而劝慰他"先生笑入花间去",重返田园更能体会到官场所没有的快乐。乔石林逝世之后,查慎行作《挽乔石林侍读》:

本朝治水关全局,东下狂澜势难复。先生独以手障之,言卒施行身蚤逐,征车北去全家惧,舁榇南归万人哭。百年阴德被淮扬,公在九原应瞑目。(卷十九)

依然肯定了他为淮扬治水所作出的千秋功业。一般认为靳辅"束水注海"的提议,背后代表了朝中明珠集团的利益,但查慎行对乔莱公正的评价,足见查慎行不囿于门户之见、党锢之争,其人品可见一斑。

三 查慎行与亲友同学

《敬业堂诗集》展现了文人的交往画卷。尤其是在京师文人之间的雅集交游,查慎行从军归来后,长期活跃于康雍之间的京师士子群中,郑方坤云:"时海内名士之翕集长安市者,川鹜星奔,多用举子业为贽。"② 科举吸引着众多士人聚集京城,诗酒唱和更为频繁,为当时的京城增添了富有文化魅力的人文景观,留下无数后人津津乐道的趣闻逸事。查慎行的朋友辈友人中,有相当一部分就是在京师交游中结识的,他笔下文人经常聚集的场所有古藤书屋、槐树斜街、天宁寺、长椿寺、慈仁寺等地。

---

① 王钟翰点校:《清史列传》卷七十一,中华书局1987年版,第5763页。
② (清)郑方坤:《敬业堂诗钞小传》,程千帆、扬扬整理《三百年来诗坛人物评点小传汇录》,中州古籍出版社1986年版,第241页。

朱彝尊（1629—1709）字锡鬯，号竹垞，晚号小长芦钓鱼师，又号金风亭长。浙江秀水人，朱彝尊为当世大儒，可谓"博极群书，文笔妙天下"①。潘耒评价其学曰："竹垞之学，邃于经，淹于史，贯穿于诸子百家……蕴蓄闳深，搜罗繁富，析理论事，考古证今，元元本本，精详确当，发前人未见之隐，剖千古不决之疑。其文不主一家，天然高迈，精金百炼，削肤见根，辞约而义丰，外淡而中腴，探之无穷，味之不厌，是谓真雅真洁。"② 大力赞扬了朱垞之才大力雄，学问淹博。

　　秀水朱氏宗族与海宁龙山的查氏宗族为姻亲关系，朱彝尊与查继佐、查容、查昇等均有深厚交谊，但关系最密切的还是慎行、嗣瑮兄弟，《敬业堂诗集》中反映的酬唱最盛者除了嗣瑮就是竹垞了。从辈分上说，查朱互为中表弟兄。但实质上二人年龄差距二十岁，查慎行初出茅庐之际，朱彝尊早已蜚声海内，查慎行因此以师长目之，正所谓"先生本师事，折节到济辈"（卷二十八《喜竹垞先生至》）。

　　朱查二人亦师亦友，交往36年，其情谊也远远超越了一般意义上的中表关系。查慎行为《曝书亭集》所作序云："顾念中年从事问学，质疑请益，受教最深，又幸托中表，称兄弟，自谓平生出处之迹，以及入朝归老之岁月，与先生有仿佛相似者。"③ 康熙十七年（1678），清朝设博学鸿词，朱彝尊以布衣参加选拔，授翰林院检讨，踏入仕途。朱查二人在出仕经历上，都有入幕经历，入仕后均因被他人猜忌排挤而辞官归隐。查慎行书此序时，并不能预知晚年之家难，朱彝尊一生虽有波澜，但个人与家庭都无性命之虞，查慎行虽保善终，但目睹家人死的死、流放的流放，其命运比朱彝尊更为坎坷。

　　朱查之交游开始很早，在青年时期，二人就相互切磋文学。康熙十六年（1677）查慎行28岁那年，朱彝尊向查慎行寄示自己的《江湖载酒集》，查慎行受其影响开始学习填词，并将"自己未迄癸亥，五年中，得长短句凡百四十馀阕。甲子夏，携至京师，就正于竹垞，留案头许加评

---

① （清）赵宏恩主修：《江南通志》卷一百七十二人物志，文渊阁四库全书本。
② （清）潘耒：《曝书亭集序》，朱彝尊《曝书亭集》，四部全刊本。
③ （清）查慎行《曝书亭集序》，朱彝尊《曝书亭集》，四部全刊本。

定"①。然而就是这次请教，却被朱彝尊遗失原稿。查慎行原本不善填词，是朱彝尊给了查慎行最初对词学的热爱，同时也因朱彝尊的遗失，挫伤了查慎行对词学创作的热情。②

京师游学，是朱查关系的升温期。康熙二十三年（1684），查慎行进入太学，查慎行的"声名渐起"、"名闻禁中"，很大程度上与竹垞的奖掖分不开。朱彝尊的古藤书屋是当时京师名士的聚点之一，查慎行是最常来的宾客之一。查慎行有诗云：

> 曲巷居相近，回栏到每凭。爽开寻丈地，阴合两边藤。幽事披襟惬，新诗计卷增。醉探杯底绿，凉影落层层。
>
> 碧草柔牵蔓，红花细着柽。客稀成雅集，屋老称佳名。淰淰云催暮，疏疏雨放晴。家园风景似，只是少啼莺。（卷七《闰夏饮竹垞表兄古藤书屋限藤柽二字各成五律二首》）

绿荫中的古藤书屋，曾是京城人雅集之地。查慎行在此得以广交京城的显宦名士。康熙二十四年（1685）重阳后一日，查慎行同朱彝尊、姜宸英、梁佩兰等同游长椿寺，联句作诗。送梁佩兰还广东，于古藤书屋饯别。康熙二十八年（1689）三月，查慎行、梁佩兰过访朱彝尊。查慎行并作《三月晦日饮朱十表兄槐市斜街新寓》诗："古藤荫下三间屋，烂醉狂吟又一时。惆怅故人重会饮，小笺传看洛中诗。"师友间这种文酒聚会、诗文酬答，为这些士子们提供了展示自己诗艺的舞台，相互间密切的

---

① 查慎行撰：《徐波词序》，周劭标点《敬业堂诗集》卷四十九，上海古籍出版社 1986 年版，第 1421 页。

② 在清代词史上，朱彝尊有着"起衰振绝"的重要地位，他是浙西词派的宗主。朱彝尊在词学上给了查慎行最初的创作热情。查慎行把自己从康熙十八年（1679）到当时所作的词，凡百四十余阕，交给朱彝尊请予评定，但朱彝尊却对查慎行的词不置可否，且对外说已把此词稿不慎丢失。直到四十年后，康熙六十一年癸卯（1723）才由查慎行的门人沈廷芳找回。查慎行有诗《旧有徐波词二卷原稿丢失将四十年沈房仲楚望椒园兄弟忽以抄本来归即用词字为韵口占二绝谢之》，诗云："故物来归喜可知，木瓜原是我家私"，可见其对词作的珍重。遗失原稿甚至在一定程度上降低了他对词创作的热情，他几乎没有再写词，转而专门写诗。对于朱彝尊何以对查慎行的词作不放在心，至今不得而知。从二人密切的文学切磋关系来看，朱彝尊当不会如此不重视查氏词作，深层原因应当关系到二人词学理念与创作风格的不同。

交流，更能相互吸取他人之长，进一步锻炼诗法。在这种密切的交往中，彼此情感也得到了升华。就在查慎行将要离开京师之际，朱彝尊作诗《查上舍弟将南还过寓舍话别同魏二小饮赋六言》为其送行，诗中云："款语且留十日，看花同上丰台。"① 字里行间中充满了依依惜别之意。

同游闽中，这是朱查交游的高潮。康熙三十七年（1698）查慎行与70岁高龄的朱彝尊入闽。六月，至福州。七月，至建宁。登舟时，朱彝尊失足堕水。患疟疾。度仙霞岭入衢州，至语溪（在今浙江桐乡市）与慎行别。朱彝尊以诗一卷（《曝书亭集》第十八卷），慎行以诗三卷（《敬业堂诗集》第二十四卷《宾云集》、第二十五卷《炎天冰雪集》、第二十六卷《垂橐集》）记此次福建之行。翻检这些诗作，大多为二人唱酬之作。康熙四十六年（1707）他们还一起游览西湖胜景。此后朱彝尊在慎行寓所同饮，作诗以记之。诗有"十年旧事篝灯话，此夜方舟泊钓台"② 句。康熙四十七年（1708），慎行寄诗祝朱彝尊80寿辰。诗云："当代龙门望不轻，得官何必尽公卿。风清李泌神仙骨，帝锡张华博物名。茗椀登堂无俗客，篮舆扶路有门生。蟫鱼不蚀长生字，老阅巾箱眼倍明。"（卷三十六《寄祝竹垞先生八十寿二首》其一）又云："自返初衣不记春，十年鸠杖又随身。百分盏满休辞醉，万卷书多转益贫。荻火烹鲜鲈气味，松风吹长鹤精神。倐然出处行藏外，要是江东第一人。"（卷三十六《寄祝竹垞先生八十寿二首》其二）。

朱彝尊与查慎行为一生的师友，唱酬不断。查慎行回忆道："昔与竹垞翁，来游杖频策。花时不暇懒，烂醉屡脱帻。夕阳到墙西，树影相枕藉。我时齿尚壮，诗酒越绳尺。饮罢兴尤狂，篇终疵互摘。"（卷二十七《偕荆州兄过一莖庵饮香林亭下次韵四首》）可以看出二人关系之密切，相处之融洽。康熙四十七年（1708）查慎行寄诗祝80寿辰，并评价其："倐然出处行藏外，要是江东第一人。"（卷三十六《寄祝竹垞先生八十寿二首》）

二人除了诗歌唱酬之外，还有一系列的学术交流。朱彝尊藏书颇丰，查慎行多次向其借书，查诗有云："整娾牙籖万卷余，谁言家具少千车。

---

① 朱彝尊：《曝书亭集》卷十五，四部丛刊本。
② 朱彝尊：《饮查编修寓楼二首》（其二），《曝书亭集》卷二十一，四部丛刊本。

僦居会向春明宅，好借君家善本书。"（卷六《柬朱竹垞表兄时移居古藤书屋》）朱彝尊的藏书特点就是多珍本、善本。借书的过程亦是二人学问交流的过程，查诗云："我贫家少书，倒箧肯见贷。蒙求不嫌渎，过我仍捆载。"（卷二十八《喜竹垞先生至》）这些书籍对其诗歌、学术不无影响。查慎行评点《瀛奎律髓》时回忆："任渊注后山诗，竹垞家有之，余曾借阅一过，今此本不知谁属矣。"如今查慎行的苏诗补注就大量吸收了任注的成果，为这些书不知谁属而感伤。除此之外，二人还进行了其他的文学活动，比如相约同选宋元明诗，慎行有《明诗类选》一书，当为应朱彝尊之邀而作，今已佚。此外朱彝尊的《经义考》《明诗综》也大量选取了慎行的观点。慎行得树楼书屋建成后，朱彝尊还为之题写匾额，慎行诗云："竹垞工八分，大字作擘窠。为余题岁月，惜墨不费磨。悬之楼中央，笔势翻江河。疑挟风雨至，飒然散高柯。时时卧其下，所得良已多。"（卷二十三《得树楼初成以诗落之九首》其九）即载此事。

雍正三年（1725），朱彝尊葬于故里百花庄，查慎行参加葬礼，作诗云："平生载酒论文地，今日偕为执绋行。万卷书留良史宅，百花庄近相公茔。铭传有道矢无愧，泪落天佣表未成。十七年来余痛在，待看宿草慰哀情。"（《续集》卷四《偕德尹至梅里送竹垞表兄葬》）表达了失去知己的哀痛，追忆曾经载酒论文的欢乐场景。

朱彝尊晚年编订《曝书亭集》，凡80卷，并于康熙四十八年（1709）七月付梓，由朱彝尊好友曹寅捐赀倡助。朱彝尊事未竟而卒，事后由朱氏幼孙朱稻孙在亲故襄助下，续成其事。查慎行为《曝书亭集》作序和分任校勘，这已是朱彝尊身后之事了。查序比较全面客观地评价了朱氏的才情学识及其在文学创作、学术研究、考古收藏等方面的突出成就，文章实事求是、鞭辟入里，与一般的应酬文章迥然有别。

梁佩兰（1629—1705）字芝五，号药亭。晚号郁州，广东南海（今广州）人。与屈大均、陈恭尹并称为"岭南三家"。

梁佩兰年长查慎行21岁，是最早赏识查慎行诗才的前辈诗人，对当时在诗坛尚默默无闻的查慎行给予极大的肯定。慎行于他颇有知遇之感。对梁佩兰之所以离官返居乡里表示理解。

梁居京期间，会同查慎行、姜宸英等人集于朱彝尊古藤书屋分赋；九月，梁欲南还，同朱彝尊、查慎行等饯别于长椿寺；其后，梁同查慎行、朱彝尊等夜集于古藤书屋，共作《秋夜集古藤书屋时梁药亭将归南海联句送行》；康熙五十七年（1718），查南游粤，来到药亭故居，作《过前辈梁药亭故居》，诗云：

  风流云散两茫然，转瞬前游十五年。独客远来朋旧少，贫官没后子孙贤。买邻古有千金语，遗稿今为万口传。话到五交宜广绝，西华葛帔复谁怜？（卷四十八）

此时，梁佩兰已下世十三载，对查慎行而言，与梁佩兰的友谊是君子贤达之间的"素交"，睹物思人，查慎行对这位前辈诗人之敬仰感恩之情油然而生，诗中充溢着哀悼之情，婉转沉痛。

赵俞（1636—1713）字文饶，号蒙泉，浙江嘉定人，与陆元辅、张云章、张大受、张鹏翀、孙致弥合称嘉定六君子。康熙十七年（1678）以岁贡中举，后受知于徐乾学，二十七年（1688）成进士，后受到徐乾学牵连，致功名褫革。奔走京师，同年知其蒙冤，出钱赎之，进士身份失而复得。

康熙二十九年（1690）秋，查慎行受徐乾学的邀请，参加《一统志》编纂工作，不久离开书局，与赵俞同行，二人多有唱和，途径苏州时，抵足而卧，写下了《雪夜泊胥门与蒙泉抵足卧》一诗：

  野泊五湖东，迷漫雪满空。水明千雉白，人静一灯红。乱柝鸡声外，轻寒酒力中。残年归梦阔，惆怅两心同。（卷十二）

此时二人均前途未卜，心情惆怅。查慎行经过了《长生殿》事件的打击，心情沉重。赵俞也同样无辜蒙冤受难，可谓"惆怅两心同。"

康熙三十四年（1695）查慎行在都中，赵俞蒙冤滞留京师，与查昇居宣武门外，与姜宸英、惠周惕相邻，姜宸英是查慎行与赵俞有共同的好友，交友圈多有重叠。张云章说："乙亥丙子之交，余与蒙泉先后客京师，时姜编修西溟、唐考功东江、惠庶常研溪、汤给事西厓、查庶常夏重、编修德引、侍讲声山、杨编修端木、顾编修书宣、吴给事西斋、王舍人赤抒、龚贡士友鹿、钱编修亮工，及同邑孙中允松坪之十数公者，皆当今诗人之豪也,唱酬往复,宫商相宣,风雅互作。"①《敬业堂诗集》卷十九序云:"甲戌逼腊抵都,偕家声山僦居宣武门外,与姜西溟、惠研溪寓舍相望,自新年始,约为诗酒之会。吴中则唐实君、赵蒙泉,海陵则宫友鹿七人而已。汤西厓、钱木庵、亮功兄弟,时或一至。后益以翁康饴、陈六谦、狄向涛、杨嵩木,稍为好事所传,他有宴会,牵率入座,大约月必有集,集必有诗,声非击筑,名托酒人,各有取尔也。"查慎行与赵俞都同为座上宾,常常诗酒唱和。唐孙华《东江诗钞》有《杨晚研翰林招同姜西溟赵蒙泉惠研溪查夏重声山汤西崖宫友鹿兴胜寺观杏花》《花朝招姜西溟惠研溪赵蒙泉查夏重声山汤西崖宫恕堂寓斋小饮分韵得正字花字》《花朝实君招同西溟蒙泉研溪西厓友鹿声山寓斋雅集分韵得过字青字》诸作,足见唱酬之频繁。此后查慎行离开京城,查慎行因许霜岩赴任陈留县令,与之同往,遍游汴梁。分别之时,赵俞作《送查夏重游大梁,时考取中书舍人,夏重不就考辙行》②,查慎行回以《答赵蒙泉别后见寄之作》,诗云:

  赵壹岂穷人,文章天下冠。成名陷罗网,识字召忧患。平生师友间,慷慨赴急难。一机骇初发,二事将并案。只手探沸羹,屑躯分糜烂。欲知气难夺,正赖神不乱。戴盆却望天,画地讵宜狃。洎乎冤得白,重以逭被间。幸免输鬼薪,谁堪读城旦。先生鲜蓄怒,一笑春冰泮。脱身桎梏中,去国等流窜。疲驴入京洛,旅食年频换。囊中绿绮琴,焦尾实经爨。知音世不乏,听者每三叹。捷径有争先,陈人尚鱼贯。空持鲁褒论,孰下干木判。遇我夙怀倾,招呼诗酒伴。贫交无强合,失意多聚散。老泪落河桥,离愁渺云汉。残秋滞梁宋,仰视南飞雁。寄我别来诗,开函一肠断。君心人尽谅,踪迹聊羁绊。出语忌孤高,时情伺讥讪。

  这首诗记录了赵俞蒙冤的过程,师友对其的慷慨援助,然而在冤屈得白后,仍然"重以逭被间"的命运,同时赵俞洒脱、坚韧的个性也跃然

---

① (清)张云章:《赵蒙泉诗序》,《朴村文集》卷九,康熙刻本。
② (清)赵俞:《绀寒亭诗集》卷四,《清代诗文集汇编》第140册。

纸上。查慎行对赵俞的遭遇寄予深切的同情，这种同情实际上也饱含着他对自身命运的哀叹，查慎行曾因《长生殿》事件的牵连，被迫出都，三年之后，才再次入都，过去的事情还历历在目，读书人的命运就是如此，即使品行端正，光明磊落，却也容易受到小人的诽谤，遭到排挤，甚至蒙受无妄之灾。

佟法海（1671—1737）字渊若，号悔翁，又号陶庵，满族，辽宁抚顺人，隶满洲镶黄旗。康熙三十三年（1694）进士，改庶吉士，命在南书房行走。历任广东巡抚、浙江巡抚。雍正间官至兵部尚书，坐事夺职发配。雍正九年（1731）回京。乾隆元年（1736）给副都统衔，次年卒。著有《悔翁集》。

法海为清朝三代勋贵大臣，位尊权重，声名清高，与查慎行相交，无关身份地位，更多是志趣相投的结果。查慎行与佟法海是乡试同年，同直内廷，共同护驾康熙帝避暑古北口及陪侍南巡，途中诗文唱和不断。法海"晨夕数年，埙篪唱和，辈皆一时之选，而其服膺者惟夏重一人"，对慎行可谓情深义重。闻听慎行辞官归里之后，法海有诗《送查悔馀还乡兼寄贾奠坤》①云：

生平文字友，引疾得休官。老去身须惜，归来梦亦安。江风吹浪急，山雨逐人寒。惟有邻同调，长嗟离别难。

忆昨青云侣，偏承恩渥殊。出同陪羽猎，入共侍蓬壶。老境怜分散，天涯各一隅。秦邮如过棹，为我问珠湖。

"忆昨青云侣，偏承恩渥殊。出同陪羽猎，入共侍蓬壶。"回想二人当年共同护驾的经历，何等恩荣殊渥，感时伤怀，离愁别绪萦绕字里行间。

康熙四十六年（1707）春，查慎行恭遇皇帝南巡，随驾自淮扬抵江宁，达杭州，在昭庆寺，当时寓居杭州的佟法海见访，查慎行诗云："满川烟火气熏蒸，谁解敲门问老僧。多谢同年能见访，上楼初点佛前灯。"

---

① （清）沈德潜：《清诗别裁集》（下）卷十八，岳麓书社1998年版，第528页。

(卷三十四《昭庆僧楼同年佟渊若学士步月见访》）查慎行又与佟法海游览西湖，有彼此唱和之作。一年后，法海将游览西山的绝句寄送查慎行，查慎行作诗云："西山何似西湖好，欲问知章借马骑。今日烟波重到眼，去年曾和卷中诗。"（卷三十五《同年佟渊若学士游西山归出示见二绝句次韵奉答》其二）回顾去年与佟法海西湖唱和。

康熙五十六年（1717），时任广东巡抚的法海邀请查慎行游粤东，《敬业堂诗集》卷四十七《粤游集上》序云："丁酉夏，同年有自都下来者，传陶庵中丞意，迟余作粤东之游，背秋涉冬畏寒拟不出矣。余弟查浦曾三至其地间语余，曰：'岭南无霜雪，且兄生平游踪所未到，盍一往焉？'遂于十月初倏装，明年四月，由粤西旋里往返几二百日。"（卷四十七《初至广州与大中丞佟陶庵同年话旧六首》）

康熙五十七年（1718），查慎行离粤，法海临别捐俸，嘱咐慎行刊刻《敬业堂诗集》传世。此后，未曾想到，法海受到"废太子案"牵连而降职。慎行没有因为朋友被降职在态度上有所变化，当法海由粤东巡澥入都道经海宁时，慎行具山肴村酿追送于黄湾传舍。并请法海为其做《敬业堂诗集》作序。查慎行不无感伤地说："后会殖难卜，余欢又一遭。吟还催剪烛，节欲近题糕。野饷携蔬薪，村沽载浊醪。敢邀驺从辱，三径满蓬蒿。"（《续集》卷一《戊戌秋陶庵中丞由粤东巡澥入都道经吾里枉使见存山肴村酿追送于黄湾传舍长律志别十六韵》）可以看出查慎行与法海之间的深情厚谊，面对分别之后的前路未卜，查慎行出期盼与友人共同归隐的思想。

查慎行与佟法海一生相互推重，联系二人的纽带不仅是诗歌创作上的声气相投，还有彼此性格、人品的契若金兰。正如许汝霖所言："是夏重之见重于陶庵，与陶庵之重夏重者，迹虽重其诗，实不独以诗重也。世之读夏重诗者，以衰朽或不足信，请试质之陶庵先生。"[①]

吴之振（1640—1717）字孟举，号橙斋，又号黄叶村农。浙江石门人（今浙江桐乡），贡生，官内阁中书，旋弃而归隐。著有《黄叶村庄诗集》八卷。吴之振编选《宋诗钞》，对宋诗的推广起到了极大的促进

[①] （清）许汝霖：《敬业堂诗集序》，周劭标点《敬业堂诗集·附录》，上海古籍出版社1986年版，第1761页。

第二章　查慎行诗坛交游考略

作用。

吴之振与同乡后生查慎行交往比较密切，他曾为查慎行《芦塘放鸭图》题诗，作《题查夏重芦塘放鸭图》一诗。查慎行在黔中当有诗寄吴之振，但在《敬业堂诗集》中该诗不存。吴之振集中有《次韵答查夏重黔中见怀之作》，诗云：

读易闲工可织帘，暂劳心力得相兼。抚躬我已违时好，开口君应避俗嫌。才士风怀原跌宕，天涯诗律益精严，驱车弗叹栖栖者，为语前贤宠不黔。①

可见其对查慎行诗品、人品的推崇。查慎行入京之后，吴之振又有诗《次韵答监官查夏重》：

支户温经可雀罗，揭来好友共编摩。探花不惜冲泥去，问字还期载酒过。药里开心春事少，诗囊压担客愁多。论诗别药吾无让，其奈难留十日何。②

从上述次韵之作可以看出查慎行与吴之振有密切的唱酬，在清代诗坛上，吴之振为宋诗争历史地位的姿态非常明确，这对查慎行的诗学观不无影响。

郑梁（1637—1713）字禹楣，亦作禹梅，号寒村，浙江慈溪人。康熙二十七年（1688）进士，改翰林院庶吉士，散馆授户部主事，再升郎中。充会试同考官，任广东高州知府。《清史列传》记载："（郑梁）性至孝，守高二载，即陈终养。比得所请而父溱已殁，哀毁特甚。溱与黄宗羲交最密，尝命梁师事宗羲。梁以陈师道年三十一见黄鲁直，尽焚其稿而学焉。今见宗羲时亦三十一，故诗文皆以见黄稿为冠。宗羲殁后，梁建《二老阁》，设位其中，岁时祀之。家中藏书甚富，与范氏天一阁相埒。

---

① （清）吴之振撰：《黄叶村庄诗集》卷七，《清代诗文集汇编》155册，上海古籍出版社2010年版，第562页。

② 同上书，第511页。

学有心得，诗近陈献章，文类归有光，宗羲极称之。"①

查慎行与郑梁同为黄门弟子，二人惺惺相惜，声应气求。郑梁说："余病留京邸，因怀岵屺之望，不欲受人牢笼间，间或自鸣其酸苦，遇尘堆粪壤之人，辄秘不使见，唯查子与一二故交至，始出与诵之。"② 可见二人之间相知之深。康熙二十四年（1685）秋，慎行与郑梁同应秋试，一并下第，分别之际，慎行作《酬别郑寒村》，诗云：

> 阑风伏雨兼旬卧，晴路一钩新月破。帘前暑退得新凉，门外泥深成坎坷。此时有客过言别，矍矍毛驴压归驮，囊空邻酒赊不来，醒眼相看但愁坐。一篇削藁辱佳序，七字留诗惭属和。余才弇陋非尔敌，强以珠玑承咳唾。甬东同学屈指论，往往传经接师座。故人再与瀛洲选，一郑荥阳尚摧挫。失群行李独淹泊，有价文章久传播。燕山此度六往来，未免征衫被尘涴。干时少术非尔病，当路无援是谁过。向来人尽弃所长，远到君能见其大。古人可作乃殊代，同调相求凡几个。勿将时命较穷通，只许才名出寒饿。羡君有志成果决，笑我无端逐游惰。偶逢知己私自叹，每送归人辄相贺。荆榛满地羊触藩，日月周天蚁旋磨。故乡乐事殊可忆，欲往从之正无那。秋风一骑不可留，八月江田熟香糯。（卷六）

全诗表达了对郑梁怀才不遇的惋惜，大有同调相怜之意。郑、查同为黄门弟子，在诗歌创作上，二人均瓣香东坡。郑梁曾为查慎行诗集作序云："得查子'慎旃'之意而振之，登山临水，感时咏物，吊往惊离，无往而非，不忘其亲之心所寓。杨用修谓诗须有为而作，盖自《三百篇》而降，屈大夫、陶彭泽、杜工部千古俱有同旨，宁谓风雅一道，不可自此而复续乎？彼区区以韩、欧、苏、陆之间拟之者，犹皮相矣。"③ 确实可谓知者之言！

郑梁卒后五年，慎行还在题其画像时写道："谁识完人是半人！"

---

① 王钟翰点校：《清史列传》卷七十一，中华书局1987年版，第5803—5804页。
② （清）郑梁：《敬业堂诗集序》，周劭标点《敬业堂诗集·附录》，上海古籍出版社1986年版，第1757页。
③ 同上书，第1758页。

（《老友郑寒村殁后五年，其子义门携爱莲画像过余属题，得二绝句》）表现了对这位故友的深切怀念，可见二人情谊之深。

杨中讷（1649—1719）字端木，号晚研，浙江海宁人。雍建子，康熙辛未二甲第一，授编修。

杨中讷是查慎行的同乡，二人家庭为世交，几乎同岁，又是同学，从少年时期就在一起激扬文字，一起学习，相互交流，查德尹在回顾有诗《忆昨寄杨端木》诗云：

忆昨乙丙间，跌荡翰墨场。两查及三陈，旗鼓间一杨。十日九寄诗，半月三连床。纵横作颠草，规矩摹小行。①

"十日九寄诗，半月三连床"可见青年时代他们就同力协契、志同道合，后又同赴场屋，共同寻求功名，康熙二十五年（1686）冬，查慎行馆于相国明珠府上，杨端木归里，查慎行为之送行，有诗《杨端木归里兼寄朱日观、钱昭平、朱与三、王子颖、陈补思，寄斋诸同学》云：

怅断河梁又一回，留真无策去徘徊。笑能倾国时方妒，曲到知音调始哀。别语感君如骨肉，故人疑我竟尘埃。相逢为话狂犹昔，只是生疏酒伴来。（卷六）

回顾年少轻狂的岁月，已经渐渐远去"相逢为话狂犹昔，只是生疏酒伴来"，情感十分真挚。

陈訏（1650—1732后）字言扬，号宋斋，浙江海宁人，贡生。官淳安县学教谕，有《时用集》。《晚晴簃诗汇》卷三十九："吴退庵曰：'宋斋为黄梨洲门人，又与查初白同里友善，故文格、诗格俱有所受。'"②

查慎行与陈訏是同乡、同学，二人又同岁，查慎行与他自小相识，关系密切。查慎行曾为陈訏《抱膝图》《看舞图》题诗。如《题陈言扬抱膝图二首》：

---

① （清）查嗣瑮：《查浦诗钞》卷一，《清代诗文集汇编》第186册。
② （民国）徐世昌：《晚晴簃诗汇》卷三十九，民国退耕堂刻本。

使君与仆孰英雄，寄托如何不约同。此意沉吟应共惜，半生光景画图中。

与君识面从儿稚，不觉形容渐失真。同是庚寅吾独老，始怜衣上十年尘。（卷十六）

诗下自注云："余兴、言扬皆庚寅生"，二人交游从儿童时期就开始了，一直相伴到老。慎行晚年归里后，在许汝霖的召集之下与杨端木、陈吁、陈树基组成五老会，一同诗酒唱酬，不亦乐乎。

朱尔迈（1632—1693）字人远，号日观，海宁人。诸生。有《扶桑阁集》《日观集》。《晚晴簃诗汇》卷三十九记载吴退庵语："日观居盐官之小桃源，以诗受知于王阮亭。"①

朱尔迈与查慎行亦是同乡，早年一同读书学习。查慎行从军时，朱尔迈曾撰文为其送行，查慎行作于黔地的《秋怀诗》自注："朱人远、陈撝谦、子荣、黄主一各有文见送，缱绻之意别后不忘也。"（卷二）从军归来后，查慎行又赶赴西江，朱尔迈又前往送行，查慎行到京城之后，依然怀念故乡的这些同学，多次在诗中言及。

顾永年（1639—1708）字九恒，号桐村，浙江钱塘人。康熙二十四年（1685）进士，官甘肃华亭知县。有《梅东草堂诗》。查慎行与九恒初识于康熙二十二年（1683）立夏前三日，将要赴京，同乡友人集汪寓昭愿学堂为其送别，时有姚天寰、顾九恒、沈昭嗣、陈广陵、章岂绩、冯文子、严定隅及德尹在场。后居京师，与顾九恒亦多往来，文人雅集，诗酒唱酬。康熙二十五年，查慎行留杨雍建府邸，顾九恒回乡，查慎行作诗《送顾九恒南归》云：

柳汁春回翠滴衣，羽毛虽好奈孤飞。行期屡改今才决，同调无多去转稀。换眼旧游随梦散，扫眉新样入官非。杏园已是攀花客，终胜初程下第归。（卷七）

---

① （民国）徐世昌：《晚晴簃诗汇》卷三十九，民国退耕堂刻本。

查慎行视顾九恒为其"同调","杏园已是攀花客,终胜初程下第归"。顾九恒中举,慎行落第,离情别绪的伤感触动慎行的失意情绪。顾九恒亦有诗赠慎行。此后,顾永年以事遣戍奉天,三年后返归,与查慎行仍有交游,有诗《壬午立秋日,偕夏重、西崖会饮萝轩邸舍,分赋各二首,即以立秋两字为韵》云:"查君八斗才,五十尚龙蟠。相逢陂路间,数年手一执。"① 对其才华给予极高评价。

汪灏(1658—)字紫沧,安徽休宁人。康熙四十二年(1703)进士,与查慎行一起被授予翰林院编修。

汪灏是查慎行的同年,又是翰林院同僚,在一起居住很长时间,彼此视对方为知己。后又一同奉旨前往武英书局编纂《佩文韵府》。二人唱酬亦多,如《苑东移居与同年汪紫沧同寓紫沧有诗和答三首》《蒋西君为汪紫沧画菜索题》《四月二十四日,奉旨偕钱亮功、汪紫沧两同年赴武英书局,编纂佩文韵府,口占示同事诸君二首》均属此类。

汪灏曾为戴名世作序,"《南山集》案"发后受牵连入狱,康熙五十二年癸巳(1713)二月,谕将戴名世立斩,其家人从宽免治罪;受牵连之汪灏、方苞等免治罪,入旗。查慎行得知汪灏出狱后,作诗《次汪紫沧同年见送原韵四首》,其一云:

忽传恩赦下萧晨,病枕初疑听果真。但是旁观多感涕,谁当身被不沾巾。累朝岂少文章祸,圣主终全侍从臣。莫怪两家忧喜共,十年同事分相亲。(卷四十一)

汪灏入狱对查慎行是一个不小的震动,但这首诗却写得不着痕迹,堪称怨而不怒的典范。轻轻一句"累朝岂少文章祸",就把清王朝残酷的文字狱,说成是历朝皆然的正常现象。而"圣主终全侍从臣"一句,完全是感激涕零。好友的人生遭遇,更让他认清了官场的祸福无常,也就在此时查慎行开始有了隐退的想法。

王式丹(1645—1718)字方若,号楼村,江苏宝应人。康熙四十二年(1703)进士,王式丹工诗、善文,田雯、王士禛都推崇他。宋荦在

---

① (清)顾永年:《梅东草堂诗集》卷五,康熙刻增修本。

选刻《江左十五子诗选》时，以王式丹为首。王楼村、唐实君、顾嗣立并称江左"三小凤凰"。著有《楼村集》二十五卷。《清史列传》云："式丹诗排奡陡健，一洗吴音啴缓，盖以昌黎为的，而泛滥于庐陵、眉山、剑南、道园之间。查慎行俯首下心以兄事之，田雯、王士禛皆推许焉。论者谓士禛、朱彝尊后，演其诗者惟慎行及式丹。"① 王式丹康熙四十二年（1703）会试殿试皆第一，举一甲一名进士（状元），与查慎行为同年，同授翰林院修撰。

查慎行与王式丹即为同年，且为翰林同僚，自然时有诗歌唱酬，如《同年王楼村招饮白丁香花下》：

> 我从乡园来，不看乡园花。输君京洛住，久客还成家。一株丁子香，高卑趁檐牙。曾经上翻种，旋发春来葩。独抱冰雪姿，亭亭远尘沙。良辰醉其下，酒美殽核嘉。夕阳转庭西，人影花交加。我须已半白，君鬓亦渐华。自然法眼净，不被红紫遮。为欢出邂逅，所戒非穷赊。（卷三十五）

良辰、美酒、花香、人影，两位诗人在丁香花下对酒吟诗，不亦乐乎，足见二人情意相合；亦映衬出王式丹开怀爽朗，虽生活贫穷，但仍保持着高情逸兴。

康熙四十七年（1708）五月，京师士子举行"消夏诗会"，王式丹、杨中讷、查慎行、查德尹、陈鹏年、周起渭等16人参加，有《草堂月下分韵诗》。康熙四十八年（1709）十月，查慎行又同前辈周桐野以及王楼村雨中过槐筱看菊留小饮。康熙四十九年庚寅（1710）春节，查慎行与王式丹均滞留京城，查慎行作《六叠前韵答楼村同年》赠王式丹：

> 不分君贫我更贫，何曾祭灶请比邻。笔花入梦能为祟，铜臭如钱岂有神。陋巷几家还贺岁，东郊昨日又班春。典衣才了寻常债，踏曲重思趁上寅。（卷三十八）

---

① 王钟翰点校：《清史列传》卷七十一，中华书局1987年版，第5814页。

虽同在地位清要的翰林院供职，但无奈仍然落得"典衣才了寻常债"的境地，可以看出清代翰林生活之艰辛，但是虽然贫穷，却仍然保持着士人的清高，"铜臭如钱岂有神"，勉励自己的贫贱之交，"踏曲重思趁上寅"。

查慎行与王式丹之交正是"清宜臭味投"，相同的外境，相似的个性，使二人惺惺相惜。查慎行在诗中仍保持乐观的心态，慰藉友人说："莫以蹉跎叹，终能烂漫酬。年年高兴在，亦足慰淹留。"（卷三十九《王楼村同年忍冬斋赏菊分韵得头字十韵》）但此诗终未成谶。就在第二年，康熙五十年（1711）戴名世《南山集》案发，在《南山集》案审理期间，同时以"行止不端，声名不好"为由，将与《南山集》案无关的翰林院侍讲钱名世、修撰王式丹、编修杨绪、贾国维、贾兆凤等五人革职，十一月，翰林院中江南籍文士常州钱名世、扬州王式丹等以"行止不端"被黜。王式丹于康熙五十二（1713）年罢官归，又缠讼三年始结，不二年即下世。

王式丹罢官不久，查慎行也提出了辞官归乡之请，返乡途中，在扬州与王式丹相会，二人在舟中把酒言诗，查慎行有诗《邢关小泊同年王楼村携酒就舟中小饮》：

半日扬州住，为欢累主人。同年官自达，二老分相亲。我袖羞怀刺，君囊转讳贫。携觞还挈榼，感激为情真。（卷四十二）

只言相见之亲，未涉及半点官场之事，从"我袖羞怀刺，君囊转讳贫"亦可以窥见二人生活情状。

顾嗣立（1665—1722）字侠君，号闾邱。江苏长洲人，康熙四十四年中举，因献所撰《元诗选》得康熙皇帝赏识。康熙五十一年特赐进士，选翰林院庶吉士。学识渊博，亦喜作诗。有《闾丘诗集》六十卷。顾嗣立喜文酒，善交游，所居秀野草堂，常集四方名士，觞饮其中，"风流文雅，照映一时"[①]。顾嗣立在当时文坛素以文酒风流引人瞩目，所居秀野草堂，常聚宾朋酬唱于此，极风流文宴之盛。查慎行为座上客。《藤阴杂

[①] 叶恭绰：《清代学者像传》第一集，上海书店出版社2001年版，第134页。

记》云："顾侠君嗣立寓有晚翠阁，查他山诗云：'依稀宣北坊西角，鸿爪留泥我亦曾。'"① 查慎行还曾为顾嗣立《秀野草堂图》题诗。

朱载震，生卒年不详，字悔人，湖北潜江人，诸生，官石泉知县。《晚晴簃诗汇》云："悔人尊人石户明经工诗，悔人承其绪。游京师，渔洋、竹垞亟相引器。尝赋渔洋斋前花水，渔洋比之王筠为沈约作《郊居十咏》，以为指物呈形，今犹过昔。《晓渡汉江》得句云：'旅雁影随秋浦远，渔歌声出乱流中'，竹垞最爱诵之。"②

朱悔人是查慎行在京城结识的好友，他的《京华集》中有大量与查慎行等人的唱酬之作，如《庚辰春初夏方拱枢、徐学人招同魏禹平、查夏重、德尹、吴山抡、汪武曹、徐大临、张日容、钱亮功、查润木、汪东山集永宁庵寓舍，用昌黎〈短灯歌〉韵余病不能赴，走笔答谢》《久雨新晴同诸子集隐绿斋题耦长所画山水即送归宣城分得古字》《三月三日胡茨村观察招同顾九恒、孙恺似、魏禹平、查夏重、曹渭、符希文、俞叔音，同园看花，余适以客至留饮，未赴，分韵得职字，赋此奉简，兼呈翙羽孝廉》等。③

因其面部髯多，因此查慎行又称其为"朱髯"，查慎行早在国子监时期，就与朱悔人相识。康熙二十八年（1689）查慎行服侍病中岳父出京，在江苏镇江与朱悔人相遇，时隔上次相会已有三年，查慎行有诗《京口遇朱悔人》：

> 丁卯桥荒感再经，劳人双鬓各星星。一帆北固烟初暝，二月南徐草未青。京洛梦回同断梗，江湖天阔但浮萍。春愁满眼分襟路，怕上旗边旧酒亭。（卷十）

他乡遇故知，并没有愉悦之感，反而有着浓厚的感伤情绪，漂泊异乡的朱悔人触动了查慎行壮志难酬的复杂心境，回顾京洛相聚之欢愉，而今却在为生计而奔波，不能不令人感伤。

张远（1648—1722）字超然，号无闷道人，福建闽县人。康熙三十

---

① （清）戴璐：《藤阴杂记》卷八，清嘉庆石鼓斋刻本。
② （民国）徐世昌：《晚晴簃诗汇》卷三十八，民国退耕堂刻本。
③ （清）朱载震：《京华集》，康熙刻本。

八年（1699）乡试第一，晚得云南禄丰县知县，卒于任所。《清史列传》载：：“与朱彝尊、查慎行等唱和甚富。……沈德潜称其'诗格大段疏朗，异于局束，如辕下驹云。'"① 张远"自有遥情逸气，人亦颓然天放，游四方，所交皆当世名人高士"②。

康熙二十五年（1686）查慎行在京师馆于相国明珠府邸，此间与朱彝尊来往密切，由此结识了朱彝尊之友张远，与张远频繁唱和。查慎行有《张超然见怀原韵》：

> 昨夜楸庭雨洗埃，病余酒戒拟重开。正欣凉自披襟得，忽有风吹好句来。榕浦人才君磊落，甄江归梦我沿洄。此情除共诗翁说，预约藤阴扫碧苔。（卷八）

"此情除共诗翁说"，查慎行自注"谓竹垞先生"，可见朱彝尊是张超然与查慎行相识的桥梁。查慎行又有《题王石谷为张超然画旌节图》：

> 张母早丧夫，张子幼无父。却将殁后荣，报答生前苦。有鹿不触坟，上松有鼠不。穿圹中土天，生异类犹多。感孰谓人情，不如古王君，作画逾九年。此事此图皆足传，我诗岂独称子孝，亦使后来知母贤。（卷四十一）

查慎行虽为题画，但着眼点并不在画，而是高度评价了张超然母贤子孝，认为"此事此图皆足传"。

魏坤（1646—1705）字禹平，号水村，浙江嘉善人。《晚晴簃诗汇》引沈德潜语曰："禹平为忠节后人，少负才名，交满天下，而遇合独艰。诗体沉浸宋人，囿于一时风气也。"③

魏禹平为陆嘉淑的忘年交，与查慎行相识亦早，慎行为国子监生时，二人就与同学数子相互唱酬不断，慎行集中有《溪钱玉友魏禹平蒋丰修王孟毂张汉瞻汪寓昭陈叔毅汤西崖冯文子谈震方家荆州声山限韵》《春夜

---

① 王钟翰点校：《清史列传》卷七十，中华书局1987年版，第5764页。
② （清）冯桂芬：《（同治）苏州府志》卷一百十二，清光绪九年刊本。
③ （民国）徐世昌：《晚晴簃诗汇》卷五十五，民国退耕堂刻本。

同外舅陆先生陈夔献吕肜文许时庵朱悔人魏禹平王令贻王赤抒吴震一张损持家荆州兄集朱大司空斋分韵二首》《同朱悔人刘大山魏禹平钱亮功冯文子方灵皋吴山仑汪武曹诸子饮徐尚书碧山堂花下分韵得曹字》均可见魏禹平之身影。

甲子秋闱被放，查慎行仍留京师，馆于相国明珠府邸，而魏禹平落第南归，慎行有诗《禹平南归诗以志别》为其送行：

辛苦论交地，追欢得几回。却忘吾久滞，翻望尔重来。才恐随年退，眉还仗酒开。知音真有数，流俗任相猜。（卷六）

回顾在京城诗酒唱酬的快乐时光，而如今"追欢得几回"，查慎行视魏禹平为知己，"知音真有数，流俗任相猜。"足见二人谊切苔岑。

康熙二十八年（1689）魏禹平再次抵京，仍与查慎行过从甚密，慎行有《移寓后喜魏禹平早过》：

莞秸庭幽爱客来，篱边一径恰新开。曾经昨日争棋处，拾得花阴堕子回。（卷十）

移居之后，魏禹平一早来拜访，慎行十分欣喜，"曾经昨日争棋处，拾得花阴堕子回"，透露了二人共同的爱好。

顾图河（1655—1706）字书宣，江苏江都人。康熙三十三年（1694）进士，授翰林院编修。有《雄雉斋集》。《清史列传》载："少负异禀，嗜古贪书，寒暑无间。家在城东七十里外，偶入城必载书满车。诗早年妍秀，颇为时称；继乃焚弃其稿，务为恢奇奥衍之作。古体多学眉山，近体多学剑南。史申义谓其具凌跨百代之力，尽得古人师承，而自立于宗派后云。"[1]

康熙二十九年（1690）秋冬，徐乾学在洞庭书局开馆，编撰《大清一统志》，查慎行与顾图河均前往编撰，由此相识。后来入京，顾图河、查慎行并中式。查慎行有诗《题书宣小影》："十万青鸾尾摇竹，映得诗

---

[1] 王钟翰点校：《清史列传》卷七十一，中华书局1987年版，第5802页。

人鬓毛绿。此中可少三间屋，竹西三月桃花红。前村后村烟蒙蒙，此中可少一扇篷。远势兼收隔江塔，与君作诗论画法。"（卷十二）诗下自注："癸酉同举京兆，书宣名在十八，西溟十九，余二十。"查慎行对顾书宣十分关切，顾书宣有诗《余患不寐，陈山农疗以药酒，分其半饷，夏重有诗见谢，次韵奉答》①。在生活上彼此亦十分照顾。

顾书宣南归时，查慎行前往送行，有诗《书宣次韵见答，复倒用前韵，作一章邀余继和，时书宣将归扬州，兼以赠别》，诗中有云："君才如汉江淮河，驾天输浪岂患多。坐批百家目炯炯，行贮四库胸罗罗。"（卷十二）对顾书宣的才华给予了很高的评价，其作诗"金丸脱手最轻捷，快马直下胭脂坡"，又指出其狂放自认、不与世谐的特点。顾书宣卒于湖广学政任，查慎行作长诗哭之，云："江汉文星坠，潇湘士气泯。"（卷三十三《闻同年顾书宣前辈湖广讣音怆怀今昔成五十韵》）

章藻功，生卒年不详，字岂绩，浙江钱塘人。康熙四十二年（1703）进士，改翰林院庶吉士。著有《思绮堂集》。《清史列传》载："藻功以孝友闻，诗文贯串经史，登临诸咏，流连悱恻，情见乎词。国初以骈体名者，推陈维崧、吴绮，藻功欲以新巧胜二家，然遁为别调。"②

章藻功是查慎行的同乡好友，康熙二十三年（1684）查慎行第一次入京，立夏前三日，同乡同学十余人集汪寓昭愿学堂，其中有章藻功。查慎行在京师，也想念这些昔日旧友，诗《送六皆归杭并寄章岂绩冯文子严定隅二首》云：

风急驼鸣沙外村，转蓬何意复归根。多时白发思游子，依旧青衫出国门。光范三书原失策，渭城一曲最销魂。买田只合山庄住，珍重天涯赠别言。

黄叶黄花媚晚晴，酒旗茅店一程程。稍嫌压鬓边沙重，不碍冲寒布被轻。梦短剩留他夜话，计偕稀上故人名。得归我亦抽鞭去，忍向桑乾听雁声。（卷五）

---

① （清）顾书宣：《雄雉斋选集》，清康熙刻本。
② 王钟翰点校：《清史列传》卷七十一，中华书局1987年版，第5775页。

诗中充溢着对故乡与友人的深切怀念。后来章藻功与查慎行先后入京，在京城相聚，亦多有唱酬，查慎行诸子南归，章藻功集中有赠诗：《燕台别顾九恒、严润芳、查夏重、汪宇昭、查声山、陈叔毅、汤西崖、俞大文南归序》①。

康熙五十三年甲午（1714）已经归田里居的查慎行又一次来到曾经与同乡好友经常诗酒宴集的西湖，《重至西湖杂感六首》：

> 昔我同朝友，萝轩与田居。竹深乃同年，通籍甫岁余。后先解组去，各守先人庐。钱子我弥甥，比亦赋归与。世途日湫隘，亲旧旋凋疏。合并复何幸，皓首仍相于。湖山近可樵，湖水浅可渔。此生知几见，莫负秋风初。（卷四十三）

其中"竹深"即指章藻功。昔日同朝旧友都已经辞免官职，"各守先人庐"，"世途日湫隘，亲旧旋凋疏"，不免有同调凋零之感。

张大受（1658—1722）字日容，号匠门，江苏长洲人。康熙四十八年（1709）进士，改翰林院庶吉士，授翰林院检讨。著有《匠门书屋文集》等。

张大受与查慎行为翰林院同僚，大概因张大受早年诗学朱彝尊，二人早在入直翰林之前就熟识，康熙四十年（1701）张大受匠门书屋落成，向查慎行索诗，查慎行欣然为之，作诗《张日容匠门书屋落成索题句》云：

> 五架三间八九楹，重来已听读书声。开池叠石经营始，鬼运神输指顾成。杜甫堂新非背郭，陆云屋老只依兄。一庵未遂诛茅计，大笑吾才不及卿。（卷二十八）

张、查之交往，建立在共同的诗歌爱好基础之上，张大受诗《东轩杂咏》②云：

---

① （清）章藻功：《思绮堂文集》卷一，清康熙六十一年刻本。
② （清）张大受：《东轩杂咏》，《匠门书屋文集》卷七诗，清雍正七年刻本。

平生仗朋友，稍稍安此躯。文章共磨切，疾苦相携扶。居此良自适，仆马供我须。唯因秋风至，伤别肠欲枯。王查并老宿，顾徐各文儒。如何卧泉石，不来集皇都。群书检秘阁，眼觉吾道孤。

诗中提及王楼村、查初白、顾秀野、徐辛斋等人，"文章共磨切，疾苦相携扶"是其深厚友情的最好概括。张匠门还有词寄查慎行，《侣蛩遗音》中有《凤栖梧·寄查悔馀编修》，词云：

银台直北千门锁。一段吟情，也伴红云朵。熨齿冰盘怀赐果。莼鲈且缓江东舸。几阕清平声婀娜。元九才名，晚向宫中播。初白一庵成也么。莫忘招我看鸥坐。①

张大受视查慎行为生平知己，对其诗歌给予了很高的评价。在其《许谨斋诗序》中有云：

谨斋向有《西湖使闻》二册，为阮亭、竹垞两先生所赏，兹复汇其诗寓书京师云："二老不可作，今海内知诗者，惟匠门及查田盍为我序之。"予何敢当斯言，若查田则今之诗伯，自淮涉江，一航千里，往来唱和，乐不可支。予以多病之身，滞于闲散之地，遥瞻故人，徜徉方外，吟其所作，劳我梦魂。其为可悲，岂能以言尽耶！

张匠门推举查慎行为"今之诗伯"，且二人"自淮涉江，一航千里，往来唱和乐不可支"。但如今"遥瞻故人，徜徉方外，吟其所作，劳我梦魂"，拳拳思念之心溢于言表，足见二人一生之情意。

姚士陛（1664—1699）字玉阶，号别峰，安徽桐城人。康熙三十二年（1693）举人。有《空明阁集》。《国朝诗人征略初编》载："别峰少随父宦秦、越，得朋友、江山之助。其诗不名一家，而缘景会情，曲折善肖。同里张文端公偶携其诗至直庐，时泽州陈相国、华亭王司农、静海励

---

① （清）张大受：《侣蛩遗音》，康熙张氏潮生阁刻本。

司寇皆击节称赏，交口呼才子不置。"① 在当时诗坛，名噪一时。

姚士陛是查慎行的同年，二人在京师结交。康熙三十三年（1694）二月查慎行落第出都，同学诸子纷纷为之送行，其中有姚士陛兄弟，查慎行有诗《张湾舟次留别姚君山别峰兄弟》《沧州阻风谢别峰同年饷酒二首》。康熙三十五年丙子（1696）三月，查慎行客居皖城，巧遇姚士陛。有诗《初至皖城，喜遇同年姚别峰，兼招程松皋舍人》，表达了他乡遇故知的欣喜之情。离开之时，查慎行有诗《皖城早发却寄姚君山别峰兄弟》：

又背孤城去，骊歌不忍听。薄游逢地主，久住为山亭。月黑江光动，鱼跳雾气腥。檐乌啼最早，愁鬓转星星。（卷二十二）

有相聚之欢愉，又有离别之愁思，充满了孤独漂泊的惆怅之感。康熙三十八年，姚士陛在钱唐溺水离世，未想皖城一别，竟成永别。

汪绎（1671—1706）字玉轮，号东山，江苏常熟人。康熙三十九年（1700）状元，官翰林院修撰。有《秋影楼诗》。

查慎行为其《秋影楼诗集》作序，记载了其相识过程：

癸酉秋，公举京兆，与余同出德清徐先生、庐陵彭先生之门。后三年丁丑，公成进士；又三年庚辰，以第一人及第。而余坎壈失职，连不得志于有司，惟公于聚散之际，执手欷歔，所以劳苦而慰勉之者，甚真且挚。迨壬午冬，余被召入内廷，癸未三月，幸举南官，实出公分校礼闱本房所荐。既释褐，登堂修敬，公迎笑曰："吾两人平时契分何等，今乃以此礼见耶？"余拜，公答拜，终不肯以师道自处，仍以执友待之。②

汪东山原为查慎行同年，但由于其中进士早，后来又成为查慎行进士的房师。康熙三十八年（1699），料理完妻子丧事的查慎行于冬十一月再

---

① （清）张维屏：《国朝诗人征略初编》卷十六，清道光十年刻本。
② 查慎行：《秋影楼诗集序》，《敬业堂文集》卷中，四部备要本，中华书局据古杭姚氏抄本校刊。

次入都，与汪东山相遇峒崿道中，二人一同北上。汪东山有诗《峒崿山喜遇查悔馀同年》[①]云：

> 三年魂梦托相思，今日相逢下马时。拂拭征衣衣上雪，孤灯山店夜论诗。

《敬业堂诗集》亦有诗《喜遇同年汪东山与联辔北上》，诗云：

> 京洛三年别，升沉分已殊。如何逼残腊，复此共长途。故态狂犹在，名心老渐无。夜寒君不饮，吾醉好相扶。（卷二十六）

此次二人一同入京，准备参加殿试，查慎行无奈再次落第，而汪东山则成进士，应了查慎行的"升沉分已殊"一句。查慎行再次落第南还，汪东山作《南浦送行图》，查慎行题诗《题同年汪东山〈南浦送行图〉时余下第将归》云：

> 踏歌相送感汪伦，潭水桃花记此春。指点旧年风雪路，转怜我是独归人。（卷二十七）

来的时候，二人一起，而离开的时候，则成为"独归人"，查慎行此时已经在科举的道路上奔波了近二十年，可以说身心疲敝，好友的中举，更加重了他的失落感。

查慎行"癸未三月，幸举南宫"，汪东山为其房师，查慎行于是不再称呼其为"同年"，入直翰林之后，二人亦有唱酬。康熙四十二年（1703）汪东山母亲逝世，请假南归，查慎行有诗《房师汪东山先生请假，奉太夫人南还，留〈秋帆图〉卷子命题敬赋四绝句》敬赠。

查慎行辞官归里后，汪东山已经离世多年，查慎行还刊刻了汪东山的诗集，并为汪东山诗集作序时云："公诗之体格位置，当在大历以后、长

---

① （清）王绎：《秋影楼诗集》卷四，康熙五十二年刻本。

庆以前诸名家间。"① 这是一种很得体的提法,即从与某些前人的类比中,间接却又是明白客观地指出了其诗歌创作的实际成就及其文学地位,说他近于大历十才子,是为公允之论。

唐孙华(1634—1723)字实君,别字东江,江苏太仓人。康熙二十七年(1688)进士,授礼部主事,兼翰林院行走,寻调吏部,充浙江乡试主考官,康熙三十五年(1696),唐孙华任浙江主考官时因失误落职。

唐孙华是查慎行的挚交,二人一生友善,彼此推重,查慎行晚年请唐孙华为其诗集作序。康熙二十六年(1687)唐孙华受明珠相国之邀,为其子揆方授业,时查慎行亦在明珠府邸,教授揆叙,有诗《喜唐实君至》:

> 风埃易隔经年面,忽听车音喜不胜。才气让君高百尺,酒肠宽我过三升。薄寒坐转霜天月,往事谈深雪屋灯。记取凤城西北颊,竹床相对两如僧。(卷八)

"才气让君高百尺,酒肠宽我过三升。"是查慎行对唐孙华的创作才能与人品性格的极高评价,这两位多年未见的好友,如今在京师相聚,对床夜雨,畅谈往事,"记取凤城西北颊,竹床相对两如僧"。多年后想起仍是美好的记忆。从此二人共同授业于明珠府邸,大概一年的时间,其间有唱酬《盆梅同唐实君揆恺功赋》《探春花再索实君和》,康熙二十七年(1688)年春,查慎行外舅陆嘉淑抱病,查慎行服侍南归,次年,再次入都时,唐孙华已成进士,查慎行有诗《京城西南丰台芍药最盛,余未尝一寓目也,今年与唐实君有约同赏,复匆匆出都,长途春杪,省记前言,时实君已捷南宫矣,作诗以寄兼示梁药亭、郑禹梅、王后张、张寄亭、吕山浏、徐虞门、孙恺似、王令贻、陆冠周、汤西崖、吴元朗、陈仲夔、钱朗行皆同年进士也》云:"四年骑马客京华,不问丰台卖酒家。已约同游向春尾,独怜回首又天涯。"(卷九)既为友人科举告捷而高兴,又为自身仍功业未成而感伤。就在这一年,慎行因"《长生殿》观演"风波涉及,被迫离京。揆叙说:"丁卯之冬,家居延迎至舍训,家弟揆方,时予

---

① 查慎行:《秋影楼诗集序》,《敬业堂文集》卷中,四部备要本,上海中华书局据古杭姚氏钞本校刊。

方受经海宁查先生,及戊辰春,查先生南归,家君遂命从先生受业焉。"①慎行离开后,唐孙华接替了他的职位,教授揆叙。

查慎行改名换字,再次入都,唐实君有诗《喜查子夏重至京师》②:

客散梁园堕雨飞,尺书惊见是耶非。邻房灯火鸣鸡杳,歧路云山候雁稀。饮酒人非攻子美,改名君且学刘几。髽长扣户吾遥识,早晚将迎办倒衣。

"饮酒人非攻子美,改名君且学刘几。"实质上是指查慎行"《长生殿》观演"一事,查慎行又有和诗《次韵酬唐实君喜余入都之作》:

吹得杨花作雪飞,帝城春事已全非。桐经爨后孤弦绝,纤化鱼来尺素稀。东阁何期今再到,故人长恐见无几。白头剩尔如新在,缟带犹堪博纻衣。(卷十六)

查慎行避谈"饮酒获罪"一事,只言重到京师,物是人非,京城的春色也与以往不同,同学诸子已经各奔东西。"白头剩尔如新在",所在者唯有与实君之情谊了,用诗用朴实的语言,表达了与孙华相知的深厚情谊,徐乾学开《一统志》局于洞庭,慎行与孙华参加了编撰,孙华有诗《赠夏重》,《敬业堂诗集》中存慎行的和作《次韵答实君》。唐实君始终关心着查慎行,查慎行举京兆之后,他有诗《喜夏重捷北闱》:

江湖氍毹十年情,强驻归鞍听鹿鸣。才大共怜淹骥足,兴东初送上鹏程。文章时效新机抒,诗卷人疑旧姓名。只恐花溪能语鸭,也随猿鹤一时惊。

是诗回顾了二人十年的友情,表达了对友人北闱告捷的欣喜。查慎行晚年请唐实君为其诗集作序,唐实君序云:"昔予在京师,与姜西溟、赵

---

① (清)揆叙:《东江诗钞序》,唐孙华《东江诗钞》,清康熙刻本。
② (清)唐孙华:《东江诗钞》卷二,清康熙刻本。

蒙泉、杨晚研、惠研溪、汤西崖、宫恕堂、吴西斋诸君及先生弟侄德尹、声山为诗酒之会，每月必再会，每会必分韵赋诗。西溟在酒所尝谓诸君：'我辈大约人人有集，然其诗或传或不传，今当牵连缀姓氏于集中，百年以后幸有传者，则附载之姓氏亦不泯没于后世矣。'"① 该序作于康熙五十六年，《敬业堂诗集》付梓之时，与王士禛、黄宗炎、陆嘉淑等人所作序不同，其对《敬业堂诗集》有了一个全面的了解，在此基础上他说查慎行诗集必传，可谓独具慧眼。在《读王抱翼小山诗集》，唐实君又云"姜查才最雄，风标并嶔嶔"②，将查慎行与姜西溟并举。

唐孙华与查慎行之友情，来自于内心深入的契合，查慎行送唐孙华游江西时，写诗道："惟君知我谓我真，往往清吟托闲讽。"（卷十七《送唐实君游江西》）唐孙华的诗作大量关注民生疾苦，在王士禛神韵说盛行，海内尊奉唐音，他不附时好，自具特色，诗以才气胜，佳者笔仗颇近苏轼。其造诣与初白相当，初白亦视其为同调。在政治上，二人同样有着相似之处，唐孙华为尚书徐乾学之门生，又应宰相明珠之聘，教授其子揆方、揆叙，当时乾学与明珠相争甚烈，孙华在政治上两不依附。及乾学失势，处境危殆，旧日门生有讳言出其门墙者，而孙华乃昌言于朝堂，为乾学辩诬。告归后，揆叙贵幸用事，屡劝孙华再出，均不应。在为人处世方式上与初白相似。

唐实君里居二十余年而卒，《敬业堂诗续集》卷三有《哭唐东江考功四首之四》，诉说二人交谊："与我相忘形迹外，感人尤在朴诚中"（其一）；"无间可容纤芥入，此言唯许两心知"（其三），深情怀念这位昔日的好友。

汤右曾（1656—1722）字西崖，浙江仁和（今杭州）人。康熙二十七年（1688）进士，官至吏部侍郎，兼翰林院掌院学士。有《怀清堂集》二十卷。

康熙后期王士禛、朱彝尊老辈凋零，如果要与查慎行并举一人，则非汤右曾莫属。其名与查慎行相埒，慎行赠诗有"且喜欧阳为学士，蓬山领袖得诗仙"（卷四十一《次韵奉酬院长西崖前辈赠行之句》），足见对

---

① （清）唐孙华：《敬业堂诗集序》，周劭标点《敬业堂诗集·附录》，上海古籍出版社1986年版，第1759页。

② （清）唐孙华：《读王抱翼小山诗集》，《东江诗钞》卷十一，清康熙刻本。

汤右曾倾服之甚。

汤右曾与查慎行是一生的好友，彼此相识亦早，还在康熙二十三年（1684）七八月间查慎行游学京师时，便曾一起同游香山，一同参加各类的文人雅集。汤西崖出都时，查慎行作《送汤西崖南归兼寄严定隅》：

> 古寺槐交阴，微阳转冰簟。与君初握手，片语示肝胆。来当倾盖新，久觉忘形渐。相过日不隔，怀抱两无忝。狂言我难缄，懒病子未减。弥缝补其阙，瑕颣肯互掩。子才随地涌，百斛走潋滟。屈首举子场，十年困习坎。只身溯潇湘，盛气生勇敢。归来翻一笑，函匣剑光闪。未免为时名，束身就绳检。酒徒遇燕市，摇落自多感。儿曹太轻薄，载鬼白日魇。榆抢斥鴳如，冠著沐猴俨。彼顽何足校，我白故无玷。稍恨素心人，晨星散疏点。金沟送别处，屡见风柳飐。子来辞我行，忽若猿出槛。足矜行卷富，何碍归装俭。溪堂行补苴，湖舫待刻划。开篱受竹色，择石置崖广。青芰鸭脚葵，白剥鹄头芡。邻沽贳新熟，诗韵斗奇险。此乐吾久疏，岁月徒荏苒。雨堂倘问讯，应惜缁尘染。（卷七）

甲子秋闱后，士子们渐渐离开京城，由于查慎行馆于相国明珠府上仍在京师，这一时期，他频繁地送别友人，汤右曾就是其中之一。诗中表达了查慎行对汤右曾的深厚的情谊："与君初握手，片语示肝胆。来当倾盖新，久觉忘形渐。相过日不隔，怀抱两无忝。"查慎行十分赏识汤右曾的才华，他说："子才随地涌，百斛走潋滟。"怀念过去"邻沽贳新熟，诗韵斗奇险"的快乐时光，然而"岁月徒荏苒"，这种快乐已渐渐疏远。

康熙二十四年（1685），汤右曾以礼部给事中提督河南学政，故人重逢，把酒开怀，其喜悦之情可以想见，查慎行诗《大雪暮抵开封汤西崖前辈留饮学署二首》云：

> 二月梁园雪，春风特地寒。行防街路滑，到及酒升宽。物色符清望，交情称冷官。庭花经手植，何惜借人看。

> 一代文章伯，中原桃李阴。青春聊作伴，白发莫相侵。与国培元气，于公识苦心。人知读书贵，土价比黄金。（卷三十五）

作是诗时距第一次相识已经时隔24年，此时的汤西崖已经不再是"屈首举子场，十年困习坎"之时。查慎行在这首诗中肯定了汤右曾的地位声望及在河南学界所作出的贡献，彼此相知相慕之情谊不言自明。

实际上，查慎行的年纪要比汤西崖大七岁，查慎行在此时改称其为前辈，因为此时查慎行尚淹蹇科场，没有半寸功名，而汤西崖已经官路显达，二人之间地位悬殊。《十驾斋养新录》亦云："查初白赠汤西崖诗，敢拟微之并乐天，才名官职两殊悬。"① 汤西崖改官后，查慎行有诗《西崖自编修改授刑垣三首》云："快心挟盛气，一往不自量。斟酌二者间，得失恒相当。语默固有道，因时蹈其常。先生熟古今，兹理固细详。蒭荛述所见，幸恕狂言狂。"（卷二十七）唐孙华评是诗曰："良友相规，语自谆挚。"② 汤西崖病中，查慎行以诗寄之，西崖次韵，作《病中查悔馀以诗见怀即次原韵》诗云："萧然敝几倦犹凭，僮触屏围唤不膺。病觉雪风侵骨泠，贫忧药物与年增。蒙蒙自护藏灰火，冏冏长悬照夜灯。多谢先生好诗句，愈风檄手更谁能。"③ 可见相互之间的关切之情。

惠周惕（1641—1697）原名恕，字元龙，一字研溪，自号红豆主人，江苏吴县人。有《研溪诗文集》《易传》等。

查慎行与惠周惕相交密切，查慎行诗《与研溪别后叠前韵寄之》回顾了二人之交游情况：

> 我从汤子交，耳君名已熟。初来长安城，欲见尘眯目。名园一杯酒，邂逅情未属。别时莲蕊红，怀刺久踯躅。忽忽秋向老，花期过黄菊。晚赴严公招，名流趾相续。森然授几席，后至惟尔独。众中造膝谈，稍稍致欷曲。汤言不我欺，伊人果如玉。似从坡陁游，迤逦入崖谷。松篁幽径转，照我须鬓绿。石润敛云霞，泉清作琴筑。对之浮气尽，亟取药吾俗。曲尺移木床，醉留同一宿。男儿属有才，未了三千

---

① （清）钱大昕：《十驾斋养新录》卷十六，清嘉庆刻本。
② （清）查慎行：《敬业堂诗集原稿》，稿本，上海图书馆藏。
③ （清）汤右曾：《怀清堂集》卷五，文渊阁四库全书本。

胰。买田归可种，买书行可读。委身俛仰中，初念固不欲。况当摇落候，有痛忍轻哭。凉灯一穗花，夜半开未足。淅沥风洒窗，淋浪雨鸣屋。明朝门外路，泥淖驴没腹。连鞍共君出，寸步苦局蹐。纷纷疾走儿，马骈车脱辐。即此慎所之，久要互相勖。（卷五）

诗中自注二人相识过程："余识研溪于赵恒夫农部席上"。查慎行最初从汤右曾口中得知惠元龙，后于严公诗文酒会上识之，遂大加赞赏。"晚赴严公招"是指严虞庵侍御。查慎行诗《严虞庵侍御招同惠研溪、吴天章、王咸中、王孟毂、朱西畯、乔无功、陈叔毅、汤西崖小集即席分赋》有云："诸君湖海士，相辏适如辐。倘不鄙迂疏，前期幸交勖。"对惠研溪的人品风度给予了极高的评价，"似从坡陁游，迤逦入崖谷。松篁幽径转，照我须鬓绿。石润敛云霞，泉清作琴筑"，"薄游久欠买山资，斋笏初安负一枝。但使主人长闭户，树名何取号相思"（卷五《研溪索题红豆斋诗册二首》），可以看出研溪为人敬仰的高士风范。

此后至康熙三十四年（1695）初白离京游梁，彼此交谊长达10年。康熙二十四年（1685）春，送惠周惕出京，有诗《叠前韵送研溪南归三首》，其三云："辛苦京华二十春，枉缘簪火勘穷尘。有才如此吾犹惜，未必天终老是人。"对友人有才华而沦落漂泊，不为世用，感到无奈痛心。分离之后，研溪一直念念不忘同在异乡漂泊的慎行，托人带来尺素，查慎行有诗《吴门徐彦通来都得惠研溪近问叠红豆册旧韵答之三首》答之。

康熙二十八年（1689）查慎行服侍病中岳父出京，行至吴门与惠研溪相遇，查慎行有诗《吴门与惠研溪话旧》云："燕市歌狂散酒星，劳劳三百五长亭。桃花影里抽帆路，流落江东剩两萍。"（卷十）回顾当年京师雅集之情景，如今却同人凋零，四散漂泊。离别时，研溪诗《别查夏重》[①] 云：

> 五载不相见，见君犹布衣。匆匆还作别，草草不成归。柳色侵江

[①] （清）惠周惕：《砚溪先生集》，谪居集，清康熙惠氏红豆斋刻本。

过，梅花入路飞，孤帆那忍发，乡月正依依。

距离京师相识已经五年未曾相见，然而此时友人依然功名未就，匆匆相见之后，又要踏上征程，研溪不禁为其命运之坎廪而叹息。

康熙三十四年（1695）查慎行复入都中，与查昇居宣武门外。研溪亦在京城。二查与姜西溟、惠研溪时时约为诗酒之会，唱酬频繁。研溪诗《饮查升山前辈寓作兼示夏重》①云：

自罢兰亭宴，迢遥遂至今。脩然一尊酒，中有十年心。宦值平时拙，交从老去深。栖迟托朋好，感动独沉吟。

每见王武子，还怜内史痴。锦囊看奏赋，席帽自吟诗。后会亮难数，晤言欣在兹。当杯莫相放，弦月上帘时。

是年三月晦日，在寄园雅集，查慎行有诗《三月晦日，向涛治具，招同西溟、实君、文饶、研溪、六谦、端木、霜田、亮功、次也、南陔、岱瞻、宗岱，社饮寄园。向未与会而今至者，则胡芝山、周渔璜、张天门、陈尧恺、姚君山、玉阶兄弟》（卷十九），惠研溪集中亦有诗《初夏寄园雅集》诗前序云："唐实君、姜西崖、查夏重、赵文饶、杨端木，是日立人为酒主。"② 又有张园雅集，查慎行有诗《冬日张园雅集同姜西溟彭椒嵩顾九恒惠研溪钱玉友魏禹平蒋聿修王孟穀张汉瞻汪寓昭陈叔毅汤西崖冯文子谈震方家荆州声山限韵》（卷五）。研溪集中则有《寄同年永年立人时与西溟实君夏重文饶端木约游郊外》《夏重以诗促游次韵答之》诸诗作于此时，观其诗，情调欢愉，足见友人相聚之欢。慎行离京时，研溪有诗《送查夏重》③：

重戴还来住帝京，一鞭送尔复南行。大夫何易留孙宝，主簿宁堪累顾荣。滑道秋泥驴背客，连潮圩岸概头程。奚囊赋得关心句，好倩

---

① （清）惠周惕：《砚溪先生集》，谪居集，清康熙惠氏红豆斋刻本。
② 同上。
③ 同上。

西风寄友生。

离别感伤之辞相与酬赠，是诗人内心感受的真实写照，可见挚友间毫无遮掩的深厚情谊。

康熙三十五年（1696）查慎行冬季入都，上元前三日，研溪与慎行在都中小饮，研溪有诗《上元前三日与夏重小饮分韵》①：

遨头风景入新年，陋巷车音尚杳然。赖有故人相慰藉，喜降佳日与流连。官贫岂易须羊酪，客好何妨坐马鞯。小酒属君君且往，晚来恰是试灯天。

十载交期讬契深，一尊燕市更论心。休将出处分穷达，自有文章命古今。松老尚留凋后色，桐枯能做夔馀音。眼前得失何须计，只合清狂学醉吟。

"十载交期讬契深，一尊燕市更论心"，此时二人相识已过十载，"休将出处分穷达"，可见研溪品评人物独具慧眼，与慎行知己相待。

查慎行高度评价研溪诗作，他说："砚斋吟吻暖生春，推尔尧峰步后尘"（《题惠研溪峥嵘集次汪蛟门原韵三首》），并视研溪为诗学之同调，查慎行《酬别许旸谷》："我持此论嗤者众，同志吴中乃得两"（卷十一）其中之一就为研溪，查慎行评价其诗曰："格律最谨严。"

赵执信（1662—1744）字伸符，号秋谷，晚号饴山。山东益都人。《清史列传》载："二十八年，以国恤中在友人寓宴饮观剧，为给事中黄仪所劾，遂削籍，时年未三十也。"②

查慎行与赵执信相识于国子监时期，当时赵执信少年成名，十七岁中乡试第二名，十八岁会试第六名，殿试二甲成进士，授翰林院庶吉士，功名早达，气宇轩昂。他自言："余少好为诗，而性失之狂易，始官长安时，颇有飞扬跋扈之气。"③《清史列传》亦评价其云："性喜谐谑，士以

---

① （清）惠周惕：《砚溪先生集》，谪居集，清康熙惠氏红豆斋刻本。
② 王钟翰点校：《清史列传》卷七十一，中华书局1987年版，第5796页。
③ （清）赵执信：《赵执信全集》，齐鲁书社1993年版，第375页。

诗文贽者，合则投分，不合则略视数行，挥手谢去，以是得狂名。"然而对查慎行他虚心请教，奉上自己的诗集，慎行读后极为赞赏，有诗《赵秋谷编修见示〈并门集〉辄题其后》：

> 赵侯旷世才，硎发新刃初。十八取高第，姓名登石渠。纷纷冠盖交，僮马填门闾。抗怀对侪俗，折节读古书。我友潜江髯，数数来告余。余时怀一刺，欲往还趑趄。从来负盛名，相见长恐虚。何期就馆舍，先枉君子与。示我《并门诗》，璀璨琼瑶琚。清光溢两目，浏览无停瞩。不忍遽卒读，掩卷姑徐徐。留之遣夜长，霜月临窗虚。地炉暖宿酒，继晷编重舒。十首釂一杯，顷刻百首余。何堪饮户小，径醉同蘧蘧。隐几似有人，导我蓬莱居。李杜踞高坐，两旁列仙儒。依稀潮州韩，仿佛眉山苏。中有青丘子，拍肩大声呼。醒来几案傍，绛蜡开芙蕖。悠然接诗境，鼠穴非乘车。我欲数子间，位君复踌躇。君今富才力，著作承明庐。词章技特卑，未足垂声誉。即此见根柢，振步捐土苴。神仙才有数，此语古有诸。我贱不足论，愿君勉相于！
> （卷八）

是诗对秋谷之才华给予了相当高的评价。早在与二人相识之前，慎行就从友人朱载震那里屡次闻听其名，查慎行把秋谷与韩愈、苏轼、高启等人相提并论，屡次想去拜谒，但因秋谷声名远播，"欲往还趑趄"。查慎行如此尊崇一位青年诗人，这在查慎行集中非常少见。赵执信《并门集》所收诗为他康熙二十三年（1684）典试山西时所作的诗作，而此时正是王士禛神韵之风弥漫诗坛之时，查慎行亦在京城游学，师从王士禛门下，赵执信无论是论诗之旨，还是诗作风格都明显与神韵背离，查慎行对赵执信极高的评价中，可见对于新的诗歌风尚的赞许。

在"《长生殿》观演"事件中，二人同受吏议，查慎行有诗《送赵秋谷宫坊罢官归益都四首（其一）》："竿木逢场一笑成，酒徒作计太憨生。荆高市上重相见，摇手休呼旧姓名。"（卷十一）二人约定"欲逃世网无多语"，然而查慎行后来改名应举，赵执信则终身蹭蹬，不为所用，这不能不令时人唏嘘感叹。此后，查慎行与赵执信几乎再无交往，而其弟查嗣瑮则与赵执信有过往来，赵执信集中有诗《雨中过查编修德尹嗣瑮寓斋，杨编修端木中讷亦至，小饮志别二首》。

相比赵执信，查慎行要幸运得多，后又改名应举，时人云："后初白为有力者吹嘘，而秋谷终身落拓。"① 查慎行交游丰富，又得前辈援引，二人命运相差悬殊。

钱良择（1645—?）字玉友，号木庵，江苏常熟人。有《抚云集》。查慎行与钱玉友相识较早，相互视为知音。查慎行入黔之后，钱玉友自岭南前来探望，查慎行有诗《钱玉友自岭南来》，诗云：

万里归装一叶身，何缘相见即相亲。世无元九知音少，客到东方自誉频。南北弟兄愁急雪，关山踪迹悔劳薪。权与阻落皆天意，眼底休轻我辈人。（卷四）

分别以后，查慎行又作《玉友别后寄诗二首次韵奉答》云："同调世少人，高论宜卑之。平生喜闻过，指摘真吾师。"又云："书来感深爱，金石矢不变。因君激壮志，铩羽敢辞倦。"自注："来书期余同作都门之行"，查慎行困顿之时，钱玉友的鼓励给予了他很大的信心，二人并约好一同入京。此后又在京师相聚，同与京师士子交游，诗酒唱酬，查慎行诗集中《重阳前六日同翁元音彭椒崀钱玉友朱远度吴六皆陈允大叔毅沈客子汤西崖谈未庵家荆州声山小集分韵》《溪钱玉友魏禹平蒋聿修王孟毂张汉瞻汪寓昭陈叔毅汤西崖冯文子谈震方家荆州声山限韵》《燕台岁寒雅集同王后张钱越江顾九恒彭椒崀吴万子孙恺似王昆绳钱玉友徐子贞高远修孙子未王岩士陈叔毅汤西崖谈未庵冯文子俞大文家荆州作二首》《清明日同玉友荆州出右安门就旗亭买醉晚至朱大司空花庄复留剧饮即事四首》《人胥门访薛孝穆不值留诗示之兼简许旸谷钱玉友》均为此时诗作。

钱玉友"诗感激豪宕，不主故常"②，与查慎行的诗风有一定差异，但查慎行依然视其为诗学同调，"我持此论嗤者众，同志吴中乃得两。惠生格律最谨严，钱子才情殊倜傥"（卷十一《酬别许旸谷》），其所云钱子即为钱玉友，足见查慎行持论甚广，唐宋之间，不带偏见。

---

① （清）王培荀：《乡园忆旧录》，蒲泽校点，齐鲁书社1993年版，第108页。
② （清）张维屏：《国朝诗人征略》卷二十一，清道光十年刻本。

姜宸英（1628—1699）字西溟，号湛园，浙江慈溪人。《清史列传》载："圣祖仁皇帝稔闻之，尝与秀水朱彝尊、无锡严绳孙并目为'三布衣'。"① 有《湛园集》八卷。

姜西溟与查慎行交游颇多，情深义厚，二人相识较早，国子监时期，京城士子诗酒雅集，常常有此二人身影。查慎行集中有《冬日张园雅集同姜西溟彭椒崑顾九恒惠研溪钱玉友魏禹平蒋聿修王孟毂张汉瞻汪寓昭陈叔毅汤西崖冯文子谈震方家荆州声山限韵》《西溟竹坨同游房山余不及践约口占送之》，均为此时与姜西溟交游之作。

康熙二十九年（1690）查慎行因"《长生殿》观演"事件，被迫出都，与徐乾学、姜西溟同行，一路唱和。《题壁集序》云："玉峰大司寇徐公予告南归，奉旨仍领书局，出都时邀姜西溟，及余偕行。两人日有唱和，旗亭埭馆，污壁书墙。"② 有诗《良乡次西溟韵》《寒食过涿州和西溟》《白沟旅店见亡友郑樊圃旧题怆然有感同西溟作》《过赵北口晨餐得鱼戏和西》《景州次西溟韵》《平原口占戏示西溟二首》《上巳泰安道中和西溟》《晚晴入桃源界和西》《王羲文阁复申招同西溟泛舟红桥二首》《西溟谈及竹西旧事戏调之》《月下渡扬子江次西溟韵》，均为此时"污壁书墙"的率口之作。

姜西溟与查慎行二人均为才学之士，但在科举之路上，却屡战屡败，查慎行诗云："姜侯才高同屈宋，往往弹冠让王贡。举场老负十上名，史馆贫支廿年俸。"（《断砚歌寄和姜西溟》）相似的人生体验，使他们更能在彼此身上找到共鸣，查慎行诗《姜西溟继赴北闱今仍下第作诗招之》云：

> 散是飞蓬聚是萍，可怜南北总飘零。一名于尔何轻重，双眼从人自醉醒。沙路离离鸦接翅，霜天矫矫雁开翎。此愁除有诗能豁，亟买归舠下洞庭。（卷十二）

这一年的北闱，查慎行因被革去太学生资格未能参加。但是多年的科

---

① 王钟翰点校：《清史列传》卷七十一，中华书局1987年版，第5806页。
② （清）查慎行撰：《题壁集序》，周劭标点《敬业堂诗集》，上海古籍出版社1986年版，第304页。

考生涯，加深了彼此的身世飘零之感，查慎行对姜西溟的经历感同身受，"此愁除有诗能豁，亟买归舠下洞庭。"此时查慎行身在洞庭书局，心中仍然牵挂友人，并向其发出邀请。

康熙三十二年（1693）查慎行在明珠府邸，姜西溟再次入都，二人一同参加了此年的顺天乡试，查慎行有诗《姜西溟至都二首》云：

三年一别两蹉跎，短策重闻酒市过。白发旧游诸老散，青云同学少年多。僦居那得高贤宅，支俸聊随博学科。幸是一毡留故物，曾包老砚历关河。

濩落生涯久自疑，重来笑我亦胡为。曾从祖父承余泽，只道科名似盛时。逐客幸蒙宽后议，怜才何敢望新知。不如蚕筑眭风阁，结伴归耕未算迟。（卷十七）

昔日的同学旧友，都有了功名，而两位白发的老友，却依然"濩落生涯"。姜西溟的科举之路较查慎行更为坎坷，他年长查慎行近20岁，此时仍然一无所成。不过就在这一年，查、姜二人同举京兆，此后的殿试，查慎行依然屡屡受挫，姜西溟则于康熙三十六年（1697）终于成为探花，查慎行《保定旅次阅邸抄，得从弟东亭及儿建南宫捷音，口占志喜，兼寄嘲老友姜西溟》云："探花却入少年队，试问髯姜可胜侬。"（卷二十三）以嘲戏的笔法，对这位以70岁高龄，终于南宫折桂的友人表示由衷的高兴。

姜西溟生性豁达，多年的科场失败，没有浇灭他的自信，对待朋友，他更是十分宽厚。《上元夜同唐实君赵蒙泉宫友鹿家声山饮，姜西溟同年分韵得雨字》这首诗就具体形象地表现了姜宸英的这一性格特征，作为一个"破屋用茅补"的穷举人，招待起朋友来，却能够"酒行爵逾三，肴列簋倍五"。平时"性不嗜肉，或误食必以清水灌盥"，却是鱼肉俱备，即使耗费三个月的官俸也毫不吝啬。

康熙三十三年（1694）二月查慎行下第，南归，同学诸子前往送行，《天津别姜西溟次韵》一诗云："同是春风失意时，送君真觉拙言辞。杜陵旅食经年久，熙甫才名一第迟，青镜从渠增算发，白身输客赌残棋。老来别绪兼师友,那得并刀剪乱丝?"(卷十八)同情中带着劝慰,失意中不乏自信,字里行间流溢着一种朴实真诚的关切之情。

康熙三十八年(1699)顺天己卯乡试舞弊案兴,起因是在这科考试中严虞惇的子侄连售,而考官李蟠与探花姜宸英,榜眼严虞惇,三人为同年友,有人认为两考官徇私舞弊,"御史鹿祐以物论纷纭,劾奏,命勘问,并覆试举子于内廷"①,姜宸英被逮入狱,未等冤情昭雪就病死狱中。

对于姜宸英的死,时人议论纷纭。查慎行对此却没有回应。直到康熙五十二年(1713),60岁的查慎行乞休归里,途至赵北口时,20年前与挚友姜宸英在这里一同吃饭,而姜食鱼被卡的往事在脑海中浮现,然而此时那个以酒下鱼刺竟至大醉、被传为笑谈的老友早已过世十多年了。想到朋友们的离世,想到自己于世无多日,百感交集,写下了《庚午二月,与姜西溟同饭于赵北口,姜食鱼被哽,以酒下之,径至大醉,一时传为嬉笑,今复经此,凄然感怀》,诗云:"二十年前路,髯姜并辔过。食鱼怜骨鲠,下酒怪颜酡。老友他乡尽,吾生去日多。向来谈笑事,泪雨变滂沱。"(卷四十二)当日情景,如在目前,而如今物是人非,回忆往事,不由令诗人泪雨滂沱。

周起渭(1665—1714)字渔璜,号桐野,贵州贵阳人。康熙三十三年(1694)进士,改翰林院庶吉士,散馆授检讨。著有《桐野诗钞》。《清史列传》载:"(周起渭)四十四年(1705),充浙江乡试正考官,荐升詹事府詹事。时辇下若姜宸英、汤右曾、顾图河诸人,方以诗古文辞树帜文坛,后进率望而却步,独起渭以隽才相与角逐。尝作《万佛寺大钟歌》,一时推为杰作。史申义尝赠句云:'孰与夜郎争汉大,手携玉尺上金台。'其倾倒如此。起渭为诗,上自建安,下逮竟陵,无不研究,而尤肆力于苏轼、元好问、高启诸家。"②

周渔璜在清代诗坛不可小视,他曾拜王渔洋为师,有"黔中诗帅"之誉。周渔璜是当时名流,交游广泛,与查慎行、顾图河,汤右曾等均有交游唱和。《八旗诗话》云:"达礼……省亲武昌,京师名辈查慎行、嗣瑮、周起渭、李崶瑞、刘师恕、缪沅、徐陶璋、万经、顾嗣立、张灿设酒

---

① 王钟翰点校:《清史列传》卷七十一,中华书局1987年版,第5817页。
② 同上书,第5802页。

陶然亭饯其行，赋诗纪事极一时文宴之盛。"① 而在众多同辈中，与周渔璜最为心契的要算查慎行、查嗣瑮两兄弟。查慎行三十岁入黔，此时周渔璜只十几岁，又兼戎马倥偬，慎行未能与之结识。直到二十年后，入直南书房、进入翰苑，二人才成为挚交。

周渔璜对慎行之诗颇为推重，《题悔馀证因图》中写道："初白先生妙诗笔，二百年来世无匹。束笋大轴翻水成，篇外波澜更洋溢。少年出手已绝伦，到今无人敢同列。人言先生古仙伯，故尔仙才纵超逸。"② 这一评价绝非溢美之词。慎行亦推重周渔璜之才学，他岁年长渔璜十四岁，但入翰苑要晚几届，遂以"前辈"称之。康熙四十七年（1708），慎行将自己的诗集呈请渔璜教正。在《次韵答周渔璜前辈见寄》一诗中写道："结习多生未易捐，得公投句喜蛩然。远山拥髻潭如镜，秋水平阶屋似船。已外形骸犹有梦，不离文字岂能禅。只应借佛论诗境，何法真超色界天。"可见二人论诗旨趣相投。慎行《戏为四绝句呈西崖桐野两前辈》之一写道："碧海鲸鲵杜陵老，虚空骒騧玉川翁。后生不自量才力，却道同游羿縠中。"（卷三十八）把汤，周二人拟作杜甫、卢仝，而自称为后生，推等极高。

周渔璜出任顺天府学政时，慎行有《送周桐野前辈督学顺天》长诗，概述周渔璜心性人品和才识、行历遭际。诗中云："先生人中龙，天与君子性。平时颇跌宕，临事乃刚正。忆昨典浙闱，量涵江海净。无私消谤焰，冰雪久弥瀞。至今桃李门，得士称最盛。"（卷三十八）可见其人品。

慎行之弟嗣瑮也在翰林院供职，几度与周渔璜为邻居，常与之唱酬。每年夏天，他们都举办消夏迎凉之会，分题吟诗。后来德尹南归，渔璜有数诗赠行：《重九日送德尹南还兼寄朱竹垞先生二首》之一写道："廿载交情老愈新，僦居穷巷作比邻。杯桮往复常通夕，风雨萧条不废晨。转眼欢娱如在梦，回思聚散总无因。那知今岁黄花酒，更作离觞别故人。"③友情真挚深厚。

---

① （清）法式善：《梧桐诗话合校·八旗诗话》，凤凰出版社，2005年版，第489页。
② （清）周起渭：《桐野诗集》（下）卷三，中国书店1986年版，第22页。
③ 同上书，第23页。

胡期恒（1671—1748）[①] 字符方，号复斋，湖南武陵人。康熙四十四年（1705）举人，累官陕西布政使、甘肃巡抚，有《蜀道集》。与查慎行的以往交游不同的是，查慎行与胡期恒的交往始于狱中，查慎行因"查嗣庭案"牵连入狱，胡期恒因追随年羹尧牵连被撤职，后又于雍正三年（1725）六月被逮捕入狱，直"至高宗即位，始得释"。二人为患难之交，在狱中多有唱和，查慎行有诗《和胡元方中承次东坡入狱诗第一章韵》云："与君只隔重围住，得读新诗是夙因。"（《续集》卷五）二人可谓同病相怜，查慎行敢于与胡期恒唱和，并不以他之罪为嫌。

四　查慎行与晚辈门生

纳兰揆叙（1674—1717）字恺功，号惟实居士。满洲正黄旗人。康熙三十五年（1696）由二等侍卫特授翰林院侍读，官至左都御史。是纳兰明珠的次子，纳兰性德之弟。

查慎行说："忆子从我游，翩翩富辞章。十三见头角，已在成人行。"（《敬业堂诗集》卷十七《恺功将有塞外之行邀余重宿郊园赋此志别》）揆叙自康熙二十五年（1686）师从查慎行，研习作诗之法。揆叙少年师从查慎行，诗歌创作受其影响良多，二人唱和之作尤多。《晚晴簃诗汇》云："集内诗多瓣香初白。才调虽亚于其兄容若，亦一时之佳公子也。"[②] 法式善为揆叙《益戒堂诗钞》题诗云："一生学初白，初白且师之。涉笔自成趣，苦吟奚尔为。梦醒春草发，心旷野鸥知。相府堂堂地，山人驴任骑。"[③] 又云："揆叙恪守师传，波澜无二。"[④] 观其诗歌，在很多方面能看出查慎行对他的影响。

揆叙与查慎行一样都酷爱苏轼，常与查慎行探讨苏诗。如其诗《读苏文忠公诗呈他山》："平生读苏诗，未旦吹烛焰。往往忘餐眠，歌哭或呓魇。

[①] 关于胡期恒生卒年说法较多，本书采用田晓春《胡期恒生平及与韩江雅集关系之考辨》（《西北师大学报》2001年第6期）。

[②] （民国）徐世昌，《晚晴簃诗汇》卷五十，民国退耕堂刻本。

[③] （清）法式善：《奉校八旗人诗集意有所属辄为题咏不专论诗也得诗五十首》，《存素堂诗初集录存》卷十四，清嘉庆十二年玉塘刻本。

[④] （清）法式善：《梧门诗话合校·八旗诗话》，凤凰出版社2005年版，第476页。

公自比泉源，百斛涌莫敛。方其惬性灵，便以博坎险。惜哉此天人，翻为文字掩。助之以江山，故令屡谪贬。"① 可见其对苏轼的倾慕。

查慎行与揆叙的关系很微妙，查慎行虽为其师长，且亦是忘年知己，"知子无如我最真"（卷十八《阅邸报知揆恺功改官翰林侍讲喜寄二首》），但诗中且每以"院长"称呼，尊卑之别非常清楚，并非一般师生关系。因此他们二人间的相互唱和之作，在内容上显现出一种上下级与师徒关系的微妙糅合。

康熙三十二年（1693）的《鹰坊歌同实君、恺功作》一诗，这时查慎行还未入仕，揆叙也正在青年时期，随慎行学诗，当慎行参加殿试入选庶吉士后，由于负责教习庶吉士的是揆叙和吴涵，而揆叙曾为慎行受业弟子，所以揆叙奏明康熙帝请免查教习，康熙帝允之，这在康熙朝是罕见的待遇。慎行有《奉旨免赴教习厅赋呈恺功》诗云："第二厅前逐队过，北扉咫尺接銮坡。诏恩已免春秋课，馆职尤充弟子科。变白果能生黑否，出蓝其奈谢青何。回思东阁传经地，老厕门墙愧自多。"（卷三十）可见与揆叙之间不能逾越的上下级关系。

查慎行与揆叙的唱和之作，有的艺术上也不尽为雍容华贵的吹捧之语，而是闪烁着真挚的感情，散发着个体情怀。当查慎行辞官离京时，揆叙以千金为赠。查慎行归田后，揆叙对老师也是念念不忘，"忆昨归田后，情亲分不移"，多次为慎行寄送人参等礼品。慎行康熙五十六年（1717）闻听揆叙去世的消息时，以诗哭之曰"四海谁知己，余生又哭君"（卷四十六《望岁集》《闻副相揆公正月初六讣音》第四首），始终将揆叙视为知己。

纳兰揆叙在世时卷入皇权之争，并站在皇八子允禩一边，故后来成为雍正皇帝的眼中钉。雍正二年（1724），雍正帝开始清算皇八子党，此时已亡故七年的揆叙，被销墓志，受削官夺谥的制裁，并将其墓碑改镌为"不忠不孝阴险柔佞揆叙之墓"②，同时籍没宅园和家产。查慎行晚年家难实际上也与此有关，从其入馆明珠府邸开始，一生的荣辱就与之联系在了一起。

觉罗满保（1673—1725）字凫山。满洲正黄旗人。康熙三十三年

---

① （清）揆叙：《益戒堂诗集》卷一，清雍正刻本。
② 王钟翰点校：《清史列传》卷十二，中华书局1987年版，第875页。

（1694）进士，选庶吉士，授检讨，累迁国子监祭酒，擢内阁学士。康熙五十年（1711），授福建巡抚，五十四年（1715）升任福建浙江总督。治理沿海，颇有成绩。

觉罗满保小查慎行二十余岁，虽属晚辈，但他中进士早于查慎行，且官运显达，高步云衢，官至国子监祭酒。康熙四十八年（1709）擢内阁学士充经筵讲官，同年查慎行亦入直翰林，查慎行因此与之相识，且以同年相称。康熙五十四年（1715）查慎行家居期间游闽中，此时觉罗满保任福建巡抚，查慎行前往拜访，有诗《访同年满凫山开府于三山官舍抚今怀昔赋赠二章》：

宗臣久掌丝纶簿，开府兼优政事科。地是岩疆曾伏莽，公来鲸海不扬波。刑清狱简神何暇，望重官高气转和。坐使八闽风一变，挽回谁识苦心多。

曾陪京兆鹿鸣筵，共赋长杨羽猎篇。联辔三回经出塞，下车一揖重同年。当时霄汉依光近，此日云泥入望悬。不是先生能念旧，肯扶衰病到阶前。（卷四十四）

"曾陪京兆鹿鸣筵"、"联辔三回经出塞"回顾了当日在京城入直的岁月，二人曾共同扈从出塞，还共游城东汤泉，缔结了深厚的情谊。康熙五十五年（1716）满保奉诏巡海道，途经海宁，查慎行闻之，前往迎接，并作诗《制府满凫山同年奉诏巡海道经吾里诗以迎之四首》。

杨守知，生卒年不详，字次也，号致轩。浙江海宁人。康熙三十九年（1700）进士。官平凉知府。有《致轩集》。致轩为雍建孙，与沈树本、陆奎勋、柯煜齐名。

杨守知虽为慎行晚辈，但慎行始终以朋友视之，康熙三十四年（1695）查慎行在京城，偶经守知读书地王园，守知向其索诗，慎行作《次也读书王园夏日偶过之索诗题壁》，诗云：

地僻人声觉，林深晓气通。枣花开带刺，藤角堕兼虫。击柝过佳客，传餐累小僮。避炎知有处，来就北窗风。（卷十九）

读书之地清幽静谧，读书人目不窥园，手不释卷，慎行对此十分赞赏。

康熙三十四年七月，查慎行将有中州之行，守知与姜西溟、唐实君等前辈一起为其饯行。第二年，慎行在皖上，重阳同赵蒙泉、项霜田、杨次也泛舟西湖登孤山。康熙四十年（1701）慎行归家途中，舟至宝应，在旅舍突然想到守知在清江浦，本欲邀其共饮，无奈而为风雨所阻，慎行诗云："生被大河横截断，雨昏风恶渡无船"（卷二十八《舟过宝应，乔无功以家酿见饷，今日旅舍闷坐，闻杨次也在清江浦，欲邀与共饮，而为风雨所阻》），对此表示遗憾。

康熙四十九年（1710）守知赴平凉太守任，慎行前往送行，有诗《送杨次也赴平凉太守任二首》：

辛苦河堤使，初停杵橐声。三年方上计，五马遂西征。斋酿葡萄味，沙陀首蓿程。勿辞乘障远，领郡际升平。

开府吾乡彦，勋名策府存。典刑传太史，科第继文孙。世以儒林重，官仍露冕尊。平生期望意，垂老属恩门。（卷三十八）

诗下注："令祖司马公开府黔阳，仆在幕下，受知最深"。慎行与守知家可谓三世交情，因此查慎行以长辈的身份，训勉后生晚辈，并提出殷勤的期望："世以儒林重，官仍露冕尊"（《送杨次也赴平凉太守任二首》其二），勉励杨守知继承家风，恪尽职守。

朱昆田（1652—1699）字文盎，号西畯，浙江秀水人。朱彝尊子。亦工诗文。按辈分来说，昆田是查慎行的晚辈，称查慎行为表叔，实际二人年龄相当，查慎行一直以友人视之。

朱昆田与查慎行交游始于查慎行太学生时期，时朱彝尊寓居京城，与慎行过从甚密，朱昆田亦与慎行交好。此时的京城士子雅集也多有二人身影。康熙己巳年（1689）慎行家居时期，专门去梅里探访朱昆田。有诗《梅里访朱西畯》："也知陟岵意仍违，才得还家换夹衣。为报而翁吟望久，白头京国苦思归。"（卷十一）时朱彝尊尚在京师。朱昆田为慎行《抱膝图》题诗，有《题夏重表叔抱膝图》诗云："先生我父行，风骨洵秀濯。下马赋清诗，上马横大槊。出门一十年，足迹遍南朔。荆方犯烽燧，蛮府赞帷幄。……去年来燕市，酒地手重握。春藤阴并坐，秋枣晚同扑。曰归归未遂，枉订归期数。矧南雁北向，岁岁占候确。知来不知往，乃类长尾鸶。"① 此诗可以视为对半生功业进行了总结，不掩饰自己对他人品、文章的景仰之情。他评价慎行"风骨洵秀濯"、"下马赋清诗，上马横大槊"，这些都与查慎行"谨言慎行"的做派迥然有别，"春藤阴并作，秋枣晚同扑"正是二人交谊的写实。

朱昆田与嗣瑮亦有交游，有《送查浦入都》，诗云："先生本高才，交友偏畿甸。秋风屡遭斥，乃与我同传。"② 可以说是查浦生平的写照。

楼俨（1699—1745）字敬思，浙江义乌人。《清史列传》载："少颖异，绩学，工填词。家贫，转徙云间。康熙四十六年（1707），圣祖仁皇帝南巡，献《织具图》诗词，特擢第一。四十八年，奉诏修《词谱》，以荐与分纂之役。书成，议叙，选广西灵川县知县。逆僮负固，俨率壮勇，越巉岩深箐，直捣其巢，贼魁就缚。巡抚陈元龙上其功，迁广州理瑶同知。升按察使，调江西。以告归。其学于词最深。"③

楼俨为查慎行及门弟子，查慎行十分关切楼俨，楼俨也对慎行极为尊重。康熙四十九年（1710）查慎行在京师客居枣东书屋，楼俨为他送来菊花，慎行作诗《楼敬思送菊》表示感谢。楼俨赴广东，为慎行寄来浔桂，慎行诗云："隔年一信到何迟，寄我浔州菌桂皮。已向笼中储上药，只愁天下少良医。情深远荷门生致，性在终于野老宜。别与苏家传酿法，捣香筛辣味尤奇。"（卷四十六《及门楼敬思自粤西远寄浔桂》）楼俨赴广西平蛮叛乱，慎行作诗《平蛮歌为灵川令楼敬思作》云："灵川楼侯奋髯怒，一念轸恤周痌瘝。请于中丞愿剿贼，朝发夕下无留艰。官军压境屹不动，旁睨翻笑书生孱。岂知仁者必有勇，勇气远过齐成靓。"（卷四十八）极力颂赞弟子功业。

方苞（1668—1749）字凤九、灵皋，号望溪。安徽桐城人。康熙四十五年（1706）进士。官至礼部侍郎。有《望溪集》。

方苞青年时到京师，曾以诗拜谒查慎行，他记载道："余始入京师，

---

① （清）朱昆田：《笛渔小稿》卷四，康熙刻本。
② （清）朱昆田：《笛渔小稿》卷八，康熙刻本。
③ 王钟翰点校：《清史列传》卷七十一，中华书局1987年版，第5826页。

查氏负才名者数人，而君尤其获重名，朋齿中以诗名者皆若为君屈焉。"①肯定查慎行的诗名。姚鼐《刘海峰先生传》云："方侍郎少时，尝作诗以视海宁查侍郎慎行，查侍郎曰：君诗不能佳，徒夺为文力，不如专为文。侍郎从之，终身未尝作诗。"②查慎行的建议深深影响了方苞的创作，从此他坚定"绝意于诗"，专力古文创作，取得巨大成就，开创一代桐城文派。

方苞与查氏家族多人相交，与查昇过从尤密。《詹事府少詹事兼翰林侍讲学士查公墓表》。其序略曰："余在京师，海宁诸查皆素交。康熙三十五年（1696）馆于汪氏，与声山同巷过从。时声山甚贫窭而盘飧洁以旨。叩之，则其内子所手治产再至京师，则声山入南书房，为时所崇。居内城或寓海淀，扈从塞上。屡言欲就余而终未得一见。"

方苞与查慎行在人生经历上有许多相似之处，他们都曾入职翰林，方苞因戴名世《南山集》案被株连下狱，因文遭祸，命几不保。后来康熙因怜其学识而赦免了他，并授予官职。这段经历与查慎行有太多类似。方苞云：

> 及余脱刑部籍，圣祖仁皇帝召入南书房。中贵人气焰赫然者朝夕至，必命事专及于余，乃敢应唯敬对，外此不交一言。又凤畏风欹，常着淄布小冠，诸内侍多窃笑。或曰："往时查翰林慎行性质颇类此，而冠饰亦同。嘻，异哉！"余用是益有意于君之为人，而君寻告归。③

可以看出，方苞入值南书房后的遭遇以及性格、处事方式乃至衣着打扮都与查慎行非常类似，或许也正是这个原因，让原本受过文字之灾，本已非常顾虑重重，畏惧受到查嗣庭案牵连的他，在多年后才愿意为查慎行

---

① （清）方苞：《翰林院编修查君墓志铭》，《方苞集》卷十，上海古籍出版社1983年版，第275页。

② （清）姚鼐：《惜抱轩诗文集·文集后集》卷五，刘季高点校，上海古籍出版社1992年版。

③ （清）方苞：《翰林院编修查君墓志铭》，《方苞集》卷十，上海古籍出版社1983年版，第275页。

作墓志铭。

全祖望（1705—1755）字绍衣，别号鲒崎亭长，人称谢山先生，鄞县（今浙江宁波）人。雍正举人，乾隆元年（1736）荐博学鸿词，成进士，选庶吉士，以知县用，不仕，归家著述，主讲端溪书院。

全祖望是查慎行的同乡后进，其舅氏蒋蓼崖曾以诗歌拜见查慎行，令"查田先生一见而心折焉"[1]。后全祖望以古文拜谒慎行，初白谓其为"刘原父之俦也。"[2] 刘原文即刘敞，宋代著名古文家，古文运动的代表人物，查慎行对年轻的金祖望文风给予极大肯定。慎行逝世之后，沈廷芳请全祖望为之作墓表，全祖望回忆道："犹忆应乡举时，谒先生于湖上，时方为学古文，先生见之喜，谓万丈九沙曰：'此刘原父子之词也。'年来学殖荒落，惭负先生期许之意，然知己之感，又曷敢辞。"[3] 可见慎行的提拔奖掖对其一生有着重要的影响。

小　　结

物以类聚，人以群分，与查慎行密切交往的人物或有相同的政治倾向，或有相似的仕途际遇，或曾与查氏共事，他们对于查慎行有的作过社交上的引荐，有的曾有学术上的提携引导，有的进行着创作上的切磋，有些人在人格精神影响了查慎行，如黄宗羲、钱澄之等，影响着此后他的人生道路，有些人深受查慎行的影响，如汤右曾、纳兰揆叙等，都未出查慎行诗风之樊篱。

---

[1] （清）全祖望：《翰林蓼崖蒋先生穿中柱文》，朱铸禹整理《全祖望集汇校集注》，上海古籍出版社 2000 年版，第 390 页。

[2] （清）全祖望：《全祖望年谱》，清嘉庆九年刻本。

[3] （清）全祖望：《翰林院编修初白查先生墓表》，朱铸禹整理《全祖望集汇校集注》，上海古籍出版社 2000 年版，第 864 页。

第三章 查慎行诗学思想研究

查慎行并不是一个作品丰饶、理论贫乏的诗人，然而在查慎行研究中，切实存在着重创作而轻理论的现象。一方面在于查慎行突出的创作实绩，掩盖了其诗学成就；另一方面则是由于其诗学思想看似毫无系统，主要集中在他的评点著作《初白庵诗评》，以及零散的分布于诗文作品中，在清代，查慎行的影响不仅限于创作，在诗学思想上，他亦有着不可取代的地位。

一 "唐宋互参"："唐宋诗之争"背景下的查氏诗学

在挟唐持宋、各执一派的康熙诗坛，查慎行明确反对唐宋诗之争并提出"唐宋互参"的主张，表面上看他并未倡导"宋调"，实质上"唐宋互参"是其诗学的外在表现形式，内核仍是"宗宋"。查慎行以"唐宋互参"为核心的诗学观，有着重要的理论意义和诗学影响。

（一）"宋诗热"的高涨与困境：查慎行初登诗坛的时代特征

查慎行的师兄郑梁为其诗集作序时说："《陟岵》诗人，何代蔑有？决不得以古今时地限也。"又说：

> 世衰学丧，风雅道沦，言宋言唐，言魏言汉，纷纷聚讼之徒，类皆饮沈拾唾，正如家僮路乞，各张势豪所，有以相矜诩，而不自知其妻孥安在。[①]

[①] （清）郑梁：《敬业堂诗集序》，周劭标点《敬业堂诗集·附录》，上海古籍出版社1986年版，第1758页。

从郑寒村激烈措辞中，可见其时争论之尖锐。查慎行的外舅陆嘉淑为他诗集作《序》时亦云：

> 今之称诗者，挟持唐宋，颂酒争长，各为门户，余窃以为皆非也。①

从郑、陆二人对当时诗坛不约而同的批评中，可以看到康熙诗坛唐宋诗之争的激烈状况，更可以看到他们对查慎行的肯定与期许。

清初的宗宋诗风滥觞于钱谦益，助推于吴之振、吕留良《宋诗钞》之刊行。在查慎行初登诗坛之际，宋诗热已在全国范围内展开。康熙二年（1663），王士禛作《戏仿元遗山论诗绝句四十首》称"耳食纷纷说开宝，几人眼见宋元诗"，对贬低宋元诗者提出不满。吴之振在康熙二年开始选编《宋诗钞》，宋荦《漫堂说诗》云："明自嘉、隆以后，称诗家皆讳言宋，至举以相訾；故宋人诗集，庋阁不行。近二十年来，乃专尚宋诗。至余友吴孟举《宋诗钞》出，几于家有其书矣。"②《漫堂说诗》定稿于康熙三十七年（1698），前溯二十年乃康熙十八年（1679）。可见至少到此时，全国诗坛宗宋的风气已经形成。顾景星《青门簏稿诗序》云："今海内称诗家，数年以前，争趋温、李、致光，近又争称宋诗。"③ 该序作于康熙十八年，同宋荦所云相合，可见康熙十八年时，宋诗热已经成为全国性的潮流。是年查慎行31岁，初登诗坛，他正是在"宋诗热"的氛围中成长起来的。恰如纳兰性德《原诗》所说："十年前之诗人，皆唐之诗人也，嗤点夫宋；近年来之诗人，皆宋之诗人也，必嗤点夫唐。万户同声，千车一辙。"④ 纳兰性德卒于康熙二十四年（1685），是年查慎行三十六岁，《原诗》所言诗坛现状，亦与之相合。

然而，清初"宗宋"一派在理论与创作上均显不足，宋诗热在兴起的同时，反驳攻击者亦不在少数。如张远道："今之为诗者，务求新于字

---

① （清）陆嘉淑：《敬业堂诗集序》，周劭标点《敬业堂诗集·附录》，上海古籍出版社1986年版，第1757页。

② （清）宋荦：《漫堂说诗》，康熙二十七年刻本。

③ （清）邵长蘅：《邵子湘全集》卷首，康熙十八年刻本。

④ （清）纳兰性德：《原诗》，《通志堂集》卷十四，上海古籍出版社1979年版。

句之间。骈枝斗叶，舍汉魏盛唐，而学宋元，譬之山川，然《三百篇》则昆仑星宿海也，汉魏盛唐则西北之洪河大山也，宋元则闽之急滩峭岭也。守其小而忽其大，沿其流而迷其源，恶恶可哉？"① 他从诗歌发展之源流正变这一角度来攻击宗法宋诗之主张，可谓釜底抽薪，持论有力。朱彝尊云："今之言诗者，每厌弃唐音，转入宋人之流派，高者师法苏、黄，下乃效及杨廷秀之体，叫嚣以为奇，俚鄙以为正，譬之于乐，其变而不成方者与？"② 又如姜宸英云："今世称诗家，上者规模韩、苏，次则挦扯杨、陆。高才横厉，固无所不可，及拙者为之，弊端百出……"③

有人将矛头直指当时的诗坛领袖王士禛，如时人安致远云：

渔村以己未之岁，奏赋蓬莱宫，入翰苑，致位侍从。其时之主坛坫者，方且倡为诡异可喜之论，以窜易天下耳目。曰："诗何必唐，苏、陆、范、虞而已；文何必八家，震泽、昆陵而已。"而浅识薄殖之夫，承响窃影，恣意无范，以纤巧为新奇，以空疏为古淡，诗文一道，至于猥琐卑弱而不可读。④

康熙己未（1679）时，王士禛已着力推行宋诗达三年之久。故所抨击之"主坛坫者"自然就是王士禛。对此，徐乾学为王士禛开脱道："（王士禛）兼取南北宋、元、明诸家之诗，而选练矜慎，仍默守唐人之声格。或乃因先生持论，遂疑先生《续集》降心下师宋人，此尤未知先生之诗者也。"⑤ 盛时升《唐贤三昧集·后序》亦为王士禛辩护道："揆其宗指，专以神韵为归，视杨之上格、高之上气、李之上声调者，超然绝出其上。……然则世之学者，妄测先生之意，欲矫易乎世之肤附唐人者，故如李文正之标举中唐，倡为清婉，而间入眉山，为俗人箴砭。不知先生

---

① （清）张远：《丛碧山房诗五集序》，庞垲《丛碧山房诗集》，《清代诗文集汇编》155册，第332页。
② （清）朱彝尊：《南湖居士诗序》，《曝书亭集》卷三十九，四部丛刊本。
③ （清）姜宸英：《史蕉饮芜城诗集序》，《湛园集》卷一，文渊阁四库全书本。
④ （清）安致远：《渔村文集序》，《玉砚集》卷一，康熙刻本。
⑤ （清）徐乾学：《渔洋山人续集序》，《憺园全集》卷二十一，光绪九年刻本。

之诗，所得于盛唐者，如是其深也。"① 从徐、盛的语气可以想见时人对王士禛的批评是非常激烈的。面临来自诗坛的巨大压力，王士禛不可能置若罔闻，对于宗宋诗风流变的深切反思成为他心中反复考虑的一个问题。至迟到17世纪80年代初期，王士禛开始逐步调整自己的诗学倾向——由"宗宋"转为"宗唐"，倡导神韵，师法盛唐，以期消除诗坛效法宋诗的流弊。康熙三十一年，盛符升为王士禛《十种唐诗选》作序时云："盖集中所藏，直取性情，归之神韵，凌前迈后，迥然出众家之上。由是先生论诗之宗旨，益足征信于天下。"② 此时诗坛领袖王士禛业迈越"宗宋"之途辙而返归唐音。

王士禛诗学旨向的转变，标志着康熙帝周围廊庙诗人群体开始大力提倡颂扬盛世的典雅唐音，"神韵说"的影响遍及诗坛。"宗宋"诗风遭遇困境。康熙中叶，"宋诗热"在迅速蔓延之时，也迅速地转向衰落。

诗坛的风尚由宗宋转向宗唐，有两个方面原因：一方面"宗宋"有悖于主坛埠者的诗学观念而难以推行，神韵派倡导"范水模山，批风抹月"的清淡闲远风尚，同当时的"盛世"气象有着天然的呼应，而宋诗"鄙俗"的格调以及"噍杀"的声情，已不适合新的时代要求。另一方面，康熙中叶，宗宋派仍然没有完整的理论建树和突出的创作实绩，尤其是创作上明显的缺陷和不振，使蜂拥而起的批评直指其弊端。伴随钱谦益、黄宗羲等老辈凋零，宋诗派正后继乏人，宗宋诗风呈现日益式微之态，逐渐被"神韵"诗潮所取代。对于"宗宋"派而言，此时亟待重新修正道路，以恢复诗歌内在的美感，继续将老辈开创之风气发扬下去，查慎行"唐宋互参"的诗学观正是在这种背景下展开的。

《四库全书总目》云："明人喜称唐诗，自国朝康熙初年窠臼渐深，往往厌而学宋，然粗直之病亦生焉。得宋人之长而不染其弊，数十年来，固当为慎行屈一指也。"③ 一向以"唐音"为旨归的四库馆臣，却对宗宋诗人查慎行不吝溢美之词。与早期倡导宋诗的前辈钱谦益、黄宗羲不同，查慎行初登诗坛之际正是"宋诗热"炽盛到衰微临界点上，他能够理智地看待唐宋诗，"得宋人之长而不染其弊"，这正是查慎行"唐宋互参"

---

① （清）盛符升：《唐贤三昧集后序》，《唐贤三昧集》，清刻本。
② （清）盛符升：《十种唐诗选序》，王士禛《十种唐诗选》，清刻本。
③ （清）纪昀等：《钦定四库全书总目》（整理本），中华书局1965年版，第1528页。

诗学观在康熙诗坛乃至清代诗史上的典范意义。

(二)"唐宋互参"的诗学内涵

康熙二十二年（1683）夏，34岁的查慎行在苏州与"岭南三大家"之一的梁佩兰会面，梁佩兰是最早赏识初白诗才的前辈之一，当时查慎行初出茅庐，而梁佩兰已蜚声诗坛，查慎行毫不讳言自己的诗学观，写下了《吴门喜晤梁药亭》，这首抒发自己诗学思想的代表作，诗中有云：

> 知君力欲追正始，三唐两宋须互参。皮毛洗尽血性在，愿及有志深劂勘。（卷四）

《清诗纪事初编》说："佩兰才大无垠，早岁之作，尚不脱七子窠臼，及交王士禛、朱彝尊，始参以眉山、剑南"[1]；《清史列传》则说他："诗从汉魏入，不借径三唐"[2]，查慎行作是诗时，梁药亭诗风尚处于"不脱七子窠臼"的时期，他力劝梁药亭将唐宋诗都作为师法对象，戒除依傍和狭隘的门第观念，这是他第一次提出"唐宋互参"的诗歌主张。查慎行年轻但眼界开阔，在时辈中脱颖而出，颇受梁药亭赞许。"唐宋互参"并非折中唐宋，中庸持平，其实查慎行是有自己审美偏好的，并在此指导下对唐宋诗风进行理智取舍。以下分别从"唐"、"宋"两个方面来看具体情况。

1. 诗法中唐，推宗少陵

所谓的"唐宋互参"，"唐"实质上是偏向中唐诗风的。查慎行登上诗坛之际，正是"神韵"诗风盛行之时，查慎行虽师从王士禛，却并未步其后尘，一开始就与"诗在初盛唐之间"（王时翔《书精华录后》）的王士禛表明不同立场，从二人对《桃源行》不同的评价就可以看出：

> 唐宋以来，作《桃源行》最传者，王摩诘、韩退之、王介甫三篇。观退之、介甫二诗，笔力意思甚可喜。及读摩诘诗，多少自在，

---

[1] 邓之诚：《清诗纪事初编》卷八，上海古籍出版社1965年版，第986页。
[2] 王钟翰点校：《清史列传》卷七十一，中华书局1987年版，第5800页。

二公便如努力挽强，不免面赤耳热，此盛唐所以高不可及。(王士禛《池北偶谈》)①

通畅流丽，较胜右丞。(查慎行《初白庵诗评》卷上，韩愈《桃园图》评语)②

翰愈的《桃园图》否定仙境之说，以文为诗，清人方东树评之曰："抵一篇游记"。③ 与王维《桃源行》呈现截然不同的艺术风貌。从查慎行与王士禛对《桃源行》不同的审美偏好，可见他二人不同的诗学道路。对王士禛所钟情的王维、孟浩然古澹清远一派，查慎行并不以为然，他批评孟浩然诗"无魄力"、"不着题"(孟浩然《临洞庭湖》评语)，转而取雄浑壮阔之格的中唐诗风，以矫神韵之失。又评《东坡八首》云："如老农说家常，王、储《田家》诗逊其精细。"

查慎行一反明代"前后七子"追摹李白之风，《初白庵诗评》中选李白诗甚少，对于李白诗作除了《越中览古》一诗肯定其章法外，其他绝少褒扬。在不多的评价文字中，不乏"庸近"、"浅而卑"的负面评价。评王安石《散发一扁舟》中云："嘘吸空明，倒倾沆瀣，太白得意处，不过尔尔。""不过尔尔"透露了他的审美偏好。

查慎行素服膺杜诗，"三十年中手所批凡四部"，但被朋友借去后，爱不忍还。康熙五十四年（1715），66岁的查慎行又"复出所藏旧本，细加校阅"，第五次批点杜诗，告诫子孙，妥为保存，"勿轻畀人"。查慎行尤其推崇杜甫风骨凛然、雄浑壮阔的诗境，赞赏其内在的风骨与高远的气格，这是盛唐诗风所无法望其项背的。查慎说：

亦事之所有，一经老杜形容，遂觉十分精彩。(《行次盐亭县聊题四韵奉简严遂州蓬州两使君咨议诸昆季》评语)
牢落之况经子美写出，气概亦自高远。(《江汉》评语)

---

① 王士禛：《池北偶谈》卷十四，中华书局1982年版，第322页。
② 本书所引查慎行诗歌评点悉出自《初白庵诗评》（乾隆四十二年，涉园观乐堂刻本），以下不再注出处。
③ 方东树：《昭昧詹言》卷十二，人民文学出版社1981年版，第271页。

读其诗，若人人意中有此景，却何人能道只字！（《雨不绝》评语）

即便萧索衰败之景，在杜甫笔下亦能"气格高远"，焕发雄浑的生命意识。查慎行尤赏杜甫的雄浑壮阔之作，他评《观打渔歌》"众鱼常才尽却弃"四句曰："题外着想，气势百倍豪雄"；评《魏将军歌》云："语语精爽雄健"。雄浑的诗风乃查慎行追求的境界，这是儒者关切世运、充实情志，在"境会相感，情伪相逼"① 之后生成的艺术境界。

查慎行多次指出后人对杜甫的学习。如评点赵昌父《萤火》诗时针对方回的："此当与老杜《萤火》诗表里并观。其瘦健若胜老杜云"。查慎行不满此言，他说："语语从杜诗掩袭而出，何云胜杜？三、四亦用杜七言，缩成五言。"查慎行指出要从各个方面学习杜诗，评点《涪城县香积寺官阁》方虚谷云："老杜七言律，晚唐人无之。凡学诗，五言律可晚唐，只如七言律，不可不老杜也。"查慎行则特意强调："予谓五律亦学杜。"查慎行对于杜甫的态度进一步推动了清代崇杜之风，他在各个方面广泛汲取杜诗营养，并加以融汇变化，所以终成一代诗人。正如汪佑南《山泾草堂诗话》云："学少陵五律易成假面空腔，调似杜而实非杜，令人生厌。……初白未必有意学杜，转得杜之神理，言情到真挚处往往有此境界此等诗，名家稿中亦不多见也。"②

一般认为，杜甫已渐开宋代人文景观之先河。陈寅恪云："唐代之史可分前后两期，前期结束南北朝相承之旧局面，后朝开启赵宋以降之新局面。"③ 诗亦如此。自杜甫始，中唐诗歌已呈现出迥异于前代诗歌的新风貌。中唐诗人志在打破盛唐诗坛极盛难继的局面而另辟蹊径，进一步扩大诗歌的表现范围，将笔触伸向与日常生活相关的人文意象。在诗歌表现形式上，援引散文的叙事手法入诗，加强了诗歌的议论功能。诗歌原有的流转圆润、音韵谐美的体制被逐渐打破，进而形成一种气调筋骨峭拔瘦硬的新格调。这种格调，再经宋代苏轼、黄庭坚等人的发展，遂成为宋诗最基本的艺术特质。因此，查慎行对中唐之推崇，实与其取法苏、陆的祈向连

---

① （清）钱谦益：《牧斋初学集》，上海古籍出版社 1985 年版，第 959 页。
② （清）查慎行：《查慎行选集》，聂世美选注，上海古籍出版社 1998 年版，第 100 页。
③ 陈寅恪：《论韩愈》，《金明馆丛稿初编》，上海古籍出版社 1980 年版，第 296 页。

为一体。故其虽持"唐宋互参"之主张，在客观上仍偏向于宗宋诗风。

2. 调和两宋，瓣香苏轼

查慎行一生用力最勤的是苏轼诗，他取苏轼《龟山》诗"僧卧一庵初白头"句而号初白，名其室"初白庵"。一生和苏诗达到40余首，凡此种种，都展示出其对苏轼的钟爱。又曾著《补注东坡编年诗》50卷，历30年而成，被认为是当时注释最精审的一部苏轼诗集。他对苏诗用力既勤、浸润亦深。查慎行说："阅过众人诗，忽见苏作，令我心开目明"（评苏轼《赠善相程杰》），足见爱苏诗之深。查慎行认识到苏轼诗能够典型地代表宋诗的特点，尤其是其疏快明朗格调，他评点苏轼《云龙山观烧得云字》云："较昌黎《陆浑山》一章，浑噩之气，变为疏快矣"，"疏快"不仅是苏轼诗的特点，也是宋诗区别于唐诗的特点。此外查慎行还激赏苏轼的平淡诗风，如评《饮湖上初晴后雨二首》（其二）"水光潋滟晴方好"二句云："多少西湖诗被二语扫尽，何处着一毫脂粉颜色？"评《和章七出守湖州二首》（其一）"早岁知休心共在"句云："淡语似乐天，亦似牧之。"查氏不为张戒、王夫之等人的偏激言论所囿，能认识到苏轼亦有部分诗作洗尽铅华、平淡自然的一面。正所谓"玉局衣钵，别开法门"[①]。查慎行学习苏轼，但又不拘泥于苏轼，得益于他对于宋诗呈开明而理性的态度。

查慎行承认宋诗与唐诗诗一脉相承，认为宋诗中好的作品恰恰是能够借鉴唐诗风神，善于学习唐诗技法，如他评价王安石诗作云："半山诗无体不工，宋人学唐者，断推第一作手"；又云："半山最熟于唐诗，往往与古人句法暗合"（《又氏园亭》）。查慎行认为杜甫是宋人效法最多的对象，他说："不从杜陵探讨，那得有此境界"（王安石《吴长文新得颜公坏碑》评语），又如："此种境界原从学杜得来"（张耒《等城楼》）、"极似杜家气象"（《登快阁》评语）、"章法本杜"（《出巩县》）、"似杜"（黄庭坚《送舅氏野夫萃之宣州二首》其一）、"通首似杜"（陈师道《元日》）。对于他颇为心折的苏轼亦如此，查慎行谓苏诗得少陵之"神理"，正因苏轼能悉心学习少陵，才能有此境界。他

---

① 钱仲联：《顺康雍诗坛点将录》，《苏州大学文科学报论文选萃》，苏州大学出版社2006年版，第45页。

对苏诗评曰：

> 沉酣于少陵，乃有此跌宕雄深境界。(《予来儋耳得吠狗曰乌觜甚猛而驯随予迁合浦过澄迈泗而济路人皆惊戏为作此诗》评语)
> 格律纯学少陵。(《新年五首》评语)
> 神似杜陵。(《新居》"朝阳入北林")
> 通首俱得少陵神味。(《倦夜》评语)
> 东坡《南归》诗云"浮云世事改，孤月此心明"，与老杜千载相合。(杜甫《江汉》"片云天共远")

查慎行指出苏轼对杜诗的学习，他说："先生不满意于乐天、东野"(《李颀秀才善画山以两轴见寄仍有诗次韵答之》评语)，在唐代诗人中，苏轼更多地继承了杜甫的风格。对于这一点，苏辙《东坡先生墓志铭》云："公诗本似李杜"，但说得不够透彻。查评有意识地将杜甫、苏轼这两位大诗人联系起来，指出其艺术创作上的前后因承关系。

查慎行反对的是注重辞藻、堆砌故实的西昆体诗人，《自题癸未以后初稿》诗云："拙速工迟任客夸，等闲吟遍上林花。平生怕拾杨刘唾，甘让西昆号作家。"他评点梅圣俞的《和张民朝谒建隆寺二次用写望试笔韵》云："阅过昆体转觉都官之工"，以此讽刺西昆体。其次，查慎行亦不推重江西诗派，他批评江西诗派赵章泉诗句："青山表见花颜色，绿水增添鹭羽仪"评曰："'表见'、'增添'四字浅而俗"(《早立寺门作》)方回则评该句云："三、四'江西'法"①，查慎行又针对此说："此吾所以不喜江西诗派也"；又如评赵章泉《出郭》云："三、四调虽新，却无趣味，后人学之最坏手笔"，他并不反对"新"，但须有"趣"。对江西诗派领袖黄庭坚，查慎行则给予了较高评价，他说："涪翁生拗捶炼，自成一家，值得下拜，江西派中，原无第二手也。"查慎行认为黄庭坚才力雄大，能自树立，句法虽生硬奇崛，却恰能传达其兀傲独立、摆脱流俗的个性风采；然而江西末流字模句追，其才力不足，不免有生硬造作之感，此

---

① （宋）方回选评：《瀛奎律髓汇评》卷十，李庆甲评点，上海古籍出版社2005年版，第385页。

论不可谓不精辟。查慎行从总体上给予南宋诗人充分的肯定，尤其赞赏陆游、杨万里，但同时对陆游也提出过批评，这比"素称宋人诗当学务观"[①]的清初学者要圆通得多。

查慎行对宋诗的优点和不足有充分认识，并进行理性的取舍，在康熙朝前期尊宋诗风渐次趋热的过程中，无疑是一种冷静而客观的选择。

（三）"唐宋互参"说的影响

查慎行论诗不强调门户，反对以唐音、宋派相互标榜，主张"唐宋互参"以及在此理念指导下进行的诗歌创作，凡此，对于当时正处困境中的"宋诗派"有着重要的意义。具体言之，有以下三个方面：

1. 在"异质性"的标准下言宋

清初言宋诗者，是在唐诗的标准下言宋诗，将宋诗置于唐诗的审美体系中，强调其"同质性"。查慎行对唐宋诗的态度，既非跳出唐诗的园囿，自立标尺，也非如同黄宗羲的"以唐论宋"。

在宗唐宗宋问题上，查慎行与黄宗羲相比，变"以唐论宋"为"唐宋互参"。他倡导"唐宋互参"，在一定程度上已承认了宋诗与唐诗不同的审美属性，且这两种审美属性具有相对等的地位。可见在他心中，唐宋诗是两种独立的审美体系，唐人诗有唐人的风貌，宋人作诗也应当像宋人。《拜经楼藏书题跋记》记载了查慎行的一条诗论：

> 宛陵先生谓："作诗须写难言之景，如在目前，含不尽之意，见于言外。"读其集，方知此语实先生自道所得也。敬业师语余："宛陵正是突过摩诘"；又云："宛陵仍是唐音，非宋调也。"[②]

吴樵石尝以诗受知于查初白，其所举宛陵之语："写难言之景，如在目前，含不尽之意，见于言外。"与神韵论诗之旨有异曲同工之妙，查慎行认为宛陵仍是"唐音非宋调也"，梅尧臣一般被认为是宋诗的"开山祖师"，是唐音转变为宋调的关键人物，但是查慎行仍强调其创作中的唐诗

[①] （清）毛奇龄：《西河诗话》，清宣统三年石印本。
[②] （清）吴骞撰，吴寿旸辑录：《拜经楼藏书题跋记·附录》，商务印书馆1939年版，第115页。

本色。很明显，在查慎行诗学观念中，"唐音"与"宋调"分属两种不同的审美体系。如苏轼诗歌《白鹤峰新居欲成夜过西邻翟秀才二首》（其一）"系闷岂无罗带水，割愁还有剑芒山"二句下苏轼自注说："韩退之云：水作青罗带，山如碧玉。柳子厚云：海上尖峰若剑芒，秋来处处割愁肠。皆岭南诗也。"苏轼与韩、柳均曾贬官岭南，故其夫子自道，谓此二句学韩、柳岭南诗而来。然韩、柳诗为借景生情，至苏则为新的语典。查氏评此二句云："属对最工，移唐音作宋调，使事天然。"查慎行认为韩、柳二联经苏轼改造、化用后，表现出了一些与原作不同的特色，而其相异处正是宋诗别于唐音、得以自立的内容，即查氏所谓之"宋调"。又如评《和仲伯达》"绣谷只应花自染，镜潭长与月相磨"二句说："刻画过巧，骎骎乎离晚唐而趋宋矣。"看出苏诗对仗工巧，用字洗练，已变晚唐纤秾诗风而趋宋代瘦硬一格，亦不为无见。查慎行此处标举"宋调"，意在区分于"唐音"，承认并发现宋诗与唐诗的"异质性"，相较于黄宗羲等前辈，又迈出了至关重要的一步。

2. 摒弃门第之争

纵观有清一代诗坛，"宗唐"、"宗宋"争论之激烈，前所未有。查慎行对甚嚣尘上的唐宋诗之争给诗坛带来的流弊深有体会，对此他多次表明态度。如《酬别许旸谷》云：

> 方今侪辈盛称诗，万口雷同和浮响。或模汉魏或唐宋，分道扬镳胡不广。何曾入室溯流源，未免窥樊借依傍。我持此论哗者众，同志吴中乃得两。惠生格律最谨严，钱子才情殊倜傥。不知此外复谁敌，晋楚居然互雄长。

这首诗中，查慎行进一步发展了"唐宋互参"的观点，针对当时言唐言宋，各执一端，相互论争的风气，他提出"入室溯源"，戒除依傍。查慎行视为诗学同调的二人，均非宋诗派。惠生即惠周惕，清代著名学者、诗人，其"诗格每兼唐宋"（《清诗别裁集》）。钱子才即钱良择，他著有《唐音审体》，亦主张兼收并蓄。

查慎行反对唐宋诗之争的主张针对当时流弊泛滥的宗宋诗派。他于唐推崇杜甫、韩愈，步法中唐；于宋则师法苏轼，整体肯定陆游与黄庭坚。

他将这种特点融合到了诗歌创作之中,最终自成一家。查慎行最具代表性的诗作,均恰好地体现了兼容唐宋的特点。从时人对查诗的评点即可略见一斑①:

> 此诗乃太白、少陵、昌黎、东坡四人合乎为之,乃在先生集中耶!(唐孙华评点《五老峰观海绵歌》)
> 刻画直逼韩、苏。(唐孙华评点《石钟山》)
> 杜苏之间。(陈林毅评点《除草》)
> 转侧跌宕,在杜、苏之间。(姜西溟评点《送龚仲圭归合肥》)
> 与杜、韩同工,而能另出手眼,不规之形似。(姜西溟评点《箭孔滩》)
> 光怪陆离,诗与器称,似在苏、韩集中。(查嗣庭评点《宣德素鼎歌为山左李绳其作》)

从时人的评点可以看出查慎行摒弃争论、兼容唐宋的诗歌创作风格,正如《云麓诗存序》说:"余每读太史诗,辄叹其格调苍浑,体兼众美,殆不名一家,有非尽袭眉山神貌者,世徒以其补注长公编年诗,为平生得力所自,故云然耳。"② 查慎行并不仅仅是瓣香苏轼,一味宗宋,他能在创作中汲取唐诗的营养,为处于困境的宋诗派找到了突破的门径。

3. 扭转宗宋"浅易"弊端

清初,无论是主张尊唐的顾炎武、王夫之,还是主张宗宋的钱谦益、黄宗羲,都强调将性情置于主导的地位,以性情统摄格调,开创了清代诗学的新局面。但随着宗宋风气的盛行,学宋的弊端也逐渐显露。对学宋者因散文化、口语化成分增多而导致语词鄙俚浅俗等,持非议者大有人在。时人批评道:"遗其骨理而捃扯其皮毛,弃其精深而描摹其陋劣"③,"只取其诗之易解,学之易成,遂无体格"④。时人学宋者大都未学其神理,而流于表面。与唐诗相比,宋诗确实显得不够含蓄、醇厚,但宋人往往将

---

① 均出自《敬业堂诗集原稿》上海图书馆馆藏稿本。
② (清)朱景英:《云麓诗存序》,《畲经堂集》文集卷四,乾隆刻本。
③ (清)沈德潜:《清诗别裁集》,岳麓书社1998年版,第418页。
④ (清)吴乔:《围炉诗话》,《清诗话续编》,上海古籍出版社1983年版,第643页。

理趣、学问融入诗歌之中,将"俗"、"瘦硬"、"傲峭"的美学特征发挥到淋漓尽致。如果舍去了内在神髓,必然"陋劣"、"浅易",这是当时学宋者的最大弊端。查慎行"唐宋互参"的诗学路向,须以广博的学识与深厚的诗文功底为基址,实质上就是针对清初趋骛宋诗所表现出的"浅率"、"俚俗"之弊的一种扭转。

查慎行虽标举苏、陆之诗,然其旨意并非"只取其诗之易解,学之易成",仅以猎取宋人衣冠为鹄的;相反,其推崇宋诗之前提是"宗唐",意在将中晚唐诗之雄浑沉厚与宋诗平易晓畅的风格特点融合在一起,让学宋者有广博的诗学素养,从而避免片面学宋而坠入俚俗肆意之流弊。查慎行"唐宋互参"的诗学主张,凭其才力尚可为之,但对于一般诗者而言,这仍是难以企及的境界。许汝霖评价查慎行"即论其诗,亦恢之以学问,深之以涵养"①。查慎行多次劝导年轻人要多读书,其《题项霜田读书秋树根图》:

  读书未必皆识字,涉猎耳目为穷探。此生枉伴蠹鱼老,饱蚀卷帙宁非贪。文成有韵或吞剥,事出无据徒扯捵。熟从牙后拾王李,纤入毛孔求钟谭。橐驼马背所见少,自享敝帚矜著簪。雷同不满识者笑,人尽能此燕无函。兰苕翡翠稍秀异,什伯略可数二三。时情祗取供近玩,崇雅删郑谁能谙。我持此论众大怪,相戒勿听无稽谈。廿年砚田困衣食,拨置夙好随婴媕。排辞偶句受人役,渴饮墨汁同潘泔。有时间作崛强语,蓼辛荼苦终非甘。项生乃有嗜痂癖,谬辱推许张颐頷。谓余颇可附同调,与别白黑分青蓝。君才于世故无匹,气象外拓神中含。屡游京洛结文社,独向鲁国称奇宾。空拳亦足搏犀兕,大鼎讵止容罂瓴。一鞭入海走巨石,千丈倒壑回枯柟。逍遥鸾鹤控紫极,活泼鲂鲤游澄潭。才高气盛心转细,独茧一一丝抽蚕。问君此境岂易到,确有阶级难旁参。向来正得读书力,闭户万卷曾沉酣。源流正变瞭指掌,北斗在北南箕南。光开飞电十行下,机发伏弩千钧担。搜奇抉险富诗料,然后所向无矛锬。庭空树老得秋早,霜色染叶黄于柑。一编

---

① (清)许汝霖:《敬业堂诗集序》,周劭标点《敬业堂诗集·附录》,上海古籍出版社1986年版,第1761页。

信手爱露坐，何用白石藏书庵。命工作图索题句，劘垒相对吾奚堪。遇君尚应三舍避，君愈降气余弥惭。诗成乞与摘纰缪，蹇钝犹冀随骖騑。此间风景有何乐，曷不归去同书龛。（卷二十）

是诗讽刺"王李"、"钟谭"之流"生吞活剥、毫无创新，而扯掇以为富"的诗坛风尚。查慎行甚至说要"闭门更读十年书，尚冀成章附吾党"。认为学问对诗歌的影响应当是潜移默化的。一方面，学问可以雅化性情，涤除利欲世俗的腐陋习气，提升诗人气质品位。他评白居易诗句"身兼妻子都三口，鹤与琴书共一船"曰："有对句则出句不觉其浅易"，"鹤"与"琴"正因承载了书卷气息，而提升了诗歌格调。又如其赞沈房仲语："胸有书卷，含英咀华，宫商协奏，皆至性实学所流露，非世之耳食拘墟者比。"[①]"学问"对诗人的影响应是潜移默化的。另一方面，查慎行"唐宋互参"的诗学路向，必然要求以广博的学识与深厚的诗文功底为基址，学问能直接丰富诗歌的表现形式，九经三史之学皆可充备诗资。正如他称沈麟洲之诗云："探源于《骚》《选》，泛滥于杜、韩、苏、陆、诸家，非特才情峻拔，而学识又有以副之"（《今雨集序》）[②]，又如他评点陆游云："句句斗簸，字字合拍，可见胸中有书。"（陆游《后寓叹》）他勉励后生晚辈说："天资必从学力到，拱把桐梓视培养。"要"闭门更读书十年，尚冀成章附吾党"（卷十一《酬别许旸谷》）。在先天的"才"与后天的"学"中，查慎行明显地更注重"学"，没有后天的积累，"天资"就无从谈起，年轻人应当通过努力读书，提高自己的学识修养，才能找到正确的作诗门径。

由云龙说："大抵善学宋者，须学其典雅浑成，奇奥排宕之笔；若一味效其僻涩深晦，则失之远矣。"[③]相对于唐诗，宋诗不是到广阔的自然环境、社会生活中去汲取营养，触发灵感，而是在古人的名句和现有意境上翻新，宋诗在技巧的精进、理趣的营造、语言的创新上取得了自

---

① （清）查慎行：《沈房仲诗序》，《敬业堂文集》卷中，四部备要本，中华书局据古杭姚氏钞本校刊。
② 同上。
③ （民国）由云龙：《定庵诗话》卷上，张寅彭主编《民国诗话丛编》第三册，上海书店出版社2002年版，第569页。

己的成绩,但在意境、蕴藉方面却远远落在了唐人的后面。历来学宋诗的人总不免受到这种宋诗特征的诱惑,欲变本加厉以求似,查慎行则对待唐宋诗有着平和的心态,那些在苏轼、黄庭坚手中发挥到登峰造极的宋诗的特点,在他笔下并没有继续发展。他的注意力完全不在词句的翻新出奇、技巧的精进别致,更不在玩弄典故、挖掘理趣,而是历练雄浑的诗境,朴素不华的语言,实际创作中,查慎行更是风格多样,也有不少接踵唐音之作。

从这个角度上说,查慎行的确是"善学宋者"。查慎行在康熙诗人群中坚实地强化了"宋调"的艺术魅力,可以说"宋调"之所以在清朝有长久的生命力,与查慎行分不开,正如《晚晴簃诗汇》评价查慎行云:"国初诸老渐厌明七子末流窠臼,至初白乃专取径于香山、东坡、放翁,祧唐祖宋,大畅厥词,为诗派一大转关。"[1] 洵为具史识之论。

二 "厚"、"雄"、"灵"、"淡"的诗歌审美论

查慎行对诗歌创作审美特性的要求可以用他的一句名言概括:

诗之厚,在意不在辞,诗之雄,在气不在直,诗之灵,在空不在巧,诗之淡,在脱不在易,须辨毫发于疑似之间。[2]

"厚"、"雄"、"灵"、"淡"是查慎行对诗歌审美与创作的要求的集中体现。"厚"与"雄"主要针对诗歌内在的品格与气势,以及诗人的情感与底蕴,意厚气雄在于诗人的内在修养,具有高尚的品格和扎实的学问功底。"灵"与"淡"则传达了他追求平淡、自然的审美观念,反对雕琢、绮丽之风,而空灵超脱在于重视白描,摒弃堆砌典故。查慎行将"厚"、"雄"、"灵"、"淡"作为诗美的最高境界,而实现这一诗歌美学境界的灵魂则是"意"、"气"、"空"、"脱"。这一诗论贴切地揭示了其

---

[1] (民国)徐世昌:《晚晴簃诗汇》卷五十六,民国退耕堂刻本。
[2] (清)查为仁:《莲坡诗话》卷上,(清)王夫之等撰,丁福保辑录《清诗话》,中华书局1963年版,第482页。

审美思想，《全浙诗话》言："诚词苑之良规，学海之宝筏。"①

（一）诗之厚在意

查慎行说："诗之厚，在意不在辞。"所谓"厚"是指诗歌所表现出的雄浑厚重的内蕴与博大高远的品格。"意"是指文本所蕴含的思想、感情等各种内容，属于文本结构的纵深层次和旨归所在。"辞"则是诗歌的修辞、语言等外在形式。查慎行十分重视诗歌的立意。他说："凡读一诗，必先观作者命意所在。"（《初白庵诗评》卷上杜甫《建都十二韵》评语）② 要达到"厚"的境界，在"意"不在"辞"。

诗歌的"意"与诗人的品格有直接关系，查慎行论诗强调诗人的思想品格修养的重要性，即人品决定诗品。认为诗歌的品格风貌、思想艺术价值的高低取决于诗人的品德修养和艺术才能。元好问的《论诗三十首》（其六）有云："心声心画总失真，文章宁复见为人？高情千古《闲居赋》，争信安仁拜路尘。"元好问认为文章本于心声，人品要与诗品统一。查慎行对此十分赞成，他又补充道："古来文行背驰多矣，岂独一安仁哉！此诗主讥讽潘岳文行不一。"他在《紫幢诗钞序》中说："古今称诗家，率言品格，义盖取乎高也。顾格以诗言，而品则当以人言。世固有能诗而品未必高者矣，亦有品高而未必能诗者矣。要未有高品之诗，而格不与俱高者也。"③ 品高方能格高。

查慎行与许多遗民诗人都有密切的联系，他对遗民的气节十分敬佩、推崇，如称阎尔梅"眼空江表衣冠族，摇笔犹堪杀腐儒"（卷十九《读白耷山人诗和恺功三首》其一），称黄宗羲"出处心情三聘后，沧桑人物两朝前。"（卷四《宿梨州夫子武林寓舍即次先生丙辰九日同游旧韵二首》其二）在遗民诗人中，与查慎行关系最密切的为钱澄之，他有诗《吴门喜遇田间先生》云："文章有品传方远，风雨藏山业未终。"钱澄之是一位风骨凛然的遗民诗人，查慎行肯定其诗品，确信钱澄之诗必传无疑。而对那些变节者，则予以抨击。如评钱谦益说："生不并时怜我晚，死无他

---

① （清）陶元藻：《全浙诗话》卷四十四"国朝"，清嘉庆元年怡云阁刻本。
② 本书所引查慎行诗歌评点悉出自《初白庵诗评》（乾隆四十二年，涉园观乐堂刻本），以下只注明卷数，不再注出处。
③ 查慎行：《敬业堂文集》卷中，四部备要本，中华书局据古杭姚氏钞本校刊。

恨惜公迟。"又说："钱牧斋出狱后用《试拈》名集，惜末后行止无颜谢天下耳，为之一叹。"（《初白庵诗评》卷中评苏轼"试拈诗笔已如神"句）他仰慕钱谦益的学问，而对其失节出降则深表惋惜。清人梁绍壬云："国初以来咏拂水山庄诗者多矣，总弗如查初白先生：'生不并时怜我晚，死无他恨惜公迟'二句，为得温柔敦厚之旨。"① 金武祥亦云是诗："语简而词婉也。"②

遗民诗人论人品诗格的统一，尤其强调民族气节，随着清朝统治的日益稳固，这种民族气节逐渐被淡化，在文网高张的清初，华夷之辨与故国之思已经不必言、更不能言。"品"则渐渐转化为忠爱仁孝的道德观。于国表现为体民爱物、忧国忧民的儒者精神，于家则是孝顺父母、爱护兄弟的贤子风范。杜甫的《伤春五首》由感春色到伤朝廷之乱，体现了忧国忧民的儒者情怀。查慎行其四评曰："身在事外，而忠爱之心拳拳若此。"（《初白庵诗评》卷上）《赠长沙公族祖》中陶渊明深情地追忆陶侃，"同源分派，人易世疏"，流露出浓重的宗族情绪，查慎行评是诗道："《生民》之诗，追本姜嫄，《思文》之诗，郊祀后稷，参之以《常棣》《伐木》《行苇》《凫鹥》，方知作者用意深厚。"（《初白庵诗评》卷上）所谓"用意深厚"正是儒家文化重视宗族伦理观念，提倡孝道、亲情、齐家、睦族的观念，诗歌应当反映这样的内容，才符合儒家诗教观，深化诗歌之"意"。查慎行正是这样做的，郑梁为查慎行《慎旃集》作序云："查子'慎旃'之意而振之，登山临水、感时咏物、吊往惊离，无往而非，不忘其亲之心所寓。杨用修谓诗须有为而作，盖自《三百篇》而降，屈大夫、陶彭泽、杜工部千古俱有同旨，宁谓风雅一道不可自此而复续乎？彼区区以韩、欧、苏、陆之间拟之者，犹皮相矣。"③ 认为查慎行念念不忘亲人之心，与传统儒家精神"俱有同旨"，属"风雅一道"。在新的时代环境下，查慎行谨慎地避开了触及民族之思、华夷之辨的话题，而是选择关注民生疾苦、儒家传统的家庭伦理，这在当时统治阶层中亦能获得认可。康

---

① （清）梁绍壬：《两般秋雨盦随笔》卷四，上海古籍出版社1982年版，第204页。
② （清）金武祥：《栗香二笔》卷三，清光绪刻本。
③ （清）郑梁：《敬业堂诗集序》，周劭标点《敬业堂诗集·附录》，上海古籍出版社1986年版，第1758页。

熙帝赞赏其曰"行者必查某也,其风度如此"①;雍正称他:"查某每饭不忘君,杜甫流也"②。

查慎行评价韩愈的诗作:

> 通篇以文滑稽,亦《解嘲》《宾戏》之变调耳。特失职之望少,而负扆之意多,遂成儒者气象。(韩愈《泷吏》评语)

> 爱人以德,意味深长。(韩愈《送进士刘师服东归》"携持令名归,自足贻家尊"评语)

《泷吏》中韩愈借小吏之口骂自己,实际上是骂普天下贪赃枉法、败坏国家的权贵,查慎行认为其有"儒者气象"。《送进士刘师服东归》中韩愈深切地怜悯刘师服不得重用,对于一个普通的不得志的朋友,尚且怀着一片赤诚之情。查慎行十分感动,认为这体现了儒家思想中"君子之爱人也以德"的精神,因而"意味深长"。

刘熙载说:"少陵一生却只在儒家界内。"③ 杜甫终生以儒者自许,实践着儒家的人生价值,查慎行对此深切认同。认为杜甫整个的生命为儒家的人格理想提供了典范。他评价杜甫的《冬狩行》说:"是时诸将反侧不常,章梓州亦非乃心王室者,故公以大义激之,而责望之意,隐然言外。"梓州长官章彝在国家危难、天子蒙尘的时局下,仍纵情打猎取乐,尽管他对杜甫不薄,但杜甫仍作《冬狩行》责备其行为,劝诫这位刺史要及早回头,准备抗击入侵之敌。又如评杜甫《送陵州路使君赴任》道:"审时地以立言,忠君爱友之诚蔼然流露。"(卷上)诗人关心的不是朋友官位的升迁、仕途的穷通、名利的得失,而是由朋友之爱到对"四海犹多难"的国事之忧。评杜甫《荆南兵马使太常卿赵公大食刀歌》"万岁持之护天子"一句说:"必归正意"。可以看出查慎行有着极强的"正统"观念,认为这样的诗篇,才真正具有深厚博大之"意"。

"意"不仅要深厚高远,还要注重创新,创新是诗歌的生命。缺乏新

---

① (清)昭梿:《啸亭杂录》,中华书局1980年版,第412页。
② 同上书,第413页。
③ (清)刘熙载:《艺概》卷二,上海古籍出版社1978年版,第59页。

鲜感的"熟境",埋没诗人的"心思智慧"与创造性,最终使诗歌失去生命力。查慎行十分重视创新,他说:"诗境正以屡见为嫌"(卷上,白居易《咏怀》);又说:"诗境平易正以数见不鲜"(卷上,白居易《村居苦寒》)。《龚衡圃属题摄山秋望图》对当时千人一面的"金陵怀古诗"进行了批评:"孙吴事业荒,南渡衣冠屦。词客吊兴亡,动云清泪潸。探怀发深趣,此事天宁悭。如何雷同声,万口若是班。"(卷八《人海集》)他看到了古人诗歌中的庸熟诗境对诗歌审美的影响,不断反思,摆脱惯性思维。他所说的"熟",除了"诗境"的熟,还有章法的熟,前者涉及表现什么,后者涉及如何传达。他认为在这两个方面都应避熟。

避免境熟,要从两个方面着手:一方面在语言上、章法等外在形式上,打破诗歌的庸熟套路,通过诗歌语言的"陌生化",给人新鲜的审美感受。如其评点白居易《题岐王旧山池石壁》云:"往往于后半者作转折,章法贵独创。"评《宣州二首》云:"第五句总承上四句,章法奇。"他对陆游整体上肯定,但仍然指出:"剑南诗非不佳,只是蹊径太熟,章法、句法未免雷同,不耐多看。"(陆游《入城至郡圃及诸家园亭游人甚盛》《初白庵诗评》卷下)。另一方面,通过诗歌意境的创新,展示出新风貌,发现新题材、开掘新境界。在《琢州过渡》中他说:"自笑年来诗境熟,每从熟处欲求生。"(《敬业堂诗集》卷二十)"熟处求生"是查慎行对创新和个性的追求,也是他创作经验的总结。

诗歌仅仅重视立意还不够,还要通过作者的构思将立意传达出来。诗歌的篇章布局是诗歌"意"的外化形体,一首诗歌内容的全貌、联系、层次和发展等等,要借助于篇章布局得以"物化"和显现。沈德潜论查慎行诗说:"意无弗申,辞无弗达。"[1]"意申辞达"既是查慎行创作的特色之一,也是他论诗的重要标准之一。[2] 他说:"须求作者意,勿使本分乖。"(卷十四《三月十七夜与恒斋月下论诗》)反对诗与意的背离,在评诗时,他常常从"意"的角度予以阐发,在创作中更主张充分重视"辞",从而更好传情达意。如评杜甫的《忆昔二首》时说:"一治一乱,两边叙来,了如指掌,足为后王鉴戒,回翔反复,而终属望于中兴之主,

---

[1] (清)沈德潜:《清诗别裁集》(下),岳麓书社1998年版,第582页。
[2] 李世英:《清初诗学思想研究》,敦煌文艺出版社2000年版,第213页。

作者之心良苦矣！"杜甫在《忆昔（其一）》满怀深情地回顾王朝全盛的情景，其二又浮出历史水面，把回顾变成理想社会的前瞻，"足为后王鉴"，其立意的成功与谋篇布局艺术密切相关。

查氏所谓"在意不在辞"，对诗歌形式的要求置于内容之下。他谈到诗歌创作时，反复强调不可专以雕琢辞章为工，如"风流见赏古不乏，跌荡慎勿矜辞章"（卷五《冬日张园雅集同姜西溟彭椒崀顾九恒惠研溪钱玉友魏禹平蒋聿修王孟縠张汉瞻汪寓昭陈叔毅汤西崖冯文子谈震方家荆州声山限韵》）、"名山业岂异人事，慎勿屑屑耽词章"（《汉瞻自洞庭先归诗以志别即次见赠旧韵》）都指出矜尚辞章，重辞而失其质。这一观点从他对王安石《胡笳十八拍》的评论就可以看出，王安石采用集句的形式，集蔡琰《胡笳十八拍》十句，其他多为唐人诗句，韩愈、张籍、刘商等人的都有不少，多为七言，其中以杜甫诗句为最多，有二十多句。后人评王安石之集句，最津津乐道的就是他模仿蔡琰之口气而作的集句诗。严羽《沧浪诗话》盛赞王安石《胡笳十八拍》："集句惟荆公最长，《胡笳十八拍》浑然天成，绝无痕迹，如蔡文姬肺肝间流出"[1]，对此查慎行不以为然，他对王安石评价极高，但对于《胡笳十八拍》则认为："此种诗不作可也，集句虽工，何所取义？"（《初白庵诗评》卷中）集句类似"百家衣"，是"以文为戏"[2]，毕竟在"意"上有所缺失，查慎行认为"不作可也"。"意"是诗歌的灵魂，不能重形式的工巧而忽视内容，诗可以"艳"，但须"艳不伤雅"（卷下，韩偓《偶见》"仙树有花难问种，御香闻气不知名"评语）。查慎行甚至对韩愈《咏雪赠张籍》这样极尽铺排描写、穷形刻骨之作也给予肯定，这首诗堆砌之感很明显，姚范曾评曰："余谓公此等诗无一语佳者，'盖底'、'成堆'，凡陋可笑。"[3] 查慎行却道："有寓意便佳"，可见对"意"的重视。不过查慎行更偏好以平实的语言说明道理的诗作，如《云居寺孤桐》他评道："言简而意尽，不在排比见长"（白居易《云居寺孤桐》《初白庵诗评》卷上），可以看出，

---

[1] （宋）严羽：《沧浪诗话》，人民文学出版社1962年版，第174页。

[2] （宋）胡仔《苕溪渔隐丛话》引《西清诗话》云："集句自国初有之，未盛也。至石曼卿人物开敏，以文为戏，然后大著。"又引《后山诗话》曰："荆公暮年喜为集句，唐人号为四体，黄鲁直谓正堪一笑耳。"

[3] （清）姚范：《援鹑堂笔记》卷四十二集部，清道光姚莹刻本。

他对堆砌排比的韩愈诗风并不赞赏，他更倾向于白居易这样言简意赅，寓深意于淡语之中的诗作。当然，查慎行并非完全忽视"辞"，他评曹汝弼《中秋月》"众望自疑别，孤高非异常"二句云："意好而辞未畅"（卷下），"意"虽好，但"辞未畅"亦不能称之为佳作，查慎行对此表示遗憾。又如评沈佺期《塞北》一诗云："句句用意，对仗工整，可为长律之法"（卷下），"辞"与"意"俱佳，可以作为"长律之法"。

（二）诗之雄在气

"诗之雄，在气不在直"。"雄"即雄壮浑厚的诗歌境界。达到"雄"的境界，"在气不在直"。"气"是指作家的才情、个性反映到诗歌作品中的个体生命意识。"直"则包括两个方面，一是情感流动不加控制，一泻如注；一是语言直白浅陋。查慎行认为诗的雄健感寓于气，而不在直白的情感与语言中。

查慎行赞赏"胸次开阔，笔力天矫"（《初白庵诗评》卷中，王安石《结屋山涧间》评语）的诗风，在查慎行眼中，最能体现"雄"的诗歌境界的非杜甫莫属，他说杜诗"随手俱见风骨"（《敝庐遣兴奉寄严公》评语）。风骨是一种矫健沉雄、刚正峻切的力量美，是作品内在的精神特质，他认为"风骨"是诗歌的灵魂与精髓，是诗作的核心。又如评点《和裴迪登蜀州东亭送客逢早梅相忆见寄》云："看老杜手赋物，何曾屑屑求工？通体是风神骨力，举此压卷，难乎为继矣！"严格意义上说，这首诗算不上"工"，更难称"压卷"，如首句是"东阁官梅动诗兴"。"动"宜平而仄，同样，"诗"宜仄而平，与标准的格式要求有出入。颔颈之联则用二十二虚字，后人以此批评该诗。但查慎行认为不需要"屑屑求工"，重要的是"风神骨力"。孟浩然和杜甫分别以同题之作《登岳阳楼》，均堪称冠冕之作，为岳阳楼诗之双壁。方回曾说："予登岳阳楼，此诗大书左序毬门壁间，右书杜诗，后人自不敢复题也。"查慎行则说："二篇并列，优劣已见，无论后人矣。"相较二诗，褒贬可见。此后，他又专门评杜甫的《登岳阳楼》，认为杜诗较之孟作高一筹，"阔大沉雄，千古绝唱，孟作亦在下风。"而根本就在于杜诗"阔大沉雄"的诗歌气格上。评点杜甫《登兖州城楼》："此杜陵少作也，深稳已若此。"他评点韩愈的《次潼关先寄张十二阁老使君》曰："气象开阔，所谓卷波澜入小诗者。"虽为应酬之作，但它刚直中有开合，有顿宕，直而不平，此谓"卷波澜入小诗"。查慎行总体而言对盛唐诗风不甚偏好，但对雄浑博大的气象给予了肯定，他评《次北固山下》："大历以后无此等气格矣。"《次北固山下》被明代胡应麟认为是盛唐诗句中最具代表性的典范，尤其是其雄壮之气格，为大历诗风所不具备。《四库全书总目》指出："大历以还，诗格初变，开、宝浑厚之气，渐远渐漓，风调相高，稍趋浮响。"[①] 查慎行对大历以后的诗歌格调持否定的态度，正是基于对"风调"、"浮响"的批评。

张籍在《祭退之》中赞扬韩愈说"独得雄直气，发为古文章"[②]。要求一气贯注，不可阻隔。韩诗尚雄直，多表现劲直之气。作为一名醇儒，查慎行虽然很欣赏韩愈的雄直之气，但却认为："此种格调只应让先生独步，后人不能学亦不必学也。"（韩愈《陆浑山火和皇甫湜用其韵》评语）《陆浑山火和皇甫湜用其韵》一诗典型地体现了韩愈的风格特点，奇奇怪怪，气势逼人。韩愈写诗时有意采用了铺陈手法，排比句式和游仙诗的超越现实的想象，一种浓烈的气氛和强大的力度喷薄而出。从中也可以看到查慎行并不偏好韩愈这种强调外在形式所造就的"雄直"之气，而是服膺于杜甫的"沉郁顿挫"内在品格。

对于诗歌创作，查慎行说得非常具体，首先要"起势高"，如柳宗元《登柳州城楼寄漳汀封连四州刺史》首联："城上高楼接大荒，海天愁思正茫茫。"查慎行评曰："起势极高，与少陵'花近高楼伤客心'两句同一手法。"（卷下）正如施补华《岘佣说诗》云："老杜之《登楼》诗'花近高楼伤客心，万方多难此登临'之句，起得沉厚突兀。"[③] 正是这种"突兀"的气势，创造了雄浑、博大的审美境界。又评价杜甫《月圆》云："起，壮健"。起句"孤月当楼满，寒江动夜扉"向为论者忽视，对此评价不多，但查慎行此论可谓独具慧眼。查慎行偏好这种沉雄大气的起法，他批评刘禹锡《晨起》的首联"晓色教不睡，卷帘清气中"说："起

[①] （清）纪昀总撰：《钦定四库全书总目》，中华书局1997年版，第2004页。

[②] （唐）张籍：《祭退之》，《全唐诗》卷三百八十三，张籍二，中华书局1979年版，第4301页。

[③] （清）施补华：《岘佣说诗》，转引自顾青《唐诗三百首名家集评本》，中华书局2005年版，第331页。

句轻率无味,试思老杜'客睡何曾著,秋天不肯明'是何等手法。"(卷下)同样是写晨起状貌,刘禹锡诗却远不及杜甫的雄厚,因为杜甫的"晨起"包含着心中的百忧千虑,既有对国事民生的忧虑,也有为自身及家人处境的愁思,这是刘禹锡诗歌所不能比拟的。

查慎行在自己的创作中,也格外重视诗歌的起句,如"不尽长江万古流,吴天辽阔倚孤舟"(卷一,《铜陵太白楼同韬荒兄作二首》);"劳落城南卖饼家,空传形胜控三巴"(卷一,《初冬登南郡城楼》),"平远江山极目过,古祠漠漠背城开"(卷二,《三闾祠》),都起得苍茫大气,有极强的震撼力。

除了起句之外,诗歌章法亦十分重要。曲折婉曲的章法,避免了情感流动的直白和语言的浅陋,正符合查慎行所言的"不在直"。王夫之曾说:"情语能以转折含蓄者,唯杜陵居胜。"[1] 查慎行对杜诗的这一特点更是深有体会,如其评点杜诗云:

  中两联句句转。(《寄杜位》)
  情辞婉转。(《与殷晋安别》"语默自述势"四句)
  三句三转。(《溪涨》"岂唯入吾庐"三句)
  一气转折。(《重过何氏五首》其五"蹉跎暮容色"句)
  先自叙后入题另一章法,去国别所知依恋之怀,曲折尽致。(《奉赠韦左丞丈二十二韵》"尚怜终南山"至末)
  自远而近,四句三折。(《破船》"平生江海心"四句)
  曲折尽致,有情有文。(《范二员外邈吴十侍御郁特枉驾阙展待聊寄此作》)
  曲折尽致!(《将赴成都草堂途中有作先寄严郑公五首》其五)
  缠绵委婉,觉江淹《别赋》未足销魂。(《送路六侍御入朝》)

查慎行认为章法应当回环往复,不宜太过直接,他评点杜荀鹤《旅泊遇郡中叛乱示同志》云:"章法好,通篇语太直,率不足取。"而评白居易《小童薛阳陶吹觱栗歌》曰:"节节变、声声换、无意不透、无笔不

---

[1] (清)王夫之:《姜斋诗话》,丁福保辑录《清诗话》,中华书局1963年版,第14页。

灵。"他推崇那些情感含蓄蕴藉、表达委婉曲折的诗作，这类诗作并不仅限于唐人，在宋元人诗中亦有。如评点苏轼《送岑著作》曰："一意萦拂，转换不穷。"（卷中）；评元好问《放言》曰："转折如意，由于力大"。查慎行反对句子刻板直叙，要求错综变化，层层深入。如评苏轼《寄子由》曰："一层深一层，字字警动"；评其《答郡中同僚贺雨》曰："深入一层，地步绝高"；评其《次韵吴传正枯木歌》曰："曲折变幻，不可端倪"；评其《太守徐君猷通守孟亨之皆不饮酒诗以戏之》云："用两人事实作两联，天成好对仗，首尾一意反复，章法新奇"（卷下）；评王安石《双庙》："抟捖转折有力"（卷下）；评《张明父至宿明日遂行》："写交情前后婉转深挚"（卷中）。这些诗学技巧能很好地避免诗意的同层次重复，"节节变、声声换"，情感流动在回环往复、层层递进的章法中，愈加深沉浑厚，形成了一种雄厚婉约之美。

"雄"的诗歌境界还有赖于寄托遥深，查慎行诗《题同年张蒿陆落叶诗卷后》云："诗境全从寄托深，开编静对见君心。"（卷三十八）就诗旨而言，诗人崇尚寄托遥深，主张意在言外。通过"寄托"的手法，深化诗歌境界。如其评点杜甫《病马》说："仁厚之心随事发现，一篇之中含多少感慨寄托，令读者玩味不尽。"正是"玩味不尽"的寄托，提升了诗歌的品格。又如评点陈与义《次韵谢吕居仁》"岭表穷冬有雪霜"云："穷冬雪霜，在岭表则为异事，亦所以寓迁谪之感。"

查慎行十分重视比兴寄托，他强调比兴寄托要为诗歌主题服务，他说：

> 诗家赋物，毋论大小妍丑，必有比况寄托，即以拟人，亦未为失伦，如良马以比君子，青蝇以喻谗人，如此者，不一而足。必欲取一事一人以实之，隘矣！此评能见大意，学者可以类推（卷下，杜甫《萤火》评语）

历来评家对《萤火》一诗中"腐草太阳"之句，多认为讥李辅国，查慎行认为诗歌应有深微的比兴寄托，同时在诗歌的形象中寄托思想，而这种寄托常常是用比喻来实现的。但是如果"必欲取一事一人以实之"则破坏了诗歌的美感，是狭隘的。查慎行认为寄托、比拟应当不即不离，不能去题太远，初学者从此入手，则会艰涩费解。

"雄"的诗歌境界还有赖于诗人后天刻苦磨炼。查慎行在《题四明万开远〈冰雪集〉后》中说："孟郊殁后千余载，苦语何人更别裁。风雅道衰无至性，海山地大得奇才。翻澜涕泪随声出，彻骨冰霜炼句来。"（卷四十）他称赞万开远能继承韩孟诗派苦吟炼句的精神。他在《赠别郭于宫》中说："出其囊中什，字字抉肝胃。……平生学问力，胸自判泾渭。颇怪穷孟郊，甘称溧阳尉。"（卷三十八）也对抉肝琢胃、苦吟炼句的学问功力予以肯定。

（三）诗之灵在空

"诗之灵，在空不在巧"，所谓"灵"侧重于诗歌的趣味情感方面，对审美对象来说是指灵动活脱的具体表征，诗中应该显现出来的灵气飞动、活机脱逸的美感特色，诗具有"灵"的特征才不至于陷入"滞"。查慎行认为要达到"灵"的审美境界，"在空不在巧"，对诗歌创作的主体而言，要有"空静"的心态，不为言辞与形式的"巧"束缚，如此才能营造出心鹜空明的至境。

查慎行的好友唐孙华道："吾友查夏重先生，天纵异才，深沉好古，于书无所不窥，而其生平所癖好者，惟于诗、山水、于友朋，而于进取荣利之途，泊如也。"[①] 唐孙华为查慎行作序是在康熙五十六年（1717），查慎行此时已经68岁，此时，伴随着对官场的厌恶，更加体会到了田园生活的宁静与快乐。沉浸于禅悦诗酒、山水朋友，过着一种全身远害、知足保和的闲适生活。查慎行向往闲适、清逸的高士风范。他评韩子蘧的诗曰："余闻诸先正曰：'诗以品重，顾品必自重，然后人重之。'先生自沧桑以后，乐志丘园，独立万物之表，法遁之上九以肥身，其品高，故其诗如星斗在天，嵩岳在地，令人翘瞻遐跂，可望不可即也。自为秉承庭诰，年甫强仕，辄淡于进取，以山水朋友为性命。其品逸，故其诗如泉之有源，如云之出岫，可溯其自来，莫穷其所际，令人循环唱叹，而不能已

---

① （清）唐孙华：《敬业堂诗集序》，周劭标点《敬业堂诗集·附录》，上海古籍出版社1986年版，第1758页。

也。"① 又如其评《自吟亭诗稿》曰："归憩林庐，孤吟独诣。其志洁，故其神清。其品高，故其辞简。"② 充分体现了其追求"闲逸"、"高远"的审美风尚。

查慎行认为清雅寂静、淡泊平和的心境是诗情产生的源泉，他说："若向此中微领会，诗情原在寂寥间"（《次韵答凯功二首》其一），"澄观得静趣，会景无停休"（卷十四《月夜自湖口泛舟还溢城同恒斋太守赋》），"清浊具本性，澄观得其源"（卷十九《古诗五章呈吉水大司空李公》）。这种静观、晤对的态度，是诗人超越尘俗走向空灵淡雅审美境界的重要途径。

查慎行的这一理论主张在其诗《徐川叠前韵从余问诗法戏答》（卷二十八）有着更加全面的阐发，诗有云："唐音宋派何须问？大抵诗情在寂寥。细比老蚕初引绪，健如强弩突回潮。闲来谨侯炉中火，众里心防水面瓢。"他认为，诗情应产生于"寂寥"，即清淡平和的心境之中。这种心境中，诗人才能准确捕捉外界或隐或显、或巨或细的变化，感悟到大自然和人生感悟，激发创作的灵感与冲动。正是所谓的"烂漫人情沉醉后，寂寥诗味卷帷中"（卷四十六《再次芝田韵一首》）。这与宋人杨万里有相近之处，袁枚的性灵诗学亦具有此特点。查慎行将诗之"细"比为"老蚕初引绪"，将诗之"健"比为"强弩突回潮"，主张诗人要厚积薄发，千万要防止像下水之瓢一样，心情急躁轻浮。又如《过岕老与之论诗》：

> 昨日鸠唤雨，今朝鹊报晴。村村桃李花，处处随浮萍。中流几千点，著此孤舟轻。故人知我来，一笑门前迎。别来四十日，颇觉太瘦生。苦吟诚乃疲，中有金石声。子诗人所怪，任意方孤行。自喜正在兹，焉能博时名。引我附同调，背汗颜亦赪。失学事惰游，东西无期程。古人传著述，多在名山成。涉猎得其粗，不如闭户精。子今虽善病，幽居领馀清。物理与天机，静观皆性情。愿子坚自信，后来有公

---

① 查慎行：《凤晨堂诗集序》，《敬业堂文集》卷中，四部备要本，上海中华书局据古杭姚氏抄本校刊。

② 查慎行：《自吟亭诗稿》，《敬业堂文集》卷中，四部备要本，上海中华书局据古杭姚氏抄本校刊。

评。(卷二十一)

诗歌先用大量的篇幅去描绘了友人的生活环境,强调了其生活环境的高雅淡泊,查慎行认为诗歌的情性来源于诗人的"静观",所谓"静观"就是人与自然的和谐相处,与"天人合一"的思想有着高度契合。诗人在自然本真的状态中,凝神静观,会万物于己,超越个人得失荣辱、时空生死,在心物的众多二元对峙状态中求得了一份和谐与满足,创造出了灵淡闲远的诗歌审美境界。

查慎行对"空"与"静"境界的追求,流露出释家空灵虚静的禅趣佛理。他对佛教颇有研习,曾说:"年来渐喜识生涯,读罢楞严读法华。"(卷二十八《旅壁见钱亮功、徐学人唱和诗戏次其韵》),他对苏轼《送参寥师》中"欲令诗语妙,无厌空且静。静故了群动,空故纳万境"一语深有会心,评曰:"禅理也可悟诗境"(《初白庵诗评》卷中)。特别是康熙四十年(1701)年居家生活时,多年的漂泊,仍然没有结果,他身心一直饱受煎熬,开始留心内典,皈依禅理。康熙四十七年(1708)查慎行作《次韵答周渔璜前辈见寄》诗云:"祇应借佛论诗境,何法真超色界天"。诗人有"禅"的心境,在闲定自在中享受恬静,内心闲适,排解焦虑与苦闷,禅理、禅趣精神自然而然地渗入他的创作中,从而创造出一种静寂空灵并带有禅味的艺术境界。

以禅说诗,就"空"、"静"二字演成妙谛,查慎行论诗偏好"空"境、"静"境,如:

> 静极细极,此段境界他人百舍不能至也。 (卷上,杜甫《倦夜》)
> 静中微会,方得其神理。(卷上,杜甫《遣意二首(其二)》)
> 诗境细静 (杜甫《题张氏隐居二首(其一)》)
> 幽静 (杜甫《崔氏东山草堂》"有时自发钟磬响"二句)
> 诗境细静,耐人玩味。 (苏轼《雨中过舒教授》"此生忧患中")
> 诗境细静 (白居易《送兄弟回雪夜》"寂寞满炉灰,飘零上阶雪。")

妙句从静中得（卷下，赵师秀《冷泉夜坐》）

　　禅定思维特点讲"虚空"，"空"、"无"的境界是禅宗追求的最高理想，也是中国诗歌艺术所追觅的最高境界。查慎行说："极奇、极幻、极远、极近，境界俱从静中写出。"（卷中苏轼《舟中夜起》），此评极为精当，与其"静观皆情性"的诗学主张一脉相承。

　　查慎行的这种诗学观吸取了神韵派的论诗主张，但在精神实质上，他不主张对现实世界做镜花水月式的唯美理想主义的描绘，而是一种对自然、社会与人生深刻认真的理性思索与痛苦执着的反省顿悟，这种顿悟就是查慎行所言的"理趣"，查慎行认为缺乏"理趣"的诗作，依然不能算是好的作品。他批评那些"无趣味的诗作"说："调虽新，却无趣味，后人学之，最坏手笔。"基于这一点，查慎行并不反对在诗中说理，他对"以文为诗"亦持肯定的态度，如他评苏轼《和子由论书》说："直是以文为诗，何意不达？"评苏轼《赠眼医王生彦若》"而我初不知"以下八句曰："游刃有余，汪洋自恣，漆园之言也，不谓有韵之文亦能驰骋至此。"（卷中）又评《泗州僧伽塔》曰："说理至透。"（卷中）对诗中说理议论亦不排斥。但他认为以理入诗，要有理趣。评《泛颖》诗曰："游戏成篇，理趣具足。深于禅悟，手敏心灵。"（卷中）评《题旧写真图》"如弟对老兄"一句曰："妙想妙论"（卷中）。查慎行认可诗中精警爽利、通脱透辟的议论说理，当然其前提是"理足而辞不费"（卷下葛无怀《郊原避暑》评语）。

　　诗歌中灵气飞动、活机脱逸的美感特色，同虚空的襟怀相关，而不在于言辞的巧妙。诗语忌用词太巧，太巧则会显得纤细无气势，缘情体物，要有天然灵动的特点，不显雕琢痕迹。查慎行批评吴融《微雨》一诗道："第一句小巧太甚，粉重黄浓，可以入词，亦不可入诗"（卷下）；批评赵师秀《移居谢友人见过》云："小巧有余"；又评岑参《宿关西客舍寄东山严、许二山人时天宝初七月初三日在内学见有高道举征》曰："此等炼字，遂开纤巧之门"（卷下），查慎行敏锐地注意到岑参诗作已开始显露出藉求奇警的特色，认为其开"纤巧之门"，确是独具慧眼之见，为后世论家反复采用。

（四）诗之淡在脱

"诗之淡，在脱不在易"。平淡的美学境界，亦是查慎行毕生努力的方向。所谓"脱"即超凡脱俗，不流于"浅易"。既包括诗人心态上的"透脱"，亦包括诗歌境界上的"超脱"，而其核心则是要表达"淡"的美学境界。"淡"是一种超越了雕润绚烂的老成风格，一种炉火纯青的美学境界。查慎行说"至味淡乃全"（《初登惠山酌泉》卷二十二《中江集》），一句话昭示了其审美偏好。清人沈寿榕《检诸家诗集，信笔各题短句一首》评慎行诗云："刊尽皮毛清到骨，寒潭秋月总无尘。"[①] 此评抓住了查慎行诗风"清"、"淡"的特点，可谓独具只眼。

和清代许多文人一样，查慎行晚年耽于佛教，《敬业堂诗原稿》中《同王令诒泛甘棠湖至城南谒陶白祠》一诗佚名评曰："先生晚年好佛。"查慎行将康熙四十年五月至四十一年九月之诗编为《繙经集》，自题曰："妄念稍萌，遂成障碍。自我致寇，于彼何尤？从此洗心飯释典，未必非天之全我晚境也，戒之哉！"（《敬业堂诗集》卷二十八《繙经集》）

他多次探寻寺庙、与禅僧往来，并且研读佛经，有《读楞严经二首》直接以禅语入诗，查慎行接触《楞严经》，或许是受师友梁佩兰的影响，梁佩兰有出家为僧的经历。他自号二楞居士，就与他喜读《楞严经》有关。查慎行通过读《楞严经》悟到了诸缘如梦、不可执着的禅理。查慎行经常去寺院，寺院清净，从而看透世间冷暖、看淡功名利禄。如其诗《同游菩提寺》：

　　路转稻花村，山田间腴确。肩舆入古寺，墙宇半圮剥。林高樵斧稀，时有一鸟啄。居僧不耐静，辛苦事诗学。世界无寂喧，心源异清浊。叩余笑不答，待彼迷自觉。何处一声钟，残阳在楼角。（卷二十八）

禅宗"空静"的修行方式，对查慎行诗歌清净入微、空静悠远的境

[①] 沈寿榕：《王笙楼诗续录》卷一，《续修四库全书》第 1557 册，上海古籍出版社 2002 年版。

界的形成有重要的影响，具体在表现方式上，主要又体现在"白描绘景"与"诗贪老境"两个层面。

所谓"白描"是我国传统绘画的一种手法，指纯用墨线色描物像，不改颜色。白描作为绘画的一种技法，移用于文学创作和批评，则指用简朴素、精练的语言描绘对象的特征，创造出鲜明生动的形象的一种艺术手法。

查诗以白描著称，他自述自己的诗艺宗旨时说："偶然兴至或留题，聊藉微吟豁胸臆，诗成直达目所睹，老矣焉能事文饰。"（卷十五《云雾窟集·自题庐山纪游集后》）他认为白描可以更好地描写事物、表达作者的思想感情。诗歌应当乘兴而发、直书所见，以抒发胸臆为目的，不需要华丽的辞藻来涂饰。查慎行的诗较少藻饰粉彩，他说："诗成亦用白描法，免得人讥獭祭鱼。"（《东木与楚望叠鱼字，凡七章，连翩传示，再拈二首以答来意》续集卷三《馀生集上》）他推崇的白描手法，摒弃绮丽词句，追求平淡自然，"宁取平易，勿取艰涩生新"（卷下王建《原上新春》）。这些观念的影响之下，就使查慎行的诗在清代诗集中是较好读的一部，虽易读但并不流于浅易。

在《雨中发常熟回望虞山》这首诗中，借自然景物的变化所呈现的不同面貌，表达了自己的取舍：

> 钱生约看吾谷枫，轻装短棹来匆匆。夕阳城西岚气紫，正值万树交青红。天工似嫌秋太浓，变态一洗归空蒙。湖波蒸云作朝雨，用意不在丹黄中。大痴殁后无传派，此段溪山复谁画。老夫新句亦平平，要与诗家除粉绘。（卷二十）

"变态一洗归空蒙"，正所谓"豪华落尽见真纯"的艺术境界，他要求诗歌创作要去除粉绘，回归混成天然之美。又如诗《秋花》云：

> 雨后秋花到眼明，闲中扶杖绕阶行。画工那识天然趣，傅粉调朱事写生。（卷四十六）

诗、画本身就是相通的艺术门类，作诗要像作画一样，达到淡远高洁的境界，必须追求天然。这种境界并非遥不可及，就在日常景物中。查慎行评点《春日述怀》"妻喜栽花活，儿夸斗草赢"曰："眼前景却成名联"；又如评点杜甫《雨不绝》云："读其诗，若人人意中有此景，却何人能道只字！"（卷下）不需要追求奇幻、怪诞的境界，"真景即是好诗"（《夜到渔家》"行客欲投宿，主人犹未归"）。他评价韦应物《寄李儋元锡》一诗云："村学小儿皆能读此诗，不可因习见而废也"，这首诗纯用白描，写景如画；又如评苏轼《初见白发》"勿言一茎少，满头从此始"一句云："口头语写得透辟"；评王安石《虎园》云："白描高手，精采百倍"，查慎行赞赏这一类注重自然之美的诗篇。

方南堂《辍锻录》云："诗中点缀，亦不可少，过于枯寂，未免有妨风韵，吾最爱周繇《送人尉黔中》云：'公庭飞白鸟，官棒请丹砂。'"① 查慎行则谓："三、四更工，以刻画无痕也"，可见其审美偏好。查慎行倡导白描，但白描与浅易之间仅是一纸之隔，白描稍不留神就会堕入浅易，何为浅易？查慎行评姚合《赏春》一诗曰："此之谓浅易"，来看此诗：

闲人只是爱春光，迎得春来喜欲狂。买酒恐迟令走马，看花嫌远自移床。娇莺语足方离树，戏蝶飞高始过墙。颠倒醉眠三数日，人间万事不思量。②

这首诗典型地体现了姚合诗浅切平易的特点，方回对此评析得更为具体，他说："中四句皆工，起句皆散诞放旷，然只是器局小，无感慨隽永味。"③ 认为姚合重中间两联而忽视首尾，所以器局较小，缺乏深厚的感慨。这种"无感慨隽永味"之作，查慎行将其归于"浅易"。查慎行不喜这类语言通俗、情感浅薄之作，如其评白居易《不如来饮酒》"藏镪百千万，沉舟十二三。不如来饮酒，仰面醉酣酣"句云："此种终嫌近俚"，

---

① （清）方南堂：《辍锻录》，郭绍虞编选《清诗话续编》（第四册），上海古籍出版社1983年版，第1938页。

② （清）彭定求等：《全唐诗》第13册，上海古籍出版社1986年版，第10页。

③ （宋）方回评点：《瀛奎律髓汇评》（上）卷十评姚合《赏春》，李庆甲，上海古籍出版社2005年版，第364页。

但刘后村《问友人病》，方回认为其"诗意自足，但是格卑"①，查慎行却看到了他对于友人的款款深情，说："虽近俚颇近情"。

如果说"白描"是查慎行的创作技巧，那么"老境"则是查慎行对诗歌境界的最高追求。"老境"是一个文学批评领域的宏观命题，它的精神早已融入到了中国古代多种艺术门类中，这与西方艺术的形态更注重青春的激情和创造的欲望刚好相反，中国传统审美心理认为随着年龄的增长，饱经忧患之后，逐步达到最高的艺术境界。少而工，老而淡，少时是凌驾才情的气骨峥嵘，老时则是甘于淡泊的自然流露。纪昀说："浅语却极自然，熟语却不陈腐，此为老境。"②

"老境"和"淡境"有颇多关联与相似之处，或者说"老境"一定具有"淡"的特征。二者都平和不张扬，都需要一定锻炼方能具备。但是二者又不同，梁章钜《退庵随笔》引苏轼语："凡文字，少小时须令气象峥嵘，采色绚烂，渐老渐熟，乃造平淡。其实不是平淡，绚烂之极也。"③ 平淡，是绚烂后的极致，而这种绚烂后的极致，需要逐步剥离年少轻狂的外壳，回归平淡娴雅的境界。今人张毅在《宋代文学思想史》一书中亦对老境的美学特征作了如下阐释："从艺术表现来看，老境美是一种绚烂之极归于平淡的美。就更深一层次的情感表达来看，老境美所反映的是一种人世沧桑的凄凉和强歌无欢的沉郁，它源于当时作家心里感情中普遍存在的'忧患意识'。"④

正所谓"老境诗同啖蔗佳"（卷十八《塘西访张介山病》）。查慎行欣赏体现老境美的诗篇，白居易《夏日与闲禅师林下避暑》发悠闲自在之禅思，查慎行评之曰："磊落夷尤，老境独得"；评陆游的《麦熟市米价减，邻里病者亦皆愈，欣然有赋》"邻翁濒死复相见，村市小凉时独游"云："五、六瘦劲，非老境不能到"；评陆游《暮春》"江山妨极目，天地入孤吟"二句曰："老劲"。可以看出，这些诗歌风格截然不同，但

---

① （宋）方回评点：《瀛奎律髓汇评》（下），李庆甲，上海古籍出版社 2005 年版，第 1602 页。

② （宋）方回选评：《瀛奎律髓汇评》（中）卷二一，李庆甲评点，曾茶山《〈雪作〉评》，上海古籍出版社 2005 年版，第 892 页。

③ 转引自（清）梁章钜《退庵随笔》卷十九，清道光十六年刻本。

④ 张毅：《宋代文学思想史》，中华书局 1995 年版，第 121 页。

查慎行眼中的"老境"并没有固定的范式，正如他说"老境诗无格"（卷十三《衰至》），老境本就是无拘无束的境界，平淡，而韵味深长。

伴随着人世沧桑的历练，查慎行审美趣味和诗人创作心态逐渐发生变化，日常生活的隐逸化，使其创作心理便自然地进入平静自如的境界，审美趣味也转而以追求平淡为最高境界。如其："短篷声悽霜后竹，孤桐弦冷爨余薪"（卷八《丁卯秋闻报罢呈诸先辈五首》）、"阅世人来棋散后，出山云澹雨晴初"（卷四《黎峨城北福泉山张三丰礼斗亭尚存》）、"贫思饱暖原奇福，老恋桑榆亦至情"（卷四十一《留别润木即次弟送行原韵四首》其四）、"芦花枫叶残秋路，不听琵琶亦黯然"（卷十六《留别恒斋太守次见送原韵》），都语淡而清长。康熙二十八年己巳（1689）春，尚在京城游太学的查慎行同朱彝尊一同出游，拜访友人朱恒斋，有诗《雨中同竹垞兄过恒斋饮，次竹垞韵》云：

僦居长喜接京坊，但约相过便对床。数点忽飘花外雨，十分初透竹间凉。诗贪老境甘如蔗，醉觉香醪味似糖。还有持螯余兴在，隔厨灯火听鸣姜。（卷十）

写这首诗时，查慎行刚刚40岁，时值壮年的他，在审美取向上却向"老境"靠拢，第一次提出了"诗贪老境"的诗学观。"数点忽飘天外雨，十分初透竹间凉"、"还有持螯余兴在，隔厨灯火听鸣姜"，暗暗透着冷寂而不衰飒、清淡而不跳跃的诗心与情境，这不正是查慎行所言"老境"的审美特质，老境是查慎行诗美的最高理想，亦是他诗歌创作的终极归宿。

"厚"、"雄"、"灵"、"淡"是查慎行诗歌审美思想的集中体现，可以看出他以中和为美、居中不偏的诗学理想和审美趣味。查诗创作亦不偏于一端、拘守一格，浑厚与灵秀共存，雄健与清淡并赏，下笔稳惬，与其诗学思想一脉相承。

三　从朱彝尊到查慎行：诗学道路的殊途同归

朱彝尊与查慎行是清初浙西诗坛最负盛名的两大家，二人不仅同列

"清初六大家",又为乡侪同辈、中表弟兄。朱彝尊声名鹊起之时,查慎行尚在孜孜求进,朱彝尊的奖掖提携,提升了查慎行的知名度,扩大了他的诗学影响。二人为一生的师友,相似的人生经历、超越时辈的文学素养,使他们具有一般中表弟兄关系所难以比拟的特点。关于朱彝尊与查慎行交游的史实情况,本书第二章《查慎行诗坛交游考略》中已作考述,此处只就诗学层面比较朱、查之同异。

一般认为,朱彝尊与查慎行之诗学思想,前者"宗唐",后者"主宋",诗学主张大相径庭。如杨燕在《朱查诗歌比较论》一文中提出:"二人诗风异远大于同,即使有表面的偶合,也往往潜伏着深层的差异。"[①] 其所言深层差异具体在于:(1)朱诗好用典,查慎行诗宗"白描"。(2)在清代"唐宋诗之争"的背景下,朱、查二人也各有不同立场,宗唐祖执一端。

然而,朱、查二人相交三十六年,一同游览,唱酬不怠,朱彝尊晚年还邀请查慎行与他共同选编宋元明诗,这显然不能以两人诗学观点"走截然相反的道路"来解释。实际上,在朱彝尊与查慎行诗学思想不同的表象之下,其内核存在着趋同性。本书先论其同,再明其异,对二人殊途同归的诗学道路进行一番梳理。

(一) 同源之水

秀水朱氏家族和海宁查氏家族都是浙江闪耀一时的诗礼之家。秀水与海宁,同处浙西,相隔不过五十里,李慈铭云:"吾浙东西划分两界,山川既异,气候亦殊,所育人文,遂殊轨辙。"[②] 浙西山水之钟灵毓秀,迥异于浙东之雄拔奇峭,其中所孕育的文化积淀、人文传统自不相同。浙西毗邻西子湖,自然山水秀美,浓厚的文化底蕴,孕育了浙西灵秀典雅的人文气质。朱、查二人正是在浙西文化滋养下成长起来的。

朱、查家族互为姻亲,交流十分频繁。除了查慎行兄弟之外,朱彝尊与查慎行族叔查培继、表兄查容、查昇等均有过交游。既是同乡又是亲

[①] 杨燕、陈玉兰:《朱查诗歌比较论》,《浙江师范大学学报》(社会科学版)2007年第6期。

[②] (清)李慈铭:《寒松阁诗序》,《越缦堂文集》卷二,民国刊本。

戚，相互之间往还唱和，诗酒文会不断。雍正三年（1725），朱彝尊葬于故里百花庄，查慎行参加葬礼，并回顾道"平生载酒论文地，今日偕为执绋行"（《续集》卷四《偕德尹至梅里送竹垞表兄葬》），追忆曾经载酒论文的欢乐场景。

朱彝尊与查慎行都出生于士大夫家庭。自小就受到士风的熏沐和儒家传统教育。朱彝尊家世更加辉煌，曾祖是明朝宰辅，曾经是钟鸣鼎食的相府人家。但到了朱彝尊的父辈，由于明末的社会动乱和连年的自然灾害，"墓田外，无半亩之产。……家计愈窘，岁饥，恒乏食"①。朱彝尊父辈一代大多绝意仕进，为宦者极少，这与查慎行的家世很相像，虽然父辈不曾出仕，但家学不堕。查慎行亦深以家世为傲，他向友人说："先朝际盛隆，中叶显儒学。煌煌两开府，事业恍如昨。"（卷八《送黼皇侄出宰大浦》）身处这样的家庭环境，朱彝尊与查慎行自小受到的就受到很好的儒家文化的熏陶，祖上的显赫为他作出了兼济天下、立功立德的榜样；而父辈的淡泊守节则是"饭疏食饮水，曲肱而枕之，乐亦在其中矣"（《论语·述而》）的典型。幼年所受的儒家传统教育必然会影响他们的审美理想。

黄宗羲是查慎行与朱彝尊共同的、也是最为重要的诗学渊源。查慎行为黄宗羲受业弟子，有师门渊源。朱彝尊与黄宗羲相交，其内心中对黄氏十分敬仰。

朱彝尊《黄征君寿序》云："岁在己巳八月，先生悬弧之辰，年八十矣，其子百家，游学京师，请予文归，为先生寿，……予之出，有愧于先生，顾性好聚书，传钞不辍，则与先生有瓷芥之合。明年归矣，将访先生之居而借书焉。"②所谓"借书"也应有"问学"之意。除了此次求寿序之外，黄宗羲去世后，黄百家又要求朱彝尊为撰行状③，不难想见，黄百家认为朱彝尊对其父是有较多了解的。

黄宗羲对朱、查二人的影响首先表现在经学上，在诗歌方面则是提倡诗歌必源本于经术，证明于史籍，重视学问在诗歌中的重要作用。朱彝尊与查慎行均是学者气质的诗人，朱彝尊学术造诣赅博自不必多说，查慎行

---

① （清）朱彝尊：《亡妻冯孺人行述》，《曝书亭集》卷八十，四部丛刊本。
② （清）朱彝尊：《曝书亭集》卷四十一，四部丛刊本。
③ （清）全祖望：《梨洲先生神道碑》，《鲒埼亭集》卷十一，四部丛刊本。

除了诗集《敬业堂集》之外，还著有《周易玩辞集解》十卷、《易象考信》等书。《清史列传》云："少受学黄宗羲，治经遂于易"①；《国朝耆献类征初编》亦云："少受学于余姚黄宗羲，于经遂于易"。都指出查慎行的经学素养得益于黄宗羲。

黄宗羲以王学正脉自命，他的诗学基点是性情论，他认为诗的源头与本质就是人之性情，诗的功能就是抒发性情或怡情悦性。钱穆指出黄宗羲对王阳明的继承："（黄宗羲）为学须本性情，自谓阳明良知薪传。"② 在性情论的思想指导下，黄宗羲特别重视个体精神的发扬。他说："读书不多，无以证斯理之变化；多而不求心，则为俗学。"③ 清楚地表明黄宗羲重视博学，也重视主体性情的融会贯通作用。黄宗羲对唐宋诗学有着融通的观点，他不主张诗分唐宋，黄氏此类论述良多，其中以《张心友诗序》最著，序云："诗不当以时代而论，宋元各有优长，岂宜沟而出诸外，若异域然？即唐之诗，亦非无蹈常袭故，充其肤廓而神理蔑如者。……听者不察，因余之言，遂言宋优于唐。夫宋诗之佳，亦谓其能唐耳；非谓舍唐之外能自为宋也。"④ 在争唐争宋的喧嚣声中，黄宗羲的这一论调，必然会对朱彝尊与查慎行产生深远的影响。正是具有了这种认识，无论是朱彝尊还是查慎行都不满足于在诗中单纯表现学问与议论，不满足于刻露质实一路诗风，在创作中力求"诗情"、"诗料"的水乳交融。

（二）貌离神合

现今研究一般认为，朱彝尊与查慎行，虽亦师亦友，交游半生，但在诗学思想上，却有诸多不同。一方面，朱、查二人对待唐宋诗有不同态度。朱彝尊认为："唐人之作中正而和平，其变者率能成方，迨宋而粗厉噍杀之音起"⑤，"务以汉魏六代三唐为师，勿堕宋人流派"⑥。又云："宋

---

① 王钟翰点校：《清史列传》卷七十一，中华书局1987年版，第581页。
② 钱穆：《中国近三百年学术史》，中华书局1986年版，第31页。
③ （清）全祖望：《梨洲先生神道碑》，《鲒埼亭集》卷十一，四部丛刊本。
④ （清）黄宗羲著，陈乃乾编：《黄梨洲文集》，中华书局1959年版，第347页。
⑤ （清）朱彝尊：《刘介于诗集序》，《曝书亭集》卷三十九，四部丛刊本。
⑥ （清）朱彝尊：《李上舍瓦击集序》，《曝书亭集》卷三十九，四部丛刊本。

之作者不过学唐人而变之尔，非能轶出唐人之上。若杨廷秀、郑德源之流，鄙俚以为文，诙笑嬉亵以为尚，斯为不善变矣。……舍唐人而称宋，又专取其不善变者效之，恶在其善言诗也。"① 很明显，朱彝尊确有贬斥宋诗的倾向，认为宗唐是正，宗宋是变，称宋的条件仍是宗唐，不学习唐人之诗而言宋，是"不足师"的。这与查慎行主张"唐宋互参"，淡化唐宋诗之争，似有质的区别。

另一方面，朱诗好用典，查慎行诗宗"白描"。朱彝尊认为不通经无以为诗，他读书多，作诗免不了掉书袋，那首著名的《风怀二百韵》，便是用大量的典故堆垛起来的，正如赵执信批评朱彝尊诗"贪多"，而查慎行则是著名的"白描"诗人，作诗较少用典。

《两浙輶轩续录》云："查初白太史为竹垞检讨中表幼弟，从游最久，检讨论事，尊唐卑宋，而太史一以苏陆为宗，古人之自立如此。"② 朱、查二人自相互酬答、唱和半生未见任何不合，朱彝尊晚年还邀请查慎行与他共同选编宋元明诗，并非仅仅靠"自立如此"。道不同不相为谋，从朱彝尊对待查慎行词作的态度就可以看出③，朱彝尊很难与一位诗学完全不同调者相互切磋诗艺。

实际上，朱彝尊与查慎行之差异乃其表，深究其里，则会发现二人有着共同的诗学旨归，貌离而神合，殊途而同归。

首先，二人论诗，均秉持儒家正统诗教观念。

儒家正统诗教观，表现在诗歌创作上，就是对"雅正"的追求。所谓"雅正"，就作品的内容而言，能体现"兴观群怨"之旨，关乎"家国"、"世道"之治理，个人性情之陶冶。朱、查二人思想都有着鲜明的儒家文化的烙印，查慎行更是秉持着儒家传统精神，他将杜甫视作儒家精神的代表。杜甫《题衡山县文宣王庙新学堂呈陆宰》弘扬儒学，维护王朝统一，以儒家仁政爱民思想来判断现实政治的得失或矫正政治运作的偏差，查慎行对此十分赞赏，评之曰："感慨顿挫，自成有韵之文，直可作《衡山县学记》读，惜不著陆宰名。"（《初白庵诗评》卷上）他对杜甫《写怀》评道："有激之词，遂落漆园见解。"查慎行看到了这首诗实为杜

---

① （清）朱彝尊：《王学士西征草序》，《曝书亭集》卷三十七，四部丛刊本。
② （清）潘衍桐：《两浙輶轩续录》卷三十六，清光绪刻本。
③ 参加本书第二章《查慎行诗坛交游考略》朱彝尊条下注。

甫到了夔州后，抱负不得舒展，借《庄子》发激切之牢骚语，一个"落"字，显露了他的儒家主流价值观。又如他评点王安石的《圣贤何常施》"曲士守一隅，欲以齐万物"云："读《南华》者多为庄叟所欺，被先生一语道破。"赞同王安石对庄子学说的否定态度，肯定王安石"经世致用"的思想。朱彝尊更是秉持儒家诗教观念，尤其重视诗歌的教化作用。他评魏晋以下的诗歌背离了《诗经》传统。"魏晋而下，指诗为缘情之作，专以绮靡为事，一出乎闺房儿女子之思，而无恭俭好礼、廉静疏达之遗，恶在其为诗也？"① 在他看来，魏晋以后诗从"言志"转向"缘情"，专写"儿女闺房之思"，其内容不仅脱离了社会政治，而且也违背了儒家传统伦理道德。认为温柔敦厚的展示方式应是"发乎情止于礼"②，"绮丽而不佻"③，做到"清而婉，丽而不靡，戍削而无刻划之迹"④。查慎行亦强调诗歌的教化作用，他说"诗教原推雅颂先"（卷三十一《恩赐新刻御制诗集恭纪二首》）恪守儒家诗教观。

在诗歌的外在形式上，查慎行恪守雅正的美学规范，如《三月十七日夜，与恒斋太守月下论诗》中云：

力欲追正始，旁喧厌淫哇。向来风骚流，泛滥无津涯。可传必有故，长松出樊柴。明明正变途，花叶殊根荄。须求作者意，勿使本分乖。（卷十四）

"淫哇"一词，《文选》卷五三嵇康《养生论》："目感玄黄，耳务淫哇。"李善注："《法言》曰：'哇则郑。'李轨曰：'哇，邪也。'"查慎行点名诗歌正变之途，厌恶淫哇之音，诗作之正变，就如同花叶（变）不同于根荄（正）。这与朱彝尊"必崇尔雅，斥淫哇"⑤一脉相承。查慎行重视诗歌的立意，"诗以品重"强调诗歌创作要具有高尚的品格，这是查慎行对立意的要求，认为"文章有品传方远"。这实际上就来源于朱查

---

① （清）朱彝尊：《与高念祖论诗书》，《曝书亭集》卷三十一，四部丛刊本。
② （清）朱彝尊：《叶指挥诗序》，《曝书亭集》卷三十七，四部丛刊本。
③ （清）朱彝尊：《钟广汉遗诗序》，《曝书亭集》卷三十八，四部丛刊本。
④ （清）朱彝尊：《叶指挥诗序》，《曝书亭集》卷三十七，四部丛刊本。
⑤ （清）朱彝尊：《静惕堂词序》，曹溶《静惕堂词》，康熙刻本。

二人所共同遵守的儒家"诗言志"传统。

其次，在对待宋诗的问题上，朱、查二人看似所走路径不同，但却有着相似的诗学旨归。

如果说"宗唐"是朱彝尊终其一生未曾改变的诗学精神，那么对朱之"抑宋"则存在诸多误解，朱彝尊为何终身贬抑宋诗？实际上与诗坛背景密切相关，朱彝尊的"抑宋"并非仅仅针对宋诗，在创作上朱彝尊亦有宋诗倾向，与查慎行有着深层的共鸣。

朱彝尊的"抑宋"与查慎行的"宗宋"，有着共同的针对性。实质上，朱彝尊"抑宋"与诗坛盲目学宋、堕其末流的风气相关，并非仅仅针对宋诗。朱彝尊曾批评严羽的"诗有别才，非关学也"道："别材非关学，严叟不晓事。顾令空疏人，著录多弟子"[1]，认为"今之诗家空疏浅薄，皆由严仪卿诗有别才非关学一语启之"[2]。众所周知，严羽站在主唐派的角度，对宋诗学问化的倾向提出批评，朱彝尊却指斥其为当今诗家"空疏浅薄"的根源。可见，他不满的是"今之诗家空疏浅薄"之风气，他所针对的当今宗宋暴露出的"空疏"、"浅薄"弊端，这一点根本上与查慎行是一致的。朱彝尊进一步指出，宋诗盛行的重要原因在于"见者幸其成之之速且易"[3]，学宋者，误入蹊径，追求速成，实为"遗其神明，独拾沈滓"[4]。总之，他并非批评宋诗本身，而主要针对学宋不得法。

查慎行对宋诗的这一弊端有亦有清醒的认识，他为朱彝尊诗集作序时云：

> 世徒知先生文章之工，而不知其根柢六经，折衷群辅，虽极纵横变化而粹然一出于正如此。其称诗以少陵为宗，上追汉魏，而泛滥于昌黎、樊川，句酌字斟，务归典雅，不屑随俗波靡，落宋人浅易蹊径。[5]

---

[1] （清）朱彝尊：《斋中读书十二首（之十一）》，《曝书亭集》卷二十，四部丛刊本。
[2] （清）朱彝尊：《谏亭诗序》，《曝书亭集》卷三十九，四部丛刊本。
[3] （清）朱彝尊：《鹊华山人诗集序》，《曝书亭集》卷三十九，四部丛刊本。
[4] 同上。
[5] 查慎行：《曝书亭集序》，《敬业堂文集》卷中，四部备要本，上海中华书局据古杭姚氏钞本校刊。

查慎行认识到"浅易"是当时学宋者的普遍弊端，从根本上肯定了朱彝尊将"根柢六经，折衷群辅"、"务归典雅"作为防止堕入宋诗"浅易蹊径"的根本解决方法。力矫宋元诗风之弊是朱、查共同的诗学指针。在"竞尚宋元"诗坛风气下，早查慎行20年进入诗坛的朱彝尊，更是感受到宋元诗风之流弊。查慎行登上诗坛，较朱彝尊晚。查慎行所处的时代，宋诗派实质上已经处于一种劣势的状态。面对宋诗日益高涨的热度与滋生的流弊，朱彝尊难免陷入矫枉过正的泥潭，并不及查慎行的诗学观圆通。

朱彝尊贬抑宋诗是鉴于诗歌史上因学宋而导致排斥真情、缺乏情韵的现象提出的矫正之法。朱彝尊常常批评宋诗"叫嚣"、"粗历"、"噍杀"，实际上是其重视诗歌表现性情的反映。性情与学问不仅是朱彝尊的论诗主张，同时亦是查慎行的诗学旨归。

查慎行自言："风雅一道，自具性情，虽父子祖孙不能私授。"[①] 强调内在性情对诗歌的重要性。又云："盖诗之为道，虽发于性情，而授受渊源，必推所自。学之贵有本也，如是夫！"[②] 一语摆正了学问与性情在诗歌创作中的位置：学问根本，以性情主导，两者参合，交相为用。查慎行为李宗渭《瓦缶集》作序又云：

> 世之称诗者，以夸多斗靡为歌行，以骈青妃紫为格律，问其性情，消归无有也。篇什虽富，雕琢虽工，其去诗道也愈远。夫诗之为道，取真而不取泛，尚雅而不尚华，恃源则流长，理足则词简，如斯而已。[③]

只有发自性情的作品，才具备"诗道"的精神，才能够企及自然的艺术境地。查慎行反对诗坛徒以刻画雕饰为工，而丧失诗歌内在本质的创

---

① （清）查慎行：《六峰阁诗集序》，《查慎行全集·第十一册》，中华书局2017年版，第65页。

② （清）查慎行：《赵功千澼舫小稿序》，《查慎行全集·第十一册》，中华书局2017年版，第73页。

③ （清）查慎行：《瓦缶集序》，李宗渭《瓦缶集》，清代诗文集汇编本，第269册，第563页。

作风习。查慎行"主于性情"的诗学观与朱彝尊并没有不同，而与黄宗羲一脉相承。朱、查二人在"竞讲宗派，而诗之真性情，真学识不出"①之时，共同秉持调和学问与性情的诗学主张，翁方纲说"诗至竹垞，性情与学问合"②，其实查慎行又何尝不是如此，与朱彝尊保持着内在的统一。

朱彝尊晚年逐步受到查慎行的影响，开始学习宋诗。从清代开始，诸多学人注意到了这个问题，如洪亮吉云："朱检讨彝尊《曝书亭集》始学初唐，晚宗北宋"③；宋荦《跋朱竹垞和论话绝句》说："先生平日论诗，颇不满涪翁，今诸什大段学杜，而高老生硬之致，正得涪翁三昧，信大家无所不有"④；《西溪渔隐诗序》亦云："海盐查编修慎行亦有盛名，而源又出于剑南陆氏，是又学苏陆之派。秀水朱检讨彝尊始则描摹初唐，继则泛滥北宋，是又学初唐北宋之派"⑤。今人亦有此论，钱仲联云："朱彝尊晚年忽师杜之拗体，旅途与其中表查初白酬唱，多近宋人。"⑥ 又如王英志说："而从个体来看，朱彝尊早期、中期学唐，而晚年兼学宋，所以国朝六大家之发展到学宋是由朱彝尊开始的，其本身即体现了顺康诗坛由学唐而渐学宋的转化。"⑦ 朱彝尊与查慎行的闽中唱和制作，很有宋诗的特点，又如《斋中读书》十二首，亦有点"以文字为诗，以议论为诗"的味道，能从其中感受到宋诗意蕴，体现了其创作思想的转变。

第三，在对待唐诗的问题上，朱、查二人均诗宗杜甫，广泛博采。

查慎行"唐宋互参"的诗学观，诗宗杜甫，对此本章第一节已有详论。查慎行认为宋诗继承了杜甫的诗学特点，是一脉相承的。朱彝尊亦诗宗杜甫，他认为杜诗："无一字不关乎纲常伦纪之目，而写时状景之妙，自有不期工而工者，然则善学诗者，舍子美其谁师也欤？"⑧ 可谓推崇备至。他对杜甫的推崇主要集中在"关乎纲常伦纪之目"以及"写时状景

---

① （清）洪亮吉：《西溪渔隐诗序》，《卷施阁集》文甲集卷十，清光绪三年刻本。
② （清）梁章钜：《退庵随笔》，卷二十一，清道光十六年刻本。
③ （清）洪亮吉：《北江诗话》卷一，陈迩冬校点，人民文学出版社1981年版，第21页。
④ （清）宋荦：《西陂类稿》卷二十八题跋，清文渊阁四库全书本。
⑤ （清）洪亮吉：《卷施阁集》，文甲集卷十，清光绪三年刻本。
⑥ 钱仲联主编：《清诗纪事》第一册，江苏古籍出版社2004年版，第2709页。
⑦ 王英志：《朱彝尊山水诗初探》，《暨南学报》（哲学社会科学版）1996年第10期。
⑧ （清）朱彝尊：《与高念祖论诗书》，《曝书亭集》卷三十一，四部丛刊本。

之妙"两个方面,这与查慎行几乎一致,查慎行不仅对杜诗的"写时状景之妙"有过大力推崇,同时更加推重的则是杜甫的"关乎纲常伦纪之目"的情怀,查慎行评价杜甫:"三重茅底床床漏,突兀胸中屋万间"(《题杜集后二首》),褒扬其胸怀天下的人格品性。对于杜甫那些忧国忧民的儒者的豪情抒写的热血讴歌给予极高评价。评点杜诗云:

> 叙事言情,不伦不类,拉拉杂杂,信笔直书,作者亦不知其所以然,而家国之感、悲喜之绪,随其怅触引而弥长,遂成千古至文,独立无偶。(《北征》评语)

> 此章当与《北征》篇参看,一在乱前,一在乱后,家国之际,寓慨良深。中间一段,正见自命本领。(《自京赴奉先县咏怀五百字》评语)

> 以下专述骊山汤泉事。祸乱之机已动,公之先见及此,故慨叹独深,自比稷契,抱负可知。(《自京赴奉先县咏怀五百字》"凌晨过骊山"三十二句评语)

在朱、查所处的时代,《北征》《自京赴奉先县咏怀五百字》都因其过多铺陈,含蓄蕴藉不足,不为神韵诗派所喜,而多有批评。查慎行对《北征》的评价,或受时代影响,首先指出了此诗直抒所见、叙事言情、拖沓拉杂的不足,但是这并不妨碍此诗成为"千古至文",正是由于其"家国之感、悲喜之绪",而对于《自京赴奉先县咏怀五百字》的评点,一样忽视其艺术价值,更注重"寓慨良深"的内在意蕴,肯定了杜甫致君尧舜、自比稷契的奉儒守职的人格精神。

朱彝尊与查慎行均持正统的儒家诗学立场,强调诗歌的正统观念与政治教化传统,宗法杜甫。在这一点上,朱彝尊同与其齐名的王士禛有着明显的差异,王士禛他虽然在理论上并不贬斥杜甫,但他不宗法杜甫,赵执信《谈龙录》中说他"酷不喜少陵,特不敢显攻之"[①]。朱彝尊的诗学观

[①] (清)赵执信:《谈龙录》,丁福保辑录《清诗话》,中华书局1963年版,第313页。

念同王士禛有着鲜明的分界，他虽然未曾直接表露与王士禛的异趣，他从其对严羽"妙悟"说的批评来看，其诗学旨向已经十分清楚。同为尊唐派的朱彝尊与王士禛之间的差距甚至要大于尊宋派的查慎行，这不能不说是清代诗学一个很有意味的现象。

钱仲联在《梦苕庵诗话》中引沈曾植语："竹垞诗能结唐宋分驰之轨"①，查慎行实际亦是如此，他主张"唐宋互参"，淡化纷争。朱、查诗学均产生于诗坛亟待一场以维护诗歌本体为中心的变革来抵制宗法宋元诗之陋习之时。二人发展了弘通的文学观，反对宗唐祧宋莫衷一是的片面诗学取向，具有深层的一致性。朱彝尊说："学唐人而具体，然后可以言宋。"② 学习宋诗之前要对唐诗有全面的把握，可以看出，朱彝尊并不反对"言宋"，只是要有一个前提即"学唐人而具体"。这与查慎行的"唐宋互参"相比其实并没有本质的区别，查慎行实际也承认唐诗对宋诗的影响，宋诗中优秀的作品往往就是善于学习唐诗之精华，只不过在查慎行的审美世界中，宋诗具有与唐诗并行的诗学地位。这一点相较于朱彝尊显得更加理性、通融。

最后，在对待"学问"的问题上，从表面上看朱彝尊诗中"见学"，查慎行"不见其学"，但实则二人都主张博学、重视学问。

朱彝尊是学问渊博、才大力雄的学者，查慎行虽不及其学问精深，但其学养也在清代士人中不可小觑。郑方坤《国朝名家诗钞小传》称查氏学问浑灏，"深沉好古，于书无所不窥"。③ 邓之诚在《清诗纪事初编》中说："嗣瑮诗不及其兄之沉着，而才思不匮，尽绝浮响，亦自可传。读书似不甚多。"④ 从侧面也可以看出查慎行之学问素养。他博学经史，犹深于《易》，然而在诗歌创作上，二人则呈现两种风貌。

后人论及朱彝尊一致认为朱诗"书卷淹博"、"才力雄富"⑤、"腹笥

---

① 钱仲联主编：《清诗纪事》第一册，江苏古籍出版社 2004 年版，第 2709 页。

② （清）朱彝尊：《丁武选诗集序》，《曝书亭集》卷三十七，四部丛刊本。

③ （清）郑方坤：《敬业堂诗钞小传》，程千帆、扬扬整理《三百年来诗坛人物评点小传汇录》，中州古籍出版社 1986 年版，第 244 页。

④ 邓之诚：《清诗纪事初编》（上），上海古籍出版社 1965 年版，第 791 页。

⑤ （清）朱庭珍：《筱园诗话》卷二，清光绪十年刻本。

弥富,……旁搜远绍,取精用宏"①。宋人萧德藻说过:"诗,不读书不可为,然以书为诗则不可。"② 大抵因为他读书多,学问大,写诗时总不免跃跃欲试。而查慎行则不喜欢在诗中显露学问,对此赵翼在《瓯北诗话》对二人诗中"有书无书之异"中早有论述:

>　　诗写性情,原不专恃数典,然古事已成典故,则一典已自有一意,作诗者借彼之意,写我之情,自然倍觉深厚,此后代诗人不得不用书卷也。吴梅村好用书卷,而引用不当,往往意为词累。初白好议论,而专用白描,则宜短节促调,以遒紧见工,乃古诗动千百言,而无典故驱驾,便似单薄。故梅村诗嫌其使典过繁,翻致腻滞,一遇白描处,即爽心豁目,情余于文。初白诗又嫌其白描大多,稍觉寒俭,一遇使典处,即情深稳,词意兼工。此两家诗之不同也。如初白与朱竹垞各咏甘泉汉瓦,两诗相较:竹垞诗光怪陆离,令人不敢逼视;初白诗平易近人,便难争胜。至与竹垞《水碓联句》《观造纸联句》,各搜典故,运用刻划,工力悉敌,莫可轩轾。有书无书之异,了然可见矣。③

如果把这段话前半段的吴梅村换成朱彝尊也未尝不可,朱彝尊书卷气重,用典较繁,查慎行很少用典。但这并不是说查慎行反对在诗中用典,查慎行反对是堆垛典故、逞博炫奇、生吞活剥等用典过多致诗气凝塞的现象。他说:"平生怕拾杨刘吐,甘让'西昆'号作家"(《自题癸未以后诗稿》)。自觉地与辞藻华丽、用典绵密的西昆体划清界限。他评陆游的《巢山》其二的"穿林双不借,取水一军持",云:"近日诗人好用此替身字眼,固是下乘。能知诗料非此之谓,则诗道进矣。"此诗中"不借"、"军持"均为替代语,查慎行认为此为作诗之下乘境界。

　　查慎行赞赏典故与自身情感浑然一体,用古而达到近乎无迹的诗作。

---

　　① 钱锺书:《谈艺录》,中华书局1984年版,第108页。
　　② 转引自(宋)范晞文《对床夜语》卷二,(清)丁福保辑《历代诗话续编》(上),中华书局2006年版,第415页。
　　③ (清)赵翼:《瓯北诗话》卷十,霍松林、胡主佑点校,人民文学出版社1963年版,第160页。

如其评点杜甫诗《戏题寄上汉中王三首》（其三）的"鲁卫弥尊重，徐陈略丧亡。空余枚叟在，应念早升堂"。杜诗这四句句句有典，查慎行却说："俯仰情深，用事若此，与古俱化矣。"（《初白庵诗评》卷一）"俯仰情深"、"与古俱化"是查慎行所认为的用典的最高境界，也是他诗歌创作所努力的方向，查诗不用典则明白如话，"一遇使典处"则如赵翼所言的"即情深稳，词意兼工"。

当然，诗歌创作中的书卷气、用典等还属于"学问"的外在层面，透过表面，朱彝尊与查慎行在对待学问的态度上并没有太多的不同。朱、查诗学主张中进一步发扬了黄宗羲重学的主张。查慎行曾评价当时的诗坛风气说："诗风日以盛，诗义日以乖。"对此他指出"诗关学不学，岂系才不才"（卷四十《题陈季方诗册》），把"才"排斥在作诗之外，虽然失于片面化，但是亦可以看出他对"学"的重视程度了。查慎行的"学问"观念较朱彝尊更为宽泛，既有经史子集、诸子百家著作，同时亦包括魏晋唐宋诗歌著作，查慎行说："六经诸史百氏之说，惟诗材是资。"朱彝尊日教训孙辈说："凡学诗文，须根本经史，方能深入古人窔奥，未有空疏浅陋、剿袭陈言而可以称作者"①；又说："学之必有本，而文章不离乎经术也"②，强调作诗要以经史为根柢，重学与治学又是同一件事。

然而查慎行重视博学的诗学主张到了诗歌创作时，却止步不前，他又说："插架徒然万卷余，只图遮眼不翻书。"但这并非说明在诗歌创作的层面，查慎行排斥学问。查慎行认为"学"的作用应当在于"养诗力"，他说："闭门更读书十年，尚冀成章附吾党"（卷十一《酬别许暘谷》）；"向来正得读书力，闭门万卷曾沉酣"（卷十九《题项霜田读书秋树根图》）。又说："天资必从学力到，拱把桐椅视培养"；"向来风骚流，泛滥无津涯"。可见，他认为"学"是作诗的根本，作诗需要"无津涯"之学，这与朱彝尊是相通的。朱彝尊虽然爱显露其学，但他并不是在诗中堆垛学问，大发议论，而是要求表现诗人心灵熔铸过的思想情感，同时这种表现又必须是自然的、不可遏止的流露。可以看出，诗本于性情，是二人共同的诗学基点与归宿。

---

① （清）陈廷敬：《翰林院检讨朱公墓志铭》，《曝书亭集·附录》，康熙刊本。
② （清）朱彝尊：《与李武曾论文书》，《曝书亭集》卷三十一，四部丛刊本。

(三) 同中存异

朱彝尊与查慎行有着相同的诗学旨归，但却有着不同的诗学道路。关于二人之不同，前人论述较多①，本书主要就其未提到的地方以及不深须待之处略作补充。

朱、查诗歌的不同首先表现在反映现实的深度上。清代知识分子惮于上纲上线的文字狱，诗歌成为寄闲情、发感慨、谈义理的工具，虽然这不失为自我保护的一种方式，但对诗歌本身而言却是一场灾难。中国诗歌史上强烈的关怀现实的传统，逐步消减，"正而过则迂，直而过则拙"②。清代诗人，尤其是康雍时期的诗人已经失去了"言人之不敢言"的魄力，这一点在朱彝尊的诗作中更为明显。尽管反映民生疾苦之作，并没有触及当时统治者的忌讳，但朱彝尊仍然避开了抒写这类话题。虽然他前期诗中也有一些触及社会与政治，反映民生疾苦，感时伤怀之作，但总体而言，虽有离合盛衰之感，多是超然事外，大都不涉及具体历史背景，也不写时事。诗歌题材仍然以生活琐事及闲适逸情为主，尤其是侍宴、侍食、歌功颂德占据大量篇幅。

查慎行关怀现实的诗作，大都作于入仕之前，入仕后此类作品就明显减少。不过因为查慎行入仕时间较短，篇幅上并不占据主要地位，同时早年从军西南的人生经历，极大地丰富了他的诗歌内涵。因此总体上看，查慎行是清代诗人中为数不多的几位关注社会现实与民生疾苦的诗人。对此朱彝尊也是认同的，他评点查慎行的诗《送张裕斋郎中》曰："字字有关民瘼，以规为颂，所谓仁言利民。"③严迪昌说："《敬业堂诗集》认识价值较之他表兄朱彝尊《曝书亭诗集》远为丰富。"④的确，就反映现实的广度和深度而言，《曝书亭集》是无法望其项背的。

另一方面，在对待"男女相娱"一类作品的态度上，朱、查二人亦有不同。这一点从二人晚年自订诗稿时，所作删减的态度就可以看出。朱

---

① 参见杨燕、陈玉兰《朱查诗歌比较论》，《浙江师范大学学报》（社会科学版）2007年版，第6页。
② （清）王永彬：《围炉夜话》，中州古籍出版社2008年版，第145页。
③ 查慎行：《敬业堂诗集原稿》，上海图书馆藏稿本，眉批。
④ 严迪昌：《清诗史》，浙江古籍出版社2002年版，第563页。

彝尊晚年自订诗集,"宁不食两虎豚"也不删去其《风情二百韵》。《风情二百韵》曲折详尽地记叙了作者早年的一场情史,怀念逝去的情人。而查慎行晚年删诗,最重要的就是删去了"男女相娱"之情的作品,《云樵外史诗话》提及查慎行晚年编订诗集时,"凡妓席、忆妓、香奁诸作悉删去之"①。观上海图书馆馆藏《敬业堂诗集原稿》就可以看出缪焕章所言不虚②,《敬业堂诗集原稿》中此种诗作并不在少数,查慎行早年如《初见》《即目》这一类作品,均为此类诗作,但在诗集付梓时均被删除,从中可以看出他内心的审美取向。查慎行也说:"东将入海手掣鲸,嘲弄花月非人情"(《敬业堂诗集》卷一《题王璞庵南北游诗卷》),表述了其诗歌创作中的正统观念。

小　　结

综上所述,查慎行与朱彝尊诗学之差异是表层的、次要的;共性是深层的、主要的。在当下清代诗学研究中,我们总是容易陷入一个极端,即以把"尊唐"、"尊宋"作为划分门第、派系的第一标准。实质上,清人对待"唐宋"的态度,绝非脸谱式的简单直接,纵观清代诗坛,单纯主宋或主唐者少之又少,即便同一个人,亦有一生数变者,亦有坐言而不堪起行者。朱彝尊虽一生宗唐抑宋,但从其对宋诗的批评上看,很多已经属于"莫须有"③,最可能的解释就是朱彝尊并非针对宋诗,实则其言在此而意在彼,借贬宋之名而行纠正诗坛弊端之实。从二人密切的诗歌唱酬,以及彼此的认可和推重,能够看出"尊唐"、"尊宋"不是划分门派的唯一标准。不能简单地因为诗学的道路不同,而认为二人分道扬镳。

朱彝尊与查慎行保持了诗学上的一脉相承,而将王士禛的神韵说作为了对立面。全祖望云:"国朝诸老诗伯,阮亭以风调神韵擅扬于北,

---

① (清)缪焕章:《云樵外史诗话》卷一,民国七年缪荃孙艺风堂刊本。
② 查慎行:《敬业堂诗集原稿》,上海图书馆藏稿本。
③ 朱彝尊对宋人的一些批评很多属于不实之词,如钱锺书先生就曾批评朱彝尊:"复误认宋诗皆空疏不学者之所为,故曰:'开口效杨陆',而不知放翁书卷甚足。"(《谈艺录》,中华书局1984年版,第108页。)

竹垞而才藻魄独步于南，同岑异苔，屹然双持。"① 当然就诗学影响力而言，朱彝尊、查慎行始终无法与王士禛并峙，他们对康熙诗坛风气的思考以及努力，在主流诗风以外架起了另一番天地。朱、查二人尽管所走的道路不同，但其诗学旨归则十分相似，查慎行从根本上继承了朱彝尊的诗学精神，并加以发展，更加圆通，归根结底，二人具有共同的诗学旨归。

---

① （清）全祖望：《鲒埼亭集》卷三十二序，四部丛刊本。

第四章 查慎行诗歌的诗史价值

一 《敬业堂诗集》的诗史特征

"诗史"的概念来自孟棨的《本事诗》,他在评论杜甫时说:"杜逢禄山之难,流离陇蜀,毕陈于诗,推见至隐,殆无遗事,故当时号为诗史。"[①]后又经宋代人阐发,"诗史"遂成为中国诗歌史上内涵丰富又颇有影响的诗学概念。

《敬业堂诗集》具有"诗史"价值,严迪昌先生在《清诗史》的《查慎行论》一文中已对此论述颇深,本节将对其所未提及的方面进行补充。查慎行具有"以诗存史"的创作意识,勾绘了清代士子心史的浮沉、祖国山河的广袤画卷、康雍盛世中的民生疾苦。恰如孟棨所言"推见至隐,殆无遗事"是杜诗被称为"诗史"的重要原因。查慎行《敬业堂诗集》亦能够凭借其同时期诗人诗集中无可比拟的连续性与广泛性,堪为"诗史"之号。

张晖在《中国"诗史"传统》一书中对诗史的概念进行进一步阐释,认为"历代的'诗史'说,贯彻着一个最基本的核心精神,那就是强调诗歌对现实生活的记录和描写"[②]。首先,查慎行诗歌的内容十分丰富,举凡山川风光、民情风物、行旅舟次、吊古怀今、离乱兵革、饥荒抢掠、感时咏物、诗会应酬、题画听琴、恭酬应制,长吟低讽,无不入诗。充实的诗歌内容,源于他丰富的人生阅历。青年时,他以一介书生,短衣挟策,随军转战千里,远涉江湖,穷甌脱之境;入直翰林期间,又随驾北上

---

① (唐)孟棨:《本事诗》,(清)丁福保《历代诗话续编》,中华书局1983年版,第15页。

② 张晖:《中国诗史传统》,生活·读书·新知三联书店2012年版,第264页。

塞外。终老林下后，60岁游闽中，68岁复游粤中，至70高龄，再次登上了庐山，这样的人生经历在清代士人中并不多见。查慎行将自己丰富的阅历，融为诗资，展示了不同地区的风土风情和极具地域色彩的文化，具有一定的史料价值。一生游历南北，经历之广在清代诗人中罕有人匹，而在其人生历程的每个阶段，都有相应的诗作记录他的行踪，为后人探寻他的行踪事迹留下了最可靠的第一手资料，因此，以诗来观其行，不仅可以清晰勾勒出其人生行旅轨迹，也可从中窥见其行为背后的心路历程。

其次，《敬业堂诗集》编撰方法本身具一种"以诗存史"的心意。一部《敬业堂诗集》，存诗五千一百余首，正续集共五十六卷。查慎行将之逐年编排，从编排方式来说《敬业堂诗集》三个显著特点：

其一，结集烦琐。查慎行把自己康熙十八年（1679）以后的诗歌创作逐年编排分集，除《续集》外，最长为《慎旃集》，大概因其较长，又分为上、中、下三集。最短的《云窟窿集》《敝裘集》《宾云集》仅一个月。

其二，时间有连续性和精准性。查慎行在30岁的时候开始存诗，此后一生只有儿子克建逝世数月未存诗，一直到他逝世的前1个月，均笔耕不辍。总体诗歌跨度达41年。他将诗集时间被精准地记录，如果诗集中有跨年之作，也会清楚地标明。

其三，诗作产出数量的稳定。从作品的平均数量来看，作诗数量最快的集子为《生还集》和《云窟窿集》，排除旅行途中，排除环境闲暇、朋友应酬等外在因素，查慎行的作诗数量基本没有太大的起伏，基本上月月有诗，他既没有一般诗人所谓的创作"高潮"，亦很少在一段时间放弃为诗。

查慎行如此烦琐的结集，也只有宋代的杨万里有此先例，然观《诚斋集》，可以看出，其创作的稳定性上有着巨大的变化①。查慎行存诗如此之多，仅次于陆游，然而在连续性上，放翁亦不及，他始终维持着相对稳定的作诗状态。对此他不无骄傲地说："一日例吟诗一章，中间未觉应酬忙。"（卷四十八《自题粤游草后》）

---

① 杨万里诗集从《江湖集》的每年67首，一跃而为《荆溪集》的每年258首，其写作速度发生了巨大的变化。

第四章 查慎行诗歌的诗史价值

查慎行作诗速度快，存诗多，也招致了不少批评，如："慎行此集，随笔立名，殆数倍之（指杨万里）。其中有以二十四首为一集者，殊伤烦碎，然亦征其无时无地不以诗为事矣。"① 时人亦有云："余尝病太史诗集颇伤繁重，窃欲稍加芟薙，掇其菁华，以存太史之真。"② "国朝查初白诗秀骨天成，固属一时之家。然卷轴太多，微欠空疏。"③ 都直指查慎行结集烦琐，失之沙汰。他集中的确存有相当一部分为应酬之作，如时人云："初白诗逾万首，得于玉局、放翁为多。然率尔应酬，率易之笔亦不少，可知诗贵精不贵多也。"④ 又如："查初白《宾云集》与朱竹垞同至闽南联句及纪游诸作，皆集中上乘。惟《赠汪悔斋方伯》五古一首，有人评云：'煌煌大篇，极口褒奖，究其极，不过索一荔支东道耳！何笔墨之不自重若此！'又云：'此种诗断不宜存之。不独累诗品，亦累人品……极口颂扬，千篇一律，此山人墨客积习，亟宜屏除。'"⑤ 此处金武祥引时人评价，虽有待商榷，但也展现了查慎行"性喜作诗，游览所至，辄有吟咏"及"无时无地不以诗为事"的创作态度。比较现在通行本《敬业堂诗集》，可知查慎行在付梓前删改了大量诗歌，从查慎行《敬业堂诗原稿》⑥的反复修改、大量删诗来看，查慎行锻字炼句，刮垢磨光，精益求精，"平生作诗，不下万首"（许如霖《敬业堂诗集序》）洵非虚言。

正如张仲谋所言："《敬业堂诗集》的最重要特点是在反映诗人一生方面所表现的完整性、连续性和具体性。……可以说，《敬业堂诗集》就是他的诗体自传，也可以说是一部年谱长编。"⑦ 足以看出，诗歌之于查慎行不仅是情感宣泄工具，更是记录行迹、心路的手段。"年来百事多颓废，何必于诗若用心。正尔苦心谁复识，尧夫自有打乖吟。"（卷四十一《今年拟不作诗复为友人牵率破戒口占自解》）诗人看似的自我解嘲，却

---

① （清）纪昀等：《钦定四库全书总目》（整理本），中华书局1997年版，第2352页。
② （清）朱景英：《云麓诗存序》，《畬经堂诗文集》卷四，清乾隆刻本。
③ （清）何日愈：《退庵诗话》，钱仲联主编《清诗纪事》第一册，凤凰出版社2004年版，第3253页。
④ （民国）由云龙：《定庵诗话》，钱仲联主编《清诗纪事》第一册，凤凰出版社2004年版，第3259页。
⑤ （清）金武祥：《粟香三笔》卷六，清光绪刻本。
⑥ 上海图书馆藏查慎行《敬业堂诗原稿》。
⑦ 张仲谋：《清代文化与浙派诗》，东方出版社1997年版，第141页。

透露出苦心无人识的无奈,以作诗消遣者的眼光,自然难以理解查慎行的用心。查慎行的这种作诗方式与编排体例,让我们从中清晰地看到了他一生的生活与心路轨迹,诗歌于他不仅是"作诗自取排吟兴"(卷六《奉陪朱大司空松林看杏花同吴楞香许时庵王薛淀吴匪庵诸公分韵二首》)的工具,他早已有了"以诗存史"之心。

查慎行深谙"诗史"之道,刻意"以史笔入诗"。这一点他继承了其师黄宗羲的观点,黄宗羲尤其重视诗与史的关系,其《万履安先生诗序》有云:"今之称杜诗者以为诗史,亦信然矣。"又提出"以诗补史之阙"、"诗之与史,相为表里者"。[①] 查慎行深受师门熏沐,持有深广的历史意识,铸就《敬业堂诗》的诗史价值。诗可以充实史的内容,在形象性和生动性上,诗具有史所无法比拟的优势,查慎行诗不啻为黄宗羲是言的绝佳的范例。

查慎行素来服膺杜甫,对杜诗诗史价值深表认同。他评点杜甫诗歌中多次强调杜诗的诗史特征,如评《送重表侄王砅评事使南海》云:"叙次明畅,直同史传"(《初白庵诗评》卷上);评《送陵州路使君之任》云:"以史笔为诗,醒快夺目"(《初白庵诗评》卷上)。查慎行行认为诗歌在反映历史时,具有其他艺术门类所不能比拟的优势。评点杜甫的《羌村三首》(其三)云:"乱后神情,绘画难尽,唯妙笔足以达之"(《初白庵诗评》卷上);评《春夜喜雨》云:"此种景画家所不能绘,唯诗足以发之"(《初白庵诗评》卷上)。查慎行在《余作〈江州杂诗〉灌园即垂和,续为〈浔阳行〉,感慨淋漓,读之使我心恻,因推本其意,再成长律四十韵,首言风土,次序东晋以后,迨明初,一一窃据事,终于宁南乙酉之祸,此州被乱情形,始末略备,休养生聚,其在斯时乎?并邀恒斋太守同赋》次序记录了江州史事,许多记载不见于正史,查慎行自序其创作心态言"篇成聊纪实,大雅待君赓"(卷十四),强调诗歌的纪实性,对此唐孙华评曰:"似杜",其实就是说查慎行与杜甫诗史观念的相似。

查慎行认为所谓"诗史"不仅生动记录历史现实,还要寓褒贬,扬善恶。"诗史"也应具备"史识"的品格。这一点他在评点《投赠哥舒开府翰二十韵》中有所表露:"公平生意不满哥舒翰,观此篇'驾驭必英

---

① (清)黄宗羲著,陈乃乾编:《黄梨洲文集》,中华书局1959年版,第46页。

雄'一句可见。通首亦多叙明皇恩遇之隆,而无功业可纪。其见于他诗者,一则曰:'请公问主将,焉用穷荒为';再则曰:'潼关百万师,往者散何卒';三则曰:'请属防关将,慎勿学哥舒'。合观前后,大抵有贬无褒,此其所以为诗史欤。"可以看出,在查慎行的诗学观念中,诗史不仅要有叙述时事的纪"史"功能,同时也继承了褒贬美刺的《春秋》传统。这才是真正意义上的"诗史"。

二　风情、风景、风物——广袤缤纷的画卷

查慎行说:"爱山爱水成吾癖"(卷二十五《绿波亭》)。他"平生好游不知止,二十三年十万里"(卷二十八《出都时属禹司宾之鼎作初白庵图,取东坡"身行万里半天下,僧卧一庵初白头"诗意也,余自己未出游,计道里所经,视先生奚啻十倍,今白发且满头矣,所居园池之东,有闲地数亩,拟结茅其上,而资斧适乏,不溃于成,辄题数语以坚初志,览者勿笑道旁之筑也》)。一生往还奔波,仅江西一处,曾在半年之内,就经过湖口六次:"半年经六度,此度是归程。"(卷十六《早发湖口县》)创作了大量的诗篇。好友唐孙华亦说他"生平癖好,尤在诗及山水、朋友,其于进取荣利之途,泊如也"[1];郑方坤《国朝名家诗钞小传》云其"江山神助,诗益富而且奇"[2]。查慎行将所历山川浪滩名胜土习,悉寓于篇,可谓"得江山之助"的绝佳诠释。《敬业堂诗集》中山水诗、风情诗占据大半篇幅。具体而言,主要在以下几个方面:

第一,《敬业堂诗集》集中展现了查慎行所游历之地的民俗风情,尤其是丰富地展现了黔地风俗画卷,涉及黔地风俗方方面面,打开《敬业堂集》,首先扑面而来的是一股新鲜的气息。

来到黔地后,查慎行怀着极大的好奇探究民俗,"偶到不妨频问俗,既来何苦又思家。"(卷一《将至玉沙舟中述怀呈家季叔二首》其一)通过对边塞风情的描写,来转移、消解思乡之情。查慎行入黔后所作诗不外乎两类,一是写贵州山水风光,二是写西南少数民族风俗风情和独具特色

---

[1] (清)唐孙华:《敬业堂诗集序》,周劭标点《敬业堂诗集·附录》,上海古籍出版社1986年版,第1759页。

[2] 钱仲联主编:《清诗纪事》第一册,江苏古籍出版社2004年版,第3246页。

的社会生活,都颇具新意,特别是后者更具有开创性,展现了丰富的内容。如《黎峨道中二首》之二:"青红颜色裹头妆,尺布缝裙称膝长。仡佬打牙初稼女,花苗跳月便随郎。"(卷二)描绘了黔中苗族独特的服饰打扮及婚嫁习俗。又如《咂酒》一诗云:"蛮酒钓藤名,乾糟满瓮城。茅柴输更薄,挏酪较差清。暗露悬壶滴,幽泉借竹行。殊方生计拙,一醉费经营。"(卷三)涉及中国酒文化中的咂酒习俗,《邛嶲野录》记述:"咂酒:用蜀黍蒸熟拌曲,贮小瓷坛中,月余乃熟,置水少许纳竹管,咂亦酒中之别名也。"[①] 查氏此诗记述黔地的这一饮酒习俗,观察细致。另如《黔阳即事口号三首》中"苗妇短裙多赤脚,僰僮尺布惯蒙头"、"土产丹砂及水银"、"蒟叶分盐沾鸠舌,槟榔和血点猩唇"(卷三)等诗句,交代了黔地物产和苗族人民的穿着打扮。查慎行也关注当地人民的居住环境,《鸡冠寨》一诗云:"丝路微从鸟道分,半空鸡犬隔江闻。雨声飞过岩头砦,多少人家是白云。"(卷二)这首诗摄取了一幅侗苗山寨图,沅州地处湘、黔交界的山区,山路崎岖,峭壁崚峋,诗作展现了一派宁静祥和、充满诗情画意的田园风光,然而背后涌动着对当地百姓生活艰难生活环境的担忧。如果说这首诗表现的情感比较隐晦的话,那么《自沅州抵麻阳二首》则更加明显,诗云:"半月天无一日晴,乱山处处走溪声。废坪隔岸分秧水,小砦因高占土城。"诗下注:"乡民避兵者,俱踞山筑城,名曰土砦"(卷二)。当地人为了躲避战乱,踞山筑城,可以看出战争对人民生活的影响。在《初入黔境,土人皆居悬崖峭壁间,缘梯上下,与猿猱无异,睹之心恻,而作是诗》说:"巢居风俗故依然,石穴高当万木颠。几地流移还有伴,旧时井灶断无烟。余生兵革逃难稳,绝塞田畴瘠可怜。好报长官蠲赋敛,狝猿家室久如悬。"(卷二)巢居,本是当地人已经放弃的原始习俗,但现在为了躲避战乱以及苛捐杂税,百姓抛弃家园在悬崖峭壁间居住,使得"巢居风俗故依然",诗人希望用诗唤起统治者的重视。

因为这次赴黔经历,后来友人毕忠吉还专门找到他询问贵州风俗,他说:"此邦风物口能说,笔墨形容反难罄。但从记忆得大凡,一一舟车往

---

① (清)何东铭:《邛嶲野录》卷十五《舆地》,《四川府县志辑》卷六十八,巴蜀书社1992年版。

堪证。荒程杳邈六千里，冷署苍凉十三郡。荒山无树茅纷披，乱水分溪石绵亘。金蚕闪闪夜放蛊，苦雾蒙蒙昼埋穽。经过密箐偶逢人，双眼睢盱语难听。裹头黑㡋毡覆膝，赤脚花苗裙及胫。呼同山鸟似有名，籍隶官司总无姓。其中一二稍秀拔，略解诗书诵贤圣。凭将流寓较土著，有似蓬麻草中劲。卅年况复两遭乱，孑孑残黎偶然剩。此时收敛加冠巾，亟赖名贤计安定。"（卷六《毕铁岚佥事将督学贵州枉问黔中风土短章奉答兼以送行》）这首诗对"黔中风土"从历史到现实步步展开，从自然环境到人文环境，可谓历历在目。

云贵高原是一个多民族聚居的地区，此间民俗风情亦别具特色，但由于地居僻远，多未经题咏，正所谓"元柳目未经，陶谢屦不逮"[①]。查慎行自言："片石只从开辟在，题诗曾阅几人来。"（卷二《同沈将云杨鲁山游铜崖》）清代以前诗人对西南云贵地区还很是陌生，古来贵州的诗人并不多，本省杰出的诗人，又多宦游在外。在查慎行之前，贵州本省诗人和外来宦游的骚人墨客虽有记游之作，然多写以贵阳及遵义为中心开发较早的地区，很少深入村寨之中。查慎行涉足黔境，写了大量风情诗、山水诗，其中所描绘的地区，许多是连当地土人都"无人举其名"的僻远之地。用自己的创作实绩，开拓了清代诗歌题材。查慎行当是清代第一位集中写西南边塞诗且有较大影响的诗人，极大地提升了清初西南边塞诗的艺术水准，丰富了黔地民族风情的描写，后来舒位、洪亮吉、沈兆霖、吴仰贤、赵翼等人的游黔诗创作在不同程度上均受其影响。

除了描写云贵之外，查慎行也将笔触投向其他的地方，在描写中他深受民歌的影响，他说："他山曲水如巴字，别与新词谱竹枝。"（《昌江竹枝词八首》）这些山乡的歌谣，勾起了他填写竹枝词的兴趣，查慎行这一类型的作品较多，写得清新自然，没有雕琢之痕，展现了当地民风民俗。如写在安徽、江苏一带行舟途中的《青溪口号八首》：

> 隔水闻语声，空中应来肖。行到响山潭，人人发清啸。（其二）
> 渔家小儿女，见郎娇不避。日暮并舟归，鸬鹚方晒翅。（其六）
> 屯溪船上客，前度去装茶。娶得东村妇，经年一到家。（其八）

---

① （清）郑珍巢：《经巢诗集校注》，杨元桢注释，贵州人民出版社1992年版，第31页。

表现了清溪一带社会底层男女间善于歌唱,以及纯朴的爱情观念,没有受传统"男女授受不亲"礼教影响。查慎行对此没有丝毫的批判,描写清新自然。

又如《珠江棹歌词》:

> 一生活计水边多,不唱樵歌唱棹歌。疍子裹头长泛宅,珠娘赤脚自凌波。(其一)
> 生男不娶城中妇,生女不招田舍郎。两两鸳鸯同水宿,聘钱几口是槟榔。(其三)

疍子,是清代在广东、广西、福建一带的水上居民,多以船为家,从事渔业、运输业。诗人以明白如话的语言描述疍民的生活特点,尤其是疍民女性天然赤脚,不着罗袜,也步履轻盈,美丽大方,一反清初妇女缠足陋习。第二首则介绍了疍民的婚姻习俗,特别是"聘钱几口是槟榔",冲破了传统的"父母之命,媒妁之言",没有了彩礼与烦琐礼节,富有进步意义。

第二,查慎行用诗歌描绘了一幅广袤的祖国山水画卷。他"平生汗漫游"(卷二十三《大风渡前山漾》),饱鉴神州河山,"游览牂牁、夜郎,以及齐、鲁、燕、赵、梁、宋,过洞庭,涉彭蠡,登匡庐峰,访武夷九曲之胜,所得一托于吟咏,故篇什最富"①。有不少描写大江南北山水风情之什,特别是入黔时所写的反映湘楚、贵州山水风光的作品。正所谓"新诗也得江神助"(卷十四《大雪渡马当》)。这些诗描写了奇山异水之境,注入了新鲜的审美感受,开拓了清代山水诗的题材,查慎行对黔地风光的描写,写山、洞、水,诸体俱备,各具风貌。写洞者如《天擎洞歌》:

> 黔江自与楚水通,楚山不与黔山同。神灵有意幻奇谲,使我豁达开心胸。初披榛莽觅微径,旋渡略彴蹋奔洪。水穷云起岩洞出,外象轩豁中含空。阴丛轰轰聚蚊蚋,老骨硌硌摧虺龙。悬崖俯瞰势将坠,

---

① 王钟翰点校:《清史列传》卷七十一,中华书局1987年版,第5810页。

一柱突兀撑于中。蜂房倒垂作层级,钟乳乱滴穿玲珑。不知瀑布之源在何许?天绅飘下朝阳东。石梁截断千匹练,明珠迸出鲛人宫。又疑蜥蜴吐沫散冰雹,寒气飒飒生回风。长林丰草四时润,雨露不到谁尸功?(卷二)

从小生活在江南水乡的查慎行,面对迥异于江南的自然环境,为之深深地震撼。诗人披荆棘、觅幽静,到达天擎洞,看到黔地山峰的奇伟秀丽、变化多姿。西南多山,连绵起伏,体积巨大,由于它们的横断阻隔,人们的视野不能任意延展,山山岭岭、一沟一壑中似乎有着无尽的谜,变化万千的气候也让诗人生出无限的幻想。

如写山的五古《飞云岩》亦堪称奇境之章:

白云本在天,变幻随所到。无端忽堕此,穴地启洞窍。石髓久渐凝,灵姿特神妙。轩轩势欲举,外秀中笃鸷。坐劳佛力镇,刻画恣凌暴。山灵怒不受,企脚首频掉。犹虞从风扬,出山不可叫。呈形寓百怪,意想得奇肖。昂昂舞狮象,狠狠蹲虎豹。蛟龙护鳞甲,鸾凤披羽翻。或疑人卓立,又似波倾倒。形容口莫悉,览胜难领要。造物太雕刓,将毋元气耗。林泉为映带,旁引转深奥。清阴矗古柏,远响落幽瀑。遂令过客心,出入殊静躁。惜哉灵胜境,乃落西南徼。好事偶一逢,高情复谁较。独留阳明碑,千古表蛮獠。(卷二)

黄平城东飞云岩,被誉为"黔中第一奇境",历来歌咏的作品很多,与众多作品相对比,这首诗别具想象力,从山岩之形成落笔,次写所见的各种奇崛景观,为"灵胜地"的流落边地而惋惜。

与奇崛的山相比,黔中的水则更具灵性,正如查慎行所云:"黔山虽可憎,黔水颇可爱。雨声怒流浊,晓镜忽破碎。千年老树枝,礌石亚完块。"(卷二《大雨泊黄蜡关江水暴涨黎明解缆诸滩尽失矣》)如写瀑布的《母猪洞观瀑》:

蛮中六月交,山路苦焚蒸。卧闻夜雨来,快起寻乳穴。入洞微有声,足底响呜咽。出山忽震怒,闪瞬不容瞥。岩前汇奔流,人骇马辟易。来如曳组练，一线注飞白。跌为渊潭深，湛湛落澄碧。石牙互参错，吞吐霹雳舌。直从湾澴底，跳沫腾百尺。惨惨天变容，凛凛风作雪。冈头杜宇叫，万竹划然裂。将归得奇观，顿解肺肝渴。（卷四）

查奕照评曰："状黔山之瀑布如此化工肖物！'霹雳舌'三字尤新极。"诗人从山与水密切相连的角度入手，勾勒出山水相映、相浮之奇美意境，将山水视为具有灵性的"人"，比喻新警。

羁旅行役，要面对许多常人无法想象的困难，刚离开家乡的查慎行，想念故乡"似觉柔橹声，咿哑犹在耳"（卷二《枕上偶成》）也曾经产生了悔恨甚至畏惧的情绪，"轻生犯过涉，既济稍知悔"（《大雨泊黄蜡关，江水暴涨，黎明解缆，诸滩尽失矣》）。但自然界的壮美冲淡了晦暗心境，他渐渐融入了这一方水土之中。他歌咏奇异流光的塞外夜景："露白霜清候，千岩万树头。银河斜绕塞，金镜迥悬秋。轮自东隅上，光从西极流。天长雄鼓角，野静散貔貅。星火移躔避，关山倒景收"（卷三十三《中秋夜柳林口玩月，与玉符先生及亮功、紫沧、西君三同年小饮，偶成十六韵》），"长水塘南三日雨，菜花香过秀州城"（卷四十三《晓过鸳湖》）；既有灵秀可爱的山中美景："雨织龙梭香作涎，四时不断吐飞泉。藕丝帘子玲珑影，卷起晴云别有天"（卷四《齐云山六绝句（其二）》），又有饱受战乱的萧瑟古寺："瓦砾城隅万灶旁，居然古寺比灵光。残僧一去尘蒙佛，画角孤吹夜雨霜"（卷二《清浪卫广福寺》）；既有烟水浩渺、清丽妩媚的西湖美景："草色才青柳未齐，石函桥北断桥西。琉璃一片楼台影，过尽笙歌十里堤"（卷二十六《西湖棹歌词十首（其五）》），又有苍莽大气、境界开阔的塞北风光："一林槲叶一林枫，半染青黄半染红。只道平沙随地阔，忽开绝境与天通。冰霜气候阳和里，金碧山川指顾中。"（卷三十《度汗铁木儿岭》）这些诗歌，以独特新颖的观察视角和生动传神的艺术描摹，逼真地再现了广袤大地色彩缤纷的自然景致，展示出一幅幅精美无比的锦绣图画。

第三，查慎行的诗中既有令人惊叹的幽溟险怪、雄奇超绝的奇景，也有与人们日常世俗生活密切相关的普通景观，如城市、村墟、郊外等。

他笔下生机盎然、橹声咿哑的雨中江南村庄："十里沿洄暮霭昏，熟衣天气半清温。菰蒲响雨烟沉浦，芦荻回船水到门。跃网忽惊鱼尾健，坠檐初见橘头繁。"（卷四《雨中过董静思山居》）又有冰雪覆盖的北国旷野："颇讶今年雪，方知此地寒。春深犹漠漠，野阔更漫漫。咳吐纷珠玉，飞扬富羽翰。近从烟际辨，远入雾中看。鸿爪轻留迹，杨花滚作团。"（卷二十三《二月杪南归涿州道中遇雪十八韵》）从小生长在寂静鱼米之乡的他，看到外面繁华的世界，充满着神秘感与好奇。其诗并不仅仅局限于怀古道今，更广泛地展现其所见的城市风貌和市井细民的生活形态。如《汉口》：

巨镇水陆冲，弹丸压楚境。南行控巴蜀，西去连鄢郢。人言纷五方，商贾富兼并。纷纷隶名藩，一一旗号整。骈骈驴尾接，得得马蹄骋。侭侭人摩肩，麼麼豚缩颈。群鸡叫咿喔，巨犬力顽狞。鱼虾腥就岸，药料香过岭。黄蒲包官盐，青箬笼苦茗。东西水关固，上下楼阁迥。市声朝喧喧，烟色书暝暝。一气十万家，焉能辨庐井。两江合流处，相峙足成鼎。舟车此辐辏，翻觉城郭冷。黄沙扑面来，却扇不可屏。稍喜汉江清，浣纱见人影。（卷一）

在清代诗人中，查慎行笔锋较早涉及的南北水陆交通枢纽的汉口，诗作中尤其着力于渲染汉口商业的繁荣：商贾云集，车水马龙、人流如织，商业移民众多，其中尤其指出渔业和药材行业的兴盛，甚至"药料香过岭"，是诗可以补充史料的记载。聂世美先生评之曰："洵为当日汉口之《清明上河图》"[①]。

节日更是能够体现一个城市的活力与文化，春节是中国民间最隆重的节日，查慎行第一次在京城度过春节，他写下了《凤城新年词八首》，集中展现了节日氛围笼罩下的京城。"万岁山前百戏陈，内城排日作新春。金钱多少缠头费，半出朝元会里人。"（卷六《凤城新年词八首》其一）交代当时演剧活动之盛行。"杏黄缰配紫貂鞍，天子亲祠祈谷坛。前队不教传警跸，万人齐傍马头看。"（卷六《凤城新年词八首》其三）祭神活动和与之相关的民俗活动是京城新年一大胜景，吸引了万人驻足观看。"巧裁幡胜试新罗，画彩描金作闹蛾。从此剪刀闲一月，闺中针线岁前

[①] 聂世美：《查慎行选集》，上海古籍出版社1998年版，第12页。

多。"（卷六《凤城新年词八首》其六）从侧面写出妇女过年的心情，她们巧制首饰、试做新衣，争相打扮，以全新的服饰形式，迎接新年的到来。"才了歌场便卖灯，三条五剧一层层。东华旧市名空在，灵佑宫前另结棚。"（卷六《凤城新年词八首》其四）灯会亦是重要的节日民俗活动，歌场刚刚结束，百姓纷纷沿街赏灯，好不热闹。"茧纸轻敲作鼓声，衔环络索铁铮铮。踏歌连臂同儿戏，何限年光付送迎。"（卷六《凤城新年词八首》其八）大人们敲着鼓逗孩童玩耍，充满了新年的欢愉之情。这八首组诗从多个角度描写了新年的风俗，涉及皇宫内外，既有演戏的地点及赏赐的情形，也有"天子亲祠祈谷坛"的场面；既有皇上臣子间过年的风俗，更有城市平民的生活写照。集中展现了京城春节的繁华、热闹，内涵十分丰富。又如表现元宵佳节的《黔阳踏灯词五首》：

  川主庙前喧笑来，花蛮狡狯学裙钗。马鞭拦入北门去，闲杀新城普定街。

  不用弯环竹架棚，长条宛转曳红绳。月光人影蒙笼里，一色花篮廿四灯。

  雄蜂雌蝶拥官衙，先后轮番唱采茶。忽转歌头翻四季，声声齐和牡丹花。

  龙尾龙头五丈余，茸鳞镂甲洗兵初。班头旧出灵官阁，鼓板中间领木鱼。

  赤脚娥徒闹扫妆，木梳笼鬓去随郎。一年一度芦笙会，又赶春山跳月场。（卷三）

  这组诗记述了作者在元宵节观看当地灯会的所见所闻，摹写了热闹非凡的元宵节庆祝场面，恰是呈现了所有的史书上没有记载的一个动态瞬间，展现了当地有别于中原地区的特有风俗，如特殊的灯饰，还有跳月、赛歌等庆典活动。

除了展现盛世之繁华景象之外，将诗笔触更多地伸向更深层的社会现实，揭示盛世繁华笼罩之下城市现状，历史上"民足鱼蜃之饶"的玉沙城，在查慎行的笔下则展现出另一番图景，来看其《玉沙即事二首》（其二）：

绝少鱼虾入膳庖，豚蹄随意散塘坳。鸡栖茅店鸦争食，燕去蘧庐鼠啮巢。暗窟草深移蟋蟀，晴丝露重缀螳蛸。乍来寂寞荒江曲，欲赋《芜城》感慨交。（卷一）

如今荒凉破败。前三联写景，笔触细致入微，非细心观察莫能言此，尾联以情结，表达了诗人蒿目时艰而对战争与民生所产生的深深的忧虑。

三　战争、天灾、贫困——民生疾苦的体察

查慎行自言"我从田间来，疾苦粗能言"（卷五《悯农诗和朱恒斋比部》）。亲历战乱生活与自身低下的社会地位，使查慎行对战乱造成的民生疾苦亦有较为深入的体察，从春耕秋获等农事活动到天灾租税等百姓疾苦，在他笔下都得到了充分的反映。

始于康熙十二年（1673）的"三藩之乱"，持续了八年，撼动了清王朝的半壁江山，给整个国家尤其是百姓造成了极大的困苦。查慎行从军南下之时，"西南余寇未殄，警急烽烟，传闻不一"（《敬业堂诗集》卷一《慎旃集序》），吴三桂已亡，其孙世璠即位于贵阳，整个西南呈现一片战乱之象。三年的军旅生涯，接连不断的激烈战争，兵戈纷扰下满目疮痍的现实，查慎行不仅经受了战争的残酷，而且开拓了他的文学视野。他不再局限于书斋中的吟风诵月，而是更多地关注国家、民族的命运以及战乱期间的百姓生活，对人民的不幸遭遇有了更直接、更深切的同情。他以诗笔记载了战争的状况以及战乱期间的所见所闻。

《敬业堂诗》客观真实、生动细致地揭示了吴三桂叛乱给黎民百姓带来的灾难和痛楚。其诗《北溶驿》写道："西隔辰阳才百里，伤心战地见何曾。尸陁林下乌争肉，瘦棘花边鬼傍灯。井与田平柴栅废，燕随人散土巢崩。相逢漫说从军乐，一饭无端百感增。"（卷二）战后的残酷惨烈令

人触目惊心。他用冷静的笔端直面现实："累累新冢荒郊徧，还有遗骸半未遮。"（卷一《初冬登南郡城楼》）荒冢白骨，一片凄凉死寂。而在一些诗中，他并不直接去写这种残酷之景，如《武陵送春》诗云："笋屐篮舆几地逢，春华一梦记南中。草痕吹过青杨瘴，花信飘残画角风。烧尾蛇应流枉矢，惊弦鸟亦避虚弓。桃源只隔孤城外，流下辰阳战血红。"（卷二）前三联只是泛泛写景，并未涉及战争，尾联从桃园留下的血水，可以看出战争的酷烈。

查慎行本是抱着极大的热情投入到军队之中，然而随着战争的深入，他不断目睹黎民苍生之苦，心灵亦被洗礼和颤动，厌战之情达到了极致。"万马南来牧宿荒，连山浅草不能长"，"米价最高薪最贱，炊烟晴散画梁灰"（卷二《沅州即事》），诗中代百姓立言，表达了对战争的厌恶。"万里烟霜回绿鬓，十年兵甲误苍生。眼前可少丰年兆，野老多时望太平。"（卷三《黔阳元日喜晴》）在行军过程中，查慎行被眼前的贫困惨象所震撼，对受苦受难的底层人民报以深切的同情，如《白杨堤晚泊》：

客行公安界，榛莽遥刺天。百里皆战场，废灶依颓垣。岂惟人踪灭，鸦鹊俱高骞。但闻水中鬼，拍拍绕我船。朝来望澧阳，稍稍见疏烟。晚泊得墟落，潭沙水洄沿。天风鸣枯杨，众鸟巢枝颠。居民八九家，其下自名村。野火烧黄茆，瘦牛皮仅存。姻亲儿女舍，相对篦无樊。我前揖老父，款曲使尽言。云自南北争，兵火六七年。初来尚易支，斗米换佰钱。去秋忽苦旱，谷价十倍前。朝市有推移，世业誓不迁。况闻江南北，兵荒远亥延。逋逃等无地，旅仆谁哀怜。我感此语真，欷歔泪流泉。有生际仳离，朝夕计孰全。悠悠逐徒御，即事思田园。（卷一）

百里战场，一片废墟，连年的战争，给这里的百姓带来了深重的灾难，远近村落，"榛莽遥刺天"、"鸦鹊俱高骞"，更令人苦不堪言的是米价飞涨，百姓已经没有了活路。然而劫后余生的几户村民，却仍然不愿意逃离故乡，一方面因为舍不得离开祖祖辈辈生活之地，另一方面实在无处可逃，这怎能不令人欷歔堕泪。查奕照评是诗曰："可抵少陵《哀江头》《石壕吏》诸篇。"战争给一个地区带来的创伤是难以抚平的，多年之后，查慎行来到曾经的战场休宁县，看到如下景象："人家新屋宇，村落好山川。沙塌鱼跳岸，芦荒雁下田。"生活恢复了平静与生机，然而百姓依然"怕谈兵火事，犹记八年前"（卷四《从屯溪坐竹筏至休宁县》）。

查慎行在揭露藩王作乱所带来的祸害时，丝毫不讳言清军的恣意横行、军纪败坏，给民间带来的骚扰。在从湖南麻阳到贵州提溪的行军过程中，查慎行密切关注战争对于百姓的伤害，他的《麻阳田家二首》之二云："俗贫盗见弃，夜户可不设。翻为防逃兵，乡社有团结。隔河闻人声，淡淡鬼灯灭。我欲从之言，灌莽高八尺。"（卷二）老百姓穷得连盗贼也不愿光顾，晚上门户也不用关闭，但是为了防止抓兵，乡社却都成立了武装组织，直接指向这种抓丁扰民的行为。而七古《麻阳运船行》："麻阳县西催转粟，人少山空闻鬼哭。一家丁壮尽从军，老稚扶携出茅屋。"（卷二）以纪实的手法，真实再现了当时朝廷四处抓夫的情景，同时通过军士在百姓面前骄横跋扈和百姓听到打仗闻风出逃，深刻揭露了统治者的穷兵黩武。又云："南行之众三万余，樵爨军装必由此。小船装载才数石，船大多装行不得。百夫并力上一滩，邪许声中骨应折。前头又见奔涛泻，未到先愁泪流血。脂膏已尽正输租，皮骨仅存犹应役。"（卷二）真实地再现了为转送粮草百姓所遭受的痛苦，对那些搜刮民脂民膏的行为作了无情的批判，这种批判在当时是相当富有战斗精神和现实意义的，在诗歌的结尾，这种批判达到了高潮："君不见一军坐食万民劳，民气难苏士气骄。虎符昨调思南戍，多少扬麈白日逃！"（卷二）深刻地揭示了在残酷的压榨之下，百姓的痛苦，士气的骄惰，充分展现了诗人的反战思想与民本情怀。又如《偏桥田家行》，诗云："结茅住山颠，种田在山麓。田荒费牛力，仅得播种谷。七年际离乱，饥馑死相属。稍思岁一稔，生命丝或续。师旅比凯旋，骄嘶百万足。黔山无水草，何以充首蓿？成群走阡陌，泥淖没马腹。食叶蠋其根，螟蟘等荼毒。秧刍一朝尽，妇子终岁哭。"（卷四）写军队纵马吃禾苗连根踏毁造成的惨状，这些诗歌都可以看出查慎行早年有着美刺现实的勇气，他能站在百姓的立场上，直言不讳。诗中愤慨地直接称清军为"跋扈兵"（卷一《晚泊安乡县六韵》），这种勇气在他以后的诗作中就很难见到了。

在生产力水平低下的年代，自然灾害对农业生产的打击巨大，查慎行有许多诗作关注自然灾害给百姓造成的疾苦。如写家乡雨灾的《麦无秋行》:"三春雨多二麦荒,裒卷尽萎田中央。"到割麦时"腰镰往刈才盈尺,雉尾欐褷藏不得。惊人角角渡水鸣,别向原头草间活。可怜鸦鹊不知时,群下荒畴觅余粒。"可见农民劳作之苦,在这个时候鸦雀还来觅食。诗歌结尾"我为老农语鸦鹊,明年好收从尔食。"(卷四)一句意味深长,"鸦雀"既是实指田间觅食之鸦雀,也可以看作象征,指坐享其成的盘剥者。又有写夏蝗之灾,如《飞蝗行和少司马杨公》:"去冬腊雪不盖土,今岁天行旱畿辅。门前有客来故乡,为言千里皆飞蝗。绿陂青野一时失,但见黄云蔽白日。"诗人对家乡的蝗灾感到极其焦虑,然而"宫城十丈高巍巍,谁能禁尔漫天飞"(卷七),暗示统治者身居皇宫,不管不顾。又如写水灾的《吴江田家行》:"高田去水一尺许,低田下湿流沮洳。半扉潦退尚留痕,两足泥深难觅路。土墙颓榻茅屋倒,时见牵船岸上住。家家网得太湖鱼,米少鱼多无换处。"(卷二十)康熙二十七年查慎行南归。《秦邮道中》记录离都返乡途中之见闻:"高田半没低田淤,小舟卖藕兼卖鱼。可怜活计堕水底,尽是失业耕田夫。湖波怒啮孤城口,一派崔崔萃渊数。"(卷九)记录了当时高邮大水成灾,百姓流离失所、失掉生计的悲惨事实。诗人为民祈祝,宁要农村的家给人足,而不要士子的闲情逸致。

八年后,查慎行离乡入京,再经此地,再次目睹淮海发大水,查慎行在诗《秦邮道中即目》中记载:

> 不知淫潦啮城根,但看泥沙记水痕。去郭几家犹傍柳,边淮一带已无村。长堤冻裂功难就,浊浪侵南势易奔。贱买河鱼还停箸,此中多少未招魂。(卷二十二)

"边淮一带已无村"、"此中多少未招魂",读之令人惊心动魄,难以想象这是康熙盛世的民生图景。

晚年归田之后,他又经历了家乡海灾,如《七月十九日海灾纪事五首》其二云:"借穿殊少屐,欲济况无舟。我怯行携杖,儿扶劝上楼。鸡豚混飞走,鹅鸭乱沉浮。小劫须臾过,茫茫织市忧。"又如其五:"亭户千家哭,沙田比岁荒。由来关气数,复此睹流亡。痛定还思痛,伤时转自伤。艰虞吾分在,无计出穷乡。"(《续集》卷三)对雍正元年(1723)

七月,海宁遭受巨大水灾,查慎行作了细致描绘,可见其波及面之广。此诗可作当年灾情之实录。

查慎行对农民生活的反映并非仅仅局限于农耕上,他还涉及百姓维持生计的诸多方面,在反映农村、农民生活的广度和深度上,在同时期诗人中,堪为翘楚。写捕鱼如《黄河打鱼词》:

> 桃花春涨冲新渠,船船满载黄河鱼。大鱼恃强犹掉尾,小鱼力薄唯唼水。鱼多价贱不论斤,率以千头换斗米。河壖大潦秋不登,今年两税姑停征。但愿田荒免逋赋,与官改籍充渔户。(卷二十三)

这首诗是作者在康熙三十六年(1679)南归途中,在清江浦有感而作,诗中描写黄河产鱼丰盛,但因水涨害农,庄稼歉收,百姓难交欠赋的艰苦处境。全诗以平民百姓的口语入诗,写出百姓不得不提出农户为渔户的可悲要求。又如《淮浦冬渔行》:

> 长淮冬涸成沟渠,风雪夜折荒洲芦。小船冲冲凿冰去,冰面跃出黄河鱼。冲寒捕鱼作渔户,手足皲瘃无完肤。三时转徙一冬复,渊薮偶寄蜗牛庐。无田不得事农业,有水尚欲输官租。自从十年淮泗满,平地下受滔天湖。谁驱鳞介食人肉,漏网幸脱鸾刀诛。得时鼋鼍聚窟宅,失势鲂鲤充庖厨。眼前竭泽有余憾,取快报复聊须臾。但看明年春水上,鱼鳖又占居民居。(卷十九)

这首诗描绘了淮北渔民冬季凿冰捕鱼的场景,对渔民的艰辛给予深切同情,查嗣庭评此诗:"沉郁痛快,得未曾有。"如此关注底层、直面现实、批评时弊的作品,在其他诗人笔下亦不多见。在《闸口观罾鱼者》中查慎行又记录了渔者为生计所逼迫,不得不无分巨细,揭露了官吏滥征穷搜,横征暴敛,弄得民穷鱼竭,使"其中巨者长二寸,领队已足称豪酋"。他对社会充满了隐忧:"人穷微物必尽取,此事隐系苍生忧。一钱亦征入市税,末世往往多穷搜。"在康熙盛世敢发"末世"之叹,足见其勇气。

《敬业堂集》中还有不少诗以蚕织为题材,反映了家乡农民辛苦植桑蚕织，仍不免贫苦的可悲现实。如诗人康熙二十二年（1683）自黔阳归故里时写的《养蚕行》，此诗写农民养蚕"蚕多桑少叶腾贵，千钱一筐卖未甘"，花费了极大的成本，"蚕娘一月不梳头，懒惰却输辛苦好"。经受了种种艰辛，结果却遭奸商与官府的压价盘剥："将丝换钱索官串，无者价昂有者贱。"半年辛苦，终于无补于生计。诗人在此诗中喟叹："贫家衣食天所悭，别许居奇营巧宦。"并从此扩大开来，以"即今闽海尚兴师，争利人人学贾儿"（卷四）来映射这种残酷剥削的普遍存在，极有现实意义。

康熙五十五年（1716），诗人在故乡写的《蚕麦叹》亦属这类内容："舄卤之地成梢沟，倾都委货烂不收。村姑尚以蚕命月，野老曾于麦望秋。恤纬孰是织室者，杂耕吾亦农家流。县符早晚急夏税，何暇更为百草忧。"（卷四十五）诗写农村灾难不绝，农民种麦养蚕，却仍为苛繁的税赋所苦的不幸遭遇。又如："小满初过上簇迟，落山肥茧白于脂。费他三幼占风色，二月前头早卖丝。"（（卷四十三）《村家四月词十首（其四）》）写蚕农养蚕的辛勤劳动，望着白白胖胖的满山蚕茧，蚕农心怀喜悦。但一想到早在二月就已把这次蚕茧所抽的丝卖掉，今后衣食无着，不免忧愁伤心。

整个清代前中期，农民田赋负担还是保持在明代的水平而并没有减轻，由于清政府连年战争，国库空虚，急需苛捐杂税以维持国家的运转和统治者的安逸富裕生活，尽管身处康熙盛世，农民相反为高额的赋税而年年操劳，一年下来还是所剩无几。查慎行对此看得十分透彻，他说："私租入富室，公税输县官。"于是"所余尚无几，未足偿勤拳"（《悯农诗和朱恒斋比部》）。再如："种柳河干比伐檀，黄流今已报安澜。可怜一路青青色，直到淮南总属官。"（卷十一《官柳》）又如《观刈早稻感》：

> 被褥相逢半压肩，刈禾争趁老晴天。蒹葭对岸遮邻屋，蚱蜢如风过别田。地瘠不知丰岁乐，民劳尤望长官贤。谁知疾苦无人问，秋税新增户口钱。（卷二十三）

诗下自注："吾邑户籍十万，每丁岁输力役之征，今年忽从田赋加派，数百年旧制坏矣。"赋役包括田赋和力役，康熙时力役开始从田赋中征收，这意味着农民要多交户口钱，查慎行对此十分不满。查慎行行船到鄱阳湖，并未流连于美好的景色，而是关心民情，指责赋税繁重："楚水吴烟一览收，新移锁钥控中流。谁兴桑孔缗钱利，尽算江湖大小舟。"（卷四《过湖口作》）

查慎行这种心忧苍生、关注民生的精神，与杜甫的精神一脉相承，查慎行多次评点杜诗，毫不掩饰对杜甫的推崇，甚至超过了他"三十年毕力于斯"的苏轼。查慎行对杜甫的追慕不仅体现在行为与诗歌创作上，更体现在人格与思想上，晚年查慎行作《题杜集（其二）》一诗云："漂泊西南且未还，几曾蒿目委时艰。三重茅底床床漏，突兀胸中屋万间。"（卷四十五）极力歌颂杜甫"穷年忧黎元"的忧国爱民思想。杜甫的忧患意识、民本思想，深深影响了查慎行诗歌创作，查慎行"隐系苍生忧"，积极抒写社会现实，关怀民生疾苦，这些体现了他对儒家入世精神和济世情怀的接受和践行。

四　矛盾、谨慎、压抑——盛世文士的心史

查慎行诗歌被称为"诗史"，其意义不仅是它提供了丰富生动的外部社会生活的历史，还在于它是一部内在心灵探索的历史。《敬业堂诗集》有着同时期诗人别集所无可比拟的连续性与广泛性，生动地勾绘了康雍盛世中士子的生活状貌，查慎行更有着倍于常人的细腻与敏锐，缔造了《敬业堂诗集》的"心史"价值。严迪昌认为查慎行描写官场生涯的诗篇，"不啻是一部高层文化人士的心态史传"[①]。查慎行身处人向往之的清要之地，周旋于高层缙绅的浮华圈，时刻保持着如履薄冰的谨慎心态，用诗笔勾勒出别的诗人所难以企及或感受到的士人层面的众生相。《敬业堂诗集》为我们考查中国士人的心灵脉动，提供了最丰富、最成熟、最典型的史实。

查慎行在表现这一内容时却是隐晦的。《敬业堂诗集》中"纪恩"、"谢赐"、"恭和"之作约近千首之多，几占全集五分之一。上海图书馆藏《敬业堂诗集原稿》是查慎行诗集未印前稿本，可以看出查慎行对

[①] 严迪昌：《清诗史》，浙江古籍出版社2002年版，第563页。

诗作进行了大量删减,而唯独进入翰林时候的分集删诗很少,可见查慎行有意留下大量应制之作。在《自题癸未以后诗稿四首》之二中暗吐心声:

> 论卷排成手自删,多惭小草落人间。迷藏赖有南山雾,莫便轻窥豹一斑。(卷四十)

查慎行作此诗时,震惊整个士人阶层的"戴名世《南山集》案"过去不到半年时间,在这场文坛浩劫中,查慎行的好友钱名世、汪灏、王式丹均被牵及,虽然他从未正面涉及此事,但不能忽视此案对他的震动。仅仅第二年之后,查慎行就下定了决心逃离官场。这首诗暗示《敬业堂诗集》已自删,留下的诗篇则有彰显迷雾之用。"老人情怀恶,含语不得吐"(卷四十七《雨中早发南昌留别李堉旸谷》)正所谓"谁识浅深意,画时良苦辛"(卷二十七《为杨次也题周兼画》),画如此,诗亦如此。《枕上偶拈》是今存查慎行的最后一首诗,诗云:

> 捻须拥鼻出呻吟,浅语中含感慨深。燕散已无雏可恋,花开尚有蝶相寻。病余稍悟浮休理,闲处微征寂照心。因病得闲闲且病,也如梦阅去来今。(《敬业堂诗续集》卷六)

查慎行临终依然再次强调自己语言虽浅显,但包含着深刻的道理和感慨。查慎行已多次提到其难以言说的苦痛。他既希望编集传世,但在文网严密的康雍时期,有很多话不能言更不敢言,既要不惹文祸,又能让后世会其心意,后人在读其诗时不被表象所迷惑。探寻查氏之内心,势必剥茧抽丝,把诗人难言的情思逐层展现。

康熙逐步解决南明政权、平定"三藩之乱"等问题,最终迎来了国家统一,国力逐步富强,呈现出国泰民安的升平景象,然而在这盛世浮华中,士人们活得并不轻松。思想控制越发严苛,士人也被套上了沉重的枷锁,艰难的入仕门径、复杂的政治斗争、严酷的文字狱,无一不压迫着他们的神经。在这种环境下查慎行时常有焦虑忧患、诚惶诚恐的精神状态,在他的诗中时常有所表露,如:

我今过四十，貌作山泽臞。忧患煎心神，奔驰瘁形躯。早衰理则尔，何用长嗟吁。（卷十二《拔白诗》）

振翅无云霄，触藩有机穽。蹉跎曩悔失，卤莽行恐更。世自倾波涛，吾方涸泥泞。重来仰葡拂，郁抱实怲怲。（卷十一《奉送玉峰尚书徐公南归五十韵》）

严苛的环境，使他渐渐改变自我，有着略带神经质般的警醒，"暗减心情只自知"。查慎行这一时期用"人海集"命名其诗卷，卷首序言曾说："子瞻诗云：'惟有王城最堪隐，万人如海一身藏。'"对查慎行来说，蓬山之路未断，他决计隐身于朝堂之上，"雾谷潜形"。人海风波险恶，唯有时时提醒自己，要"慎行"，再"慎行"。正是由于这种惯常性的人生反思，查慎行才能在仕宦生涯中保持着警醒与理智。在浮华虚伪的官场，人情流于表面，内部的钩心斗角、尔虞我诈，无比的险恶，查慎行很清楚地认识到了这一点。

他同时也是这样劝诫自己的兄弟，如《德尹将南还次韵告别》句云："丁宁一语烦相诫，画虎休轻学伯高。"（卷十七）后一句出于《后汉书·马援列传》所载《诫兄子严敦书》，中有"效伯高不得，犹为谨敕之士，所谓刻鹄不成尚类鹜者也。效季良不得，陷为天下轻薄子，所谓画虎不成反类狗者也"等句。"画虎休轻学伯高"一句，实际是"画虎不得学季良，刻鹄勿轻效伯高"二句的互文，以此提醒其弟敦厚慎行，以免罹祸。对于三弟查嗣庭，查慎行更是反复叮咛其要急流勇退。查嗣庭在兄弟中以疏放著称，不满者则斥之为轻狂。他成进士时年四十二，较兄长顺得多。查慎行在辞官归里时，特意叮嘱前来送行的查嗣庭《留别润木即次弟送行原韵四首》（其一、其四）：

谁能问舍更求田，车自今悬室早悬。久病我忘官爵好，同朝人羡弟兄贤。鱼随水退先归壑，雁逐云飞尚各天。若是登真须拔宅，良常何敢独为仙。

事兄惭愧竟如师，至性怡怡实在斯。何日始酬偕隐愿，向人羞乞

买山资。梦馀得句怜灵运,膝下成名爱阿宜。此外升沉皆分定,吾言虽浅要寻思。(卷四十一)

诗中明白地传达了对弟润木的劝谏以及期盼其全身而退的愿望,结尾"吾言虽浅要寻思"可谓用心良苦。

在进取与隐逸中选择自身价值,是中国古代士人共同的人生命题,查慎行亦是如此。一方面,他认为:"时平而不获用,乃真途穷矣"(查慎行《初白庵诗评》卷一《赠苏四徯》评语),渴望建功立业,有所作为。另一方面,他又向往心灵的自由,厌恶名利场上的趋炎附势。在追寻功名之初他就感慨"形影何当出处分"(卷一《留别仲弟德尹二首(其一)》),"形"与"影"、"出"与"处"是士人心中难以调和的矛盾,终究无法兼而有之。查慎行随随波逐流,追名逐利,然而父辈遗民的影响,又使他在追求功名的道路上,每行进一步都伴随着深深的悔恨。在从军途中,他说:"妻孥败人意,兼顾终无术。卤莽一出门,何从算游迹。归与须早计,惆怅分飞翩。"(卷一《与韬荒兄竟陵分手,至荆州,余往监利,滞留且一月矣,作诗以寄》)他身还未到军营,就已经流露出后悔的情绪。在《溢城之游未果作诗示德尹兼答朱恒斋太守》一诗中云:"贫贱胡可居,无端两憔悴。侵寻叹末路,卤莽悔初志。岂无骨肉恩,聚少别苦易。分驰十年外,庐舍任榛刺。残冬偶同归,草草如旅次。杜门得半载,村巷传异事。不知相见骧,中有思亲泪。两柩犹在堂,牛眠指何地。堪与及日相,时俗多拘忌。吾宁葬吾亲,忍规子孙计。"(卷一)。

身心疲惫,"浪游吾转悔飘蓬"(卷十三《九日寄诸弟湖上》)。满心待归,其《儿建乞假挈累先归老人行期未定怅然有作》诗云:

委蜕儿孙去,惟留病伴吾。未能辞逆旅,翻与念长途。短梦江湖阔,余生出处孤。殷勤木上座,岁晚好相扶。(卷四十)

查慎行将自己在京城的处所看作"逆旅",在翰林院的这几年生活视为"短梦"。"江湖阔"、"出处孤"形成鲜明的对照。无论是入仕还是出世,都充满了孤独感。

查嗣庭假满还朝时查慎行就对他说:"要津居不易,况乃近莺扃"

(《送润木假满还朝四首（其三）》)，如果嗣庭此时能听从兄长所言，或许不会有此家难。然而诗终成谶，正是这种矛盾的心态，让他在落第之后，自我安慰道：

  古驿千年树，蟠根积水涯。细筋坚作骨，新叶嫩如花。绿处阴三亩，枯边画一桠。散材真自幸，剪伐几曾加。（卷二十四）

  诗为咏榕树，实将情绪寄托于物，婉曲地表达出来，正因为是无用之木，遂躲过了很多无妄之灾。不为世所用，因此也省却了许多烦恼以及对祸福难以预料的惶恐。写此诗时查慎行尚未入仕，既是自我安慰，也是对周围做官友人生活的一个缩影。

  未进入仕途之前，科举是压在士人心头的重担。它像一把双刃剑，既为士子们提供了建功立业的机会，同时使天下士人尽入彀中，拥挤在科举的独木桥上，这必然造成大多数的士人难以中举的局面。他用诗笔记录下了落魄士子追求功名的奋斗意识和迷惘苦闷情绪。《送王兔庵学博赴安顺》中云：

  尔独胡为此焉处？别家十年长儿女，失意勿复论乡土。文章下笔造奇古，诗法亦可籍溰伍。发须如丝白缕缕，宛然褒博说邹鲁。及门弟子纷可数，往往功名拾芥取。先生齿豁五十五，犹抱麟经应科举。广文片毡寒且苦，顾独求之荣衮黼。仅留僮仆丧资斧，别我西行何踽踽。我为尔歌尔起舞，舞意低昂歌激楚。而今输边方用武，何处堪容腐儒腐。桑榆有路行可补，曷不去作咸阳贾？（卷二）

  友人文章奇古、诗法超群，可是却颠沛流离，清贫如洗，可谓皓首穷经的失意文士。查慎行对其仕途失意、徒怀济世之才而不遇的处境深感不平。本非"腐儒"展才用命之世，书生尚且不如"咸阳贾"，既是怜人又是哀己，可见当时失意文士之无奈处境。贫穷士子们抱才而困，想要有所作为又缺乏最起码的物质保障，精神上也承受着尤为沉重的压力。登第入仕是绝大部分贫穷士子的立身之本，但同时清代科举中举极为不易。青年时代查慎行像当时的大多数士人一样把一生的主要精力都用来追求功名，然而"经史及百家，贯穿归组织。时文虽小试，落笔辄英特。皇天不怜才，盛壮遭屈抑。十年蹶场屋，知者为太息"（卷二十三《送学庵弟入都》）。在《哭同年王载安》中，他痛惜已逝同年："判袂京华半载余，扁舟归造故人庐。不图别后游难续，只道秋来病已除。五亩未曾营世业，一名无复上公车。读书已悔生涯误，还望孤儿读父书。"（《续集》卷一）感叹士子生活之艰辛。

受到老师黄宗羲的影响，查慎行深入洞悉科举这种社会现象，抨击科举取士的弊端。查慎行评点王安石《和王乐道读进士试卷》中云："科举固溺人，但变法亦未见实效，奈何！"实际上是借历史，以抒发个人不平。他说："文章取士意已轻，科目成名俗犹重。如君致身本高第，头白挽强方命中。可怜进士不得进，上积干薪竞传枳。"（卷十七《送唐实君游江西》），在《传经图诗柴陛升属赋》亦云：

> 自从科诏兴，六籍傍注脚。先生玉为律，子弟珠在握。修畛接畲畲，连楹开讲幄。主张三尺喙，出入四寸学。九牛群附毛，五鹿罕折角。可怜遗经在，例取束高阁。前圣多徽言，斯人孰先觉。柴生名父子，雅慕过庭乐。渊源想授受，俗笔耻轻搦。向来逐时驱，有力不如莘。……人生不朽名，岂必一第攫。举场虽云淹，世泽优且渥。传家庶无忝，作计良已慤。我亦章句儒，诗成有余作。（《续集》卷一）

查慎行一生的主要精力都在追求功名，但他的科考之路颇为艰辛。因此他对科举的弊端有着切身体会，晚年开始反思科举时文，批判空疏不学的陋习。清代以八股文来遴选士人，"八股文出题仅限于四书，注疏局囿于程朱，而格式又极死板"[①]。这就造成了一批"章句儒"，真正的学问反被荒废了，所以查慎行认为"人生不朽名，岂必一第攫"，科举成功不一定能"不朽"。

清代是中国封建社会最后一个历史阶段，也是将专制禁锢发展到极致

[①] 金诤：《科举制度与中国文化》，上海人民出版社1990年版，第216页。

的历史阶段,明代中叶以来稍见松动的心灵个性被重新加绳捆束,一代文士所承受的压抑是空前的。康熙五十一年(1712)春,查慎行因病乞假,蒙恩停免内直,生病期间他看到盛开的桃花,云:

  无数绯桃蕊,人情方最赏。齐开仲月初,花意已无余。(卷四十《二月朔日碧桃盛开》)

  在鲜花盛开、花团锦簇之时,人们方来赏花,殊不知此时已经是花意不多时。在平静的盛世表象背后,查慎行却有着深深的隐忧,他相信盛极必衰的道理,认为一个人最大的圆满是能够认清自己的本来面目、急流勇退,此时的他已如坐针毡。岁末,他又作《岁杪自叹二首(其二)》云:"天生物性故难齐,健水东流弱水西。不信羚羊能挂角,如今只有触藩羝。"(卷四十)明晰地透露了他釜底游鱼般的仕宦心态。究竟是什么让他如此不安?

  同年又作《残冬展假,病榻消寒,聊当呻吟,语无伦次,录存十六首》,这一组诗专写体察内廷生活之感受,集中展现他几年的宦海心路。其二云:

  忆昨公车待诏来,微名忽忝厕邹枚。主恩不以优俳畜,士气原于教养培。身作红云长傍日,心如白雪渐成灰。依稀一觉游仙梦,初自蓬山绝顶回。(卷四十)

  心成灰,梦已醒,身从"蓬山绝顶回",此时查慎行已经对官场彻底失望,是为何有如此的反差?其三又云:

  茫茫大地托根孤,只道烟霄是坦途。短袖曾陪如意舞,长眉难画入时图。移灯见蝎宁防毒,误笔成蝇肯被污。窃喜退飞犹有路,的应决计莫踟蹰。(卷四十)

  官场险象环生,惴惴其慄,即便曲意谨慎,依然杯弓蛇影,"移灯见蝎宁防毒,误笔成蝇肯被污"正是查慎行被排挤、中伤之后的愤懑。"窃

喜"一词,透露了他逃离尘网的松快心境。难道仅因小人所伤?再看其四:

雨露荣枯共一天,尘沙聚散几同年。车摧却怪蓬犹转,玉碎何图瓦幸全。蚁穴冰封残雪后,雁程风紧夕阳前。故人珍重留行意,回首觚棱自惘然。(卷四十)

回首几年的翰林生活,朝夕相伴,共享"雨露荣枯"的同僚好友,亲见几许同年同事的罹祸,玉碎安图瓦全?怎能不伤其类惊其心。

并非查慎行过于敏感,康熙中叶以后,文化专制已经达到了前所未有的高度,文人全变成了惊弓之鸟。来看看查慎行身边友人同僚们所谓"雨露荣枯"之命运,就能更深刻地理解查氏难言的苦衷(见下表)。

姓名	与查慎行关系	得罪经过
杨雍建	同乡、前辈	《清史列传》:"二十一年十二月,以考试武举策问,语涉讥讽,部议革职,得旨:'杨雍建为封疆大臣,如管兵官员不职,应即具疏纠劾。考试关系大典,乃于策题内暗含讥讽,殊属不合。本当如议革职,姑宽削去所有加级加录,仍降五级留任。'"①
汪懋麟	师生	《清史列传》:"懋麟遂以刑部主事入史馆,充纂修官,讨论严密,撰述最多。懋麟学持正而才通敏,其为中书时,楚人朱方旦挟邪说倾动公卿,懋麟独作《辨道论》诋之。学士熊赐履见其文,与之定交。及居刑曹,勤于职事,听断矜慎,虽强御不顾也……旋罢归。"②
钱名世	友人	雍正四年三月,因"作诗谄媚年羹尧"③罪革职逐返,亲书"名教罪人"匾额,悬其大门口,又命诸文臣写诗文声讨其"劣迹罪行"。
王式丹	友人、同年	《南山集》案后,以"行为不端"被黜。
姜宸英	友人	康熙三十八年顺天己卯科场狱兴,严虞惇的子侄连售,考官李蟠为康熙三十六年殿试状元,姜宸英为探花,而严虞惇为榜眼,三人为同年友,"御史鹿祐以物论纷纭,劾奏,命勘问,并覆试举子于内廷"④,正考官李蟠遣戍,姜宸英被逮入狱,未及昭雪,病死狱中。

---

① 王钟翰点校:《清史列传》卷六,中华书局1987年版,第365页。
② 王钟翰点校:《清史列传卷》七十一,中华书局1987年版,第5784页。
③ 《世宗宪皇帝上谕内阁》卷四十二,文渊阁四库全书本。
④ 王钟翰点校:《清史列传》卷七十一,中华书局1987年版,第5806页。

续表

姓名	与查慎行关系	得罪经过
佟法海	友人	（雍正四年）十二月，谕曰："法海本无能之人，圣祖仁皇帝加恩擢用，获罪革职，发往军营效力。伊至西宁，遂与允䄉私相交结。允䄉贪纵不法之事，法海并不劝阻。朕即位后，令允䄉来京，法海乃效力废员，未奉朕旨，即潜至京师，且谄附year尧，称为'天下豪杰'。其所言之狂悖如此……种种不法，悖乱妄行。著革职拿问。"五年闰三月，王大臣等议，照大不敬拟斩决，特旨从宽免死，发往察罕托浑，在水利处效力。①
汪灏	友人	曾为戴名世《南山集》作序，《南山集》案发后受牵连入狱。
方苞	友人、后辈	曾为戴名世《南山集》作序，《南山集》案发后受牵连入狱。

上表所涉及之人物，与查慎行均非泛泛之交。他临深履薄的仕宦心态并非庸人自扰，混迹于官场的士子鲜有善终者，而好友唐孙华有"藏身复壁疑无地，密语登楼怕有声"（《记里中事》）②，表现了那一时代文网严密下士林噤若寒蝉的心态：

唐绍祖的《送查德尹编修南归序》亦可互证：

予观自唐以来，翰林之职，最为清要，惟其出入禁近，故时政之阙失、生民之利病，凡有所见，皆可从容陈说于人主之前，而其时之为公卿者，亦皆由是官出。呜呼！何其盛也！自今天子以圣神文武之质，临照天下，而又在位久，周知细大之务，九卿百司相与奔走，奉职兢兢，救过之不暇。而翰林诸臣，虽其一二朝夕在天子左右者，亦无能出其昌言正论，裨补圣明之万一，而其余率多闲旷无憀，有穷愁湮郁之叹。盖今昔不同如此，非尽人材有异势使然也。余惟先生之未遇也，憔悴困顿，屡为有司所摈斥而不悔，是其心岂不欲久于其位者耶？而曾不眷恋于朝如是，岂其以翰林之荣名为可慕，而得之遂已耶？毋亦与初心龃龉，而有不安于其位者在也。余与庚斋皆有志世用者，能无慨哉！③

---

① 王钟翰点校：《清史列传》卷十三，中华书局1987年版，第959—960页。
② （清）唐孙华：《东江诗钞》卷九，清康熙刻本。
③ （清）唐绍祖：《改堂文钞》卷上，《四库全书存目丛书》，集部第265册，齐鲁书社1997年版，第461页。

"查德尹"即查嗣瑮，查慎行二弟。此文作于康熙四十二年（1703）秋，嗣瑮在其兄辞官告后亦请假南归。"势使然也"，无限感慨、悲酸之意溢于字里行间，源于"今昔不同如此，非尽人材有异"。从绍祖所言可知，清代翰林之职权在极端的君主专制下，失去了传统中政治的主动参与性，其职责有由指点时政转为附庸风雅，沦落为皇帝的御用文人。

查慎行翰林院供职期间，目睹了周围人的官场沉浮，他以棋局来比喻官场，如题画诗《题章岂绩观碁图》云："宇宙一棋局，白黑两战场。细极虫蚁微，大而至侯王。胥为竞心役，得失争毫芒。遂令坦坦涂，崄巇剧羊肠。可怜橘中叟，机事亦未忘。国工吾不知，童稚胜老苍。所以达观者，袖手于其旁。"（卷四十三）又有《蚁斗》："国手围棋分黑白，转头一笑全无味。村儿斗草计输赢，不解当场抵死争。"（卷四十三）讽刺那些朝中官吏钩心斗角。这样险象丛生的环境，正可谓"下有无底窦，旁有不测矶。身乏双羽翰，争先复奚为？汝往太急急，吾行故迟迟。"（卷四十七《泥溪口枕上闻雁》）离开官场的他，为自己的退出而感到庆幸。

再看《再赋古松叠前韵》一诗云：

  时闻松子落吾前，小住方知日似年。草色展开三丈地，涛声卷起四垂天。最宜物外闲相赏，久在人间绝可怜。莫道如龙难画得，真龙又值几多钱。（卷四十一）

查慎行"真龙又值几多钱"句下自注云："时润木画墨松，旁观有誉树为龙者，故戏及之。"特意说明，只是戏言。但放在此处，多少让人感觉到是一种隐含的牢骚怨语。

早年查慎行曾以"人海集"命名诗卷，来自苏子瞻诗云："惟有王城最堪隐，万人如海一身藏。"取"陆沉金马"之事，朝堂之上亦能"避世全身"。查慎行改名换字，意欲从此谨慎处世，藏身于人海之中，然而或许是"古方难适今时用"，终于明白："人言宦海藏身易，自笑生涯见事迟"（卷四十《残冬展假，病榻消寒，聊当呻吟，语无伦次录存十六首（其一）》）《敬业堂诗集》几乎完整地保留了查慎行为逃脱宦迹从惶惑不安到坚定不移的心态起伏。

康熙五十二年（1713）秋，查慎行乞休归里。他并非特例，就在同一年，翰林院诸人告假回乡者十余人①。查慎行《计日集》中作于本年岁末归乡后的《半月以来坊局史馆前后辈削籍者凡二十一人，偶阅邸抄，慨然而赋》诗云：

> 占籍几三百，同朝半盍簪。故知员太冗，不谓谴方深。枯菀宁关命，行藏各抚心。幸收麋鹿迹，终莫负山林。（卷四十二）

看着同事们的结局，查慎行不禁有几分庆幸自己的早归，避免了削籍之辱。朝廷中朝不保夕，风云难以预测，朝臣动辄得咎之战栗心态可见一斑。回顾自己直入内廷的那段生涯，查慎行说："七年供奉入乾清，三载编摩在武英。两臂病风双眼暗，枉将实事换虚名。"（卷四十《自题癸未以后诗稿四首（其一）》）得到的只是一身的病和虚名罢了。他又说："橐笔曾经侍两宫，可怜无过亦无功。未应奢望儒林传，或脱名于党部中。"（卷四十）不奢望身列《儒林传》，只求从容功成身退，不要卷入宫廷争斗的政治旋涡中。

《敬业堂诗集》除了表现身处宦海的士人进退维谷的心境，同时也传达了他自身官场生存的智慧。查慎行说："鸟道羊肠，算最险、无如作吏"（卷五十《满江红·送杨剑川罢官归云间》），他很早就意识到了官场的险恶，能在官场生涯中左右逢源要有过人的圆滑和柔韧。然而，他并非一个圆滑的人。他真正的智慧在于懂得"知止"。

查慎行认为："庸夫取同尘，君子重远害"（卷二十《永城县陈太丘祠》），"远害"是第一位的。送友人外地做官时他说："书生习气要一变，嗜好勿使旁人窥。"（卷四十一《题吴宝崖茌山读书图即送其出宰茌平》）对友人的这番劝谏，是他在饱经世态万千，看遍了悲喜离合之后的人生体会。当长子克建赴殿试北上之际，查慎行云："汝今徙暨依，慎勿希华膴。秋深决归计，且复返乡土。"（卷二十三《儿建赴殿试北上诗以示之》）劝诫其不要留恋官场，早日返乡。《闻儿建到家之信》云：

---

① （清）程梦星《分黎集》，有诗《立春》两首，其二末句"如何小岁辛盘会，半是离筵惜别人（时同馆请假者凡十余人）"，据前后诗排比，此正作于康熙五十二年旧年岁末。（《今有堂诗集·分黎集》，《四库全书存目丛书补编》第四十二册，齐鲁书社 2001 年版）

为贫而仕全家出,末路何堪久别离。书卷抛来饱鱼蠹,田园荒后长榛茨。急流自信差能退,廉吏谁云不可为。比似迁官还校喜,灯花为汝报归期。(卷三十四)

官场是复杂的,原本就不能让人有更多的棱角,查慎行早就看透了官场的腐败,在污浊的空气中,要么与世俗同流合污,要么则急流勇退。"士当未遇时,往往慕好爵"(卷四十一《题故汉州太守潘君画像》),但是真正进入官场,又发现官场并非原先所想象,"及乎婴世网,又想田园乐"(卷四十一《题故汉州太守潘君画像》),"回看宦海波涛阔,转羡收帆到岸人"(卷十三《沈稼村太史招饮耿岩草堂》),"宦海茫茫讵有涯,急流几个赴归期"(卷三十《房师汪东山先生请假奉太夫人南还留秋帆图卷子命题敬赋四绝句》),"油衣那免漏,好去换渔蓑"(《续集》卷六《大雨》)。懂得在适当的时候,"自返田园甘养拙,向来林涧恐贻羞"(《续集》卷四《陈宋斋有新年试笔见寄诗即次去年中秋齿会二章韵再叠奉酬》),脱离宦海,这亦何尝不是一种智慧。

第五章　查慎行的诗歌艺术

作为"清诗六大家"之一的查慎行，其诗歌创作成就，长期以来是研究的焦点，统观现今研究成果，多以查慎行生平进行分期，考察不同时期的风格特质；或从不同题材的划分入手，考虑诗风。如此虽然能够细化、深入地探究查慎行诗歌风格，但在一定程度上妨碍了对查氏诗风的整体性观照，本章从微观与宏观相结合，从查慎行自身诗歌创作的诗法特征入手，探讨其风格流变，并进而与康熙诗坛同期大家的诗歌创作进行比较阐发，进而明晰其诗坛地位；本章由小及大，均择取当下研究所未关注的角度，以补研究之缺失。

一　"得宋人之长而不染其弊"——查慎行对宋人诗法的继承与扬弃

在日益高涨的宗宋热潮中，查慎行是清代第一位学宋并取得突出创作成就的诗人，这首先得益于他对宋人诗法作了扬弃的继承，四库馆臣所云"得宋人之长而不染其弊"[1]，他用自身的创作实绩，进一步强化了宋诗的地位。具体在创作中，主要表现在以下方面。

1. 多虚字

杜甫以来，本已渐少的虚字再度成为诗歌"斡旋"、"转向"、"递进"的枢纽，使诗歌向日常语言进一步贴近。但是对于宋诗的这一特征，后世批评不断。如《诗人玉屑》云"句中当无虚字"[2]，陶宗仪《辍耕录》引赵孟頫语云"作诗用虚字殊不佳"[3]，谢榛的《四溟诗话》则说

---

[1] （清）纪昀总撰：《钦定四库全书总目》（整理本），中华书局1997年版，第2352页。
[2] （南宋）魏庆之：《诗人玉屑》，商务印书馆1938年版，第44页。
[3] （元）陶宗仪：《辍耕录》卷九，中华书局1985年版，第147页。

"凡多用虚字便是讲，讲则宋调之根"，指出用虚字的毛病是从中唐开始的；清人朱庭珍对亦批评："宋人七律句中好用虚字，每流滑弱，南渡尤甚"①，指出用虚字易使诗流于句弱、浅白，是站在唐诗含蓄蕴藉的角度上看宋诗的。

查慎行不反对诗中用"虚字"。他评杜甫的《画鹰》云："全篇多用虚字，写出画意。"（《初白庵诗评》卷下）杜甫的七律《和裴迪登蜀州东亭送客逢早梅相忆见寄》颔颈"用二十二虚字"，对此查慎行评价："句法老健，意味深长。"虚字甚至可以作为"句眼"，如评《上兜率寺》"江山有巴蜀，栋宇自齐梁"云："用虚字作句眼。"评杜甫的《野望》云："中二联，用力多在虚字。"虚字的使用在一定程度上使诗歌句子节奏变得流动舒缓，口语化，避开了晦涩难懂，这与查慎行的美学思想是一致的。因此他在诗歌创作中，毫不吝惜使用虚字，多用虚字、虚词是查慎行学宋的特点之一。如：《北城寒食有怀南郊旧游寄呈朱大司空并索玉友荆州和二首》：

忽听卖花声到耳，始知明日又清明。

《早出彰仪门魏禹平谈震方沈客子追送于十里之外马上留别二首》：

已着征衫上别鞯……又算班荆一度缘。

《将至玉沙舟中述怀呈家季叔二首》（其一）：

偶到不妨频问俗，既来何苦又思家。

《伴城旅店次徐子大壁间韵》：

却愁长日行难到，又指斜阳一抹红。

---

① （清）朱庭珍：《筱园诗话》卷三，清光绪十年刻本。

《下西巴里台》：

直下初从万仞巅，忽于井底见炊烟。

《乙丑元日立春》：

忽于此地逢元旦，况复斯晨属早春。

《除夕与德尹信庵守岁二首》：

家贫未免思游官，及至成名累有官。

《敝裘二首》（其一）

布褐不妨为替代，绨袍何取受哀怜。

《上元前一日饮陶颖儒上虞县斋》：

载酒也应怀贺老，折腰毋乃累陶公。

虚字的使用，意脉完整清晰，诗歌语言有一种近似日常语言的浅切生动。查慎行有时将同样的虚字，在不同诗中重复使用，如：

而我于其间，狂吟快新获。（卷一《与韬荒兄竟陵分手兄至荆州，余往监利，滞留且一月矣，作诗以寄》）
而我无处着，遂访薛逢居。（卷十二《入胥门访薛孝穆不值，留诗示之，兼简许旸谷、钱玉友》）
而我于中流，高枕故咏诗。（卷十四《大风至刘婆矶》）
而我乃为口，臛归满筥筐。（卷二十一《食薑心菜》）

钱锺书《谈艺录》"诗中好用而我"条说："唐以前唯陶渊明通文于

诗，稍引厥绪，朴茂流转，别开风格。"认为韩愈好用"而"、"而我"等语助词，查慎行对此亦颇有效法，强化了在诗歌中运用散文的笔法。

查诗好用虚字，最为翁方纲所不满。上海图书馆馆藏翁方纲评点本《敬业堂诗集》中翁氏常用的批语"扯长"，他评点查诗云："烦多损精微"①，虚字过多，就必然导致诗句被虚字稀释，显得拉杂冗长，有损"精微"。

2. 用重字

唐人作诗有避重字一说，特别是近体诗一般一首诗中不能出现重复的字。在近体诗对仗句中，上下二句不得出现重复的字，不仅上下二句相对应的同一位置上的字不重复，就是不同位置上的字也不得重复。中唐诗人开始使用重复字入诗，在孟郊、韩愈、卢仝、刘叉、李贺的诗中比比皆是。宋人则走得更远。

翁方纲云："先生诗复字颇多。"② 查慎行诗歌的重字不是机械地重复，也不是沿用传统的顶真手法，而是依据描摹意象、渲染意境的需要，或在句内隔字重字，或在句外隔句重字。举例来说：

《春夜同外舅陆先生陈夔献吕彤文许时庵朱悔人魏禹平王令贻王赤抒吴震一张损持家荆州兄集朱大司空斋分韵二首》：
春灯春夕宴，一到一回欢。

《雨阻红花埠》：
冲风冲雨冲波浪，瞥眼江湖十载余

《桃花寺》：
已过桃花口，再问桃花寺。

《晓发胥口》：
半浮半没树头树，乍合乍离山外山

---

① （清）翁方纲批点：《敬业堂诗集》，清雍正增刻本，上海图书馆藏。
② 同上。

《午日重登庾楼和朱恒斋太守》：
已上孤城又上楼，使君高宴最风流。

《重阳前一日至越州自太守以下地主无一人在郡者即日返棹作此解嘲》：
半醒半醉他乡酒，黄叶黄花古郡秋。

《晓望敬亭山怀梅耦长孝廉》：
孝廉诗好画亦好，不爱城市居山村。

《西城别墅十三咏新城王清远属赋》：
一峰复一峰，峰峰不相似

《大风至刘婆矶》：
水从西南来，风亦西南吹。

《青溪口号八首（其三）》：
溪女不画眉，爱听画眉鸟，

《秋山晓行》：
忽从山麓上山椒，忽转山腰路一条。

《庭前牵牛卯开辰萎真可谓之顷刻花今早偶摘一朵平置盆池水面至日落鲜艳如初戏作二绝》：
博得儿童传好语，房房敛尽一房开。

《度云顶关》：
目极云生处，到来云满身。

《张湾舟夜寄德尹都下》：
渔汀见渚梦依稀，长是思归未得归。底事得归犹怅望，可怜倦羽又分飞。

《金竹坪》：
秋阴非雨亦非雾，岚气似烟还似云。

《为杨次也题周兼画》：
秋光淡于水，秋水淡于人。

《徧游铃冈岭下诸禅室》：
山僧住山久，不道深山好。山下每相逢，山中迹如扫。

从以上例子可以看出，查慎行诗多重字，多为古体，但亦有五七言律诗、律绝，有单句中重复，也有对句重复，还有隔句重复的现象。重字的使用，使诗歌更加口语化的同时也传递出语言的律动之美。当然他并非所有重字都用得好，也有一些是由于诗人"失检"造成的。有一些则用得没有必要，影响了诗歌的音韵之美，如《敬业堂诗集》的开篇之作《游燕不果乃作楚行》：

北道初停辙，南辕未息戈。一门初约变，歧路独行多。（卷一）

这么短的篇幅中，连用两个"初"字。又如《渡百里湖》：

湖面宽千顷，湖流浅半篙。远帆如不动，原树竞相高。岁已占秋旱，民犹望雨膏。涸鳞如可活，吾敢畏波涛。（卷一）

两个"湖"用的尚可，两个"如"字一首诗中重复用字，尤其是虚字，且意义相同，这种重复就显得没有必要。

实际上，查慎行在谈诗歌创作时，多次反对在诗歌中大量出现复字，包括意义上的重复也是不可以的，如他评点王维的《汉江临眺》："第一、第三句中两用'江'字，不但如此也，'三江'、'九派'、'江流'、'前浦'、'波澜'篇中说水处太多，终是诗病"；评点陈子昂《晚次乐乡县》

诗云："'故乡'、'旧国'犯重，唐初律诗不甚检点，以后讲究渐精细乃免此病"；评僧如璧《再次前韵》"借问折腰辞五斗，何如折臂取三公"："三四两'折'字，未妥"；对于方回、纪昀激赏的陈师道《寄外舅郭大夫》一诗，查慎行亦毫不留情地指出："中二联，'不忍'、'未忍'，犯重。四十字中，何至于失于检点若此。"

但这并非说明查慎行反对在诗歌中用复字，关键还要看运用的效果，如其评点杜甫《放船》的"江市戎戎暗"二句则曰："叠字生新。"他自己在诗歌创作中也被时人指出，用字的重复之处，如《王甥汉皋南归诗以示别二首（其一）》中有："也知归橐俭，应谅客囊贫"翁方纲评此曰：" '贫'与'俭'复"，又如《禹尚基属题水村图小照二首（其二）》："朝衫犹绊未归人，画裏须眉淡有神。已办青鞋青箬笠，问渠何路出黄尘？"翁方纲评曰："何必着两个青字。"实际加上前一首已经出现了"青"字，此处出现三处"青"字。

无论是重字还是重意，有时影响了诗歌语言的凝练性，缩减了诗歌情感容量，查慎行作诗速度快，数量多，一些诗篇缺少锤炼，"查初白《敬业堂诗集》，存者过多，遂少别择。其沉博清转之作，固据胜场，而下笔颓唐处政复不免。"[①] 这尤其体现在其长篇五、七古中，正如《雪桥诗话续集》云："查他山七古俊利，长篇间有喧砌之嫌，其短篇尤见遒紧。"[②] 查慎行的古体诗，的确有锤炼不精之处，相对而言短篇就比较遒紧。朱廷珍云："（查慎行）投赠分卿，动为连章，尤好为长篇，急于求知，冗繁皆不暇烹炼，虽多中年以前之作，究自累诗品，为白璧一瑕矣。"[③] 查诗的"冗繁"一方面由于无暇烹炼，另一方面则与其好用虚字、好用重字，与中唐以后的以文为诗的笔法有关。

3. 求新求变

宋诗的最可贵之处在于永不休止的求新求变意识。从欧梅诗派开始宋人诗歌逐渐实践着"不剿袭前人一字"的创新理想，反映在诗歌创作上就是注重求奇之美和诗人们的创新意识。

---

① （清）周寿昌撰：《湖湘文库 周寿昌集》，岳麓书社2011年版，第323页。
② （清）杨钟羲撰，刘承干校：《雪桥诗话续集》卷三，北京古籍出版社1991年版，第145页。
③ （清）朱庭珍：《莜园诗话》卷二，清光绪十年刻本。

比起唐人的不自觉创新，宋代诗人走的是自觉创新的道路，宋诗贵在有发展，贵在有变化。相对于宋人来说，在"一切好诗都已被作尽"的清代，诗人则面临更大的困境。唐宋诗，既是丰厚的文化遗产，也是难以逾越的丰碑。查慎行继承了宋人的创作精神，无新变则不能代雄，他说"陈言务扫荡，妙解生创辟"（卷一《与韬荒兄竟陵分手，兄至荆州，余往监利滞，留且一月矣，作诗以寄》），秉持"熟处求生"的诗学思想，在取境炼意、选词造句中刻意求新求变，用其创作实绩反驳明人重摹仿盛唐诗歌而无甚创新的诗坛风气。

所谓创新，要做到诗歌取材上创新，尽量吟咏前人所不曾吟咏的事物。查慎行并不是刻意搜奇，他的诗更多的是在亲身经历的现实题材上下功夫。在表现新题材、开掘新境界方面是颇见功力的。黄宗炎在《敬业堂诗集》序中说："夏重是编自己未至壬戌间，水际万里，往来楚黔之什，山川诡变与江浙殊绝，苗蛮风俗与乡土迥判，加以乱离兵革之惨，饥荒焚掠之余，天宝诗人所不及睹，投荒迁客所未曾历者，聚敛笔端，供其驱使，宁樊篱燕雀可望其项背哉。"[①] 诗人在题材上的开拓，得之生活的历练。

中国古典诗歌，发展到清代已经进入烂熟阶段，举凡人情物理，世间万物，几乎被吟咏殆遍，如果只盯着前人未写或少写之处下功夫，终难以维系。查慎行可贵之处在于诗法与境界上创新。宋人论诗，讲意新语工，即"状难写之景如在目前"（欧阳修《六一诗话》引梅尧臣语）。所谓意新语工，实际就是强调诗人创作以用意深刻取胜，主张在平常普通，甚至司空见惯的题材上反复锤炼。如："悲笳吹薄莫，峭壁冷斜晖。"（卷四《威平镇旧名青溪洞，韩靳王擒方腊处》）"黄芦吹断黑头风，寒日初生血样红。"（卷十二《雪后晓渡太湖》）"水明千雉白，人静一灯红。"（卷十二《雪夜泊胥门与蒙泉抵足卧》）"虎啸猿啼万壑哀，北风吹雨过山来。人从井底盘旋上，天向关门豁达开。"（卷二十五《度仙霞关题天雨庵壁》）"人来小雨初晴后，秋在垂杨未老间。"（卷一《从监利至荆州途中作》）或是通过造语，或是通过对仗，或是营造独特的意境，达

[①]（清）黄宗炎：《敬业堂诗集序》，周劭标点《敬业堂诗集·附录》，上海古籍出版社1986年版，第1756页。

到求新求工的特点。

新颖的比喻也是查慎行求新求变的途径之一，如："两岸晓云深似墨，一条春水健如龙。"（卷十四《荷叶洲对雪》）"橹声清似雁，摇梦下前汀。"（卷四十二《枕上喜闻橹声》）"殷鲜一轮血，倒射却无影。"（卷二《早发齐天坡》）这些比喻新奇，产生了陌生化的艺术效果。查慎行也常采用拟人化的手法达到特殊的艺术效果，如："倚树风声尤跋扈，得烟柳色尚迷离。"（卷十七《雨中重渡濆水》）"借取日光磨一镜，吴娘船上看烟鬟。"（卷十二《晓发胥口》）"一轩傍水看云起，万木无声待雨来。"（卷三十一《五月二十五日喜雨》）"孤城傍水开门早，一鹭如人导我前。"（卷二十六《晓过南湖》）"楚天低压平芜外，何处青山认皖公。"（卷十四《三江口苦雨》）"浊漳确是无情物，流尽繁华只此声。"（卷三十五《邺下杂咏四首（其二）》）都用拟人化的手法，使山水风光格外灵动。

查慎行注重炼字造句，尤其注重动词的使用，如："万井云烟扶小阁，四山雷雨动空城。"（卷三《四月十六日夜喜雨》）《香石诗话》评此二句云："诗贵独造，似得未曾有"①，"云烟"、"小阁"、"雷雨"、"空城"这些诗材在唐宋人集中已屡见不鲜，然而查慎行将其有机组合起来，"扶"、"动"二字用得尤其灵动，带来了一种新鲜的审美感受。类似的例子不胜枚举："乱山悬客路，孤梦堕疏窗。"（卷八《与时庵别五旬，计程当入阆中矣，七月十六夜梦其渡桔柏江，有诗见寄，醒而作此》）"老树听蝉立，闲溪领鹤游。"（卷十七《浴罢与实君步入水磨作》）"树色衔双塔，山形豁一州。"（卷四《睦州》）"气蒸远水浮天动，血染残霞照夜明。"（卷十四《秋暑》）"凿开丘壑藏鱼鸟，勾勒风光入管弦。"（卷十七《重过相国明公园亭》其一）新奇的动词使用，达到新鲜效果。

宋人诗的创新往往用奇峭挺拔的语言加以表现，力求创造一种不同凡响、迥超人上的诗歌境界。查慎行在创作中依然秉持"熟处求生"的诗学思想，即便是口头语、常见景，亦能翻出不一样的新意来，这些在唐、宋人诗集中屡见之境，却有着不一样的味道。正如《小匏庵诗话》中有

---

① （清）黄培芳：《香石诗话》卷一，清嘉庆十五年刻本。

云:"初白诗语语入人意中,却语语出人意外,笔胜故也。尝阅曝书亭集中有苦热联句,长排四十韵,时竹翁在都下,与会者凡十六人,余惟爱初白一联云:'易渍床床簟,空支院院棚。担稀珠市果,价倍玉河冰。'意新词丽,风味最佳,余皆莫及。盖'珠市果'、'玉河冰'口头语耳,妙在用'担稀''价倍'四字,从反面托出,写得苦热意十分满足。"[1] 尽管"珠市果"、"玉河冰"为古典诗词中的常用语汇,但"担稀"、"价倍"与之连用,则使诗意更加灵动,从侧面烘托"苦热"之旨。诚如吴仰贤所言:"语语入人意中,却语语出人意外。"

查慎行在创作上不避熟境,取材也多是常见的题材,他论诗讲究"熟处求生",因此诗歌从来不避"熟境",他似乎有意展示自己的创新观念,翻阅《敬业堂诗集》经常能见相同之景、相似之情,同样的主题反复抒写,是查慎行诗的重要特点。如赏西阡赏梅诗,《敬业堂诗集》中就有十四首之多,最早一首《西阡老梅一本不知何人所植花时偶与诸兄弟婆娑其下芝田有诗再次韵》作于康熙五十四(1715)年,最后一首《春分后十日偕德尹曾三芝田学庵诸弟西阡看梅》则作于雍正四年(1726)。一路写来却没有雷同之感,兹举二首辨之:

康熙六十年(1721)查慎行作《惊蛰前二日偕寒中、德尹西阡探梅》:

夜闻枕底殷殷雷,晓约酒伴寻春来。流云欲酿社翁雨,惊蛰尚悭人日梅。南枝北枝浑未动,一朵两朵俄先开。婆娑其下索共笑,头白更何烦汝催。(《续集》卷二)

这次到西阡探梅七天后,查慎行与兄弟又去了一次,写下了《后七日,曾三弟招同诸弟,再过西阡看梅,归饮其斋中,续成一首》:

耀眼千头与万头,十分可有一分留。但逢酒熟邀同醉,不遣花开怅独游。老至几曾辜节物,频来直为近松楸。杖端携得苔枝去,趁取灯前烂漫游。(《续集》卷二)

---

[1] (清)吴仰贤:《小匏庵诗话》卷三,清光绪刻本。

两次西阡看梅的时间相差无几,然而境界却不同。前一首咏尚未盛开之新梅,后一首写凋零大半之衰梅;前一首借迫不及待看梅花的心情,表达对时光流逝的感叹。后一首则写兄弟们梅花下举酒共醉的情景;前一首在欢愉之中暗含淡淡的悲伤,后一首则着力表达兄弟欢聚的快乐,抒发诗人回归田园之后,在亲人、朋友中重新拾得的轻松畅快。二诗无论是遣词造句还是取境炼意都没有重复之感,从中可以看出查慎行着力求新求变的努力。

一些传统的主题,也在其诗歌中反复抒写,不避重复,如传统的行旅题材中的"早行"主题,就在其诗集中亦是多次出现。兹以此题材为例,举以下诗,一并揽之:

山逼岚气侵,仲夏晓犹冷。离披马鬃湿,十里雾未醒。流云莽回荡,陆海开万顷。东日生其间,金丸上修绠。殷鲜一轮血,倒射却无影。苍茫树浮藻,参错峰脱颖。攀跻足力穷,目赏得奇景。方知夜来宿,乃在最高顶。(卷二《早发齐天坡》)

村店荒荒杀漏迟,唤回残梦眼迷离。晓星一个明如月,及取朝阳未吐时。(卷十一《商家林早发》)

高登桥下水汤汤,朝涉河边露气凉。行过淇园天未晓,一痕残月杏花香。(卷三十五《早过淇县》)

林深叶密晓冥冥,旭日初啣雾未醒。小店门开惟土灶,一庵僧闭但茅亭。秧从布谷声中绿,山向画眉啼处青。独与野樵争路人,偶逢钓叟觉鱼腥。(卷二十一《南陵早发》)

又背孤城去,骊歌不忍听。薄游逢地主,久住为山亭。月黑江光动,鱼跳雾气腥。樯乌啼最早,愁鬓转星星。(卷二十一《皖城早发却寄姚君山别峰兄弟》)

卧看西南落月园,起来晴色满湖烟。孤城傍水开门早,一鹭如人

导我前。菰叶晓沉风外岸,菱花秋淡影中天。何当稳与渔翁约,长守芦根旧钓船。(卷二十六《晓过南湖》)

竹亭宜早起,独自绕廊行。渐觉月光淡,不知天色明。草长兼露重,庭旷得风轻。墙缺庐山好,峰峰似染成。(卷十四《起最早》)

上述诗篇均是在"早"字上做文章,但却各有特点,未有重复。造语平白如话,不刻意求工,但是如"山逼岚气侵"的"逼"字、"十里雾未醒"的"醒"字,"林深叶密晓冥冥,旭日初啷雾未醒"中的"啷"、"醒"二字,都在不经意中透着宋诗的生新锤炼之美。再如"秧从布谷声中绿,山向画眉啼处青"、"月黑江光动,鱼跳雾气腥"、"菰叶晓沉风外岸,菱花秋淡影中天"对仗精工,构思巧妙。

到了清代,"早行"的题材可谓司空见惯,难出新意。前有温庭筠《商山早行》中"鸡声茅店月,人迹板桥霜",堪为绝唱,后又有宋代陈与义《早行》诗中"寂寞小桥和梦过,稻田深处草虫鸣",静中有动,静中有声。上举查慎行各诗并不避熟,仍是写这一常见主题,但侧重点又各不相同,常见的景物、平实的语言,力图翻出不一样的新意,这都实践着查慎行"熟处求生"的审美理想。

4. 平淡自然

查慎行诗追求自然平淡,反对艰涩雕绘,即用"白描"的手段,以看似"平铺直叙"的手法写来。他说要"宁取平易,勿取艰涩生新"(王建《原上新春》其二评语)。查慎行诗中的平淡,不是浅露,而是在平淡中寓托深致的情韵。如前引《早过淇县》中的"行过淇园天未晓,一痕残月杏花香",《起最早》中的"渐觉月光淡,不知天色明",看似平淡无奇,毫无雕琢,但前句意境独特,后句一语双关,都矜练有味。再看以下两首:

月黑见渔灯,孤光一点萤。微微风簇浪,散作满河星。(卷九《舟夜书所见》)

查慎行善于捕捉独具诗意的动态瞬间,着眼点在渔灯的变幻,由水静

时的一点荧光,变成水动时散作满河的星星。平淡蕴藉,余味无穷。再如:

  高林鸣枯风,院净如泼水。时有杖藜僧,下阶拾槐子。(卷十一《善果寺》)

  可谓静中蕴动,禅意的渗透,使意境更有情致。上述两首五绝都全用白描,不着色,不敷彩。造语虽然清浅平淡,直是白话,却有不尽余味,隽远悠长。
  正如梅尧臣所谓"作诗无古今,唯造平淡难"①;苏轼所谓"所贵乎枯淡者,谓其外枯而中膏,似淡而实美"②。查慎行的诗歌审美观与之有着高度的契合。追求平淡,也要炼字炼章,只是不着痕迹,为人所不察而已,查慎行评价《瀛奎律髓》中戎昱的《咏史》一诗,指出"岂能将玉貌,便拟静胡尘"二句"太浅"③。此二句意虽相贯,但字句缺乏锻炼,白描并非事无巨细地忠实反映、大笔勾勒,反倒追求笔法细腻,不着痕迹。兹举以下诗作,揽者观之:

  油菜花开十里黄,一村蜂蝶闹斜阳。明知尚隔江淮岸,风物看看似故乡。(卷十一《三月初九日自郯城看桃李至红花埠》其二)

  晓风催我挂帆行,绿涨春芜岸欲平。长水塘南三日雨,菜花香过秀州城。(卷四十三《晓过鸳湖》)

  正如平淡不等于无味,白描亦不等于寒俭,上面引诗,虽不用一个深奥的词语典故,没有任何浓丽的色彩装点,完全采用白描手段,只就眼前景物、生活琐事随意写来,但语浅情深。

---

  ① (宋)梅尧臣:《读邵不疑学士诗卷杜挺之忽来因出示之且伏高致辄书一时之语以奉呈》,《宛陵先生集》卷四十六,文渊阁四库全书本。
  ② (宋)苏轼:《评韩柳诗》,王水照、聂安福选注《苏轼散文精选》,东方出版中心1998年版,第311页。
  ③ (清)查慎行:《初白庵诗评》卷下,乾隆四十二年,涉园观乐堂刻本。

又如《初得家书》：

> 九十日来乡梦断，三千里外客愁疏。凉轩灯火清砧月，恼乱翻因一纸书。（卷一）

杜甫有名句："烽火连三月，家书抵万金。"作是诗时查慎行远赴黔边，离乡已三个月，第一次得到家信，激动之情可以想见。首联"断"、"疏"二字，看似寻常，却含有无限酸辛，常人写客愁往往强调其深重，这里查慎行淡淡地着一"疏"字，让人感慨其愁到极处，反而无愁。全诗不写家书内容，不写思乡之愁，反责怪家书搅起愁思，造语平白如话，但读者依然能感受到力透纸背的乡愁。

查慎行不少受到民歌影响而作的诗篇，更是锻炼精纯，不事雕琢，语浅而不流于俗，如《青溪口号八首》（卷三）：

> 溪女不画眉，爱听画眉鸟。夹岸一声啼，晚山青未了。（卷四）

这组诗都模仿了民歌的写法，随口而出，不加修饰，但实际构思却颇有心思，由女子画眉，联想到了画眉鸟，再由画眉鸟的叫声，引出青山的连绵，不加雕琢，而诗意环环相扣，浑然天成。看似平淡，冲口而出，若玩味涵咏，自觉凝练工整，无斧凿之痕。

在中国诗史上，陶渊明首开平淡一途，宋人尤其推重陶诗，然而宋人之"平淡"并非完全出于陶渊明似的平静淡泊，而是一种经人工多方面雕琢后有意琢成的"平淡"。查诗的平淡不出宋人格调，与陶渊明的"平淡"存在距离。陶诗平淡中见丰腴绮丽[①]，极富色泽；查诗则偏向宋诗的硬瘦一格，而平淡硬瘦的特征又易陷入生涩枯淡。赵翼于查慎行极意推崇之后，独对其寒俭不无微词，他说："初白诗又嫌其白描太多，稍觉寒俭"；时人董沛云："冲淡如初白，而其失也枯"[②]；王礼培云："初白俭

[①] 袁行霈云："前人往往用'平淡朴素'概括陶诗的风格，然而陶诗不仅仅是平淡，陶诗的好处是在平淡中见警策；陶诗不仅仅是朴素，陶诗的好处是在朴素中见绮丽。"（袁行霈：《中国文学史》）

[②] （清）董沛：《陶子缜濮庐诗集序》，《正谊堂文集》卷一序，清乾隆刻本。

啬而芜缓"①；朱廷珍亦云："惟气剽则嫌易尽，意露则嫌无余，词旨清倩则嫌味不厚，局阵宽展则嫌旨不深。"② 均针对查慎行这一特点。然而这也是宋诗普遍性的弊端，正如缪钺说："宋诗如食橄榄，初觉生涩，而回味隽永。唐诗之弊为肤廓平滑，宋诗之弊为生涩枯淡。"③ 查慎行诗宗白描，有时亦流于"生涩枯淡"，不过，但他的优秀之作仍然能将唐诗富于情韵、浑雅蕴藉的优点和宋诗贵在气骨、精能透辟的长处统一起来。

5. 议论入诗

严羽对宋诗的批判，着眼于宋诗技巧化、学问化、议论化的创作特点，其所言宋诗弊病正好体现了宋诗的语体特色。查慎行识力超迈，往往有真知灼见。赵翼说："初白好议论"④；张维屏引时人评价："于人情物理，阅历甚深，发而为诗，多所警悟。余每味乎其言。外人不知局中之难，每好为议论。"⑤ 来看其诗：

> 域内有名山，攀跻力可至。人皆造其麓，抑或半岭废。归来述所见，彼此不相似，等是未登峰，毋为笑平地。（卷四十六《古诗四章》其三）

> 水土定浮沉，大轮转风火。胚胎互融结，大患缘有我。蚁行欲右旋，奈此磨盘左。执持去成见，所寓胡不可。（卷二十八《读楞严经二首》其一）

> 其意在诋儒，其说乃近仙。其源发乎老，其渐流为禅。养生徒养形，木寇膏自煎。是形无不尽，薪尽而火传。（卷四十五《读庄子内篇八首》其三）

---

① （清）王礼培：《小招隐馆谈艺录初编》卷三，民国刊本。
② （清）朱庭珍：《莜园诗话》卷二，清光绪十年刻本。
③ 缪钺：《宋诗鉴赏辞典·前言》，上海辞书出版社1987年版。
④ （清）赵翼：《瓯北诗话》卷十，霍松林、胡主佑点校，人民文学出版社1963年版，第160页。
⑤ （清）张维屏：《听松庐诗话》卷十九，清道光十年刻本。

上举各诗,从读书悟理,从小处着眼,都体现出多所警悟的特点。查慎行常随事随人,借山水、人情表达哲理之感悟,并借助议论文字予以揭示。如《平原口占戏示西溟二首》(其二):

若将毛遂比夷门,知己何人合感恩?却笑能诗李长吉,信陵不绣绣平原。(卷十一)

"绣平原",典出李贺《浩歌》"买丝绣作平原君",结尾以李贺比姜西溟,以议论入诗。再如五古《连下铜鼓鱼梁龙门诸滩》:

上滩力相争,下滩势相借。连山百余里,一抹苍然化。轻舟纸作底,百折穿石罅。雨雹飞两旁,雷霆奋其下。篙师心手习,快若王良驾。又如弓强弩,东向海门射。胥涛浩荡来,敛怒却退舍。河神况小婢,指摘或遭咤。因斯悟至理,出险在闲暇。向来覆舟人,正坐浪惊怕。(卷二)

诗中叙述了诗人激流下险滩的心理体验,富有哲理性的思辨,"向来覆舟人,正坐浪惊怕"可谓至理名言,由现象到理性的概括,水到渠成。

查慎行的议论,在咏史题材上更能大展经纶,其历史观往往有真知灼见,与诗歌题材相得益彰。汪惟宪赞曰:"查编修慎行集中有《夷门行》一首,亦具卓识,考古家知人论世,要自有一段议论耳。若人云亦云,古人已见者,便无俟更说。"[①] 查慎行的咏史诗的确具有"卓识",如《望砀山》:

万乘东南巡,本厌天子气。匹夫乃心动,走向此中避。云气随真龙,人谁迹刘季。可怜秦皇愚,不及吕后智。英雄论成败,孰者意料事。秋色中原来,苍然入淮泗。蜿蜒忽横亘,一束千里势。丰沛袒右肩,濠梁舒左臂。古来杂王霸,要岂山所致。吾将诉真宰,铲尔作平地。山色如死灰,呜呼识天意。(卷二十)

---

① (清)汪惟宪:《积山先生遗集》卷七,清乾隆三十八年刻本。

诗中不以成败论英雄，对"千古一帝"秦始皇的态度也令人瞩目。查慎行试图拭去笼罩在望砀山的神秘气息，恢复历史的本来面目。在当时君权神授的传统观念下，其识力不可谓不高。再看其《汴梁杂诗》：

梁宋遗墟指汴京，纷纷禅代事何轻！也知光义难为弟，不及朱三尚有兄。将帅权倾皆易姓，英雄时至忽成名。千秋疑案陈桥驿，一着黄袍遂罢兵。（卷二十）

由于五代诸帝多由军士拥立，所以"纷纷禅代事何轻"，而"陈桥兵变"使历史跳出了轻生轻灭、短命而夭的轮回，查慎行以议论为诗，从特殊角度，肯定了"陈桥兵变"的历史进步作用。

咏史诗实际上也是咏怀诗的一种，诗人对历史的观照，往往包含着自身的人生感慨，如《赤壁》：

一战三分定，英雄洵有神。古今才不偶，天地局长新。故垒秋吹角，荒江晚问津。祭风台下路，惆怅是归人。（卷四）

全诗虽为咏古，但实为借历史人物比照诗人自身，这里曾是历史上英雄挥斥方遒的疆场，而此时自己却郁郁不得志，产生"古今才不偶"的慨叹，查奕照评是诗云："议论不作死句"。

再如《十月朔五更鹰窠顶观日出》：

吾闻尧时十日曾并出，域内大水凡九年。自从羿射九日落，大禹注海纳百川，独留一曜随天旋。尔来四千一百七十载，朝朝沐浴蛟龙渊。登州蓬莱阁，太山日观罗浮巅。文人游迹往往到，鹰窠之顶僻在东南偏。海隅荒陬题咏少，好事或听旁人传。率云九月晦后十月朔，是时日月行同躔。初生类合璧，吞吐寅卯前。居民生长此山顶，目所睹记云偶然。况乃游人一生或间至，何怪欲觏无由缘。我来此处看日出，要是乾坤旷荡之奇观。山高地穷天水连，尾闾东泄茫无边。明星有烂黑气作，雾非雾兮烟非烟。移时一痕破，满空血色红殷鲜。乍浮复乍沉，水底疑被长绳牵。须臾涌出水面圆，紫金光现扶桑巅。自东而西不知几万里，一线倒射洪波穿。亦不知自高而下几千万万丈，一跃直上团团天，观者目炫心神迁。却寻鸡声到宿处，松窗黑暗僧犹眠。(卷四十一)

是诗作于康熙五十二年（1713）海宁家居期间。以文为诗，酣畅淋漓，赵翼赞之曰："兴会所到，酣畅淋漓，力大于身，虽长而不觉其冗矣。"① 这首诗写得可谓酣畅淋漓，相当于一篇散文。其中如"居民生长此山顶，目所睹记云偶然。况乃游人一生或间至，何怪欲觏无由缘"，与早年观日出所作《早发齐天坡》中"攀跻足力穷，目赏得奇景。方知夜来宿，乃在最高顶"（《早发齐天坡》）诸如此类议论句子，体现出与神韵诗派截然不同的创作倾向。

从以上五个方面可以看出，查慎行的诗歌风格与宋诗"议论"、"主理"、"瘦劲"、"创新"、"枯淡"的诗风遥相接通，而宋诗枯淡生涩的缺点他也在极力避免，汪辟疆曾经指出："清初诗学，承嘉隆七子之后，人生厌弃之心，……其时作者，如查初白之规抚剑南，宋牧仲之嗣响苏轼，徒存面貌，终鲜自得，此学宋而未能变化者也。"②认为查慎行学宋"徒存面貌，终鲜自得"实为偏见之论，然此论却道着了查慎行学宋的一个重要特点，即"学宋"但不学"江西诗风"。汪辟疆学诗从江西诗派入，论诗也受到江西诗派的影响。③ 江西诗派针对宋诗的创新，提出"点铁成金"与"夺胎换骨"之说。这就是主张在融化前人已表达过的诗意的基础上，再加以开拓创造，形成自己不同于前人的诗歌新意了。宋人的创作，因心存刻意求新之念，对此极为讲究。黄庭坚说："宁律不谐，而不使句弱；用字不工，不使语俗。"④ 而查慎行却反对这种刻意求新、求生的创作理念，他评点陆游的《五月初作》"推移逢夏五，赋与叹朝三"，指出"夏五"、"朝三"刻意求工，落小家数。

---

① （清）赵翼：《瓯北诗话》卷十，霍松林、胡主佑点校，人民文学出版社1963年版，第160页。
② （民国）汪辟疆：《汪辟疆说近代诗》，上海古籍出版社2001年版，第12页。
③ 参考张宏生《汪辟疆及其近代诗系的建构》，《南京大学学报》2002年第6期。
④ （宋）黄庭坚：《题意可诗后》，《豫章黄先生文集》，第二十六，四部丛刊景宋乾道刊本。

查慎行的"宋诗化特质"并不同于"江西诗风"。由云龙《定庵诗话》云:"初白《邯郸怀古》《集愿学堂留别诸友》,……诸作,皆接踵唐音,近肩何、李。"① 可谓独具慧眼。这正是查慎行学宋而不拘泥于宋,自成一家并有所发展之处。

二 查慎行诗歌的风格流变

在几十年漫长的创作道路上,查慎行的诗风在不断变化,仅用一种风格来概括不同时期的诗风未免略显笼统。赵翼就注意到了查慎行诗风的变化,他说:

> 今试平心阅初白诗,当其少年,随黔抚杨雍建南行,其时吴逆方死,馀孽尚存,官军恢复黔、滇,兵戈杀戮之惨,民苗流离之状,皆所目击,故出手即带慷慨沉雄之气,不落小家。入京以后,角逐名场,奔走衣食,阅历益久,锻炼益深,气足则调自振,意深则味有余,得心应手,几于无一字不稳惬。②

赵翼此言看到了查诗由"沉雄"到"稳惬"的艺术特点。这种诗风是随着生活阅历而逐步形成的,缪焕章《云樵外史诗话》:"当其年少气锐,从军黔楚,有江山戎马之助,故出手即沉雄踔厉,有幽并之气。中年游中州,地多胜迹,益足以发抒其才思。"③ 姚鼐在《方恪敏公诗后集序》云:"国朝诗人少时奔走四方,发言悲壮,晚遭恩遇,叙述温雅,其体不同者,莫如查他山。"④ 查慎行早年跟随黔抚杨雍建南行,参加清军恢复黔、滇之战,将自己身之所历、目之所见,写入诗歌,故出手即带悲壮沉

---

① (民国)由云龙:《定庵诗话》卷上,张寅彭主编:《民国诗话丛编》第三册,上海书店出版社2002年版,第569页。
② (清)赵翼:《瓯北诗话》卷十,霍松林、胡主佑点校,人民文学出版社1963年版,第146—147页。
③ (清)缪焕章:《云樵外史诗话》卷一,民国七年缪艺风堂刊本。
④ (清)姚鼐:《方恪敏公诗后集序》,刘季高点校《惜抱轩诗文集·文集后集》卷一,上海古籍出版社1992年版,第266页。

雄之气,转而阅历渐深,逐步由从"沉雄踔厉"到"叙述温雅",从"沉雄"而入"稳惬",查慎行一生诗风呈现出两次大的变化。

(一) 沉雄奇崛:查慎行早年诗风

查慎行早年家居诗作已不存。《敬业堂诗》最早收录的是他从军杨雍建幕府之后的诗作,康熙十八年至二十一年(1679—1682),查慎行随出任巡抚的同乡杨雍建到贵州,任其幕僚,此时期所作诗,编为《慎旃集》。查慎行有意不存其家居时期的创作,或许是早年之作不符其审美观念,查慎行原本生活在浙江海宁,江南地理风貌为主的环境特征使他创作秉性带有细腻文雅的书生气息,而西南的地理环境及与江南迥异的气候环境使查慎行诗词创作格调也渐次宏大。

关于查慎行前期的诗歌风格,前人论述良多,尤其以王士禛所言最为著名,后为《四库全书总目》所引用,王士禛的《敬业堂诗集序》说:

> 余谓以近体论,剑南奇创之才夏重或逊其雄,夏重绵至之思剑亦未之过,当与古人争胜毫厘。若五七言古体,剑南不甚留意,而夏重丽藻络绎,宫商抗坠,往往有陈后山、元遗山风。①

王士禛所作的序,以及其中所引用的"姚江黄晦木先生"之所言,并非针对查慎行的整部《敬业堂诗集》,而是评价其《慎旃初集》《慎旃二集》,此二集收录康熙十八年至二十一年(1679—1682)随军入黔4年间往返道路之作(30—34岁),王士禛与黄宗炎评价主要是针对查慎行早年的诗作。《四库全书总目》引王士禛的《序》语进一步说:"士禛则谓奇创之才,慎行逊游;绵至之思游逊慎行。"② 这句话对王士禛所言征引的有些偏颇:其一,王士禛单以"近体"论,并指出其古体"有陈后山、元遗山风";其二,在"奇创之才"方面王所言仅说"逊其雄",并未说"慎行逊游"。总之,王士禛所言主要是针对查慎行早年的诗风,尤其是查慎行早年赴黔、滇时期的风格,这篇序言最后被王士禛编全集时弃置,

---

① (清)王士禛:《敬业堂诗集序》,周劭标点《敬业堂诗集·附录》,上海古籍出版社1986年版,第1753页。

② (清)纪昀等:《钦定四库全书总目》(整理本),中华书局1997年版,第2352页。

对于查慎行的评价实际也有不当之处。

王士禛将查慎行比之陆游,实际上并不合适,从个性而言,钱锺书评陆游:"其论诗、文,好为大言,正如其论政事耳……皆不特快口扬己,亦似违心阿世。"① 而查慎行自律有节,怨而不怒,哀而不伤。陆游性格豪爽外露,好为大言、指点实事。人品虽不等同于诗品,但能在一定程度上影响诗品,查慎行的性格造就了他的诗风同样信奉中庸主义哲学,不走极端。在诗歌情绪表达上,陆游则更加豪迈激昂,张扬外露,而查慎行则趋于雄深雅健、沉着内敛。

如果要在古今众多诗人中,寻找具有典范意义的诗人,查慎行的答案无疑是杜甫,他赞赏杜甫的人格精神。在诗歌艺术上,也强调杜甫在多个方面具有开创性,极力模仿杜甫的诗风。

来看《登金陵报恩寺塔二十四韵》诗云:

> 不尽兴亡恨,浮图试一登。孤高真得势,陡起绝无凭。法转风轮翅,光摇火树灯。地维标宝刹,天阙界金绳。碧落开千里,丹梯转百层。规模他日壮,感慨至今仍。祸自归藩启,兵从靖难称。比戈残骨肉,问罪假疑丞。衮冕俄行逊,戎衣遂谒陵。朝家同再造,国事异中兴。此举无名极,当时负愧曾。两京雄岳峙,一塔镇舳棱。铢两材俱称,纤毫辨欲秒。琉璃纷绀碧,栏楯落鲜澄。事本夸余力,基犹念丕承。监宫留太子,给俸滥千僧。原庙衣冠冷,丰宫献卜增。侈心崇梵竺,神道托高曾。世往疑经劫,人来乍得朋。云烟争变幻,日月几升缅。绝顶盘旋上,虚窗逼仄凭。近身栖怖鸽,侧背蹴飞鹏。胜境才何有,高歌气或腾。钟山青入望,相对故崚嶒。(卷一)

金陵向来为咏史怀古诗所青睐,这首诗在众多金陵怀古诗中堪称佳制,康熙十八年(1679)查慎行30岁时,游览报恩寺塔,写下是诗,颇具大家手笔,就内容而言,对"嘉靖之役"的发起者明成祖公然持否定的态度,有着极强的"正统"观念。就艺术而言,气象开阔,工稳沉着。夹叙夹议,融写景叙事、议论抒情于一体,慷慨大气,近似于杜甫的诗歌

---

① 钱锺书:《管锥编》第四册,中华书局1979年版,第1442—1443页。

风格。

再看其七古名篇《中秋夜洞庭对月歌》：

> 长风霾云莽千里，云气蓬蓬天冒水。风收云散波乍平，倒转青天作湖底。初看落日沉波红，素月欲升天敛容。舟人回首尽东望，吞吐故在冯夷宫。须臾忽自波心上，镜面横开十馀丈。月光浸水水浸天，一派空明互回荡。此时骊龙潜最深，目炫不得衔珠吟。巨鱼无知作腾踔，鳞甲一动千黄金。人间此境知难必，快意翻从偶然得。遥闻渔父唱歌来，始觉中秋是今夕。（卷四）

翁方纲评此诗曰："先生七古入卷以来此为最矜练之作矣"[①]，查奕照也评曰："奇语可破鬼胆"。是诗奇丽恢诡，气势宏阔，给人以石破天惊之感，又融写景、议论、抒情于一体。

近体诗也同样具有杜诗风神，兹举以下诗览之：

> 江树江云睥睨斜，戍楼吹角又吹笳。舳舻转粟三千里。灯火沿流一万家。北府山川馀霸气，南徐风土杂惊沙。伤心蔓草斜阳岸，独对遥天数落鸦。（卷一《京口和韬荒兄》）

> 城南旧是陪游地，一片苍凉野哭中。宿草墓门黄叶雨，乱鸦祠宇白杨风。余生削迹谁知己，往事伤心我负公。肯信九原还有路，人间何处不途穷。（卷十一《初冬拜朱大司空墓感赋》）

> 牢落城南卖饼家，空传形胜控三巴。天寒落日千群马，叶尽疏林万点鸦。沙市人来穿故垒，渚宫烟冥动悲笳。累累新冢荒郊遍，还有遗骸半未遮。（卷一《初冬登南郡城楼》）

> 噩梦惊回路已赊，桐艒船上橹伊鸦。青山绕屋无修竹，红袖当垆有杏花。野渡渐生沿岸火，春流未没去年沙。绿杨影里初弦月，人隔

[①] 上海图书馆藏《敬业堂诗集》翁方纲评点本。

烟江正望家。(卷十四《题枞阳旅壁》)

斗构倒插势凌虚,高出城端五丈余。一雁下投天尽处,万山浮动雨来初。别开户牖通呼吸,旁引风云入卷舒。八咏门荒诗境改,让他仙子占楼居。(卷十八《登宝婺楼》)

正如由云龙《定庵诗话》云:"七言律诗……清代查初白……,清苍峭秀,佳构极多。"[①] 上述诗作均雄浑大气,纵恣自如,想见气魄之大,或吊古伤今,或借景言情,都骨力雄健,沉郁苍凉,颇具杜诗风骨。《北江诗话》云:"七律之多,无有过于宋陆务观者,次则本朝查慎行,陆诗喜写景,查诗善写情,写景故千变万化,层出不穷,写情故宛转关生,一唱三叹。"[②] 如果就早年的诗作来看,的确如此,查慎行早年七律重点并非写景,而更多的是受到情感的驱使,单从写景的圆润新丽来说,初白的确不及放翁,但就沉雄阔大的气象,以及由此生发的厚重悠长的情思,这是情感奔凑直露的陆游所不及的。

关于查慎行早年诗风接近杜甫,时人多有评价,在上海图书馆藏查慎行《敬业堂诗原稿》中保存了许多批点,如《余作江州杂诗灌园即垂和续为浔阳行感慨淋漓读之使我心恻因推本其意再成长律四十韵首言风土次序东晋以后迨明初一一窃据事终于宁南乙酉之祸此州被乱情形始末略备休养生聚其在斯时乎并邀恒斋太守同赋》佚批:神骨俱少陵;"篇成聊纪实,大雅待君赓"唐孙华批:"似杜";《回龙渡》批:"气味章法俱似杜";《篁步》时人批:"似杜",凡此种种。

王士禛所言:"剑南奇创之才,夏重或逊其雄",其实在"奇创"之才,恰恰是查慎行早年诗歌的特点。在这一点上查慎行不仅学习杜甫,还深受韩愈诗风的影响,查慎行对韩愈的诗歌亦极尽褒扬,《初白庵诗评》对韩愈的评点常见"奇崛"、"奇想"等语,可见对韩愈尚"奇"诗风的认同。他在许多诗作中,善用以文为诗,追求"横空盘硬语",刻意生新,正如查慎行所云:"搜奇抉险富诗料,然后所向无矛铩。"(《题项霜

[①] (民国)由云龙:《定庵诗话》,钱仲联主编《清诗纪事》第一册,凤凰出版社2004年版,第3259页。

[②] (清)洪亮吉:《北江诗话》卷二,陈迩冬校点,人民文学出版社1981年版,第26页。

田读书秋树根图》）可以追求奇崛的艺术效果。这一点在古体诗创作中更加明显，来看其《虹桥板歌》：

> 潘生赠我虹桥板，云此购得从仙山。幔亭宴罢桥忽断，此木庋在万仞之屃颜。苍鹰健鹘对对巢不得，但见成群接臂叫跳猿猴狦。黄冠白足力难致，间出赝者相欺谩。有时晦冥昼风雨，神物欲降天为悭。前者偶经此岩下，岩前白浪吞船豻。忽惊片板半空落，有若胎禽堕毸飞轻翩。主人大笑童仆喜。谓获至宝非空还，已令巧匠刻为佩，何异袖鞭使物驱妖奸。知君好奇特分赠，径尺未许酬千锾。我时闻斯语，未敢相讥讪。今晨入武夷，好事搜险艰。生为指其处，乃在一曲二曲三曲湾。初疑栈道上，露出船尾弯。复如鸟鼠穴，竹箭乱插同榛菅。神输鬼运义奚取，径路断绝谁跻攀。忽忆少年日，南走五溪穷百蛮。蛮人寄命岩洞里，多构柴栅临峥潺。今之所见正此类，亦如秦客避乱来其间。不然飙轮云驭本飞渡，岂有刓木留尘寰。摩挲重是千岁物，肌理驳蚀生香斑。携归压书尽有用，何必新奇环诡惊愚顽。（卷二十四）

虹桥板即武夷山一带的岩壑、石罅的横插板状物，望之如栈。由于年代久远，有一些木片掉下来。诗人得到了虹桥板之后，浮想联翩，探寻其来历，正所谓"好事搜险艰"，既有奇谲的想象，又有较为严谨的推论，夹叙夹议。

又如《仙掌峰瀑布》：

> 接笋仙掌峰，入望初联绵。两崖岈然豁，一瀑垂蜿蜒。不从仙翁指间出，却穿左肋下。赴六曲，为奔川。行人衣沾芒屩滑，拄杖直上孤云巅。崎岖丘前石径转，胡麻小涧当桥边。寻源初自稻田发，三里五里断复连。浅处生菖蒲，深处得种菱与莲。千年老蟾蜍，爬沙亦顽仙。仰天噙其舌，喷水一窍清而圆，始知山前雷轰礮激千丈瀑布水，即是山背涓涓泉。匏樽便向道人借，我懒欲住清凉天。（卷二十四）

此诗写的仙掌峰瀑布亦在武夷山，全诗变化夭矫又一气贯注。时人批点此诗云："奇境须此奇笔之，使未游者亦如同游也。"①

再看其《五老峰观海绵歌》：

> 峭帆昔上鄱阳船，我与五老曾周旋。两尘相隔骨不仙，蹉跎负约十四年。近来稍知厌世缠，筋力大不如从前。扶行须杖坐要儓，绝境敢与人争先。山神手握造化权，走入南极分炎蠠。鞭羊欲从后者鞭，假以半日登高缘。风清气爽秋景妍，芙蓉千丈开娟娟。长江带沙黄可怜，湖光争洗颜色鲜。背负碧落盖地圆，尺吴寸楚飞鸟边。初看白缕生栖贤，树杪薄冒兜罗绵。移时腾涌覆八埏，四傍六幕一气连。滔滔滚滚浩浩然，浑沌何处分坤乾。近身扁石履一拳，性命危寄不测渊。阳乌扑光倏穿，饥蛟倒吸无留涎。以山还山川自川，五老依旧排苍巅。来如幅巾裹华颠，去如解衣袒两肩。酒星明明飞上天，人间那得留青莲。此时此景幻莫传，顷刻变灭随云烟。（卷十五）

唐孙华云："此诗乃太白、少陵、昌黎、东坡。"② 诗人以白缕喻初起的云气，以"滔滔"、"滚滚"、"浩浩"形容云气弥漫，以饥蛟倒吸喻云气全消。云来时它像裹上头巾，云散时又如脱去衣服，袒露两肩。最后四句写五老峰云烟变灭迅速，像酒星李白飞天一样，挽留不得，可谓想象奇丽，气足神完。王士禛所谓"剑南奇创之才夏重或逊其雄，夏重绵至之思剑亦未之过"论情感表达的"雄"的方面，查慎行实际并不逊于陆游。王士禛所言查慎行长于陆游的"绵至之思"，所谓"绵至之思"，即深邃绵远的情思。王士禛认为在情绪的表达上，查慎行较之陆游更加曲折低回、淋漓尽致，这一点类似于杜甫的"沉郁顿挫"。从诗中"此时此景幻莫传，顷刻变灭随云烟"，字里行间传达出了查慎行心底的悲观与对羁旅生涯的倦怠。总的来看，陆游豪情干云，造就了诗歌巨大的气场与张力；查慎行在情感表达上是沉雄奇崛、绵长低回的。陆游的"奇创之才"颇似李白诗歌的豪放飘逸风格，查慎行则更接近杜甫。因此王士禛所谓的"奇创之才夏重或逊其雄"，若改为"夏重或逊其豪"当更为准确。查慎

---

① 上海图书馆藏查慎行敬业堂诗原稿。

② 同上。

行亦有模仿韩愈"硬语盘空"、"怪词惊众"的尝试,但韩愈那种追求异乎寻常的美,显示了奇奇怪怪的一路诗风,终究与查慎行性格不符,他逐渐放弃了这种风格,历来为人称道的韩愈的《游青龙寺》一诗,查慎行则评曰:"形容太狠"。查慎行终不落豪侠狂怪一流,但仍然继承了韩愈"不平则鸣"的创作主张,认为康熙三十三年甲戌(1694),年已45岁的查慎行再次落第出都,他将该年七月至十月作品编入《秋鸣集》,集中小序云:"虫之鸣秋,候至适然尔。而昌黎以为物不得其平则鸣。余非善鸣者也,特假虫之鸣以自文其诗,若云其志弛以肆,则吾岂敢?"查慎行诗强调描写现实,早年常常表现对现实不满和怨愤,正所谓"作诗摅愤懑"(卷九《出闸》),认为发自肺腑的心声自然具有感人力量。但他抒情婉曲,将"绵至之思"发挥到极致。

综上所述,早期查慎行的诗歌沉雄奇崛、兀傲健举,喜用夸张的比喻和奇崛的语言来喻示沉雄阔大的诗境,一定程度上显示出追效杜甫的倾向,对韩愈、陆游亦不无借鉴,但无论是韩愈的奇险狠重艺术境界,还是陆游豪放洒脱的诗歌作风,都与其个性不符,所以最终还是被他拒斥了。他追求雄阔高浑、实大声弘的气局、豪迈浑融的诗风,这都与杜甫遥相呼应。

(二) 平淡稳惬:查慎行晚年诗风

查慎行入京以后,阅历渐深,角逐名场,诗风也在一点点发生着变化,康熙二十八年(1689)的"《长生殿》案"重塑了查慎行的人生与心态,查慎行刚刚度过40岁,这是他诗风变化的重要契机,此后在遭受多次科举失败的打击后,他开始自省,进入翰林后,益发持重,加之醉心佛教,将沉雄的风格进一步内收,摒弃慷慨悲壮之语,强化其雄而不豪、曲而不露的诗风,更多了些闲淡自然的意味,逐步形成了赵翼所言"稳惬"的风格基调。

首先表现在他对现实的关怀慢慢减淡,早在"《长生殿》案"后,查慎行诗作就已经呈现出与之前有细微的差别。他虽然也关注现实,但也时常将目光从对广阔的社会政治层面转而自我生活,指斥现实、政治批判的成分渐少。如在《闻村家打稻声》诗:

鹊豆篱边扪腹行,惰游筋力负归耕。自惭饱吃丰年饭,闲听邻家

打稻声。(卷十三)

这首诗化用白居易"自渐禄仕者,曾不事农作,饱食无所劳,何殊流人鹤"(《观稼》),但却未将白居易即种自惭性恤民方式进一步发扬,用漫画化式的自我形象表达传达出精神上的闲适。

再看《峡口》:

> 矮屋荒村岸,浮桥乱水湾。船初通峡口,路已入乡关。红敛初沉日,青余未了山。沙田秋熟早,牛更比人闲。(卷二十五)

矮屋、荒村,亦能隐约表现出这里经济的萧条,然而作者意不在此,峡口为浙闽要道,"沙田秋熟早,牛更比人闲",亦能体现出作为交通要道的繁忙,全诗用白描法,传达出简淡平和的境界。

随着阅历渐深,查慎行对现实的描写也更加隐晦,有时需要将其作品对读,方能体会其用心,如《池河驿》,在其作品序列中有两首:

> 古驿通桥水一湾,数家烟火出榛菅。人过濠上初逢雁,地近滁州饱看山。小店青帘疏雨后,遥村红树夕阳间。跨鞍便作匆匆去,谁信孤踪是倦还。(卷二十)

> 古驿千家聚,钟离北望孤。河流近淮泗,山脉尽荆涂。客饭论珠贵,村醪计盏沽。明朝贪早发,前路入平芜。(卷三十五)

第一首作于康熙三十四年(1695)秋偕同学许霜岩游历开封回归海宁之时。写景工稳妥帖,只是流露出羁旅生涯的倦怠之情,不做现实的描绘,已经露出诗风转变的痕迹,王文濡《清诗评注读本》评是诗云:"初白诗才华魄力,兼擅其妙,妙哉工稳熨帖,神韵悠然,绝无剑拔弩张之态。"① 可谓确评。康熙四十七年(1708)春。查慎行再次经过此地,又作《池河驿》,亦不着一字之褒贬。但与前一首想对比,却流露出山河依

---

① 王文濡:《清诗评注读本》(下),中华书局1936年版,第36页。

旧、今非昔比之感,康熙盛世下村落的衰落可见一斑。作者写得不露痕迹,不做"剑拔弩张之态",不加以比较,根本看不出作者之用心。

晚年回乡后,他更是投身于清淡闲适的乡村生活之中,不涉现实政治,此时的作品在表现田园生活的同时,也流露出一种枯淡的境界,如《元宵家宴》:

> 冰雪经旬卧,欣逢霁景澄。不辜沧海月,又点草堂灯。酒力春寒退,年光老态增。传柑虚故事,回首望觚稜。(《续集》卷一)

诗作于康熙五十八年(1719)正月十五,查慎行时年七十岁,十五日元宵佳节,本应热闹团圆,却流露出枯寂之感,过去的宫廷生活,已是"传柑虚故事,回首望觚稜",恍如一梦。

其次,在诗歌艺术上,诗歌更加含蓄、妥帖。无论是遣词造句还是造境达情,都不张不扬,温厚妥帖。选词造句追求浅易平畅,不造奇语,不刺人耳目。

这种风格的变化,首先由于在宫廷生活的洗礼。虽然跻身翰林社会地位优越,但翰苑之中有太多的身不由己,身处严密之地,本身兀傲不群的查慎行开始压抑自己的情感,渐渐形成了追求稳惬的诗风。正如他得知弟子揆恺功入翰林时候,特意叮咛:"未妨小变平生格,从此须工应制诗。"(卷十八《阅邸报知揆恺功改官翰林侍讲喜寄二首》)所谓"应制诗"就是天子侍臣时期的貌似熨帖、含蓄,实则锋芒尽掩的馆阁之体,查慎行深谙此道。

由云龙对查慎行有"入仕以后,则佳制寥寥"[①] 之评,查慎行后期的诗少有立意、结构、技法、表达等方面的斗智斗巧,在艺术技巧上力求工稳,用事熨帖。作诗如果锋芒太露,会导致许多诗句未经推敲,失之草率,查慎行"稳惬"的诗歌气质,使他的诗歌很少有明显的缺点,而查慎行随着地位的逐步增高,应酬之作也陡然增多,创作并无轻心率意处。来看查慎行"角逐名场"之时所作的《咏金丝桃应

---

① (民国)由云龙:《定庵诗话》卷上,张寅彭主编《民国诗话丛编》第三册. 上海书店出版社 2002 年版,第 548 页。

皇太子令》：

> 装束浑疑出道家，川原何用觅红霞。偶分高士篱边色，仍是仙人洞里花。金粉露凉朝蝶梦，檀心香飐午蜂衙。寻来莫怪渔舟误，比似桃源路更赊。（卷三十二）

是诗虽是应制之作，但工稳大气，稳称妥帖，典丽精工。朱彝尊评点是诗曰："老笔出手，平淡中有奇致，令人百想不能到，洵是绝调。"① 虽是馆阁应制之作，却也典而不艳，雅而不俗。

再看《苑中闻莺》：

> 昼与人声静，墙兼晷影移。四围千碧树，百啭两黄鹂。椹熟蚕应老，芒疏麦正垂。未聋双耳在，为尔立多时。（卷三十一）

这首诗亦作于南书房当值期间，写景抒情含蓄隽永，寄托遥深，不露痕迹，语言平白如话。朱彝尊评曰："远韵高致。"② 指出其典雅工整、不落俗套的特点。

如果说早年追求苍劲老健、戛戛独造的艺术风格，供奉翰林以后是受到宫廷生活的影响，而趋于淳雅和婉，那么晚年回乡里居之后，则是风华落尽后的平淡。来看晚年的村居诗：

> 黄花古渡接芦溪，行过萍乡路渐低。吠犬鸣鸡村远近，乳鹅新鸭岸东西。丝缫细雨沾衣润，刀剪良苗出水齐。犹与湖南风土近，春深无处不耕犁。（卷四十八《自湘东驿遵陆至芦溪》）

> 天公假我一日晴，篮舆轧轧山中行。山行既尽复买棹，欹枕夜闻雷雨声。诸滩暴涨波霅霅，人与鸥凫互相杂。秀江桥外橹枝柔，稳过袁州小三峡。（卷四十八《复入舟》）

---

① 上海图书馆藏查慎行《敬业堂诗原稿》。
② 同上。

上述诗篇以细腻的笔端,在日常之景中见出诗人之境,写景平易朴实,亲切自然,寥寥数笔,就展现了生机盎然的春景,勾勒出生动的山水风俗画卷。这与陆游寓居江阴后诗作几于神似,置入其集中恐亦可以乱真。"吠犬鸣鸡村远近,乳鹅新鸭岸东西。"一联颇近陆游"鸭冲细雨桥阴出,蝶弄微风草际来"(《小雨》)之神韵。正如赵翼《瓯北诗话》评查慎行诗说:"随事随人,各如其量,肖物能工,用意必切。"①

最后,在情感表达方面,刻制和平和,将郁郁不平之气埋藏至深。早年的查慎行标举"诗之雄在意"的诗学观,在实际创作中容易显得雄健伟丽而锋芒毕露,而晚年的诗作渐收锋芒,更加平和古淡。兹举以下二首怀古之作比较之:

> 平远江山极目回,古祠漠漠背城开。莫嫌举世无知己,未有庸人不忌才。放逐肯消忘国恨,岁时犹动楚人哀。湘兰沅芷年年绿,想见吟魂自去来。(卷二《三闾祠》)

> 千古兴亡恨,忠臣末运多。死难扶少帝,生不愧巍科。慷慨忧时策,峥嵘正气歌。黄冠故乡意,庙貌在山阿。(卷四十七《螺山文丞相祠》)

《三闾祠》为康熙十九年(1680)途经湖南凭吊屈原祠所作,是年查慎行31岁,《螺山文丞相祠》作于康熙五十七年(1718),查慎行应中丞法海之招,赴粤东期间,是年查慎行69岁,此时的他历经了宦海风波,看尽了世态炎凉,失去了中年时的汲汲于用世,牢骚不平,对待人世更加敬畏和谨慎。"莫嫌举世无知己,未有庸人不忌才。"是借古讽今、指斥现实的愤慨之语。"千古兴亡恨,忠臣末运多。"则是熟稔历史之后的无奈之语。前一首诗意起伏,慷慨曲折,后一首则平平论古,直叙如话。

晚年查慎行回乡里居后过着"万事不关心"的枯淡生活。他依然关

---

① (清)赵翼:《瓯北诗话》卷十,霍松林、胡主佑点校,人民文学出版社1963年版,第161页。

注现实,但没有了指斥现实的激情,他开始接触佛教,因此当晚年再写到贫穷痛苦时,诗歌则表现出了安之若素的心境。他更加关注内在,诗歌中也常常展现疾病、衰老与养生。如康熙六十年(1721)查慎行72岁时诗作《罂粟花》:

> 投种记中秋,向荣及初夏。阅时嫌汝久,开眼迫我暇。谷雨初过旬,牡丹已前谢。繁葩相继发,红紫弄娇妊。转瞬三日中,流光激如射。纷纷艳质委,一一青房亚。感此花得名,象形出假借。罂储能几许,囊括乃无罅。自从去年旱,谷贵吁可怕。野人方忍饥,望尔甚望稼。谋生遑远虑,是物贪速化。少待粟粒成,石钵付碾砑。煎熬比牛乳,何有乎燔炙。撑肠或无力,养胃庶有藉。此法勿轻传,吾将索高价。(《续集》卷二)

这首诗虽为咏物诗,却并非无关现实,"自从去年旱,谷贵吁可怕。野人方忍饥,望尔甚望稼"。然而却没有早年的指斥现实的批判,只是淡淡叙述,进而联想到苏辙在《种罂粟》中谈到罂粟有"便口利喉、调肺养胃"之功效,谈到罂粟的"养胃"功能。

查慎行自始至终关注民生,到了晚年依然心系家乡百姓,用诗歌记录灾害给百姓带来的痛苦,然而即便是这样的作品,也叙述温雅,没有了早年的大气雄浑。兹举《七月十九日海灾纪事五首》(《续集》卷三)中两首观之:

> 借穿殊少屐,欲济况无舟。我怯行携杖,儿扶劝上楼。鸡豚混飞走,鹅鸭乱沉浮。小劫须臾过,茫茫织室忧。(其二)

> 亭户千家哭,沙田比岁荒。由来关气数,复此睹流亡。痛定还思痛,伤时转自伤。艰虞吾分在,无计出穷乡。(其五)

这组诗采用纪实的手法,叙述了海灾到来时的细节,然而叙述手法没有了早年锋芒毕露的感觉。正如聂世美评价这组诗说:"平易浑成,叙述温恻,与早年诗作迥然有别。"

这种变化，究竟是什么原因，查慎行在《久旱田禾多被虫蚀邻翁来告纪之以诗》中暗吐心声，他说：

> 气羸滋百媵，旱魃尔何骄。赤壤沙泉涸，青天野火烧。凭谁祈好雨，无力救良苗。亦有忧时意，徒歌漫作谣。(《续集》卷二)

儒家文化的浸润下，中国士大夫无论处庙堂之高还是居江湖之远，皆具有"惟歌生民病，愿得天子知"的责任感，整个社会也对士大夫赋予了这一使命，这也是当久旱田禾多被虫蚀的时候，邻翁希望查慎行能够以诗纪之的原因，然而现实却是"无力救良苗"，诗人"亦有忧时意，徒歌漫作谣"。一切都徒劳无用，换不回统治阶层的重视。在这种情况下，诗人干预现实的热情被渐渐浇灭，对政治的绝望让他从对功名的追逐中抽身而出，由以往忧患家国百姓的责任感转为关注个体内在精神的需求。

雍正继位之后，进行了更加严苛的思想控制，文字狱络绎发生，加之年岁的增长，查慎行不再"作诗摅愤懑"，抒发不平与愤懑之作渐少，即便是遭逢晚年家难，全家老小"冒寒连夜赴严程"(《十一月十九日雪后舟发北关》)，他也不生怨懑，不露愤慨。来看他在狱中的《丁未立春》，诗云：

> 历头七十八回新，检点犹馀现在身。气自东来瞻淑气，臣今老去作累臣。平生内省能无疚，此祸相连亦有因。聊借乐天诗自慰，八寒阴狱变阳春。(《续集》卷五)

诗的末句查慎行自注："一前一日大雪，故用之。"是诗写得如同白话，叙述平淡，娓娓道来，如同讲述别人的故事，没有冤天屈地，没有绝望悲戚，对自我的反思之中犹存希冀。完全不似合族缇解进京问罪的场景。

得知三弟死信，他作《哭三弟润木二首三月二十二日》，诗云：

> 罪大诚当杀，全归有数存。生难宽吏议，瞑亦沐君恩。罪守辞乡

魄，棺封诏狱魂。几时容反葬，薄殓胜王孙。

家难同时聚，多来送汝终。吞声自兄弟，泣血到孩童。地出阴寒洞，天号惨澹风。莫嗟泉路远，父子获相逢。（《续集》卷五）

开篇即言"罪大诚当杀"，面对亲弟与侄儿死亡的噩耗，连哭泣也只能"吞声"，即便"泣血"，还要感谢"君恩浩荡"，内心即便不堪痛楚，也要自我安慰："莫嗟泉路远，父子获相逢。"将自身情感郁塞于中，即通过隐藏或抑制情感的方式来表达更为深刻的真情。

查慎行将晚年诗作编集，题为《漫与集》，就是取杜甫"老去诗篇浑漫与"之意，他说："余年衰才尽，从前愧乏惊人之句，已镂板问世，悔莫能追。自兹以往，当日就颓唐，不知余生尚阅几寒暑，更得几首诗也。"（《漫与集序》）"才尽"虽为谦语，"颓唐"是他晚年愈加恣意自如的创作心态，正如他说："近来吟思似枯泉"（《寒露后六日偕东亭德尹曾三芝田诸弟集季方兄晓天书屋芝田以诗索和次原韵》），如同杜甫晚年滞留夔州，褪去了慷慨与激昂的情调，渐趋寂寞萧条。在创作方式上，黄庭坚谓杜甫夔州后诗风大变，"句法简易"、"平淡"、"更无斧凿痕"（《与王观复书之二》）。查慎行追求与此接近，形成一种豪华落尽、炉火纯青的新境界。查慎行晚年崇尚"枯淡"之美，追求"平淡而山高水长"的"老境美"，甚至许多晚年之作淡得见不出诗味，晚年的查慎行诗歌渐渐褪去了豪气鼓荡，然细按之下，却未觉其脉搏乏力。这是因为深厚的情感、高标的品格是他一贯的追求，只是随着人生阅历增加，他的立意愈发平实深沉，情感走向克制不露，正所谓"浅语中含感嘅深"（《续集》卷六《枕上偶拈》）。读其诗不能被他平淡浅露的语言所迷惑。

三 疏离与共鸣——查慎行与浙派关系考

"浙派"作为一种诗歌流派的称谓肇端于清中叶，一直延续至今，是公认的清代最大的宗宋流派。然而对于"浙派"之涵盖范畴，今人所认同的浙派与清人不同。

清人所言"浙派"其内涵是什么呢？陈仅的《竹林答问》载弟子问："近时外人于吾浙诗有浙派之称，以厉樊榭为之祖，不知何以有此语？"①陈文述《樊榭山房怀厉太鸿》云："太鸿名鹗……孤冷幽隽，诗品最高，学者宗之称浙派焉"②吴清鹏又云："吾杭诗多出杭堇浦、厉樊榭两先生世称为浙派。"③可以看出，清人所言浙派，是专指以厉鹗为核心的诗歌流派，以宋诗为宗，是浙派共同的诗歌风格。袁枚《随园诗话》亦云："吾乡诗有浙派……盖始于宋人而成于厉樊榭。"④又在《仿元遗山论诗》中评厉鹗云："小雅才兼大雅才，僧虔用典出新裁。幽怀妙笔风人旨，浙派如何学得来。"⑤

厉鹗是实至名归的浙派领起者，在其周围聚集着一个有着共同诗学风尚的诗人群体。浙派成员杭世骏云："樊榭厉先生少为诸生时，尝教授吾里中，凡著录称弟子者，皆能谐声病、事雕绘，前喁后于，联翩蔚起。"⑥又云："吾乡之诗，清微萧澹，以樊榭为初祖。"⑦关于浙派的起源，《莜园诗话》云："浙派自西泠十子倡始，先开其端，至厉太鸿而自成一派，后来多宗之，其清俊生新，圆润秀媚之篇，佳处自不可没。然病亦坐此，往往求妍丽姿态，遂失于神骨不俊，气格不高，力量不厚，无雄浑阔大之局阵篇幅，谐时则易，去古则远也。"⑧认为浙派发端于西泠十子，至厉鹗放自成一派。

上述关于浙派的论述种种，均未提及查慎行，可以说清人所谓"浙派"，是指以厉鹗为核心的诗歌流派。厉鹗（1692—1752）字太鸿，号樊榭，别署南湖花隐、西溪渔者，浙江钱塘（今杭州）人。厉鹗在扬州马

---

① （清）陈仅：《竹林答问》，清镜滨草堂钞本。
② （清）陈文述：《颐道堂集》，诗选卷二十一，清嘉庆十二年刻本。
③ （清）吴清鹏：《积堂以小粟山房诗集见示》，《笏庵诗》卷八，清咸丰五年刻本。
④ （清）袁枚：《随园诗话》，顾学颉点校，人民文学出版社1982年版，第320页。
⑤ （清）袁枚：《仿元遗山论诗》，袁枚著，周本淳标校《小仓山房诗文集》卷二十七，上海古籍出版社1988年版，第688页。
⑥ （清）杭世骏：《金存斋遗稿序》，《道古堂文集》文集卷，卷十二，清乾隆四十一年刻本。
⑦ （清）杭世骏：《张涤岑瑞石山房遗集序》，《道古堂文集》卷十一，清乾隆四十一年刻本。
⑧ （清）朱庭珍：《莜园诗话》卷二，清光绪十年刻本。

曰馆、马曰璐兄弟的"小玲珑馆"寄居达30年，周围聚集了很多浙江籍诗人，如杭世骏、符曾、吴锡麒等都是其中成就较大者，而厉鹗是这些士子中风雅的主持者。

　　清代还有"宋派"、"浙中诗派"诗派之称，张仲谋认为其均为浙派，其中"宋派"是浙派最初的称谓①。实际上，清人所言"宋派"、"浙中诗派"均非浙派。清代诗人邵长蘅《病起拨闷十二首》，其九有云："陈髯丽藻世无双，宋派同时两竞雄。"陈髯，盖指阳羡之陈维崧，所谓"宋派"句后自注为"谓竹垞、孟举诸君"②。《小招隐馆谈艺录初编》云："谈宋派者谨查初白、厉太鸿孤鸣其间。"③ 前者谓竹垞、孟举，后者则初白、太鸿，很明显，这里的宋派并非诗歌流派，而是指清代学宋的一批诗人。"浙中诗派"亦不等同于浙派。如《陶子缜潠庐诗集序》云："浙中诗派流弊滋多……至袁枚氏标神悟之旨"④；《国朝诗人征略》云："论者称浙中诗派，前推竹垞，后推西崖，两家之间，莫有能越者"⑤；《蒲褐山房诗话》云："百余年来，浙中诗派，实本云间。至康熙中叶，小变其格。继吴孟举、查初白出，始竞为山谷、诚斋之习，檇李学者，靡然从之"⑥。细味其义，实际上是指浙江省诗人，并非严格意义上的流派概念。全祖望云："浙之诗人首朱先生竹垞，其嗣音者先生（初白），暨汤先生西崖，实鼎足至今，浙中诗派不出此三家"⑦，亦是如此。

　　通过以上例证可以得出以下结论，清诗史上"浙派"这一称谓用于诗歌流派，专指以厉鹗为核心的一批浙江籍诗人群体。但在今人视野中，"浙派"的内涵逐渐扩大。张仲谋《清代文化与浙派诗》中提出浙派之"一祖三宗"之说，所谓一祖三宗，即以清初"黄宗羲"为浙派初祖，以康熙朝之查慎行、雍正时期的厉鹗，与乾隆朝的钱载为"三宗"。朱彝尊因为"反宋"，书中在《被误作浙派创始人的朱彝尊》一节中，将其摒弃

---

① 张仲谋：《清代文化与浙派诗》，东方出版社1997年版，第2页。
② 林东海、宋红辑：《万首论诗绝句》，人民文学出版社1991年版，第254页。
③ （清）王礼培：《小招隐馆谈艺录初编》卷三，民国刊本。
④ （清）董沛：《陶子缜潠庐诗集序》，《正谊堂文集》卷一序，清乾隆刻本。
⑤ （清）张维屏：《国朝诗人征略》卷十五，清道光十年刻本。
⑥ （清）王昶：《蒲褐山房诗话》，清稿本。
⑦ （清）全祖望：《翰林院编修初白查先生墓表》，《鲒埼亭集外编》卷七碑铭，清嘉庆十六年刻本。

在浙派大门之外。

  目前,学界大多数研究者已经接受了这种"广义浙派"的概念。但本书主张在对"派"的使用上,应持谨慎的态度。张仲谋所言"派"乃非常宽泛的概念,正如其所言属于"广义上的浙派",实则基本可概指松散的诗学群体,大凡诗人有共同的地域特征,且之间存在着共同的诗学倾向——"宗宋",均可以"派"相称。

  但是今人将浙派扩大化,是不符合历史实际的,容易造成研究范畴的不清晰。[①] 因研究对象所限,本书不对其他广义浙派中的人物(比如黄宗羲)的归属问题进行探讨,仅就查慎行而言,笔者认为其与浙派始终处于疏离状态。

  目前公认的浙派(也就是"狭义的浙派")的核心成员有杭世骏、厉鹗、金农、丁敬、胡天游、汪师韩、吴颖芳、汪沆、陈章等。其中厉鹗、金农属于浙派的核心成员,这是古今学者认同的。

  《金寿门诗集自序》记载了这样一段公案:"岁乙巳,客于泽州陈幼安学士四载,相国午亭留咏殆遍,即中条、王屋,无处不大胆题诗也。学士叹曰:吾不幸十六中进士,领芸局,翱翔禁庭,十年而罢归,不深读书。今每夜一灯相对,受益良多。君乡查翰林是吾后进,兔园挟策,吾最薄之。"[②]《梧门诗话》亦有记载:"(金寿门)乙巳秋,客于泽州陈幼安学士家四载,学士叹曰:'君乡查翰林,是吾后进,兔园挟册,吾最薄之,君诗如玉潭灵湫,汲绠不息,是吾师也。"[③] 陈幼安名壮履,泽州陈文贞之子,康熙丁丑庶吉士,官至翰林侍读学士,乙巳则雍正三年(1725)也,初白入词馆在康熙四十二年癸未(1703),故于幼安学士得称后进,午亭公之归也在康熙五十年辛卯(1711),查慎行的集中有题王

[①] 张仲谋《清代文化与浙派诗》列举黄宗羲、吕留良、吴之振、高斗魁、叶燮、查慎行、查嗣瑮、郑梁、万斯同、万斯备、杭世骏、厉鹗、全祖望、金农、丁敬、胡天游、汪师韩、吴颖芳、汪沆、陈章等为浙派派成员,而诗人之间风格差异较大,实际上很难以"派"而统称之,几乎可视为清代浙江区域诗歌流变史(东方出版社1997年版)。朱则杰先生在《清诗史》又将朱彝尊亦归入浙派(朱则杰《清诗史》,江苏古籍出版社2000年版),今人对浙派的范畴界定上亦存在差异。

[②] (清)金农、罗聘:《扬州八怪诗文集》第三集,江苏美术出版社1996年版,第90页。

[③] (清)法式善:《梧门诗话合校》卷二,张寅彭、张迪艺编校,凤凰出版社2005年版,第80—81页。

石谷午亭山村图之作，也有与壮履之父的唱和诗，但未提及陈壮履。壮履缘何讥讽查慎行，今已不得而知，但金农将其记于自序中，可以看出他对此言是认同的。

对查慎行颇有微词的翁方纲都对此提出不满：

> 今观《寿门自序》所述学士之言，谓查翰林"兔园挟册，吾最薄之"者，在学士之诗所诣深浅，不得而知，至于寿门虽短章精妙，不必以初白限之，若夫大篇可传之作，焉能企及初白，而自序中辄引陈学士偶及之语，且其自序又曰"吾于过去诸佛未尝瓣香"，盖不肯屈就前人如此。然文章千古之事，岂论先后久近哉！充是说也，则杜、韩、苏、黄，寿门亦将弗让欤？初白之诗，虽不敢比于杜、韩、苏、黄，而其取路之正，根柢之深，继往开来，近日一作家也，岂可蔑视！①

不仅金农，厉鹗亦是如此。身为查慎行之同郡晚辈，在当地应当有着很大的知名度，相互之间却没有任何交往，这不能是"不认识"所能解释的，况且厉鹗与初白之外孙沈廷芳②、族侄查为仁均有密切往来③，不与查慎行相交，很有可能是厉鹗等并不认可查慎行的诗风。

查慎行对厉鹗又是什么态度呢？翻检《敬业堂诗集》未找到二人有任何交游痕迹。《敬业堂文集》中保留了查慎行为厉鹗等人的《南宋杂事诗》所作序言，此外他还为《南宋杂事诗》的藏书处题写了匾额。④《南宋杂事诗》是厉鹗与同郡诗侣沈嘉辙、吴焯、陈芝光、符曾、赵昱、赵信等七人曾合撰《南宋杂事诗》七卷，人各一卷，每卷各一百首（唯符

---

① （清）翁方纲：《书金寿门续集自序后》，《复初斋文集》卷十七，清李彦章校刻本。

② 《樊榭山房集》中有与厉鹗与沈廷芳交游诗作有《寄沈椒园观察莱州》（沈廷芳有和作《次韵奉答厉樊榭见寄》）、《沈椒园待御寄和移居诗用韵奉答四首》《岁除得沈椒园山东书》诸作，厉鹗还有《沈椒园诗序》，可以说明二人有交游。

③ 《国朝畿辅诗传》云："莲坡尝学诗于初白庵主，又与厉太鸿、杭堇浦……诸君子游。"（陶梁，卷二十九，清道光十九年红豆树馆刻本）

④ 参见赵昱《春草园小记》云："二林吟屋……予与意林读书处，昔沈乐城、符药林、袁南垞尝假馆焉。雍正癸卯甲辰间，共赋南宋杂事诗……藏弆楼上额为初白先生书。"（《丛书集成续编》第九十一册，新文丰出版公司，第114页）

曾一百零一首），博采南宋遗闻逸事。查慎行作此序时已七十高龄了。这是否能说明查慎行与厉鹗等人的交往呢？

实际上，查慎行为《杂事诗》作序并非因为厉鹗之请求。厉鹗只是《杂事诗》的参与者，而非组织者。"二林吟屋"为《杂事诗》撰作中心，赵氏兄弟为此群体这盟主。再看查慎行《南宋杂事诗序》：

> 钱塘符幼鲁、吴尺凫、仁和赵功千、意田兄弟，与郡中同学七人，相约为《南宋杂事诗》……以余所见，符、吴两家，绚者若云锦，淡者若云烟，亦既领异标新，目不暇给。

查慎行该序推举符曾、吴焯二人，认为"领异标新，目不暇给"。只字未提七人声名最著的厉鹗，虽然这不能说明查慎行也并不看好厉鹗的诗作，但至少可以说明厉鹗与他没有交游，且厉鹗之诗亦未进入其审美视野。

查慎行自言："余衰病杜门，学殖荒落，时未废诗。姻亲朋友，有不鄙而枉教者，往往饮予之欲，摩挲老眼，必终卷而后已。"[①] 初白晚年里居乡里，亲戚朋友常常来请教诗法，许多晚辈门生，不远万里前来求学，查慎行"必终卷而后已"，奖掖后辈，乐此不疲。此时厉鹗亦在杭州，家园不远，而彼此集中均无一唱酬之作。初白之诗终雍正五年（1727），是时金寿门年已41岁，厉樊榭已36岁，近在咫尺的厉鹗等人却从未与之有过交流。翁方纲对此亦有微词，他批评厉鹗等人说："若非失于请益前辈，则岂失于汲引后贤耶？学问之道，以平心得师为善，无取于各树帜以开党同伐异之渐。"[②]

查慎行谦和宽厚，而厉鹗性格孤高，王昶评之曰："性情孤峭，义不苟合"[③]，查慎行与厉鹗之间，并不相互推重、认同，而这种局面很大程度上是由于厉鹗等浙派成员本身对查慎行的主动疏离。试想一个诗歌流派，核心成员都呈现疏离状态，怎能称其为成为同一流派？

---

① 查慎行：《卓蔗村诗序》，《敬业堂文集》卷中，四部备要本，中华书局据古杭姚氏钞本校刊。
② （清）翁方纲：《书金寿门续集自序后》，《复初斋文集》卷十七，清李彦章校刻本。
③ （清）王昶：《蒲褐山房诗话》，清稿本。

浙派诗人的风格与查慎行大相径庭。

第一，从人格品性来说，浙派诗人往往有着政治疏离心态与诗歌的"野逸情调"。浙派的核心厉鹗正是这样一个人，康熙五十九年（1720）中举人，时年29岁。但自此以后，功名便再无上进。康熙六十年（1721），试进士不第。乾隆元年（1736）荐举博学鸿词，又以答卷规格不符而被黜。十二年依例待选县令，应铨入都，行至天津而中途折返。从此以后放逐四海，寄情山水。浙派的其他成员也有着浓厚的在野特质，他们几乎是清一色的布衣寒士。

正是这些人格特点，造就了浙派不合时宜的"拗"与"怪"，相对于传统诗教传统，实是清代"盛世"时期诗界文苑自持离立之势，与大有力者主宰的王权鼎兴之文化气象，构成另一种景观。查慎行则不具备浙派的在野文人气，他"晚遇恩荣"[①]，"七年供奉入乾清，三载编摩在武英"（《自题癸未以后诗稿四首》）的人生经历，至少也与这些终身在野的诗人有不同的心态。审美思想上，仍然秉持主流诗教观，崇尚雅正。虽亦有对现实的不满，但他更是理性和克制的，通过压抑自身个性来控制自我行为，其对诗歌格调的要求也很高，从未陷入"拗"、"怪"之途。

第二，从诗法渊源上说，厉鹗精研宋代文史，熟知宋代掌故，其治学、作诗的主要关注点却主要在南宋。查慎行诗宗中晚唐，于宋代则调和南北宋，查慎行关注苏轼、黄庭坚、陆游等诗坛大家，厉鹗则诗学小家，主要是南宋的永嘉四灵、姜夔诗歌，因此气局显得狭小，风味清幽。符曾字幼鲁，号药林，为查慎行及门弟子，诗审美情趣最嗜姜白石。《小招隐馆谈艺录初编》云："清代学宋体者，有查初白、厉太鸿两家，初白习北宋，而肤廓庸钝，殆无其匹，太鸿袭取南宋之靡，不能振刷恢豁。是时宋体方为一世诟病，学之者鲜，知之者稀。"[②]

最后，查慎行与浙派最重要的差异在于诗歌艺术上。兹举查慎行与厉鹗的同题组诗，请览者辨之。先看查慎行诗作《题周兼画南唐小周后真六首》：

[①] （清）姚鼐：《方恪敏公诗后集序》，刘季高点校，《惜抱轩诗文集·文集后集》卷一，上海古籍出版社1992年版，第266页。

[②] （清）王礼培：《小招隐馆谈艺录初编》卷三，民国刻本。

人间姊妹工相妒，遗恨茫茫岂有涯。怊怅瑶光梅信晚，一枝潜进未开花。

湘裙如水不抬风，凤咮携来倒挂红。色色丹青无着处，泥金一缕在双弓。

月暗花明雾气多，盈盈罗袜步凌波。外间谁管深宫事，偷唱新声《子夜歌》。

不须更减一分肌，周昉繇来善貌肥。如此丰姿如此画，当初犹道未胜衣。

开宝初元议礼迟，待年承宠已多时。在廷只有韩熙载，曾托元和讽谕诗。

垂鬟分绺发初长，想是南朝时世妆。指与俗工从未识，可怜绝笔付周郎。（时兼惜已下世。）

再如厉鹗《题周兼南唐小周后写真四首》：

未合双鬟最小身，秦淮明月白门春。汉宫莫话昭阳事，更有人间返卧人。

已识君王尚待年，新词侧艳外边传。销魂貌出提鞋样，压倒南朝步步莲。

群花偃亚小亭孤，卯酒朝酣倦欲扶。可记画堂南畔见，背人无语问流珠。

命妇随朝掩泪光，虚闻龙衮纪兴亡。画师自有春风笔，不写伤心入汴梁。（龙衮《江南野史》，今所传不全。载小周后事，见王铚

《默记》。)

周兼,浙江海宁人。工士女,衣纹清古,设色雅淡。布置俱有来历。查慎行与厉鹗同为其《南唐小周后图》作诗。这二组同题共作诗,均用了七绝体,将其对照即可看出,二人诗风之差异。

题画诗引起所咏对象较为具象,因为对诗人发挥有所限制,但从对同一幅图画的吟咏中,更能对比出诗人诗风的差异。描绘同一画卷的两首诗,读过查诗之后,读者头脑中就会形成一个较为清晰的概貌,如"怊怅瑶光梅信晚,一枝潜进未开花","色色丹青无着处,泥金一缕在双弓","垂鬟分绺发初长,想是南朝时世妆",查诗完全可以视作工笔白描,用诗的语言临摹画境。而读了厉鹗诗作之后,读者头脑中很难形成一个具象的图画,一组诗除了零星几句点题之外,大多时候都游离于画面之外,如果不看诗题,甚至有可能看不出是首题画诗,传达给读者的则是朦胧细腻的观画感受。可以看出查诗好作实,厉诗善作虚。此外在语言上,查慎行工稳妥帖,第四首用《马氏南唐书》"昭惠殂,后未胜礼服,待年宫中"① 事之外,无任何典故。况且查氏用典亦是围绕周兼画的主题,为其服务。厉鹗诗精雕细琢,这四首诗句句用典,翁方纲评点厉鹗该诗云:"此则何苦如此乎?"② 指摘其卖弄学识,袁枚对于厉鹗的用典特色说:

> 吾乡诗有"浙派",好用替代字,盖始于宋人,而成于厉樊榭。宋人如"水泥行郭索,云木叫钩辀",不过一蟹一鹧鸪耳。……樊榭在扬州马秋玉家所见说部书多,好用僻典及零碎故事,有类《庶物异名疏》《清异录》二种。③

这段话相当准确地概括说明了厉鹗诗典用事的特异之处。对照袁枚对查慎行的评价,二人之差异更明晰可见。袁枚《随园诗话》云:"查他山

---

① (宋)马令:《马氏南唐书》卷六,《海涵芬楼·四部丛刊续编》,史部第九十册,民国二十三年刊本。
② (清)翁方纲批:《樊榭山房集》卷五,武林绣墨斋刻本。
③ (清)袁枚:《随园诗话》,顾学颉点校,人民文学出版社1982年版,第320页。

先生诗,以白描擅长。将诗比画,其宋之李伯时乎?"① 查慎行与厉鹗在对待用典的态度上是截然不同的。厉鹗作诗,其病在书卷支撑而窒息性灵。查慎行最受称道的是"白描"手法。他虽以读书力学倡于同道之间,作诗时却并不卖弄学问,几乎不用典故。

诗歌境界上,查慎行诗雅正浑厚,厉鹗则典丽幽隽,查慎行最擅长写高山峻岭、怪石嶙峋的壮美景象,厉鹗诗多为游湖赏花之作。上面的两个例子在色调上均偏冷,这与周兼画风清古雅淡有关。但相较查慎行,厉鹗的诗境更显清幽冷峭,取境上多选择萧疏开阔的背景,用字趋向寒瘦,色调也较查诗单一。将零星而萧瑟的意象,并将其组合在一起,形成冷逸幽隽的格调是厉鹗之长。法式善的《题菽原堂诗集三首》亦云:"浙诗在国朝,作者称极盛。……樊谢擅典丽,初白取醇正。"② 厉鹗之作够"清"够"幽"而不够"厚",而"厚"则是查诗的特点之一。查慎行的笔力更能伸展延宕,虽然他与厉鹗同是浙江人,却豪放多于幽秀。翁方纲评点《樊榭山房集》卷五末页有云:"诗必酣放乃见精微,若流入单窘,则其中正复何有耶?"③ 厉鹗诗集缺少的"酣放",在查慎行诗集里就可能变成多余的弊病。可以看出二人诗风在"宗宋"的外表下,却有着天壤之别。

除了厉鹗之外,还有一个显著的例子就是符曾,他虽为查慎行及门弟子,其诗美观念、创作取向都与乃师大不相同。符曾所推崇的则是南宋姜夔,向往一种"深情孤诣,拔出于风尘之表,而不失魏晋以来神韵,淡而弥永,清而能腴"④的超脱清雅之美,这些与查氏诗风正是南辕北辙。

《中国大百科全书·中国文学卷》将"文学流派"解释为:"文学发展过程中,一定历史时期内出现的一批作家,由于审美观点一致和创作风格类似,自觉或不自觉地形成的文学集团和派别,通常是有一定数量和代表人物的作家群。"⑤ 审美观点一致与创作风格的类似被视为流派形成的

---

① (清)袁枚:《随园诗话》,顾学颉点校,人民文学出版社1982年版,第258页。
② (清)查揆:《筼谷诗文钞》诗钞卷九,清道光刻本。
③ (清)《翁方纲批樊榭山房集》卷五,上海图书馆藏武林绣墨斋刊本。
④ (清)全祖望:《春凫集序》,《鲒埼亭集外编》卷二十六序,清嘉庆十六年刻本。
⑤ 《中国大百科全书》总编委会:《中国大百科全书·文学卷》,中国大百科全书出版社1986年版,第952页。

关键。陈文新对文学流派成立的标准进一步论述道:"流派分为两种:一种是由文学社团发展而成的流派;一种则是在一个或几个代表作家的吸引下,形成了一个具有共同创作风格的作家群,研究者据以归纳出的文学流派。无论是由文学社团发展而成,还是由研究者归纳而成,其成立标准其实是大体一致的,即必须具备三个要素:流派统系、流派盟主和流派风格。……而流派风格是文学流派的基本标志。……没有独特的流派风格,就没有流派。可以武断地说一句,流派的竞争在某种意义上即风格的竞争。"① 可见,风格对于文学流派的形成具有决定性意义,这是大多数文学批评家之共识。因此,仅从风格而言,我们可以说查慎行并不属于浙派。况且浙派的核心成员厉鹗等人,并不认同查慎行诗作,虽同处一郡,但却从未有过交游,况有"兔园挟册"之讥,基本可以认定,查慎行与浙派处于主动疏离的状态。

再谈一下查慎行与浙派之间的"共鸣"。既已言查慎行与浙派之疏离,又何谈其"共鸣"?实际二者并不矛盾。

在康雍诗坛,无论是查慎行,还是厉鹗,实际都独立于主流诗风之外,在神韵之风笼罩的康熙诗坛,查慎行和厉鹗都没有逐其后尘。他们的诗作都有着共同的宋诗气质,在追求盛唐之音的诗坛,可谓异端。因此对其诟病亦多,清人批评宗宋诗风,往往会将查慎行与厉鹗联系起来,如《陶子缜澟庐诗集序》云:"浙中诗派流弊滋多,冲淡如初白,而其失也枯,……幽秀如樊榭,而其失也僻。"② 《小招隐馆谈艺录初编》云:"初白俭啬而芜缓,太鸿狷细而虚骄,其于苏之超迈空灵,黄之钩深致远,概乎其未始有闻。"③ 作为查慎行之后,唯一能与主流诗风——"神韵"、"格调"相分庭抗礼的厉鹗,在这一点上与查慎行有着深切共鸣,正如《五百石洞天挥麈》所云:"新城王渔洋力宗唐音,范围一世,学之者几无以自见性情,钱塘厉樊榭出,乃主张宋诗为教,以救渔洋末流之弊,后人因以浙派尊之。"④ 无论是厉鹗还是查慎行,都在被"神韵"、"格调"庙堂诗风挤压的诗径上苦心经营,在受制极深的"盛世"文化思

---

① 陈文新:《中国文学流派意识的发生和发展》,武汉大学出版社 2003 年版,第 8—14 页。
② (清)董沛:《陶子缜澟庐诗集序》,《正谊堂文集》卷一序,清乾隆刻本。
③ (清)王礼培:《小招隐馆谈艺录初编》卷三,民国刊本。
④ (清)邱炜菱:《五百石洞天挥麈》卷七,清光绪二十五年邵氏刻本。

想许可的羊肠小道上踽踽而行。剥离神韵迷雾，为清诗发展注入了新的活力。

实际上，无论厉鹗的"诡谲"，还是查慎行的"稳惬"，均为康雍时期文化专制下的产物，都承载了特定族群的文化心态。查慎行与厉鹗生活在康乾盛世，但满清王朝的极端专制以及个人"有才无命剧堪嗟"的人生遭际让这两位文学巨子早早看透了世事，尽管他们诗歌呈现不同风貌，但在精神层面则有着深沉共鸣！

小　　结

关于查诗风格的瞩目程度，在清代虽不比王士禛、朱彝尊，但亦是清代诗史不可绕开的一环，论者良多。盖其风格多元，众口纷纭。张维屏《听松庐诗话》评查慎行语云："初白先生诗极清真，极隽永，亦典切，亦空灵。如明镜之肖形，如化工之赋物，其妙只是能达。"① 难用一种风格来界定查慎行的诗风，或沉雄卓砺、或清新灵动、或朴实无华、或精雕玉琢，似乎查慎行身上均能找到影子，却又不全似。

时人常将查慎行比之陆游，在宋代诗坛，陆游恐怕是最无"宋气"的诗人，他所景仰与效法的多是中晚唐诗歌的清新自然、圆转流丽的诗歌风格，对本朝诗人则不甚留意。而查慎行则对王安石、苏轼均有所取，更能博采众长。与唐诗相比，宋诗往往浅露，不够含蓄委婉。而查慎行则兼有"绵至之思"，这得益于他将唐诗的"意境雄浑"、"蕴藉含蓄"与宋诗的平淡生新，统一到了诗歌当中。

查慎行一生的诗风稳定中又有细微变化，总体趋势体现出了一种渐入"稳惬"的情感状态，这是其人品对诗品的自觉或不自觉的渗透。"稳惬"，是他追求的人生境界，也是他诗风得以形成的基石。"稳惬"一词用来形容诗歌风格，可以指用事熨帖、音节协和，亦可以指情感表达上中庸平和、不愠不火。实质上，这是一把"双刃剑"。一方面，中庸平和的诗风，避免了诗作出现一些显而易见的缺陷，能够更好地协调诗歌创作的各个要素，而不会陷入厚此薄彼，或矫枉过正。但另一方面，却在一定程

---

① （清）张维屏：《国朝诗人征略》卷十九，清道光十年刻本。

度上湮没了诗人属性,似乎显得"稳妥"有余,"狷狂"不足,缺少了狂放精神。这也就造成了查慎行的部分诗作韵味不浓,反而会走入枯寂一路。查慎行诗躬亲平和的姿态,不张扬的气质,使它更像是一颗被时间蒙尘的遗珠,不耀眼却散发着亲和平静的艺术魅力。

第六章　查慎行的诗史地位

一　康雍诗坛的格局

查慎行诗歌的审美特质，还需要放到当时的诗坛大背景下进行考虑，在整个诗坛大背景下，与同朝诗人的横向比较中，才能更明晰地认识查慎行的诗坛地位，作出公允的评价。关于查慎行的诗史地位，从清代开始，就众说纷纭，时至今日，其诗坛影响与诗坛地位仍未有准确的定位。前有王士禛、朱彝尊这样的诗坛巨擘，后有袁枚、沈德潜这样的诗坛后进，查慎行没有他们为人瞩目，其诗歌的影响一直没有得到正确和全面的评价。

康雍诗坛是清朝诗歌创作的过渡期，上一辈诗坛元老钱谦益、吴伟业于此时离世多年了，顾炎武、黄宗羲等大儒或游历南北，或埋身著述，疏离于主流社会，在康熙朝初期相继离世。明清之交的一代人物至此凋谢已尽，渐趋沉寂。一批成长于新朝、出仕新朝的科甲士子逐渐登上历史舞台，整个诗坛的创作环境、诗人构成、诗美趣味发生了明显的转变。

康雍诗坛创作的主力军是真正意义上的国朝诗人。他们与遗民有着千丝万缕的联系，但大都出生于明清易代之际或清朝定鼎之后，在清朝出仕，是新朝成长起来的文坛新秀，思想深受主流意识形态熏染。尽管也有华夷之辨与故国之思，但已经非常淡薄。康熙帝即位后，对汉族士林进一步施以怀柔、笼络的手段，在恩威并重的政治笼络和空前严酷的思想钳制下，不复有父辈遗民身上的强项不屈的气度。朱则杰评价这一时期清诗的特点说："清代初期亦即顺治、康熙时期的诗歌伴随着社会的发展，内容从现实渐趋空廓，格调从激烈变为平和，同时师法从学唐转向学宋，形式从借鉴达到创新。"① 诗歌内容的空阔与诗歌格调的平和,歌颂盛世的雅正之音和模山范水的清远意象代替了遗民群体的价值取向和创作路径,是康熙诗坛的总体风貌。

王士禛是康熙诗坛当之无愧的中流砥柱,"国朝称诗坛,渔洋起山左,主盟四十年,有似中流柂"②。他主盟诗坛的时间,大致始于康熙十九年(1680),这一年他升迁为国子监祭酒,成为诗坛公认的领袖。③虽然此时享誉文坛者还有陈维崧、朱彝尊等,但他们只是在康熙十八年(1679)的博学鸿词试时才被拔取,从科名上说,反倒成了晚进的后生,无力问鼎京华诗坛的盟主之位。康熙帝对王士禛的破格提拔,不仅是出于物色人才之考虑,更应该说是要借助王士禛支持一种新的文学风气。王士禛推崇盛唐、提倡神韵,继承锺嵘、司空图、严羽论诗精神,以唐代王、孟诗为典范,以"不着一字,尽得风流"和"羚羊挂角,无迹可求"为最高境界,推崇清淡幽远、不可凑泊的诗歌,深得康熙皇帝的赏识。王士禛主盟诗坛是时势机缘,是皇权的青睐,更是个人的修为与时代选择的完美合拍。

王士禛主盟诗坛之后,诗坛的风貌也在悄然而迅速地发生转移。首先,"神韵说"获得了自上而下的大多数人的认同,成为康熙诗坛的主流风尚,以往多元化的格局被改变,神韵诗派一家独大,其他一切风格都被相对遮蔽和边缘化了。其次,唐宋诗之争的背景下,王士禛诗风经历了由唐入宋以及由宋返唐的转变,实质上亦代表了当时诗坛风尚的转变。④最后,王士禛开启了与盛世气象相契合的馆阁诗风,正如严迪昌《清诗史》所说:"清初诗坛的渐趋雅饬,化成一统大势,须俟王渔洋登坛坫。这是清诗史程中第一位堪称诗国宗匠、骚坛祭酒的领袖人物。从此,诗的走向进入一段新的雅正之途,又一轮馆阁风气启开了。"⑤ 在这种情势下,"描

---

① 朱则杰:《清诗史》,江苏古籍出版社2000年版,第188页。
② (清)宋绲:《红杏山房诗钞·燕台钩沉》,道光六年刻本。
③ 严迪昌认为,王士禛主盟诗坛之契机在康熙十九年(1680),这一年他任国子监祭酒。此乃其命运一转折。实际上,康熙十六年(1677),王士禛于京邸亲定《十子诗略》是其主盟京城诗坛的一个先期征兆,应予注意。(参见严迪昌《清诗史》第二章《"绝世风流润太平"的王士禛》,浙江古籍出版社2002年版,本书赞同这个观点)
④ 参见本书第三章第一节《"唐宋互参":"唐宋诗之争"背景下的查氏诗学》。
⑤ 严迪昌:《清诗史》,浙江古籍出版社2002年版,第353页。

写时事或抒发对时事的感慨的作品有所减少"、"山水游览、题画、咏名物等反映文人生活的诗大量增加"。① 康熙十九年（1680）以后，真正意义上的清朝诗坛自此拉开了序幕，清诗进入一个歌咏盛世元音的时代。

"神韵说"是康熙诗坛的主流，王士禛以达官显贵兼诗坛盟主之势，主持风雅，几乎无人能与之为敌。"一代风气之所主，断归乎公"、"海内公卿大夫，文人学士，识公之面，闻公之名，莫不尊之为泰山北斗"。② 在"神韵"之风弥漫的康熙诗坛，亦有人不为所囿，徘徊于主流诗风之外，如赵执信与查慎行。时人有云："本朝渔洋登词坛，赵秋谷、查初白不与之合，亦是豪杰之士。"③ 赵秋谷著书立说，公然指摘王渔洋，与渔洋同室操戈。相比而言，查慎行的态度则要温和得多，他虽始终独立于神韵诗派之外，一生对王士禛推重有加，且有所瓣香，较赵执信更为融通。但查慎行始终独立于"神韵"之外的态度是毫无疑问的。

查慎行主盟诗坛具有以下条件：一方面，王士禛于康熙四十三（1704）年辞官离开京师返乡后，实际上已经退出了诗坛，而查慎行是在康熙四十一年（1702）受到康熙皇帝的召见，得到赏识，入直翰林，成为康熙皇帝身边的近臣。如果说王士禛进入翰林不久，是其成为诗坛"正宗"的标志④，查慎行的入主翰林，则有着接续渔洋的意味。康熙五十年（1711），王士禛辞世，时施闰章已下世23年，朱彝尊下世3年，宋荦已79岁高龄，国朝六大家中只有查慎行与赵执信创作不息。此外，康熙诗坛还有孙枝蔚、姜宸英、汤右曾、邵长蘅、陈廷敬、陈维崧、王士禄、尤侗、汪楫、程康庄、彭孙遹、叶燮等大家，然而就地位、诗坛影响来说均不足与查慎行抗衡。乾隆诗坛的大家沈德潜此时37岁，还在乡里汲汲功名，厉鹗此时年仅18岁，亦家居读书，袁枚、赵翼尚未出生。查慎行顺理成章地成为继"一代正宗"王士禛之后，康熙诗坛的登坛挥麈者。

另一方面，康熙中晚期之后，神韵末流弊端渐显，《四库全书总

---

① 马积高：《清代学术思想的变迁和文学》，湖南人民出版社2002年版，第61—63页。
② （清）王士禛：《王士禛年谱·附录》，中华书局1963年版，第65页。
③ （清）延君寿：《老生常谈》，郭绍虞《清诗话续编》，上海古籍出版社1983年版，第1789页。
④ 参见潘务正《王士禛进入翰林院的诗史意义》，《文学遗产》2008年第3期。

目》云：

> 平心而论，当我朝开国之初，人皆厌明代王、李之肤廓，钟、谭之纤仄，于是谈诗者竞尚宋元。既而宋诗质直，流为有韵之语录；元诗缛艳，流为对句之小词。于是士禛等以清新俊逸之才，范水模山，披风抹月，倡天下以"不着一字，尽得风流"之说，天下遂翕然应之。然所称者盛唐，而古体惟宗王、孟，上及于谢朓而止。较以《十九首》之惊心动魄，一字千金，则有天工人巧之分矣。近体多近钱、郎，上及乎李颀而止。律以杜甫之忠厚缠绵、沉郁顿挫，则有浮声切响之异矣。故国朝之有士禛，亦始宋有苏轼，元有虞集，明有高启，而尊之者必跻诸古人之上，激而反唇，异论遂渐生焉。此传其说者之过，非士禛之过也。①

四库馆臣肯定了王士禛无可取代的地位的同时，也清楚地看到了神韵说风格过于单一，取径过于狭隘以及脱离现实、过于追新求异的弊端。就连对渔洋诗是别有瓣香的沈德潜，亦对其有"尔雅有余，而莽苍之气，遒劲之力往往不及古人"②的批评，正是意识到了神韵诗风有着先天无法克服的缺陷。洪亮吉《道中无事，偶作论诗截句二十首》提到王士禛说："蚕尾山人绝世姿，聆音先已辨妍媸。何应一代才名盛，只办唐临晋帖诗。"③指出王士禛缺乏创新的弊端。

唐诗不仅有"羚羊挂角，无迹可求"的兴会之美，也有"鲸鱼碧海"、"巨刃擎天"的宏大格调气象，渔洋仅执一端，李调元引金补山语："新城一生只到得王孟境界。杜之《北征》，韩之《南山》，岂是一味妙悟者？盖敏妙出自灵府，而沉酣资于学力。"④即看到了渔洋狭窄的弊端。查慎行主张"唐宋互参"，诗法杜甫、苏轼，对于扭转神韵余弊，起到了

---

① （清）纪昀总撰：《钦定四库全书总目》（整理本），中华书局1997年版，第2343页。
② （清）沈德潜：《清诗别裁集》卷四，岳麓书社1975年版，第61页。
③ （清）洪亮吉：《更生斋集》卷二十八，《诗卷二百日赐环集》，清光绪三年洪氏授经堂增修本。
④ （清）李调元：《雨村诗话校正》，詹杭伦、沈时蓉校正，巴蜀书社2006年版，第179页。

关键的作用。从康熙五十年（1711）起，王士禛时代结束了，庙堂诗人呈现群龙无首的状态。可以说，这个时候能引领诗风的非查慎行莫属。

二 是"诗庸"还是"大家"——乾嘉时期对查慎行诗史地位的争议

清人阮葵生说："查初白诗爱之者推为大家，鄙之者目为诗庸"①，概括了时人对查慎行两种截然不同的态度。清人为何会有"诗庸"之说？与此相对，又为何有人力推其为大家？《茶馀客话》约成书于乾隆三十六年（1771），查慎行诗史地位的确立正是在乾嘉时期，这一阶段，亦是他争议最大的时期。查慎行的诗史地位经过了两次有力拔高，先后被冠以"国朝六大家"、"古今十大诗人"之名。一石激起千层浪，时人纷纷提出不同意见，争议很大。

1．"国朝六大家"之一

"国朝六大家"之说的确立源自刘执玉编选《国朝六家诗钞》一书，是书编于清乾隆年间，选择严谨，笺解精当。收清诗人宋琬、施闰章、王士禛、朱彝尊、赵执信和查慎行六人的诗作，代表了康熙诗坛"国朝"诗人创作的最高成就。共分八卷，选录古近体诗作一千三百八十七首。有作者小传。邹一桂、沈德潜鉴定并序。

在刘执玉之前，"国朝六大家"之说已经存在，《筱园诗话》云：

> 顺治中，海内诗家称"南施北宋"，康熙中称"南朱北王"，谓南人则宣城施愚山，秀水朱竹垞，北人则新城王阮亭，莱阳宋荔裳也，继又南取海监查初白，北取益都赵秋谷，益之号"六大家"，后人因有《六大家诗选》之刻。②

可见此六人齐名在先，刻集在后。朱彝尊和王士禛并称"南朱北王"；施闰章、宋琬也称"南施北宋"，六人的主要创作年代都在清朝，

---

① （清）阮葵生：《茶馀客话》卷十一，清光绪十四年刻本。
② （清）朱庭珍：《筱园诗话》卷二，清光绪十年刻本。

第六章 查慎行的诗史地位

是当时主宰诗坛的主力。

《国朝六家诗钞》之《凡例》云:

> 我朝诗家林立,步武汉、唐,而精深华妙,擅长诸体者,首推阮亭,查初白格意清雄,出变化于矩矱中,有神无迹。施愚山、朱竹垞、赵秋谷、宋荔裳,生面各开,功力深到,拔奇选胜,汇为六家。①

可以看出,刘执玉将王士禛与查慎行置于同一水平线上,并在《凡例》说:"《敬业堂》篇什之富,与《带经堂》相埒,名篇络绎,美不胜收。"从《国朝六家诗钞》的选诗情况也可以看出刘执玉对查慎行的推举。全书共八卷,唯独王士禛与查慎行各占两卷。刘执玉又将查慎行列入该书最后两卷,作为六大家之殿军。

刘执玉字复燕,清朝乾隆年间人。父刘瞻榕,字于根,江苏无锡人,康熙三十九年(1700)进士。《无锡县志》云:"瞻榕深于诗,冲淡渊穆如入禅定。子执玉亦工诗,邑中学诗者多从之游。"②刘执玉父子在无锡有一定的影响力,从其学诗者众多。编选该书,主要目的也是方便学诗者。《国朝六家诗钞》一经付梓,在当时就引起了诸多的争议。略举一二:

> 《国朝六家诗》以查初白、赵秋谷配朱、王、施、宋甚为不伦,吾无取焉。③

> 本朝六家王、朱、施、宋、查、赵,查已不及四家,若秋谷,诚郐、莒,不知何以得此盛名?然鄙意当以愚山为第一耳。④

---

① (清)刘执玉:《国朝六家诗钞·凡例》,《国朝六家诗钞》,宣统二年澄衷学堂石印本。
② (清)裴大中、(清)倪咸生修,(清)秦湘业等纂:《光绪无锡金匮县志》,《江苏府县志集》第24册,江苏古籍出版社1991年版,第364页。
③ (清)林昌彝:《射鹰楼诗话》卷二十一,王镇远点校,上海古籍出版社1988年版,第496页。
④ (清)陈仪:《竹林答问》,清镜滨草堂钞本。

六大家中，"南朱北王"、"南施北宋"几乎没有争议，时人争论的核心在于赵执信与查慎行。在查、赵之间，赵的争议可能更大。清代有"南朱北王"、"南施北宋"之说，唯独没有"南查北赵"，昭梿《啸亭续录》中谓："国初诗人，以王、施、宋、朱为诸名家，查初白慎行继以苏、陆之调，著名当时。"① 《伯山诗话》认为："国初诸老诗如绣谷万花，争妍炫采。朱竹垞彝尊之澄雅，宋荔裳琬之古厚，查初白慎行之流丽，王阮亭士禛之名隽，固各有所长，不必兼美。"② 同样是有查无赵，查慎行以其诗歌的杰出成就在诗界确立了大家地位。正如刘执玉所称："诗家派别攸殊，心得互异。作者自建旗鼓，务思压倒前人。故渔洋一代宗工，为秋谷诋諆不少。"③ 赵秋谷带有"门户之嫌"，在一定程度上也影响了他的诗歌创作。

汪国垣说："其与王氏并推为清初六家之朱彝尊、赵执信、施闰章、查慎行、宋琬五家，亦复自成宗派，不相蹈袭。朱竹垞树帜江左，心仪杜陵；赵秋谷敌体新城，语多枯澹；宋荔裳有高、岑之清警；施愚山存古诗之遗音；若查初白氏，则又于诸家综尚之外，力追苏、陆，而与陆尤近，皆与新城王氏迥然不同。"④ 这六家差异显著，他们在诗坛上自树一帜，无所依傍，确如此言。

2. "古今十大诗人"之一

赵翼在《瓯北诗话》中一共有九卷论古今诗家个人的专章，除了唐、宋六位大家李、杜、韩、白、苏、陆之外，明代的高青丘仅能和金代的元遗山合为一卷，清代则只有吴梅村和查初白，且每人各占一卷，而王渔洋和朱竹垞两位大家则姑且不论。赵翼进一步阐释原因道：

> 与梅村同时，而行辈稍次，有南施北宋两家。愚山以儒雅自命，稍嫌腐气。荔裳则全学晚唐，无深厚之力。此外，吴汉槎有高调，无馀味。其名位声望，为一时山斗者，莫如王阮亭。然阮亭专以神韵为主，如《秦淮杂诗》有感于阮大铖《燕子笺》事云："千载秦淮呜咽

---

① （清）昭梿：《啸亭续录》卷二，中华书局1980年版，第412页。
② 钱仲联主编：《清诗纪事》第一册，凤凰出版社2004年版，第420页。
③ （清）刘执玉：《国朝六家诗钞凡例》，《国朝六家诗钞》，宣统二年澄衷学堂石印本。
④ （民国）汪国垣：《汪辟疆说近代诗》，上海古籍出版社2001年版，第2—3页。

水，不应仍恨孔都官。"《仪征柳耆卿墓》云："残月晓风仙掌路，何人为吊柳屯田？"蕴藉含蓄，实是千古绝调。然专以神韵胜，但可作绝句，而元微之所谓"铺陈终始，排比声韵，豪迈律切"者，往往见绌，终不足八面受敌为大家也。其次，朱竹垞亦负海内重名，至今犹朱、王并称，莫敢轩轾。然竹不专以诗传，且其诗初学盛唐，格律坚劲，不可动摇，中年以后，恃其博奥，尽弃格律，欲自成一家，如《玉带生歌》诸篇，固足推倒一世，其他则颓唐自恣，不加修饰，究非风雅正宗。故梅村后，欲举一家列唐、宋诸公之后者，实难其人。惟查初白才气开展，工力纯熟，鄙意欲以继诸贤之后，而闻者已掩口胡卢。不知诗有真本领，未可以荣古虐今之见，轻为訾议也。①

赵翼出生之岁，为查慎行在世的最后一年，因此两人不会有什么接触，赵翼持论是完全客观的，没有阿私党附。《瓯北诗话》的成书至少应当在嘉庆五年（1800）以后，是时《国朝六家诗钞》已经问世多年，"六大家"之说已经十分普遍。赵翼针对该说，指出"六大家"中的五家之不足，力推"六大家"中的殿军查慎行。

《瓯北诗话》的成书与问世一直饱受争议，其中焦点之一就在于对查慎行诗史地位的评判上。事实上赵翼初作此书之际，甚至连吴伟业都还不在其内，而独有查慎行一人。嘉庆五年（1800）赵翼与同赦放归里的洪亮吉同住一条街，两人过从甚密，并将自己《瓯北诗话》的未定稿给洪亮吉看，洪氏阅后题诗《赵兵备翼以所撰唐宋金七家诗话见示率跋三首》②，其中一、三有云：

　　一事皆须持论平，古人非重我非轻。编成七辈三朋集，好到千秋万世名。未免尊唐祧魏晋，欲将自郐例元明。尘羹土饭真抛却，独向毫端抉性情。

　　名流少壮气难驯，老去应知识力真。七十五年才定论，一千余载

---

① （清）赵翼：《瓯北诗话》卷十，霍松林、胡主佑点校，人民文学出版社1963年版，第146页。

② （清）洪亮吉：《更生斋集》诗卷四，清光绪三年洪氏刻本。

几传人？杀青自可缘陈例，初白差难踵后尘（君意欲以查初白配作八家，余固止之）。只我更饶怀古癖，溯源先欲到周秦（余时亦作《北江诗话》，第一卷泛论自屈宋起）。

赵翼曾和洪亮吉讨论过将查慎行选入诗话，遭到后者反对，即洪亮吉诗注所谓"君意欲以查初白配作八家"，可以看出赵翼原本打算写八家诗话，洪亮吉认为将查慎行配作八家不合适，因此"固止之"。不过赵翼并没有接受他的意见，只是调整了原计划，又添上了高启、吴伟业二人。可见赵翼对查慎行诗史地位的推崇是其最初的想法，虽然经过了诸多质疑，但始终未曾改变。赵翼继《国朝六家诗钞》之后，进一步提升了查慎行的诗史地位，甚至绕开了康熙诗坛盟主王士禛、朱彝尊，直接推其为"古今十大诗人"之一。

洪亮吉所云"初白差难踵后尘"实际上是当时大多数人的观点，查慎行作为"国朝六大家"之一，还尚且能为大多数时人接受，但要将其凌驾于朱、王之上，成为继李白、杜甫之后的大诗人，可谓一石激起千层浪，"闻者已掩口胡卢"，时人纷纷就此立说，或驳之，或赞之。如《退庵随笔》云："国朝诗以王渔洋、朱竹垞并称，自系公论，百余年来，未之有改也，而赵瓯北《十家诗话》独遗之，盖瓯北诗离神韵稍远，与渔洋之宗旨本不相谋，而其学又不如竹垞之赅博，故以吴梅村、查初白代之，有意为此轩轾。其实吴、查亦只可称名家，非可凌轹王、朱也。"① 《退庵诗话》云："且同时先后有吴梅村、王渔洋、屈翁山、梁药亭、朱竹垞、钱牧斋、施愚山、陈元孝诸大家在，主盟自有公论。而《瓯北诗话》以初白继苏、陆后，将有明诸子及王、吴、屈、梁、朱、陈、钱、施诸公一笔抹杀，当时已訾之，恐后之君子亦未必与也。"② 亦有赞同则者，如《筱园诗话》又云："《雪松诗话》举梅村、初白以足十家，继唐、宋、元、明诸大家之后，若统绪相传，昭代只此二家，足为正宗者，然宜稚存非之，而人多议其阿好溢美，实无当于公论也。"③即便在性灵派的内

---

① （清）梁章钜：《退庵随笔》卷二十一，清道光十六年刻本。
② （清）何日愈：《退庵诗话》，钱仲联主编《清诗纪事》第一册，凤凰出版社2004年版，第815页。
③ （清）朱庭珍：《筱园诗话》卷二，清光绪十年刻本。

部，对这一问题也存在分歧，袁枚同赵翼均推重初白，然而"乾隆三大家"的另一位成员蒋士铨则不这样认为，周寿昌云："赵云松篇评句采，集为诗话，列之放翁、遗山、梅村诸老之后。蒋心馀遂将全集痛加诋斥，谓是山歌村唱，其亦过矣。"① 蒋士铨评点查慎行集无刻本，周寿昌说"予有一册"，但笔者尚未亲见。但蒋士铨有《论诗绝句》，评价初白云："三十二应相，欲学观自在。惜非贵重人，枉现优施态。仰首莲台佛，始自悔狡狯。"② 明显与袁枚、赵翼站不同的立场。有人说，倘使没有赵翼的评论和推崇，查慎行在清诗的地位，也不过如唐东江（孙华）而已，是言或许有失偏颇，但可以看出赵翼对查慎行的推重对其诗史地位的确立有着至关重要的意义。在时人的反复论争中，实际上扩大了查慎行的影响，就在这种推举与反驳之间，查慎行在康熙诗坛的地位被逐步确立起来。因此查慎行在清代诗歌史上的地位，与赵翼在《瓯北诗话》中的大力推介是分不开的。

  赵翼秉持"江山代有才人出"的诗史观，不为成见所囿、不被偏见所惑，体现了一位论诗家的勇气与卓识。他推崇查慎行：一是由于他对查慎行有着极强的个人偏好，他喜读查诗，还曾经批点过《敬业堂诗钞》③。二是他对查慎行"稳惬"的创作风格的认同。赵翼在奉答洪亮吉的题诗时，没有直言查慎行能否继踵前贤的问题，而是进一步明确"爱古仍须不薄今"的论诗原则。赵翼"不薄今"的论诗思想，促使他在本朝寻找最能代表本朝诗风的诗人。他最先认识到查慎行"稳惬"的诗歌风貌，并认为这种风貌是"国朝"诗人的代表。三是查慎行对赵翼以及以他和袁枚为核心的性灵诗派有着深层的契合。对此《文献征存录》云："（赵翼）所撰《瓯北诗话》抉摘精微，语多切当，要非局方隅之见，横使议论也，其论列近代诸家，梅村后独举初白，盖查诗空灵变化，瓯北性与之近也，然如王渔洋之高秀、朱竹垞之深厚，衡之初白，实所未逮，惟当两家并峙之时，独能陶冶性灵、自开门径，此初白所以为不可及。则瓯北之

---

① （清）周寿昌撰：《周寿昌集》，岳麓书社 2011 年版，第 323 页
② （清）蒋士铨：《忠雅堂文集》卷二十六，清嘉庆刻本。
③ 《东京大学总合图书馆汉籍目录》别集类著录有："《敬业堂诗钞》四卷，附录一卷，清查慎行撰，清赵翼批。"(《东京大学总合图书馆汉籍目录》) 东京：株式会社东京堂，1995 年。

论诗，亦可云独具只眼矣。"① 查慎行虽不及"王渔洋之高秀"、"朱竹垞之深厚"，然而在"神韵"盛行的康熙诗坛，独开性灵之门径，其诗学思想多为性灵派所汲取，在神韵与性灵之间架起了一座桥梁，这才是赵翼推重初白之根本原因。

三 前承渔洋，下启性灵——查慎行在康雍诗坛的地位与影响

关于查慎行的诗史地位，从清代开始就有"诗庸"还是"大家"之争议。直至今日，仍然缺乏对查慎行诗坛地位的准确定位。在清代诗坛，前有王士禛、朱彝尊，后有袁枚、沈德潜，查慎行始终处于一个二流作家的地位，其诗歌地位与影响至今没有得到足够的认识。笔者赞同聂世美《敬业堂选集·序》中提出的"前承渔洋，下启性灵"② 之说，但聂世美点到为止，未对此加以说明，本节拟作一重新审视。

袁枚对王士禛持既不菲薄又不师法的态度，他说："我奉渔洋如貌执，不相菲薄不相师。"③ 但实际上，在王士禛与袁枚之间，查慎行实际上起到了桥梁的作用，既能学习神韵精华，在神韵与性灵间沟通调和，同时又获得了性灵派的广泛认可。本书分别选取神韵派、性灵派的核心人物王士禛与袁枚，一位康雍诗坛的关键人物，一位乾隆诗坛的大家，采用比较研究的方法，厘清其诗歌艺术相互的传承与新变，从而进一步确立其诗史地位以及清代诗风的流变。

1. 查慎行与王士禛

在康熙诗坛，王士禛是查慎行的师长，二人同享"工律绝"④ 之名。查慎行对王士禛学习借鉴亦多。其诗《题吴宝厓西溪梅雪图二首》（其一）云：

---

① （清）钱林：《文献征存录》卷六，清咸丰八年有嘉树轩刻本。
② 聂世美：《查慎行选集·前言》，《查慎行选集》，上海古籍出版社1998年版，第21页。
③ （清）袁枚：《仿元遗山论诗》，袁枚著、周本淳标校《小仓山房诗文集》卷二十七，上海古籍出版社1988年版，第688页。
④ （民国）由云龙：《定庵诗话》卷上，张寅彭主编《民国诗话丛编》第三册，上海书店出版社2002年版，第569页。

第六章 查慎行的诗史地位

> 我爱新城诗，一缄寄冰雪。溪山如在眼，欲往展齿折。画图与真境，莫作强分别。兴到神亦俱，双清两奇绝。相逢山中侣，一笑回暖热。洗我笔端尘，从渠嗔太洁。（卷三十八）

对王士禛的诗学、人品给予了极高的评价，尽管如此，查慎行的诗歌风貌、诗学思想，都与诗主盛唐的王士禛保持一定距离。王、查二人最大的不同乃诗学旨向的不同，王士禛诗宗盛唐，查慎行则诗学杜甫，并延至两宋。有一个耐人寻味的现象是，王士禛在康熙二十四年（1685）为查慎行前期诗集《慎旃集》作序，高度评价了查慎行诗，认为其可与陆游各争短长，同时以东坡自譬，将查氏置于"苏门四学士"、"六君子"之列。可是他在晚年编文集时却遗弃该序，乾隆时期的张宗楠纂辑《带经堂诗话》时感到奇怪，还作为"拾遗"附录，在《诗话》的卷五"序论类"中附识曰：

> 山人序同时诗卷，具载全集，即一二应酬之作，亦未刊削。乃愚读《他山诗钞》一序，辄玩味不置。山人官祭酒日，查田太史曾及其门，又序称老友陆辛斋属以弁语，郑重分明，情文交至，且拟以宋元数公，不爽铢黍，而"绵至之思"一语足蔽《敬业堂》全诗。品藻若斯，讵同率尔，顾集中遗之，何也？①

张宗楠不解何以"集中遗之"之故，却在无意间道出了王渔洋微妙的心理变化，渔洋虽然并不反对宋诗，但实质上在心底始终不以"事宋"为旨。他晚年不将为查慎行所作序收入集中，暗示了他与查慎行的诗学异趣。

在诗歌创作方面，王、查二人差别亦多，兹举两组二人的同题共作，作一比较。查慎行与王士禛都写过露筋祠诗。先看查诗《过露筋祠下》：

> 旧是鹿筋梁，何年祀女郎。至今留庙貌，考古实荒唐。晓气蛙鱼

---

① 郭绍虞编，（清）王士禛著：《带经堂诗话》（上），人民文学出版社1963年版，第153页。

国,秋声蛟蚋乡。人家苇花里。放鸭满陂塘。(卷四十二)

王士禛在扬州做官时亦曾多次来过露筋祠,曾写下了一首五律《露筋祠》和一首七绝《再过露筋祠》,来看《再过露筋祠》:

翠羽明珰尚俨然,湖云祠树碧于烟。行人系缆月初堕,门外野风开白莲。

再举查慎行《传经堂歌卓次厚属赋》:

后生学术无授受,往往谈天哆衍口。春华秋实古难兼,气节文章谁不朽。塘西卓氏本望族,逊国名臣侍郎后。天教一姓留典型,几辈蝉联起诸叟。西京篋衍探源委,北宋儒林辨谁某。煌煌藜火燃太乙,种种琅函发大酉。雕龙余技矢穿杨,石鼓旧文鱼贯柳。一经三世属名家,两字千秋推作手。颇闻名儒后必大,贤嗣文孙洵非偶。百年椶梠尚如新,别筑祠堂宽十亩。已看歌颂美轮奂,更莳花竹贻长久。藏经合閟晓翻书,族谱亭成夜呼酒。才名后先满南国,不比虚名指箕斗。余家盈盈隔带水,累世交情谊称厚。三十年前枯菀分,家运迍邅遘阳九。邶籝兵火荡余劫,陶径柴桑惭世守。老成顿尽人所叹,小子无承良自丑。谒来尘埃逐游惰,笔墨只用供奔走。祖父遗书读未成,肯堂肯构夫何有。诗成对君三太息,独抱残经莽回首。

王士禛则有《传经堂歌送卓永瞻归浙西因寄火传》:

中原丧乱连天崇,凿蹄骄马嘶江东。昭陵玉匣出隧道,鸿都秘策飞秋蓬。小作滕囊大帷盖,石经三体皆磨砻。卓家世德不可纪,侍郎谋国真公忠。巢倾卵破悔不早,曲突徙薪谁谓功。革除事往三百载,至今化碧干长虹。闻孙抱经隐苕霅,千秋人识梁丘宗。清庙明堂列球贝,深山大泽藏蛇龙。我慕蕊渊生苦晚,晚及孙子相追从。雄才能虑五石瓠,大力欲挽千钧弓。桓荣稽古累数世,郎君人地将无同?昭氏鼓琴有妙理,谁云竟以文纶终。至尊通经过汉代,会开东观临三雍。

白虎诸儒考同异,如悬大簴铿洪钟。郎君摄衣作都讲,雅歌殿上何雍容。野夫穷经不得力,坐使尹季伤瘖聋。他年登堂问章句,五湖帆影随樵风。

首先,从这两首诗的比较之中,可以看出王士禛所强调的"无声弦指妙","妙在象外"等等,是艺术形象中只可意会不可言传的"虚"的方面。查诗尚"实",不仅诗歌取材现实,而且喜好考核地理,引据时事,在写景方面亦重视"白描",直接呈现真实所见的景象。

露筋祠在高邮,传说有一女子于夏夜经过此地,不肯失节住进人家,为群蚊叮咬,筋露而死,后人为建此祠。这样一个残酷的故事,王士禛却做出饱含神韵之美的诗篇,朱庭珍《筱园诗话》评《再过露筋祠》曰:"以神韵制胜,意味深远,含蓄不露,渔洋集中最上乘也。"① "行人系缆日初堕,门外野风开白莲"已经不能说是纯粹的神韵飘逸了,诗中正寓"载道"之意,颂赞贞节妇道。而查慎行却直言:"至今留庙貌,考古实荒唐",以拟古求实的精神,推翻历来有关祠庙名由的传说,体现了他尚实、重考据的诗学特色。《四库全书总目》评价王士禛的诗学观时说:渔洋"论诗有时疏于考证,不免与诗史相出入,然其谈诗宗旨,具见于斯"②。渔洋不喜考证,并非他的学识低于查慎行,主要是他身居要津,不免为顺应时世所需,说一些空话,而查慎行则不随波逐流,实事求是,他也许不知道渔洋大作,但这里明显站到了渔洋的对立面上。杨钟羲赞之曰:"辨俗说之讹"③,将王士禛之说归于"俗说"一类,是对其附庸风雅、牵强附会的否定。

再看另外两组诗,朱彝尊《传经堂记》云:"仁和卓氏火传,立宗祀于舍东。榜其堂曰'传经'。奉祖考之遗书,教授子弟。又乐与朋友讲习,东南之士以为伦魁焉。"④ 这首诗王士禛放弃了所惯常使用的近体诗

---

① (清)朱庭珍:《筱园诗话》卷四,清光绪十年刻本。
② (清)纪昀总撰:《钦定四库全书总目》(整理本)卷一百七十三,中华书局1997年版,第1794页。
③ (民国)杨钟羲:《雪桥诗话续集》卷三,刘承干校,北京古籍出版社1991年版,第146页。
④ (清)王士禛、惠栋:《渔洋精华录集注》,齐鲁书社1992年版,第426页。

体,改用长篇歌行,较其惯用的律绝体有很大的不同,表达了一种受到挫折之后的激愤,在诗歌风格上走入了雄豪奇峭一途,更多地展现了宋诗的影响。然而与查慎行诗歌相比,仍显得空虚缥缈。翁方纲批点是诗云:"初白此篇皆摭实之语,渔洋此篇皆套□之语,然二作同读之,初白终不能胜渔洋。"① 翁方纲对初白一向持论不高,但此诗而言,初白处处围绕传经堂的起源、环境以及主人的家学渊源写来,不及渔洋之诗立论高远,用意深厚。

　　王、查的这一差异,在对前人诗作的评点中,亦可见端倪。如评点黄庭坚的名作《和答钱穆父咏猩猩毛笔》就可以看出。黄庭坚诗云:"平生几两屐,身后五车书",此二句王士禛曾大加赞赏:"咏物诗最难超脱,超脱而复精切则尤难也,宋人咏猩毛笔云'平生几两屐,身后五车书'超脱而精切,一字不可移易。"② 但是查慎行对黄庭坚拉来"几两屐"、"五车书"来咏猩猩毛笔,表示不满,他说:"三、四属物邪?属人邪?终觉去题太远,使老杜为之,必别有斡排之法。"王士禛所言传达了咏物诗不能拘泥于物象本身,要力求"超脱"的思想,而查慎行则评之曰"去题太远",由此也可以看出其"尚实"的创作理念。

　　第二,王诗博采,查诗白描。查诗崇尚白描,不好用典。而王士禛主张"博采",语言追求藻丽。从这一点上,王士禛不喜白居易,甚至有持鄙夷的态度,而查慎行则评价白居易:"白描高手,只是善达性情。"(《弄龟罗》评语)"谁谓香山浅易,皆耳食而不味其胾者也"(《履道春居》评语),"香山妙处在辞达而无俗气"(《赴苏州别乐天》评语),肯定白居易白描的诗歌创作特征。

　　在创作中,亦是如此,王士禛《传经堂歌送卓永瞻归浙西因寄火传》一诗可以看出他与查慎行的差异。粗略统计王士禛这首诗中用典达十九次之多。而查诗几乎未用典故。对于王士禛诗歌的这一特点,褒之者如朱庭珍《筱园诗话》云:"王阮亭诗,……长于用典,工于运法,如良工裁衣,不爽尺寸;老师度曲,悉协管弦。故清俊庄雅,玉润珠圆,而品复落落大方,绝无偏锋傍门之病也。"③ 贬之者如沈德潜则说:"或谓渔洋獭祭

---

① (清)翁方纲评点:《敬业堂诗集》,上海图书馆藏本。
② (清)王士禛:《分甘馀话》卷四,文渊阁四库全书本。
③ (清)朱庭珍:《筱园诗话》卷二,清光绪十年刻本。

之工太多，性灵反为书卷所掩，故尔雅有余，而莽苍之气、遒劲之力往往不及古人，老杜之悲壮沉郁每在乱头粗服中也。"①

王士禛用典一方面是为了增强诗歌的作品典雅的风格；另一方面，他倡导神韵，适当地融入典故，能够加强诗歌的含蓄蕴藉的特点。但有时他的一部分诗用典较多，若无详细的注释，就很难体会到其神韵所在。张维屏："一则标举神韵，易流为空调；一则过求典雅，即王爱好之说。易掩却性灵。"② 用典过多，致使"性灵反为书卷所掩"，这是王士禛最为人诟病之处，袁枚亦云："观其到一处必有诗，诗中必用典，可以想见其喜怒哀乐之不真矣。"③

第三，王诗蕴藉，查诗刻露。沈德潜论查慎行诗说："意无弗申，辞无弗达。"实际上，从另一个角度，都是说查慎行的缺点就是太过凡事说得太尽，缺少蕴藉。就上文查诗《过露筋祠下》，与王诗《再过露筋祠》对照观之，可以看出查诗专注写景，从历史过渡到现实，将露筋祠下之今日水乡泽国风光栩栩如生地展现，不加藻饰。"蛙鱼"、"蛟蚋"、"苇花"、"放鸭"，这些神韵派弃之不用的诗材，查慎行却摄入诗中，堪为乡野景象的信手白描，这与王士禛追求的"空山无人"的清远境界大相径庭。反观王士禛诗作，其所云"湖云祠树碧于烟"、"行人系缆月初堕"已经明显与现实拉开距离。又如描写传经堂周边环境时，查诗云："百年櫺桷尚如新，别筑祠堂宽十亩。"王诗则云："清庙明堂列球贝，深山大泽藏蛇龙。"王士禛诗歌努力达到"远人无目"的朦胧之境，谋求一种风神摇曳、含蓄蕴藉的审美品位，这实质上是力图远离政治的努力。王士禛《池北偶谈》云："汾阳孔文谷（天胤）云：'诗以达性，然须清远为尚。'"他所强调的"清"与"远"，实际上指的是一种意境的清幽淡雅，超凡脱俗，继而由意境引发出诗人心境的清寂恬淡，即能从无限的空间来打造心灵上的旷远。查慎行的诗中，景色如在目前，对生活是近距离的观照，而非无限的扩展，这就使查诗在情感表达方面则显得直白，有时不免有直白刻露之嫌。

王士禛更能展露现实之"美"，查慎行更多揭示现实之"丑"。清代

---

① （清）沈德潜：《清诗别裁集》（上），岳麓书社1998年版，第92页。
② （清）张维屏：《国朝诗人征略》卷四，清道光十年刻本。
③ （清）袁枚：《随园诗话》，顾学颉校点，人民文学出版社1982年版，第80页。

诗坛自王士禛开始，大都无兼济之志，既然避开了社会责任，对国事民瘼也就不甚关注了。而查慎行则有大量关注现实、描写民生疾苦的诗篇。查慎行努力学习《诗经》以来的那种指刺时弊、关注政治的志向，他强调"大抵诗骚意，多从讽谕将"（卷四十一《和张日容嘲薛荔二十韵》），赞赏杜甫关注时事的精神。造成他与王士禛关注点不同的原因有才华、胸襟之不同，但更重要的则是人生遭际与个人选择。王士禛是时代的宠儿，一生功名极为顺利，他22岁时就会试中式，被康熙帝看中，擢为翰林侍读并值南书房，从此青云直上，官运恒通。查慎行中会试时，已经是53岁，他一生逆境多而顺境少，虽然也有请假葬亲、衣锦荣归的时候，但大多数情况下都是铩羽而归。或许，经受痛苦的人才能真切地感受到这个世界上别人痛苦的存在。同病相怜的感情无形中淡化了他与底层人民身份的差别，查慎行缺少王士禛雍容典雅的气度，相对于王士禛所吟唱的"农家乐"，查慎行对民生疾苦的咏唱更具真实的质感。诚然，查慎行诗作在情感的含蓄蕴藉方面确有不及王士禛处，但查诗思理绵密亦不乏深意，熊琏《澹仙诗话》说："予读查初白太史诗，爱其每句有几层意思。"并称赞为"言有尽而意无穷，有味外味"。[①] 而"言有尽而意无穷"、"有味外味"被看作是"唐人绝句的看家本领，也是一派诗人所刻意追求的艺术效果"[②]。这一派诗人，在清代正是以王士禛为代表的诗人中最为人称道的风格特征。这一点，查慎行诗中也有体现。这也正是王士禛所赞赏并给予肯定的"绵至之思"的特点。

可以看出，查慎行作为王士禛弟子，也不可避免要感染王士禛及其"神韵"诗风的影响。王士禛主张"诗主言情"、"兴会发以性情"，他认为作诗首先要有不能已之情，然后融之于景。他所言"兴会"是一种自然感发、激情澎湃的创作心理状态，完全发自诗人的天才性情，而非人力所能强求。其《突星阁诗集序》中说："夫诗之道有根柢焉，有兴会焉，二者率不可得兼。"[③] 所谓根柢是诗人后天的"学"，所谓"兴会"是诗人先天的"才"，诗歌是天分与学力相结合的产物。正如查慎行在《王勇

[①] （清）熊琏：《澹仙诗话》，张寅彭主编《清诗话三编·第四册》，吴忱、杨焄点校，上海古籍出版社2014年版，第2375页。

[②] 周本淳：《读常见书札记》，江苏教育出版社1990年版，第304页。

[③] （清）王士禛：《带经堂全集》卷四十一，清康熙五十年刻本。

涛怀古吟序》中说："今古诗人多矣。乃代不数家者,夫岂排比铺陈、格律音调已哉?当其始,必别有一团英爽精奇不可磨灭者,得于天、成于学而藏于胸久矣。触事成诗,盖其余也。"① 查慎行所说的"一团英爽精奇不可磨灭者",亦如王士禛所言"兴会",诗人首先有自然感发、激情澎湃的心理状态,然后在外物的触发下,发而为诗。与王士禛不同的是,查慎行所强调的这种"兴会","得于天、成于学",他将"学"与"才"并举,在更多时候,他更侧重"学"的作用,从《沈礀房诗集序》中他表露得更加明显,他说:"今报览是编,目之所接,神与俱会。飘飘乎云兴而霞蔚也,晶晶乎冰清而玉莹也。郁郁乎其有怀,渊渊乎其有声,泊泊乎其有源有本也。才足以导其情,学足以昌其气,夫岂拘拘焉摩拟一家而为之者?"② 这里把才、学并重的思想说得十分清楚。但在强调诗的抒写性情方面,查慎行与王士禛并无轩轾。

王士禛与查慎行都偏好"淡"的审美观,尤其热爱山水风光的诗,喜借自然之景抒发情感,二诗人集中大半都为山水风情诗。在这些诗作中,特别是五七言绝句,查慎行吸取了王士禛山水诗清淡含蓄的创作风貌,七绝如《晓渡西氿回望宜兴县郭》:

橹声西入虾笼嘴,波面微微过氿风。浓日吐烟烟吐树,浮图一角是城东。(卷十四)

唐孙华评价此诗云:"色极浓,味极淡,思极曲,笔极真,七绝若此妄谓古人未之有也。"③ 笔直但意婉,句淡却味浓,看似矛盾的风格,却极其自然地融合在了一首诗中。

这种追求"清淡"的审美观,与二人都深受禅宗思想的影响密不可分,查慎行这一类诗歌充满了空寂的禅味与随意仁兴的哲理。如《徧游铃冈岭下诸禅室》云:

---

① (清)查慎行:《敬业堂文集》卷中,四部备要本,中华书局据古杭姚氏钞本校刊。
② (清)查慎行:《沈礀房诗集序》,《敬业堂文集》卷中,四部备要本,中华书局据古杭姚氏钞本校刊。
③ 上海图书馆藏:《敬业堂诗集原稿》,佚名批点。

> 山僧住山久，不道深山好。山下每相逢，山中迹如扫。禅居既寂寂，过客亦草草。林荒鸟语断，叶落寒气早。物外识闲情，谁能耐枯槁。（卷十五）

诗歌勾画出一幅清寂淡远的"禅境"，让人心生肃穆。时人评："一片神韵，往来千古。"① 正是看到了查慎行在禅宗思想的影响下，也呈现了"神韵"之风。然而相对于王士禛追求清净空灵的诗歌意境，查慎行没有刻意去选取意象，也没有对周围之事物的玩赏，他似乎不用力在营造"禅境"，而更注重"禅思"的表达，不同于王士禛的远离尘世、含蓄缥缈，查慎行更喜欢从日常生活中参禅悟道，再看《清明新城道中》：

> 县南风台酒帘多，澹澹新烟瑟瑟波。一路人家齐上冢，纸钱飞过白沟河。（卷十一）

和前所引《偏游钤冈岭下诸禅室》一诗相同，都是选取眼前景、身边事，通过客观景物的白描，表达禅思。写景可谓直露显豁，平白简淡。但同样的"淡"，查慎行、王士禛还是有很大有区别，王士禛之"淡"表现在诗歌境界上，查慎行更着力于在诗歌的表现方法上，通过浅切的语言，疏淡的诗风，捕捉独有诗意的瞬间；且王士禛追求"空山不见人"的孤独，诗中是无"我"的，袁枚批评王士禛"性情不真"很大原因就在于此，查慎行的诗歌中更能看到诗人影踪。故查慎行着力点不在于达到空灵超脱，意境深邃的境界。查慎行吸取了王氏之长，同时又避免了其脱离现实的弊端。由此亦可以看出，康熙诗坛，神韵说大行其道，查慎行不为所囿，另辟蹊径，影响了以后的性灵诗派。

2. 查慎行与袁枚

查慎行在性灵派中获得了极高的评价和认可，除赵翼之外，性灵派的另一位主将袁枚也大力推崇查慎行。论者已注意到了查慎行对性灵派的开启之功，如时人云："袁简斋先生自以其诗近唐之白居易，论者则谓宋之杨万里为宜，余按：'先生居恒论诗，不喜唐宋分界之说，而要主于性

---

① 上海图书馆馆藏：《敬业堂诗集原稿》，佚名批点。

情，是其于唐、宋诸家皆所祖述，而性之所近，偶合于杨耳，后辈承风，百年来宋诗大行于世，不知袁氏之前，查初白先生实开其派.'"① 林昌彝论道："怕拾杨刘但抒情，（初白句'怕拾杨刘号作家'）略抛健气出真清。后来袁赵沿诗派，可是前贤误后生。"② 林昌彝论诗一向对性灵派持批判态度，甚至将矛头指向了查慎行，可见他看出了查慎行对性灵派的开创之功表示认同。袁枚也多次表示对查氏诗学的认同，《随园诗话》卷四云："先生（查为仁）有《莲塘诗话》，载初白老人教作诗法云：'诗之厚在意不在辞，诗之雄在气不在句，诗之灵在空不在巧，诗之淡在妙不在浅。'其言颇与吾意相合，特录之。"③ 可见袁枚更是将查慎行引为同调，具体而言，袁枚对查慎行的继承有以下几个方面：

第一，从"唐宋互参"到"不分唐宋"。袁枚评价王士禛说："阮亭先生，自是一代名家。惜誉之者，既过其实；而毁之者，亦损其真。须知先生才本清雅，气少排奡，为王、孟、韦、柳则有余，为李、杜、韩、苏则不足也。"④ 袁枚对王士禛的这一评价是较为客观的。王士禛论诗倡导盛唐，虽然他亦能肯定宋诗的价值，但在创作上对中唐的李、杜、韩、白则不甚取法，更偏向王、孟、韦、柳一途，袁枚指出："羚羊挂角，香象渡河，有神韵可味，无迹象可寻"，也是"诗中一格"，但"不必首首如是"⑤。看似客观的评价，实际上是对神韵派取境狭窄的批评。

这一点在查慎行的诗歌创作中得到了弥补。查慎行提出"唐宋互参"，主张博采唐宋，其取法的广泛程度明显高于王士禛，邱炜萲评袁枚"不喜唐宋分界之说"，实质上有本于查慎行。

袁枚反对沈德潜的"宗唐黜宋"的主张，在《答沈大宗伯论诗书》中，袁枚提出"诗无古今"之说，反对诗分唐宋。他说："尝谓诗有工拙，而无今古。"袁枚的这一观点是对查慎行"唐宋互参"理论的继承和发展。均是对时人盲目拟古、各立门派的反拨。不过，在查慎行的诗学体系中，承认宋诗与唐诗各具有不同的审美属性，具有独立性，而到了袁枚

———————

① （清）邱炜萲：《五百石洞天挥麈》卷五，清光绪二十五年邵氏刻本。
② （清）林昌彝：《衣讔山房诗集》卷七，清同治二年刻本。
③ （清）袁枚：《随园诗话》，顾学颉点校，人民文学出版社1982年版，第132页。
④ 同上书，第48页。
⑤ 同上书，第273页。

这里则只是两个时代的名称，并无区别。在诗歌创作中，查慎行主张"唐宋互参"，而袁枚则不问唐宋，认为历代都有其自己的诗歌成就，诗歌发展史是一个变的过程。

第二，开启性灵。袁枚揄扬性灵诗学，他提出："若夫诗者，心之声也，性情所流露者也。从性情而得者，天然可爱。"① 查慎行在创作中对"性灵"的重视与袁枚一致，邱炜萲云："余以查、袁皆主性情，诗境亦复相似，当取两家之集而互勘之。"强调了二人的相似之处，特别指出二人皆"主性情"的特点。

针对当时诗坛批评查慎行诗风"卑靡"者，他为查慎行辩护云：

> 足下不喜查他山，以为卑靡之习，自他山开之，此言又误矣！夫他山诗以前诗之卑靡者，无万万数，不过不传于世，故足下未见耳，非自他山滥觞。他山是白描高手，一片性灵，痛洗阮亭敷衍之病，此境谈何容易！②

实际上，王士禛并非不重视性灵，只不过在表现性灵的方式上更趋向于"无我之境"，查慎行着眼现实，因此则显得较渔洋更为"真实"。袁枚又云："作诗，不可以无我，无我则剿袭敷衍之弊大。"③ 袁枚直指神韵派审美特征的实质就是"无我之境"的营造，而"无我"则接导致"敷衍之病"。袁枚看到了查慎行的诗学意义在于清除王士禛性情不真之弊，查慎行重视白描，凸显情感的真实深厚，将真挚情感自然流露，不刻意为之。正如许汝霖评查慎行诗："即物写怀，皆其忠孝友爱、至性至情之所蕴藉而流露。"④ 这一点与崇真尚情的性灵诗有异曲同工之妙。邱炜萲论诗襃扬袁枚，但他特别指出查慎行对于性灵派的肇始之功，赋予查慎行"实开其派"的重要地位。陈泊海也指出："查初白可谓是十八世纪最早

---

① （清）袁枚：《小仓山房尺牍》，王英志主编《袁枚全集》第5册，江苏古籍出版社1993年版，第147页。

② 同上书，第190页。

③ （清）袁枚：《随园诗话》，人民文学出版社1960年版，第216页。

④ （清）许汝霖：《敬业堂诗集序》，周劭标点《敬业堂诗集·附录》，上海古籍出版社1986年版，第1761页。

地以自己的丰硕诗作标举性灵文学的精神巨擘,是十八世纪性灵文学思潮的开山祖之一。"① 此二人论断堪称精辟。

第三,白描的表现手法。袁枚对查氏之白描可谓心有戚戚,袁枚读书多但作诗少用典故,语言趋于口语化,浅显易懂,家常语、俗语皆可入诗。他在《仿元遗山论诗》中他写道:

  他山书史腹便便,每到吟诗尽弃捐。一味白描神话现,画中谁似李龙眠?②

李龙眠即北宋画家李公麟,字伯时,号龙眠居士,擅长以线描勾画物象、不着色彩的画法,谓之"白描"。袁枚认为查慎行这一创作特色与李公麟绘画技巧极为契合。但他首先肯定查慎行是满腹书史的博学者,"博学"是"白描"手法施展的基石。袁枚也认为"白描"与空疏无学无涉。袁枚与查慎行一样并不反对诗歌用典和学古,但袁枚肯定的是查慎行在创作时捐弃"书史",不于诗中堆砌典故的特征。袁枚批评王士禛"喜怒哀乐之不真",原因之一就是认为王士禛过于藻饰用典,在一定程度上阻碍了性情的表达。袁枚继承了查慎行的艺术手法,擅长白描手法,写人物以寥寥数笔,不加藻饰,勾勒人物的相貌神情;写山水关注山水本身的生机与趣味,笔触清新灵动。

白描手法的运用并非千人一面、千篇一律。袁枚与查慎行亦有着诸多共通之处。其一,选材平凡、琐细,但贴近诗人基本生活状态,而真实真切。如《到家》《斗蟋蟀三十韵》《削园竹为杖》《齿痛》《病足》《留须》等,这与查慎行的诗《腹痞》《少睡》《腰痛自嘲》《虮蜉》《食蟹有感》极为相似,仅从题目就可看出所咏之物不仅是生活小事,细枝末节,甚至不堪登大雅之堂。其二,诗意灵动,不拘格式。诗歌创作中的灵气、灵动是袁枚诗的一大特点,格式韵律,袁枚持比较随适的态度,赞同"独抒性灵,不拘格套"。这一点不与查慎行作强调的"诗之灵,在空不在巧"的诗歌审美取向相合,查慎行对于平仄、韵律亦非不容变通,他

---

① 陈泊海主编:《近400年中国文学思潮史》,东方出版中心1997年版,第242页。
② (清)袁枚:《仿元遗山论诗》,袁枚著,周本淳标校《小仓山房诗文集》卷二十七,上海古籍出版社1988年版,第688页。

批评所谓的"以夸多斗靡为歌行,以骈青妃紫为格律,问其性情,消归无有也"(《瓦缶集序》),将性情置于诗歌创作的首位。其三,诗歌语言口语化。二人诗歌均用平淡质朴的诗歌语言,摒弃古奥艰涩,语言常常平浅如话。袁枚更是将诗歌口语化进一步发展。

在诗歌的情感表达方面,袁枚可谓"意所欲到笔注之……高才博学严矩规,心兵意匠极艰危。归诸自然出淋漓。"(蒋士铨《读随园诗题辞》)[①]袁枚将市井人情、伦常之情、男女之情,均摄入诗中,情感表达畅快淋漓,直抒胸臆,有着浓厚的市民文化色彩。袁枚亦有儒家精神中"温柔敦厚"、"仁民爱物"的儒者情怀,他要求诗要具有"感人"的力量。他继承了查慎行诗歌中仁爱与讽喻的精神。如《苦灾行》写沭阳连年发生水旱灾,百姓陷入浩劫,《捕蝗曲》写沭阳蝗灾,诗人发出"蝗兮蝗兮去此乡……毋餐民之苗叶兮,宁食吾之肺肠"[②]的哀告,真有"舍身饲虎"的仁爱精神。后者体现为对统治者与社会邪恶势力的揭露。如《陇西将军歌》《老将行》揭露统治者赏罚不明、用人不公等政治弊病;《征漕叹》《南漕叹》揭露贪官恶吏对百姓的敲诈盘剥。

当然,查慎行与袁枚亦有许多不同之处。首先,查诗雅正,袁诗俚俗。查、袁均重视性情,然而在性情的属性上,查慎行多倾向于性情之"正",陆嘉淑曾专门指出查慎行诗歌的"承续风雅之本源,而非流俗之咏唱"[③]的特点。而袁枚则倾向于性情之"俗",较之于慎行的雅正平和,袁枚则有着明显的"流俗"色彩。查慎行诗歌重温柔敦厚,恪守传统,是士大夫阶层的审美情趣,而袁枚诗歌重内心情欲,偏离传统,具有市民阶层的审美情趣。

其次,查诗骨重沉郁,袁诗圆通活泼。袁枚注重意象的灵活有趣,近于"小聪明",而查慎行则不仅要求意象灵动,更追求意境深厚。袁枚的诗歌展示给人的是迥异于传统的思想、独特的生活感受和情感体验、别具

---

① (清)袁枚著,周本淳标校:《小仓山房诗文集》前言,上海古籍出版社1988年版,第2页。

② (清)袁枚著,周本淳标校:《小仓山房诗文集》卷三,上海古籍出版社1988年版,第50页。

③ (清)陆嘉淑:《敬业堂诗集序》,周劭标点《敬业堂诗集·附录》,上海古籍出版社1986年版,第1757页。

一格的题材、新鲜活泼的语言,这是一个自具特色的崭新的艺术世界。查慎行性格内敛,谨小慎微,而袁枚自幼家教宽松少束缚,养成了他自由独立的性格。在诗中表现为一种狂放的个性、不羁的激情;直抒胸臆、唯我所适的个性。从个人气质上来说,袁枚乐观旷达,查慎行则是骨子里的悲观主义者。袁枚很重视"圆通",他曾说过:"要知天下事,圆通理万千。"(《书所见》),细腻圆通亦是袁枚诗的特征,查诗则显得棱芒四出。袁枚诗色调较暖,查慎行诗色调偏冷。袁枚诗云:"天地有春秋,来往不能了。不为拘者多,不为达者少。达者贵行乐,行乐还须早。使我明日饥,我已今日饱。使我明年死,我已今年好。"① 他与查慎行一样,都喜欢用诗歌抒发哲理性的人生感悟,然而,较之查慎行动辄言"悔",袁枚则气质更加畅达、圆通。袁枚亦有反映官场生活的诗句,如:"官苦原同受戒僧"(《署中感兴》),"一官奔走空皮骨,万事艰难阅岁华"(《感怀》)。然而相较于查慎行的"座中放论归长悔,醉里题诗醒自嫌"(《小除夜椒岩招……限韵》),可以看出查诗芒角毕露,难以清圆。

最后,查慎行"熟处求生",袁枚"不生病熟"。性灵派力主创新,实际上在袁枚之前,在康雍诗坛查慎行可以说是为数不多的明显表露出对于创新的欣赏和支持的诗人。查慎行强调"熟处求生",强调创新的同时,但又不避"熟境",正因为如此,查慎行常常在诗歌境界、表现技巧上下功夫,以求创新,汪佑南云:"查初白《敬业堂集》卷帙浩繁,《六家诗钞》中七律颇多名句,善于用意,笔力足以达之。对法灵活,又不浮躁,结句不苟,知其于近体三折肱矣,不独以白描见长也。"② 正是看到了查慎行于白描之外,在律诗创作中的艺术创新之处。袁枚在评价书法时提出:"知熟必避,知生必避。"③ 在其诗歌创作中却往往更加重视前者,他回避熟境,时有刻意生新,以至于论者对袁枚有"好奇立异"④ 的批评。正如邱炜菱指出的:"查则能熟而又能生,袁则不生而乃病熟。则

---

① (清)袁枚:《杂诗八首》,袁枚著、周本淳标校:《小仓山房诗文集》卷三,上海古籍出版社1988年版,第136页。

② 汪佑南:《山泾草堂诗话》,钱仲联主编:《清诗纪事》第一册,凤凰出版社2004年版,第3259页。

③ (清)袁枚:《续诗品注》,人民文学出版社1963年版,第180页。

④ 覃召文:《退庵诗话·前言》,广东高等教育出版社1996年版,第15页。

查又未尝不胜乎袁也。"①

综上所述，查慎行既能够吸收王士禛的创作特点，但又不拘泥于神韵之说，而取法广博，引领了后来以袁枚为代表的性灵派的创作道路，正所谓："南北两宗堪并峙，可怜无数野狐禅。"② 许昂宵论诗以渔洋、初白为南北风雅总持，未免是对查慎行的溢美之词，然而，将查慎行置于渔洋之后，康雍诗坛最有名望的诗人，则是符合实际的。在神韵诗风弥漫的康雍诗坛，查慎行前承渔洋，下启性灵，力主白描，空灵淡脱，抒写性情，在渔洋逝世以后，被尊奉为"海内诗伯"，引领诗风30年，他的诗学主张和创作为清诗的发展起到了至关重要的作用。

---

① （清）邱炜蒉：《五百石洞天挥麈》卷五，清光绪二十五年邵氏刻本。
② （清）张载华：《初白庵诗评序》，引许昂宵语，乾隆四十二年，涉园观乐堂刻本。

结　　语

查慎行早年携《慎旃集》入京，外舅陆嘉淑将此集推荐给了自己的友人王士禛，王士禛欣然为之序，后来又成为王士禛及门弟子的查慎行终未为神韵之风所囿，形成了鲜明的个人风格，在康雍诗坛独树一帜。查慎行能够在康雍诗坛中立足并成名，既有时代之机缘，也个人的原因。

就时代而言，清代康雍年间，伴随清王朝根基日益巩固，遗民话题已慢慢被忘却，生活在康熙盛世的士人们，远去了亡国之痛，远去了金戈铁马之声，他们参加科举，进入仕途。但活得并不轻松。艰难的入仕门径、复杂的宫廷斗争、残酷的文字狱，都时刻压迫着他们的神经。在严密文网的桎梏下，在祸从口出的忌讳中，战战兢兢的士人们告别了以愤激之笔触碰时局，在康熙朝优容文化的怀柔策略下，王士禛作为馆阁文臣，不遗余力地助力康熙文治理念的施行，以"神韵说"来引导诗坛创作走向，康熙诗坛笼罩了神韵之风。康熙五十年（1711），王士禛辞世，而其后继者，诗才不够，创作乏力，其诗派后继无人。伴随王士禛的时代谢幕，查慎行入主翰林，成为继"一代正宗"王士禛之后，康熙诗坛的登坛挥麈者。

王士禛之后的康雍诗坛诗人频出，要在众多诗人中寻找能够穿针引线的诗人，非查慎行莫属。查氏所交源于同年、同学、同乡、师门、官长、姻亲等各种关系，其活动范围之广，涉及人物之复杂，几乎涵盖了康熙一朝之名士，这在清代诗坛并不多见。查慎行通过广泛的交游，博采众长，提升了自己的知名度，在康雍诗坛具有极高的声誉和影响。诗歌成就上，查慎行持有深广的历史意识，铸就《敬业堂诗》的诗史价值。他能在针砭时弊的同时，将自身对官场生活的深切体悟、对底层人民苦难的深切同情与诗史精神紧密地结合在一起。在艺术创作上，他能够广采博取，并注重创新，游离于神韵派和浙派之外，而又有所借鉴和突破。查慎行在诗学方面，他倡导"唐宋互参"，为当时处在困境中的宋诗派找到了突破的门径，变清初宋诗派的"以唐论宋"为"唐宋互参"，在强调"同质性"的同时，亦重视"异质性"。针对康雍诗坛趋骛宋诗之弊表现为"浅率"、"俚俗"，他进一步提高了"学问"在诗歌创作中的地位，同时能够摒弃争论，兼容唐宋，对当时甚嚣尘上的唐宋诗之争，采取了通融的态度，在康雍诗坛具有进步意义。

查慎行具有收渔洋之终、开性灵之始的继北开南的集大成意义，是康雍诗坛诗史发展过程中不可或缺的一环。他一生从未开宗立派，亦无门人转相传授，党同伐异，他始终独立于主流诗风之外，固守着自己的创作风格，一生勤勉谨慎、孜孜不倦地进行创作，他包容博采、互参唐宋的创作态度，进一步刺激了乾隆以后诗坛多样化风貌的形成。查慎行人格中的"慎"与"悔"渗透其诗风之中，以此所造就的特殊独特风格，时人评价褒贬不一，但这些作品再现了康雍年间士人复杂难言的心路历程，深深打上了时代的烙印。

今人周劭提出查慎行为"旧体诗的殿军"一说，得到了学界的认同，他说："不论是乾、嘉的袁（枚）、蒋（士铨）、赵（翼），道、咸的龚（自珍）、魏（源），以迄盛极一时的同、光诗人，以诗论诗，都无能超轶敬业堂诗的范畴和成就。即使同、光末季，如黄遵宪、丘逢甲辈举起革命诗派的旗帜，究竟也无补于旧体诗的必然衰亡。二千多年诗学正统，只好禅让给五四时代的新诗了，所以，说敬业堂诗是旧体诗的殿军，要亦无不可。"① 此论颇有见地。清代是旧体诗居统治地位的最后的朝代。五四运动结束了发展了两千多年的旧体诗，终于让位于新文化运动中崛起的新诗。便览雍乾以后的诗坛，虽然宗派林立，诗人辈出，但再也难以觅得超越查慎行诗歌创作的诗人，从这个意义上说，在诗歌创作领域，查慎行具有"继往圣，开来者"的集大成地位，可谓当之无愧的旧体诗最后一位大家。

---

① 周劭：《敬业堂诗集·前言》，《敬业堂诗集》，上海古籍出版社 1986 年版，第 9 页。

参考文献

(以书名拼音首字母为序)

A

葛金烺：《爱日吟庐书画录》，清宣统二年（1910）葛氏刻本。

B

钱仪吉纂：《碑传集》，靳斯标点，中华书局1993年版。
洪亮吉：《北江诗话》，陈迩冬校点，人民文学出版社1981年版。
吴寿旸：《拜经楼藏书题跋记》，清道光二十七（1847）年刻本。

C

查慎行：《初白庵藏珍记》，清抄本。
查慎行：《初白庵诗评》，清乾隆四十二年（1777），涉园观乐堂刻本。
查慎行：《初白外书》，汲修斋抄本。
法式善：《存素堂诗初集录存》，清嘉庆十二年（1807）玉墉刻本。
阮葵生：《茶馀客话》，清光绪十四年（1888）刻本。
王昶撰：《春融堂集》，清嘉庆十二年（1807）熟南书舍刻本。

D

查慎行撰：《得树楼杂钞》，《丛书集成续编》本。
杜甫，仇兆鳌注：《杜诗详注》，中华书局1979年版。
杭世骏：《道古堂文集》，清乾隆四十一年（1776）刻本。
蒋光煦撰：《东湖丛记》，梁颖校点，辽宁教育出版社2001年版。
苏轼撰：《东坡先生编年诗》五十卷，目录一卷，查慎行补注，清乾隆二十六年（1761）海宁查开香雨斋刻本。

　　王士禛：《带经堂诗话》，人民文学出版社1963年版。

F

　　厉鹗：《樊榭山房集》，四部丛刊景清振绮堂本。

　　厉鹗，翁方纲批：《樊榭山房集》，上海图书馆藏武林绣墨斋刊本。

　　翁方纲：《复初斋诗集》，清刻本。

　　翁方纲：《复初斋文集》，清李彦章校刻本。

G

　　洪亮吉：《更生斋集》，清光绪三年（1877）洪氏刻本。

　　李桓：《国朝耆献类征初编》，清光绪十六年（1890）刻本。

　　刘执玉：《国朝六家诗钞》，清宣统二年（1910）澄衷学堂石印本。

　　罗伟国、胡平编：《古籍版本题记索引》，上海书店出版社1991年版。

　　沈心：《孤石山房诗集》，清乾隆三十二年（1767）刻本。

　　陶梁：《国朝畿辅诗传》，清道光十九年（1839）红豆树馆刻本。

　　王友胜：《关于苏诗历史接受的几个问题》，《文学评论》2002年第6期。

　　张维屏纂：《国朝诗人征略》，清道光十年（1830）广东超华斋刻本。

H

　　查济民主修：《海宁查氏族谱》，中国书画出版社2006年版。

　　查克敏：《海宁查氏族谱》，清乾隆四十四年（1779）刻本。

　　陈玉兰：《清代海宁查氏闺阁诗群的心路历程》，《苏州大学学报》（哲学社会科学版）2013年3期。

　　海宁钱氏清风室修：《海宁县志》，清光绪八年（1882）刻本。

　　海宁市文史资料委员会：《海宁艺苑人物》，1990年。

　　韩逢华：《海宁查氏家族藏书文化简论》，《上海高校图书情报工作研究》2007年第2期。

　　韩逢华：《海宁查氏文学家族研究》，硕士学位论文，2008年。

洪永铿：《海宁查氏家族文化研究》，浙江大学出版社 2006 年版。

李圭修、许传沛等纂：《海宁州志稿》，成文出版社 1983 年版。

齐耀珊修：（民国）《杭州府志》，吴庆坻等撰，民国十一年（1922）刊本。

汤右曾：《怀清堂诗集》，清乾隆十年（1745）刻本。

王昶：《湖海诗传》，清嘉庆八年（1803）青浦王氏刊本。

吴之振：《黄叶村庄诗集》，清代诗文集汇编本。

虞坤林：《海宁藏书文化研究》，西泠印社 2004 年版。

J

查容：《浙江诗钞》，中国科学院图书馆藏抄本。

查慎行：《敬业堂诗集原稿》，上海图书馆馆藏稿本。

查慎行：《敬业堂文集》，四部备要本。

查慎行撰：《敬业堂诗集》，周劭点校，上海古籍出版社 1986 年版。

查慎行撰：《敬业堂诗校记》，方成珪校，惜砚楼丛刊本。

揆叙：《益戒堂后集》，清康熙刻本。

揆叙：《益戒堂诗集》，清康熙刻本。

陆游：《剑南诗稿校注》，钱仲联校注，上海古籍出版社 1985 年版。

全祖望：《鲒埼亭集》，《四部丛刊》本。

吴晗：《江浙藏书家史略》，中华书局 1981 年版。

徐世峥：《旧体诗的末代大家》，《杭州教育学院学报》1992 年第 3 期。

杨懋建撰：《京尘杂录》，清光绪十二年（1886）上海同文书局石印本。

张大受：《匠门书屋文集》，清雍正七年（1729）刻本。

K

中国第一历史档案馆整理：《康熙起居注》，中华书局 1984 年版。

L

查慎行：《聊以备忘》，查氏敬业堂抄本。

查慎行：《庐山纪游》，清道光刻本。

查为仁：《莲坡诗话》，清乾隆刻蔗塘外集本。

丁福保辑：《历代诗话续编》，中华书局 1983 年版。

［日］高津孝：《论查初白〈诣狱集〉》，《南京大学学报》1987 年第 1 期。

何文焕辑：《历代诗话》，中华书局 1984 年版。

梁启超：《梁启超论清学史二种》，复旦大学出版社 1985 年版。

罗仲鼎：《论查慎行的诗歌创作》，《浙江广播电视高等专科学报》1999 年第 4 期。

马东玉：《论雍正朝的仕风》，《辽宁师范大学学报》1996 年第 3 期。

阮元：《两浙輶轩录》，清嘉庆刻本。

孙京荣：《论查慎行的纪游诗》，《西北师大学报》1998 年第 1 期。

孙京荣：《论查慎行的咏怀诗》，《西北师大学报》2002 年第 2 期。

孙京荣：《论查慎行的游黔诗》，《贵州社会科学》2000 年第 3 期。

孙京荣：《论查慎行诗歌的艺术特色》，《西北师大学报》2003 年第 4 期。

王式丹：《楼村诗集》，清乾隆间刻本。

M

潘光旦：《明清两代嘉兴的望族》，商务印书馆 1947 年版。

钱仲联：《梦苕庵论集》，中华书局 1993 年版。

孟森：《明清史讲义》，中华书局 1981 年版。

赵炜：《明末清初虞山诗学研究》，百花洲文艺出版社 2011 年版。

赵园：《明清之际士大夫研究》，北京大学出版社 1999 年版。

O

赵翼：《瓯北集》，李学颖、曹光甫校点，上海古籍出版社 1997 年版。

赵翼：《瓯北诗话》，霍松林、胡主佑校点，人民文学出版社 1998 年版。

P

查慎行：《陪猎笔记》，《历代日记丛钞》本。

朱彝尊：《曝书亭集》，《四部丛刊》本。

Q

邓之诚：《清诗纪事初编》，上海古籍出版社1984年版。
郭成康、林铁均：《清朝文字狱》，群众出版社1990年版。
郭绍虞、富寿荪编：《清诗话续编》，上海古籍出版社1983年版。
洪永铿：《清人查慎行诗作评析》，《杭州电子科技大学学报》2006年第1期。
霍有明：《清代诗歌发展史》，陕西人民出版社1993年版。
纪昀等：《钦定四库全书总目》（整理本），中华书局1997年版。
孔立著：《清代文字狱》，中华书局1980年版。
李灵年、杨忠：《清人别集总目》，安徽教育出版社2000年版。
刘世南：《清诗流派史》，人民文学出版社2004年版。
马积高：《清代学术思想的变迁与文学》，湖南出版社1996年版。
钱谦益：《钱牧斋全集》，上海古籍出版社2003年版。
钱实甫：《清代职官年表》，中华书局1980年版。
钱仪吉：《清碑传合集》，上海书店1988年版。
钱仲联：《清诗纪事》，江苏古籍出版社1987—1989年版。
秦国经：《清代官员履历档案全编》，华东师大出版社1997年版。
《清实录》，中华书局1986年版。
沈德潜：《清诗别裁集》，岳麓书社1998年版。
陶元藻：《全浙诗话》，清嘉庆元年（1796）怡云阁刻本。
汪绎：《秋影楼诗集》，清康熙五十二年（1713）刻本。
王夫之等：《清诗话》，丁福保辑，上海古籍出版社1978年版。
王钟翰：《清史列传》，中华书局1987年版。
邬国平、王镇远：《清代文学批评史》，上海古籍出版社1995年版。
吴宏一：《清代诗学初探》，学生书局1989年版。
萧一山：《清代通史》，中华书局1986年版。
谢正光、佘汝丰：《清初人选清初诗汇考》，南京大学出版社1998年版。
李世英：《清初诗学思想研究》，敦煌文艺出版社2000年版。

徐珂：《清稗类钞》，中华书局 1984 年版。

徐世昌：《清儒学案小传》，民国二十八年（1939）刻本。

严迪昌：《清词史》，江苏古籍出版社 2001 年版。

严迪昌：《清诗史》，浙江古籍出版社 2002 年版。

叶庆炳编辑：《清代文学批评资料汇编》，成文出版社 1979 年版。

叶衍兰、叶恭绰：《清代学者像传》，上海书店出版社 2001 年版。

袁行云：《清人诗集叙录》，文化艺术出版社 1994 年版。

曾枣庄：《清注苏诗述略》，《中国韵文学刊》1999 年第 2 期。

张健：《清代诗学研究》，北京大学出版社 1999 年版。

张寅彭主编：《清诗话三编》，吴忱、杨焄点校，上海古籍出版社 2014 年版。

张仲谋：《清代宋诗师承论》，博士学位论文，苏州大学，1997 年。

张仲谋：《清代文化与浙派诗》，东方出版社 1997 年版。

赵永纪：《清初诗歌》，光明日报出版社 1993 年版。

周骏富：《清代传记丛刊》，文明书局 1986 年版。

朱则杰：《清诗史》，江苏古籍出版社 2000 年版。

R

查慎行撰：《人海记》，石继昌点校，北京古籍出版社 1981 年版。

S

程千帆、扬扬整理：《三百年来诗坛人物评点小传汇录》，中州古籍出版社 1986 年版。

鄂尔泰等监修：《世宗宪皇帝实录》，华联出版社 1964 年版。

金武祥：《粟香随笔》，清光绪刻本。

李世英：《熟处求生开新境——论查慎行对清代诗歌的贡献》，《北方工业大学学报》1998 年第 4 期。

林昌彝：《射鹰楼诗话》，王镇远、林虞生标点，上海古籍出版社 1988 年版。

陆嘉淑：《射山诗钞》，中国科学院图书馆藏抄本。

钱大昕：《十驾斋养新录》，清嘉庆刻本。

钱锺书：《宋诗选注》，人民文学出版社 1989 年版。
苏轼：《苏轼诗集》，孔凡礼点校，中华书局 1982 年版。
魏庆之：《诗人玉屑》，商务印书馆 1938 年版。
吴之振：《宋诗钞》，上海古籍出版社 1993 年版。
余英时：《士与中国文化》，上海人民出版社 2003 年版。
张毅：《宋代文学思想史》，中华书局 1995 年版。
朱景英：《畲经堂诗文集》，清乾隆刻本。

T

戴璐：《藤阴杂记》，清嘉庆石鼓斋刻本。
钱澄之：《田间尺牍》，清光绪三十四年（1908）刻本。
钱澄之：《田间诗集》，清康熙刻本。
钱钟书：《谈艺录》，中华书局 1984 年版。
周起渭：《桐野诗集》，中国书店影印 1986 年版。

W

陈廷敬：《午亭文编诗》，清康熙间刻本。
法式善：《梧门诗话合校》，张寅彭、张迪艺编校，凤凰出版社 2005 年版。
蒋寅：《王渔洋事迹征略》，人民文学出版社 2001 年版。
蒋寅：《王渔洋与康熙诗坛》，中国社会科学出版社 2001 年版。
裴毅然：《"维民所止"与清代文字狱》，《寻根》2003 年第 2 期。
钱林：《文献征存录》，清咸丰八年（1858）有嘉树轩刻本。
邱炜萲：《五百石洞天挥麈》，清光绪二十五年（1899）邵氏刻本。
汪国垣：《汪辟疆说近代诗》，上海古籍出版社 2001 年版。
徐世昌编：《晚晴簃诗汇》，闻石校点，中华书局 1990 年版。
潘务正：《王士禛进入翰林院的诗史意义》，《文学遗产》2008 年第 2 期。

X

顾书宣：《雄雉斋选集》，清康熙刻本。

黄培芳：《香石诗话》，清嘉庆十五年（1810）刻本。
刘锦藻：《续文献通考》，民国景十通本。
王礼培：《小招隐馆谈艺录初编》，民国刊本。
王英志：《性灵派研究》，辽宁大学出版社1998年版。
吴仰贤：《小匏庵诗话》，清光绪刻本。
杨钟羲：《雪桥诗话》，民国求恕堂丛书本。
袁枚撰：《小仓山房诗文集》，周本淳点校，上海古籍出版社1988年版。
张寅彭：《新订清代诗学考述》，上海古籍出版社2003年版。
昭梿：《啸亭续录》，清钞本。
朱庭珍：《筱园诗话》，清光绪十年（1884）刻本。

Y

查揆：《筼谷诗文钞》，清道光刻本
查慎行：《易说》，吴江沈氏世楷堂，清道光十三年（1833）刻本。
查慎行：《阴阳判传奇》，绥中吴氏藏抄本稿本戏曲丛刊影印本。
高翔：《雍乾士风简论》，《社会科学辑刊》1995年第6期。
惠周惕：《砚溪先生集》，清康熙惠氏红豆斋刻本。
李调元：《雨村诗话校正》，詹杭伦、沈时蓉校正，巴蜀书社2006年版。
林昌彝：《衣讔山房诗集》，清同治二年（1863）刻本。
刘熙载：《艺概》，上海古籍出版社1978年版。
缪荃章：《云樵外史诗话》，民国七年（1918）男荃孙艺风堂刊本。
沈廷芳：《隐拙斋诗集》，清乾隆间刻本。
王士禛：《渔洋精华录》，清康熙三十九年（1700）刻本。
王士禛撰，惠栋点校：《渔洋精华录集注》，齐鲁书社1992年版。
吴骞：《愚谷文存》，清嘉庆十二年（1807）刻本。
吴骞：《愚谷文存续编》，清嘉庆十九年（1814）刻本。
吴振棫：《养吉斋馀录》，清光绪刻本。
叶燮：《原诗》，人民文学出版社1979年版。
赵执信：《饴山文集》，清乾隆二十七年（1762）刻本。

中国第一历史档案馆编：《雍正朝起居注》，中华书局1993年版。

Z

查慎行：《查悔馀文集》，北京大学图书馆藏稿本丛书。
查慎行：《周易玩辞集解》，乾隆刻本。
查氏佑：《查氏文抄》，清道光七年（1827）刻本。
查嗣瑮：《查浦诗钞》，清康熙六十一年（1722）刻本。
查元俌：《查氏族谱曾辑》，清道光八年（1828）刻本。
陈仪：《竹林答问》，清镜滨草堂抄本。
陈敬璋撰：《查他山先生年谱》，中华书局1982年版。
顾晓宇：《查慎行生卒年考辨》，《南京师大学报》1992年第4期。
顾真：《查嗣庭案缘由与性质》，《故宫博物院院刊》1984年第1期。
洪永铿：《查慎行和他的〈敬业堂诗集〉》，《浙江师范大学学报》2005年第6期。
黄建国、高跃新主编：《中国古代藏书楼研究》，中华书局1999年版。
李森文：《赵执信年谱》，齐鲁书社1988年版。
梁启超：《中国历史研究法》，上海文艺出版社1999年版。
聂世美：《查慎行选集》，上海古籍出版社1998年版。
钱穆：《中国近三百年学术史》，中华书局1986年版。
束忱：《朱彝尊"扬唐抑宋"说》，《文学遗产》1995年第2期。
孙京荣：《查慎行酬唱诗初论》，《西北师大学报》1999年第4期。
王英志：《查慎行山水诗》，《杭州师范学院学报》1996年第5期。
王友胜：《查慎行的苏诗选评》，《中国文学研究》2000年第2期。
杨燕：《朱查诗歌比较论》，《浙江师范大学学报》，2007年第6期。
于海鹰：《查慎行诗歌研究》，博士论文，2008年。
赵永纪：《查慎行其人其诗》，《渤海学刊》1993年第2期。
朱奇龄：《拙斋集》，清康熙介堂刻本。

后　　记

这本书是由我的博士论文修改而成，在修改本书的过程中，又将我的思绪拉回到了那个遥远的时刻。

十三年前，我远离家乡，独自一人拖着行囊，从西北到东北，来到哈尔滨这座完全陌生的城市，师从黑龙江大学刘敬圻教授、哈尔滨师范大学张锦池教授攻读博士学位。我入学时刚好学校的博士生实行双导师培养制，在别人只有一个导师时，我却一下子拥有两位"重量级"的导师，得到双倍的指导和关爱，何其幸运！我投入师门时，刘敬圻、张锦池二位先生均已经年过古稀。但他们秉持老辈学者的学风，对我谆谆教诲，严谨的治学精神使我受益终身。

刘敬圻老师和张锦池老师指导学生各有特色。刘老师优雅从容，温和细心，但对我们的学业则要求严格，特别强调论文的创新价值，教导我们为学为人要"常怀感激之心，常有惭愧之意"。她在教学、研究中多年探索、实践的"还原批评"的方法，不仅对于小说研究，对于诗歌研究，特别是诗人成长史的回溯，都具有重要意义，对我深有启发。张老师非常注重言传身教，他常常拿出自己当年手写的书稿，对我们畅谈他的治学经验，以及他连续工作数天，奋笔疾书的写作历程，时至今日还历历在目。

尽管在学习上两位老师的要求近乎"严酷"，但在生活上，他们却对我关怀备至。记得我读博士期间，因为家远，过年也没有回家。年三十在张老师家吃年夜饭，年初一又到了刘老师家包饺子，老师的关爱让我如沐春风，初来乍到的陌生感化为乌有，取而代之的是满满的温暖。三年的时光转瞬即逝，但却成为我人生当中难忘的美好记忆。

学生不敏，我最终没有达到老师的期望，论文也留下了诸多遗憾。当时我的博士论文题目为《查慎行研究》，但由于对查慎行词的创作关注不足，对查慎行在经史领域的成就也无力涉及，所以这一部分的研究也付之阙如。答辩之后，我曾暗下决心，毕业后要继续这一研究。刘老师也为我联系了博士后流动站，我踌躇满志，决定通过这一机会完成《查慎行研究》和《查慎行年谱长编》两个目标。但是博士毕业以后，由于种种原因，我未能继续深造，而是回到新疆师范大学工作。在新疆的工作期间，学术视角逐渐转向西域文学，陆续申请到了教育部青年项目《清代江浙文人群体西域诗文研究》和国家社科基金青年项目《清代西域幕府文人群体研究》等各种级别的课题。繁忙的科研以及教学工作，让我应接不暇，近年来课题陆续结项，我才有时间重拾起自己的博士论文，恍然发现已经毕业十年，自己曾经的学术抱负，都已束之高阁。

十年的时光弹指一挥间，我从一名学生成长为教师，也找到了自己热爱的专业领域，沉浸于读书的自由和快乐，当我重新捧起《敬业堂诗集》，却深深感到，伴随着自己年岁的增长，我似乎更能理解查慎行的人生。在我看来，查慎行是一个不幸的人，他一生六次落榜，耗费近二十年时光，直到五十三岁才进入翰林，晚年又突遭家难，家人死的死，散的散。他的性格也不惹人喜爱，给自己改名"慎行"，缺乏文人的胆识和气度。再次审视他的人生与创作，我希望通过细节的求索，展示查慎行生命中的乐观与执着，并以此为眼，洞见那个时代文人的生活与文学创作。有了这份新的感悟，在论文修改过程中，我凝练了研究的焦点，删减了不必要的内容，着力于呈现查慎行的诗歌创作的内容与艺术风貌，定义其在康雍诗坛的诗史地位，最终将博士论文《查慎行研究》改为《查慎行与康雍诗坛》。

这本书能够完成，首先要感谢我的博士导师刘敬圻和张锦池二位先生，师恩如山。论文从选题到定稿，都渗透着老师的心血。刘老师对我论文批改的手稿，我一直珍藏。是她给了我学术道路上最初的肯定，让我有了在研究之路上坚守的勇气与信心，听到拙著要出版。刘老师在住院期间还欣然赐序，让我深受感动。张老师晚年饱受帕金森症的折磨，在身体抱恙、目力不及的情况下，仍然坚持审阅我们的论文。当初我的博士论文，是我一字一句在老师家给他念过，张老师一一提出建议，这些意见也都融入本著中。

感谢答辩委员张新科教授、沈伯俊教授、关四平教授、杜桂萍教授，对论文提出了宝贵的修改建议。感谢黑龙江大学许隽超教授，在我论文选题和写作过程中无私提供多种文献资料，毕业多年后，他仍然关心着我的成长。感谢我的同门诸君，曾与你们相过从，深得友朋切磋之乐。感谢我家人对我学业、工作的支持和无私付出，外子吴华峰，作为同行，无论过去、现在，还是将来，他都是我所有文字的第一个读者。

此外，我还要感谢青岛大学文学院窦秀艳院长对本书出版的帮助，感谢中国社会科学出版社任明主任，为本书编辑出版付出的大量心血。

此时此刻，天边的夕阳正越过积雪的天山穿透窗纱，微映在书桌前泛黄的书页上，如同武陵渔人所见"林尽水源，便得一山，山有小口，仿佛若有光"。愿这淡淡的光辉，在诗意黯然的岁月里，永远指向我内心的桃花源。

2020 年 6 月于乌鲁木齐石人沟寓所